삼국유사고증 역주 三國遺事考證 譯註

An Annotated Translation of "Historical Investigation of the Three Kingdoms Archive in Ancient Korea"

【三】

(삼국유사고증 중)

「기이 제2」

삼국유사고증 역주 三國遺事考證 譯註 【三】
(삼국유사고증 중)

An Annotated Translation of "Historical Investigation of the Three Kingdoms Archive in Ancient Korea"

—

1판 1쇄 인쇄 2023년 9월 5일
1판 1쇄 발행 2023년 9월 20일

—

저   자 | 三品彰英 외
역주자 | 김정빈
발행인 | 이방원
발행처 | 세창출판사
　　　　신고번호 제1990-000013호
　　　　주소 03736 서울시 서대문구 경기대로 58 경기빌딩 602호
　　　　전화 02-723-8660 팩스 02-720-4579
　　　　이메일 edit@sechangpub.co.kr 홈페이지 www.sechangpub.co.kr
　　　　블로그 blog.naver.com/scpc1992 페이스북 fb.me/Sechangofficial 인스타그램 @sechang_official

—

ISBN 979-11-6684-190-3 94910
　　　　979-11-6684-187-3 (세트)

—

이 역주서는 2018년 대한민국 교육부와 한국연구재단의 지원을 받아 수행된 연구임.
(NRF-2018S1A5A7028408)

—

삼국유사고증 역주 三國遺事考證 譯註

An Annotated Translation of "Historical Investigation of the Three Kingdoms
Archive in Ancient Korea"

【三】

(삼국유사고증 중)

「기이 제2」

三品彰英 외 저

김 정 빈 역주

세창출판사

총 목차

● 七권 ●
(삼국유사고증 색인편)

三권 목차

(삼국유사고증 중)

三國遺事 卷第二
삼국유사 권제2

紀異 第二
기이 제2

삼국유사 권제2

三國遺事 卷第二

기이 제2
紀異第二

²⁶⁰문호왕법민

文虎王法敏¹⁾

²⁶¹王初即位龍朔辛酉,²⁾ ²⁶²泗沘³⁾南海中. 有死女尸, 身長七十三尺, 足長六尺, 陰長三尺. 或云身長十八尺, 在封龯⁴⁾二年丁卯.

²⁶³總章戊辰, 王統兵. 與仁問·欽純等至平壤, 會唐兵滅麗. 唐帥李勣獲高臧王. 還國. ^{263a}王之姓⁵⁾高故云⁶⁾高臧. ^{263b}按唐書高記, 現⁷⁾慶五年庚申, 蘇定方等征百濟, 後十二月大將軍契如何⁸⁾ ²⁶⁴爲⁹⁾浿¹⁰⁾道行軍大摠管, 蘇定方爲遼東道大摠

---

1) DB. 虎는 고려 2대 임금인 惠宗의 이름 '武'를 피휘한 것.
2) 규장각본, 파른본. 酉, 고증. 酉(酉). 이하 같다.
3) DB. ≪삼국사기≫ 권28, 백제본기 의자왕조에는 沘.
4) 파른본. 龯, 고증. 軋(乾), DB. 乾封. 乾封은 唐 高宗이 666~668년에 사용한 연호.
5) 파른본, DB, 규장각본. 모두 性, 고증. 性(姓).
6) 규장각본, 고증. 厷(云).
7) DB. ≪구당서(舊唐書)≫와 ≪신당서(新唐書)≫에는 顯. 顯慶은 唐 高宗이 656~660년에 사용한 연호.
8) DB. ≪구당서(舊唐書)≫와 ≪신당서(新唐書)≫의 高宗紀에는 契苾何力.
9) 규장각본, 고증.에는 주(注)로 처리하지 않았다. DB. 주로 처리했다.
10) 규장각본, 고증. 浿(浿). 이하 같다.

管, 劉11)伯英爲平壤道大摠管, 以伐高麗. 又明年辛酉正月, 蕭嗣業爲扶徐12)道摠管, 任雅相爲浿江道摠管, 率三十五萬軍以伐高麗. 八月甲戌, 蘇定方等及高麗13)戰于浿江敗亡. 乾封元年丙寅六月, 以麗同善·□14)高臨15)薛16)仁貴·李謹行等爲後援. 九月麗同善及高麗戰敗之. 十二月己酉, 以李勣爲遼東道行臺17)大摠管, 率六摠管兵以伐高麗. 總章元年戊辰九月癸巳, 李勣獲高臧王, 十二月丁巳獻浮18)于帝. 上元元年甲戌二19)月, 劉仁軌爲雞林道摠管以伐新羅. **265**而郷20)古記云, 唐遣陸路將軍孔恭·水路將軍有相, 與21)新羅金庾信等滅之, 而此22)云仁問·欽純23)等, 無庾信未詳.

266時唐之游兵. 諸將兵. 有留鎭而將謀襲我者. 王覺之. 發兵之. **267**明年. 高宗使召仁問等. 讓之曰, "爾請我兵. 以滅麗. 害之何耶." 乃下圓扉, 鍊兵五十萬.24) 以薛25)邦爲帥. 欲伐新羅. **268**時義相師西學入唐. 來見仁問, 仁問以事諭之. 相乃東還26)上聞, 王甚27)憚28)之, 會群. 臣問防禦策.

---

11) 규장각본, 고증. 파른본. 劃(劉). 이하 같다.

12) 규장각본, 파른본. 徐. 고증. 徐(餘). 이하 같다. DB. 餘의 오기.

13) 규장각본, 파른본. 麗. 고증. 麗(麗). 이하 같다.

14) DB, 규장각본, 파른본. 고(高) 앞에 빈칸. 고증. 빈칸으로 처리하지 않았다.

15) 파른본. 臨. 고증. 臨(侃), DB. ≪자치통감(資治通鑑)≫에는 侃.

16) DB. 薛의 오기.

17) DB. ≪삼국사기≫ 권6, 신라본기 문무왕 6년 조에는 軍.

18) DB. 俘의 오기.

19) DB. 만송문고본에는 一.

20) 파른본, 규장각본. 卿. 고증. 卿(鄕). 이하 같다.

21) 모든 자료에 興, DB. 與의 오기로 보인다.

22) 규장각본. 此. 고증. 此(此). 파른본. 此.

23) 규장각본, 고증. 純(純).

24) 모든 자료에는 万.

25) DB. 규장각본에는 薛.

26) 규장각본, 고증. 還(還).

角干金天尊²⁹⁾奏³⁰⁾曰 "近有明朗法師. 入龍宮. 傳秘法而³¹⁾來, 請詔問之." 朗奏曰 "狼山之南. 有神遊林, 創四天³²⁾王寺於其地, 開設道場.³³⁾ 則可矣." 時有貞州使走報曰, "唐兵無數至我境. 迴槧海上." 王召明朗曰 "事已逼至. 如何." 朗曰 "以彩帛假搆³⁴⁾宜矣." 乃以彩帛營寺, 草搆五方神像, 以瑜珈明僧十二貟. 明朗爲上首, 作文豆婁秘密之法, 時唐羅兵未交接. 風濤怒起, 唐舡皆没於水. 後改刱寺名四天王寺, 至今不墜壇席. **268a**國史大³⁵⁾改刱在調露元年己卯. **269**後年辛未. 唐更遣趙憲爲帥, 亦以五萬兵來征, 又作其法. 舡没如前. 是時翰林郎朴文俊. 隨仁問在獄中, 高宗召文俊曰, "汝國有何密法. 再發大兵. 無生還者." 文俊奏曰, "陪臣等來於上國. 一十餘年, 不知本國之事. 但遥聞一事爾, 厚荷上國之恩. 一統三國, 欲報之德, 新刱天王寺於狼山之南, 祝皇壽萬年. 長開法席而已." 高宗聞之大悅,³⁶⁾乃遣禮部侍郎樂鵬龜³⁷⁾使於羅. 審其寺. 王先聞唐使將至, 不宜³⁸⁾見玆寺, 乃別刱新寺於其南待之. 使至曰 "必先行香於皇帝祝壽之所天王寺." 乃引見新寺, 其使立於門前曰, "不是四天王寺. 乃望德遥山之寺" 終不入, 國人以金一千兩贈之. 其使乃還奏曰. "新羅刱天王寺. 祝皇壽於新

---

27) 규장각본, 고증. 萇(甚).

28) 파른본, 규장각본. 悼, DB. 규장각본과 조병순소장본에는 悼로 되어 있다. 문맥상 憚이 옳다.

29) DB. ≪삼국사기≫ 권7, 신라본기 문무왕 19년 조에는 存.

30) 규장각본, 파른본. 羮, 고증. 婓(奏).

31) 파른본, 규장각본, 고증. 而, DB. 以, 而의 오기로 보인다.

32) DB. 규장각본에는 大.

33) 모든 자료 塲. 고증. 場.

34) 모든 자료 搆. DB. 構의 오기.

35) 규장각본, DB. 대(大). 조병순소장본에는 云. 고증.에는 云(云).

36) 규장각본, DB. 고증. 恱(悅).

37) 규장각본, DB. 고증. 鵬(鵬)龜(龜).

38) 규장각본, 고증. 冝(宜).

寺而已." 因唐使之言. 因名望德寺. ^{269a}或系孝昭王代, 誤矣. 王聞文俊善奏.

帝有寬赦之意, 乃命强首先生. 作請放仁問表, 以舍人遠禹奏於唐. 帝見

表流涕, 赦仁問, 慰送之. 仁問在獄時, 國人爲刱寺. 名仁容寺, 開設觀音

道場, 及仁問來還, 死於海上, 改³⁹⁾爲彌陁道場, 至今猶存.

270大王御國二十一年. 以永隆⁴⁰⁾二年辛巳崩, 遺詔葬於東海中大巖上.

王平時常謂智義法師曰, "朕身後願爲護國大龍, 崇奉佛法, 守護邦家." 法

師曰 "龍爲畜報何." 王曰 "我猒⁴¹⁾世間榮華久矣, 若麤報爲畜, 則雅合朕

懷矣."

271王初即位置南山長倉, 長五十步, 廣十五步, 貯⁴²⁾米穀兵噐, 是爲右

倉, 天恩寺西北山上. 是爲左倉. **272**別本云. 建福八年辛亥. 築南山城, 周

二千八百五十步. 則乃眞德⁴³⁾王代. 始築而至此乃重修爾. 又始築富山城,

三年乃畢, 安北河邊築鐵⁴⁴⁾城. 又欲築京師城郭, 旣令眞⁴⁵⁾吏. 時義相法

師聞之. 致書報云, "王之政教明, 則雖草丘盡⁴⁶⁾地而爲城, 民不敢踰, 可以

潔災⁴⁷⁾進福, 政教苟不明, 則雖有長城. 災害⁴⁸⁾未消." 王於是■⁴⁹⁾罷其

役.⁵⁰⁾ **273**麟德三年丙寅三月十日, 有人家婢⁵¹⁾名吉伊一乳生三子. 總章

---

39) 규장각본, 파른본. 攺, 고증. 攺(改).

40) 규장각본, 파른본. 隆, 고증. 隆(隆).

41) 猒의 오기로 보인다.

42) 모든 자료 貯.

43) DB. ≪삼국사기≫ 권4, 신라본기 진평왕 13년 조에 남산성 축조 기사가 나오므로 德은 平
의 오기.

44) 규장각본, 파른본. 鐵, 고증. 鐵(鐵).

45) 모든 자료 眞. DB. 其의 오기.

46) DB. 畫의 오기로 보인다.

47) 규장각본, 파른본. 禊, 고증. 禊(禊)爰(災).

48) 규장각본, 파른본. 叐, 고증. 爰(災).

49) 파른본, 규장각본. 正, DB. ■. 고증. ?(正).

50) 역(役)의 이체자일 것이다. 고증. 伇(役), DB. 役의 오기.

三年庚午正月七,[52] 漢歧部一山級干, 一作成山何于[53]婢一乳生四子, 一
女三子.[54] 國給穀二百石[55]以賞之.　**274**又伐[56]髙麗以其國王孫还[57]國,
置之眞骨位.

275王一日召庶弟車得公曰, "汝爲冢宰. 均理百官. 平章四海." 公曰"陛
下若以小臣爲宰, 則臣願潛行國内, 示民間[58]徭役之勞逸・租賦之輕重・
官吏之清濁. 然後就職." 王聽之. 公著緇衣. 把琵琶. 爲居士形. 出京師.
經由阿瑟羅州 今**275a**溟州・牛首州 今**275b**春州・北原京, 今**275C**忠州. 至於武
珍[59]州 今**275d**海陽巡行里閈, 州吏安吉見是異人, 邀致其家. 盡情供億. 至
夜安吉喚妻妾三人曰, "今玆侍宿客居士者. 終身偕老." 二妻曰"寧不並
居. 何以於[60]人同宿." 其一妻曰"公若許終身並居, 則承[61]命矣," 從之.
詰旦居士欲辭行時曰, "僕京師人也, 吾家在皇龍皇聖二寺之間, 吾名端午
也, **275e**俗爲端午爲車衣. 主人若到京師. 尋訪吾家幸矣." 遂行到京師. 居家
宰. 國之制每以外. 州之吏一人. 上守京中諸曹. 注今之其人也. 安吉當
次. 上守至京師, 問兩寺之間. 端午居士之家, 人莫知者. 安吉久立道左,
有一老翁. 經過聞其言. 良久佇[62]思曰, "二寺間一家. 殆大内也, 端午者

---

51) 규장각본, 파른본. **婢**, 고증. 婢(婢).

52) 日 자가 누락되었을 것이다. 모든 자료 일치.

53) 何于는 阿干의 오기로 보이고, 一作成山何于는 세주로 보아야 할 것이다.

54) 규장각본과 만송문고본은 글자의 일부가 마멸되어 판독하기 어렵다. 파른본. 뚜렷한 子.

55) 규장각본, 고증. 石(石).

56) 규장각본. 代, 얼룩으로 지워졌을 것이다. 파른본 등 伐.

57) 규장각본, 파른본. 还, 고증. 还(還).

58) 閒의 오기.

59) 규장각본, 파른본. 珎, 고증. 珎(珍).

60) 규장각본, 파른본은 글자의 일부가 덧칠되어 판독하기 어렵다. 그러나 파른본을 보면 旅로
해석해도 좋을 것이다. 육안으로도 於는 힘들며, 해석이 어렵다.

61) 규장각본, 파른본. 承, 고증. 承(承).

62) 규장각본, 파른본. 久佇, 고증. 久(久)佇(佇).

乃車得令公也, 潛行外郡時. 殆汝有緣契乎." 安吉陳其實老人曰 "汝去宮
城之西故⁶³⁾正門. 待宮女出入者告之." 安吉從之. 告武珍州安吉進於門
矣. 公聞而走出. 携手入宮, 喚出公之妃. 興⁶⁴⁾安吉共宴, 具饌至五十⁶⁵⁾
味. 聞於上. 以星浮山 一作星損乎山 下. 爲武珍州上守繞⁶⁶⁾木田, 禁人樵探.
人不敢近, 內外欽羨之. 山下有田三十畝.⁶⁷⁾ 下種三石, 此田稔歲. 武珍州
亦稔, 否則亦否云.

풀이

259 三國遺事 卷第二

260 문호왕법민(文虎王法敏)

261 왕은 용삭 원년 신유년(661)에 왕위에 올랐다. **262** 사비의 남쪽에 여
자 시신이 떠올랐는데, 그 신장이 73척이나 되고, 다리의 길이는 6척,
음장도 3척이나 되었다. 신장이 18척이었다고도 하는데, 그것은 봉건
(乾封) 2년 · 정묘년(667)의 일이었다.

총장(원년) 무진년(668)에 문무왕이 병사를 통솔하고 김인문 · 김흠
순 등과 함께 평양으로 말을 몰아, 그 땅에서 당의 군사와 합류하여
고구려를 멸망시켜 버렸다. 당군의 수령이었던 이적은 (고구려의) 고
장왕(보장왕)을 포로로 하여 그 나라로 돌아갔다. **263a** 왕의 성이 고(高)이었기
때문에 고장(高臧)이라고 한다. 당서의 고종기를 보면, 현경 5년 · 경신년(660)에 소정방이 이끄는

---

63) 규장각본, 파른본. 牧, 고증. 故(歸).
64) 규장각본, 파른본. 興, 與의 오기.
65) 규장각본과 만송문고본은 글자의 일부가 마멸되어 판독하기 어렵다.
66) 燒의 오기로 보인다.
67) 규장각본, 파른본. 畆, 고증. 畝(畝).

군사들이 백제를 정벌했는데, 그 후 12월에는, 대장군계여하를 [264]패도행군대총관으로, 소정방을 요동도대총관으로, 유백영을 평양도대총관으로 각각 임명하여 고구려를 정벌하고, 또 이듬해 신유년(661) 정월에는, 소사업을 부여도총관으로, 임아상을 패강도총관으로 임명하여 35만의 군사를 이끌고, 고구려를 정벌했다. 8월 갑술일에 소정방은 고구려에 이르러, 패강에서 교전했으나, 패하고 말았다. 그래서 건봉 원년 병인년(666) 6월, 방동선·고간·설인귀·이근행 들을 후원군으로 보냈다. 9월이 되어 방동선은 고구려에 이르러 교전했으나, 또 패하고 말았다. 12월 기유일, 이번에는 이적을 기용하여 요동도행대(군)대총관으로 임명하여, 6총관의 군사를 이끌고 고구려를 정벌했다. 총장 원년·무진년(668) 9월 계사일에, 이적은 마침내 고장왕을 포로로 삼고, 12월 정사일에 이것을 부로로서 고종제에게 바쳤다. 상원원년·갑술년(674) 2월에는 유인궤를 계림도총관으로 임명하여 신라를 정벌하게 했다.

[265]그래서 향고기를 보니, 당은 육로장군 공공·수로장군 우상과 신라의 김유신 등을 고구려에 보내어, 이것을 멸망하게 했다고 전하고 있다. 그럼에도 불구하고 위 글 가운데에 인문이나 흠순 등에 대해 언급하면서, 유신의 이름이 보이지 않는 것은 이상한 것으로서, 어떻게 된 영문인지 지금으로서는 상세하지 않다.

[266]그때 당의 잔병이나 많은 장병들은 그 주둔지에 들어가 당장이라도 신라를 습격하려고 했다. 문무왕은 재빨리 이것을 알고, 그 주둔지로 군사를 보내, 그 음모를 제압해 버렸다.

[267]다음 해(총장 2년, 669년), 고공은 사람을 보내 인문 등을 불러, '너희들은 우리 당의 원군을 요청하고, 그 덕분에 고구려를 멸망시

켰는데, 그런데 당의 군사를 해치는 것은 무슨 까닭인가.'

이라고 꾸짖고, 곧 바로 인문을 감옥에 넣어 버렸다. 그리고 정예병사 50만으로, 그 통수로는 설방을 임명하여, 신라를 치려고 했다.

268그때 (신라 승려인) 의상은 서학을 스승으로 하여 입당했는데, 우연히 인문과 만났다. 인문은 의상에게 전후의 사정을 자세하게 들려줬다. 의상은 이윽고 동쪽을 향하여 고국에 돌아와, 이것을 왕에게 아뢰었더니, 왕은 인문의 몸을 크게 염려하여, 군신을 모아 방어책에 대하여 의견을 들었다. 그러자 각간인 김천존이,

'근래에 명랑(明朗)법사라는 자가 있는데, 용궁에 가서 비법을 가지고 돌아와 있다는 것이옵니다. 부디 이 사람을 불러 방어책에 대하여 물으셨으면 하옵니다.'

라고 아뢰었다. 부름을 받은 명랑은,

'낭산(狼山)의 남쪽에 신유림이라는 숲이 있사옵니다만, 그 땅에 사천왕사를 창건하시어 도량을 개설하신다면, 일은 잘 풀릴 것이옵니다.'라고 말했다. 마침 그때 정주(貞州)의 사자가 달려와 보고하는 것에 의하면,

'헤아릴 수 없는 당의 군사가 우리나라 경계에 닥쳐왔기 때문에, 바다 위를 돌아 달려왔습니다.'

라는 것이었다. 왕은 다시 명랑을 불러

'사태는 이미 긴박하다. 어찌하면 좋은가.'

라고 물었다. 명랑은

'고운 빛깔의 비단을 이용하여 임시로 절을 만드는 것이 좋습니다.'

라고 대답했다. 그래서 물감을 입힌 비단을 이용하여 절을 만들고, 처음에 5방(동서남북중앙)의 신상(神像)을 만들어, 유가(瑜伽)의 명승 12명

으로 하여금 모시게 함과 동시에, 그 석좌에는 명랑을 앉히고, 문두루의 비법에 따라 액을 물리쳤다. 그러자 그때 아직 당과 신라의 군사는 창끝을 대지도 않았는데, 큰 파도와 바람이 일어나, 당군의 배는 모두 물에 빠지고 말았다. 이런 일이 있고 나서 다시 절을 지어, 사천왕사라고 이름을 지었는데, 오늘날에 이르기까지 그 당시의 제단에 놓였던 좌석의 흔적이 남아 있다. [268a]국사를 펼쳐 보면 사천왕사가 다시 창건된 것은, 조로 원년인 기묘년(679)의 일이라고 하고 있다.

[269]나중에 신미년(671)에 당은 한층 더 조헌을 총수로 하여 5만의 군사로 습격을 해 왔으나, 이때에도 위의 비법을 펼쳤더니, 완전히 똑같이 당의 군함은 가라앉아 버렸다. 이때 한림랑의 직위에 있던 박문준도 인문과 함께 옥중에 잡혀 있었다. 고종은 문준을 불러

'너희 신라에는 무언가 비법이 있는가. 또 다시 대군을 파견했는데도, 살아 돌아온 자가 완전히 없지 않은가.'

이라고 물었다. 이것에 대해 문준은 아뢰기를

'가신인 저희들이 이 나라에 와서 벌써 10년에 이르는 세월이 흘렀기 때문에, 자기 나라 일에 대해서 이제 아무것도 모릅니다. 다만 미미하게 전해 들은 것은, 다음과 같은 하나이옵니다. 신라는 가늠할 수 없을 만큼의 은혜를 입은 덕분에 삼국을 통일하게 되었습니다만, 그 은혜에 보답하고자 새롭게 천왕사를 낭산의 남쪽에 창건하고, 영원히 변하지 않는 황제폐하의 장수를 축복함과 동시에, 오래토록 법회를 열게 되었습니다.'라고 아뢰었다.

고종은 이것을 듣고 매우 크게 기뻐하여, 서둘러 예부시랑인 악붕구를 사절로 삼아 신라에 보내, 그 절을 살피도록 했다. 문무왕은 미리 당의 사자가 올 것이라는 것을 듣고, 사천왕사가 눈에 띄면 곤란하

다고 하기 때문에, 다른 새로운 절을 그 남쪽에 창건해 두고, 그 도착을 기다리고 있었다. 이윽고 도착한 사자는,

'여하튼 우리 황제 폐하의 장수를 축복한다고 들은 그 천왕사를 찾아 향을 태우고 싶다.'

라고 바랐다. 그래서 준비해 둔 새로운 절로 안내를 했더니, 그 사자는 문 앞에 선 채로

'저것은 그 천왕사가 아닌가.'

라고 말하며, 덕요산 쪽에 보이는 절을 바라보고, 결국 새 절에 들어가려고 하지 않았다. 곤란한 신라 사람들은 뇌물로서 1천 냥을 냈더니, 사자는 아무 말 없이 돌아갔다. 그리고

'신라는 천왕사를 새로이 건립하여, 황제폐하의 장수를 이 새로 지은 절에서 기도했음에 지나지 않습니다.'이라고 아뢰었다.

신라에서는 이 당의 사자가 했던 말에 의해 이 새 절을 망덕사라고 이름 지었다. **269a**망덕사의 창건을 孝昭王과 관련짓는 것은 잘못이다. 문준이 요령 있게 말했기 때문에, 당의 황제가 인문 등을 용서해도 좋다는 관대한 기분이 되어 있다는 것을 전해들은 문무왕은, 즉시 강수선생에게 명하여, 인문 사면을 위한 진정서를 갖추어, 내신 원우를 사자로 세우고, 그 취지를 당에 진상하게 했다. 황제는 그 상표(上表)를 보고 눈물을 지으며, 인문을 사면만 하는 것이 아니라, 오랫동안의 노고를 치하하며, 고국으로의 여정에 오르게 했다. 인문이 옥에 갇혀 있었을 때, 신라 사람들은 인문을 위하여, 하나의 절을 일으키고 인용사라고 이름 짓고, 그곳에 관음도장을 개설했다. 그런데 인문이 돌아오는 도중에 바다 위에서 죽었다는 불행이 전해지자, 사람들은 그것을 미타도장이라고 개명했다. 그 도장은 지금도 또한 남아 있다.

270(문무)대왕은 나라를 다스리는 것이 21년에 이르렀으나, 영융 2년인 신사년(681)에 죽었다. 유언대로 동해에 떠 있는 커다란 바위 위에 장례를 치렀다. 왕은 평소 지의법사에게,

'사후, 내 몸은 원하건대 호국의 대룡이 되어, 불법을 숭상하며 이 나라를 수호하고 싶다.'

라고 말했다. 법사가

'용이라고 말씀하시어도 역시 짐승은 짐승이옵니다. 용 따위가 되어 무엇을 보답하려고 하시는 것입니까.'

라고 했더니, 왕은,

'나는 이 세상의 영화에 질색을 하고부터, 이제 오랜 세월이 지났다. 내세에도 험난한 인과응보의 법칙에 의해 짐승으로 바뀌었다고 해도 그것이야말로 나의 염원을 갖추었다는 것이 될 것이다.'

라고 말하였다.

271처음에 왕이 즉위하시자, 남산에 길이 50보, 폭 15보나 되는 긴 창고를 두고, 곡식이나 병기의 저장에 사용했다. 이것이 우창(右倉)이고, 천은사 서북쪽 산 위에 만들어진 것이 바로 좌창(左倉)이었다. **272**별본에 의하면, 건복 8년 신해년(591)에, 주위가 2,850보나 되는 남산성이 지어졌다는 것이다. 그러나 남산성은 두말할 것도 없이 진덕(眞興 혹은 眞平의 잘못)왕대에 짓기 시작했던 것이고, 이때에 이르러 거듭 수축(修築)되었던 것에 지나지 않는다. 또 왕은 처음에 부산성을 쌓고, 3년에 이것을 완성시켜 버렸다. 인북하의 강변에는 철성을 쌓고, 더 나아가 도읍에도 성곽을 만들고 싶어, 그 부서에 속한 자에게 명하여 완전하게 그 준비를 갖추게 했다. 그런데 마침 의상법사가 이것을 듣고

'왕이 하시는 정사에 한 점의 구름도 없고, 인민도 잘 교화가 되어 있을 때에는, 들판이나 언덕 위에 땅을 나누어 성을 쌓는다고 해도, 그 때문에 인민이 괴로워하는 일은 없사옵니다. 힘껏 재앙을 떨치는 것에 좋은 결과가 나올 것이옵니다. 그러나 만일 잠시라도 그렇지 않을 경우에는, 장성을 쌓는다고 해도 나라의 재해를 없앨 수는 없을 것이옵니다.'

라고 서면으로 아뢰었다. 왕은 이 의상법사의 말을 접하자마자, 바로 축성을 위한 과역에서 인민을 풀어 버렸다.

273 인덕 3년, 병인년(666) 3월 10일, 사람을 접대하는 하녀이며, 이름을 길이라고 하는 자가, 한꺼번에 세 아이를 낳았던 일이 있었다. 총장 3년 경오년(670) 정월 7일에도, 한기부의 일산급간흑은 成山何(阿)干 이라고도 하는데의 식모가, 여자아이 한 명과 남자아이 세 명, 모두 4명의 아이를 한꺼번에 낳았다. 나라에서는 곡식 200석을 보내 이것을 칭찬하였다.

274 또 고구려를 쳤는데, 그 국왕의 손자가 신라로 옮겨 왔기 때문에, 진골의 관위를 베풀었다.

275 왕은 어느 날, 배다른 동생인 차득공을 불러 '너는 총재의 소임을 다해, 모든 관료를 통솔하여 천하를 공정하게 다스려라.'

라고 명했다. 공은 이것을 듣고, '폐하에게 아룁니다. 만일 저 같은 소신을 재상을 맡기시려고 하신다면, 원하는 것은 암행으로 온 나라를 돌아보게 해 주셔서, 노역자의 고생, 조세, 부과의 경중, 또 관리의 공정 등에 대하여 인민에게 물어보고, 그 후 바라시는 관직에 오르겠사옵니다.'

라고 아뢰었다. 왕은 이 간청을 받아들였기 때문에, 공은 먹물을 입힌

옷으로 변장을 하고, 손에는 비파를 들고, 불도를 수행하는 차림새로 도읍을 뒤로하였다. 그리고 아슬라주^{275a}지금의 명주, 우수주^{275b}지금의 春州, 북원경^{275c}지금의 원주 등을 지나, 무진주^{275d}지금의 해양까지 발을 옮기며 촌락을 순행했다. 주(州)의 관리인 안길은, 보통 사람으로는 보이지 않는 공을 보고 자신의 집으로 초대하여 음식을 대접하고, 마음이 편하도록 진심을 다했다. 밤이 되자 안길은 처와 첩 3명을 불러,

'지금 머물고 계시는 거사의 곁에 시중드는 자는, 함께 일생을 보내도록 하시오.'

라고 말했다. 그 가운데 두 사람은

'함께 사는 것도 아닌데, 어찌하여 동침을 할 수 있을까요.'

라고 했으나, 나머지 한 명은

'만일 공이 일생을 곁에 있는 것을 허락하신다면, 그 분부를 받겠습니다.'

라고 대답했다. 다음 날 아침 일찍 거사는 작별을 알리고 출발을 하려고 할 때,

'자신은 도읍에 있는 자로, 집은 황룡과 황성(奉聖?) 두 절 사이에 있으며, 저의 이름은 단오라고 합니다.^{275e}흔히 端午를 車衣라고 한다. 만일 주인이 도읍에 오르시는 기회가 있어, 내 집을 찾아 주신다면 다행이겠습니다.'

라는 말을 남겼다. 공은 그 후에도 여행을 계속하다가 도읍에 다다라, 재상의 지위에 올랐다. 나라의 제도에는, 도읍 바깥에 있는 주(州)로부터 늘 한 관리가 당직자로서 도읍에 올라, 도읍 안에 있는 여러 관청에 복무하게 하는 것이 있었다. 지금의 其人⁶⁸⁾이다. 안길은 당직자로서 다음 순번이었기 때문에, (그 임무를 다하기 위하여)도읍에 올랐다. 그리

고 전에 들었던 두 절 사이의 단오거사의 집은 어디인지 물어 봤으나, 그것을 아는 사람은 아무도 없었다. 안길이 할 수 있는 것은 없어, 그저 길가에 서 있자, 한 노옹이 나타나 앞을 지나가다가. 안길의 말을 듣고, 잠시 멈추고 가만히 생각을 하다가,

'두 절 사이의 하나의 집이라고 하는데, 그것은 거의 궁궐임에 틀림없다. 또 단오라는 것은, 분명히 차득공 이외는 없다. 공이 암행으로 순회하셨을 때, 아마 무언가 공과의 인연을 가진 것은 아닌가요.'

라고 하며 말을 건넸다. 그래서 안길은 그때의 일을 그대로 말했더니, 노인은,

'그대가 궁성을 서쪽으로 돌아, 정문이 있는 곳으로 가서, 그곳에서 성으로 출입하는 궁녀를 기다렸다가, 일의 자초지종을 알리는 것이 좋네.'

라고 알려줬다. 들은 대로

'무진주의 안길이옵니다.'

라고 말하고, 문을 들어갔다. 한편 안길의 방문을 들은 공은, 달려나와 그 손을 잡고, 궁궐 안으로 안길을 데리고 들어갔다. 공의 부인도 불러 안길과 함께 주연이 벌어지고, 베풀어진 진수성찬은 50가지나 이르렀다.

276그 풍경은 이윽고 왕에게도 전달되어, 성부산**276a**혹은 星損乎山이라고도 한다. 일대를 무진주 상수(上守)의 요목전이라고 지정하고, 사람이 나무를 자르는 것을 금지했다. 사람들은 감히 그곳에 가까이 가려고 하

---

68) 고려, 조선 시대에 지방호족 및 토호의 자제가 중앙에 올라와서, 그 출신 지방의 행정에 고문 역할을 하는 사람.

삼국유사 권제2

지 않았고, 모든 사람은 이것을 부러워했다고 한다. 이 산 기슭에는
30무(畝)69)의 밭이 있고, 3석의 종자를 뿌릴 수 있었다. 이 밭의 곡식
이 잘 익은 해에는, 무진주도 또한 잘 익었고, 그렇지 않으면 무진주
도 또한 영글지 않았다고 전해지고 있다.

주해 **259**○【三國遺事卷第二】원래, 이곳은 '유' 권제5의 머리글에 보이듯이

三國追事卷第二

國尊曹溪宗迦佳智山下麟角寺持圓鏡沖照大照師一然撰

이라고 권차의 다음에 찬술자 이름을 적었을 것이나, 현존의 정덕간본
(중종 임신년·서기 1512)에는 모두 빠져 있다. 또 '유'의 편목은 제1부터
제9까지 있는데, '유' 권제2는 편목으로는 '기이 제2'에 해당하기 때문에,
이곳은 '유' 권제3 이하의 형식에 따라

三國遺事卷第二

紀異第二

가 되어야 할 것이다.

260○【文虎王法敏】신라 제30대 문무왕 mun-mu-waṅ(626-681)(재위 661-
681), 이름은 법민. 왕은 제29대 태종무열왕의 맏이이고, 어머니는 금관
국왕계의 문명왕후, 왕비는 파진찬 선품의 딸인 자의왕후이다. 문호왕
(文虎王)이라고 '유'에 기록하고 있는 것은 주해 9에도 있듯이, 고려 혜종
의 휘 '武'를 피하여 '虎'라고 한 것이다. '유'에 이 용례가 많은 것은 이미
자주 보았다. 또한 문무왕에 관해서는 '유' 권제1 태종춘추공 조의 주해
237(태자법민의 항목)에 자세하기 때문에, 그것을 참조하기 바란다.

261○【王初卽位龍朔辛酉(酉)】태종무열왕은, 그 21년(661)에 죽었기 때문

---

69) 이랑, 전답의 넓이를 일컫는 말로서, 6척 사방을 步. 100步를 1畝라 함.

에, 태자 법민이 왕위에 올랐다. 이것이 문무왕인데, 이 해는 마침 당의 용삭(龍朔) 원년·신유년이었다. 용삭은 당 고종 조 원호의 하나이다.

262○ 【泗沘(沘)】 '유' 권제1·태종춘추공의 조 참조.

○ 【封軋(乾)二年丁卯】 서기 667년에 해당한다. 건봉은 당 고종 조 원호의 하나이다.

263○ 【總章戊辰】 당 고종의 총장 원년(668)을 말한다. 총장(總章)은 당 고종 조의 원호의 하나이다.

○ 【王統兵 … 至平壤. 會唐兵. 滅麗】 고구려 토벌에 대한 상세한 것은, '나기' 문무왕 8년 조, 11년 조에 보이는 "문무왕이 설인귀에 보내는 글", '여기' 보장왕 조나 "신구당서" 고종본기 및 고구려전, "자치통감" 등의 중국사에 보인다. 문무왕은 이 해(668) 6월 27일에 왕경을 나서, 7월 16일에 한성주(경기도 광주)에 들어가, 여러 주의 총관이 이끄는 대군을 평양으로 진격하게 하여, 치천지원에서 고구려군을 격파한 후, 당 이적의 군과 함께 평양성을 포위했다. 그리고 그 공격에 1개월 남짓한 9월 계사(12일)에 고구려를 항복시켰다. [참조] 池内宏 '高句麗討滅の役に於ける唐軍の行動'("滿鮮史研究", 上世第二冊).

○ 【仁問】 문무왕의 동생. 상세한 것은 '유' 권제1·태종춘추공 조(주해 237) 참조.

○ 【欽純(純)】 흠춘(欽春)이라고도 한다. 純과 春은 음 상통. 김유신의 동생으로, 신라의 현장(賢將) 혹은 명재상으로서 알려졌다. 그의 이야기는 '사' 김영윤 전에도 있는데, '유' 권1·김유신 조 참조.

○ 【李勣】 '유' 권제1·태종춘추공 조 참조.

○ 【高臧王】 고장(高藏)은 고구려국의 마지막 왕인 보장왕(재위 642-668)을 말한다. 高는 고구려왕의 성. 왕의 아버지는 대양(제27대 영류왕의 동생)인데, 보장은 고구려의 권신 연개소문이 642년에 영류왕을 살해한 뒤, 그의 옹립을 받아 왕위에 올랐다. 이어서 643년에는 개소문의 말에 따라 당에서 도교를 수입했는데, 644년 이후 계속 당군의 침입을 받고, 결국 668

년에 멸망의 슬픔을 당했다. 그리고 왕은 왕자, 대신들과 함께 당의 총사 령관 이적에 의해 당으로 잡혀갔는데, 667년에 안동도호부가 신성(撫順)으로 다시 이전하게 되자, 그쪽의 고구려 유민인 안집에 의해 당으로부터 요동도독조선군왕으로 책봉되어 요동으로 보내졌다. 그러나 도착하자마자 말갈과 내통하여 반란을 꾀하게 됨에 따라, 소환되어 공주(邛州)로 유배되어 682년에 객사했다. 죽은 뒤 위위경을 받고 힐리의 묘 왼쪽에 묻혔다.

263a○ 【王之性(姓)高. 故去(云)高臧】 고씨 성의 유래에 대해서는 '유' 권제1·고구려 조(주해 88)에 있기 때문에, 그것을 참조.

263b○ 【按唐書高記. … 契如何】 '국역일체경본'에는, 이 글은 주(注)로 하지 않고 본문으로 해야 할 것이라고 하는데, 이것은 원문대로 주로 해야 할 것이다.

○ 【店書高記】 "당서" 고종 기(紀)를 말한다.

○ 【現慶五年庚申】 현경(現慶)은 당 고종 조의 원호인 현경(顯慶)을 말한다 (現과 顯은 음 상통에 의한다). 顯慶五年庚申은 서기 660년에 해당한다.

○ 【蘇定方等征百濟】 '유' 권제1·태종춘추공 조 참조.

○ 【十二月云云】 "당서" 고종본기의 현경 5년 12월 壬午 조에 '左驍衛將軍大將軍契苾何力. 爲浿江道行軍大總管. 蘇定方爲遼東道行軍大總管, 左驍衛將軍劉伯英爲平壤道行車大總管. 以伐高麗'라고 보인다.

○ 【契如何】 계필하력(契苾何力)의 잘못일 것이다. 계필하력은 철륵가론이 물시막하가한의 손자. 9세 때 아버지를 여의었으나, 정관 6년(632)에 어머니와 함께 1,000여 명의 군중을 이끌고 사천에 이르러 당에 복속했다. 그리고 그는 당의 좌령군 장군이 되어, 635년에 토곡혼을 토벌하고 공을 세웠고, 640년에는 고창을 평정했다. 더 나아가 당의 고구려 원정이 시작되자, 요동을 정벌하고 한층 더 구자(龜玆)를 평정했다. 태종이 죽자, 이를 뒤따르려고 했으나, 고종의 권유로 그만두었다. 영휘 때에 서돌궐을 정벌했는데, 재차 고구려 원정군이 일어나자, 그때마다 평정했고, 결국 668년에는 그 목적을 이루었다. 총장·의봉 때에 토번·토곡혼이 빈번

하게 침입했기 때문에, 이것을 정벌하러 갔다가 전사했다. [참고] "신구당서" 契苾何力傳. "資治通鑑"(201).

264○ 【爲淇(浿)道行軍大摠管 … 總章元年戊辰九月癸巳. 李勣獲高藏王. 十二月丁巳. 獻浮(俘)干(于)帝】이 일련의 글은 이 앞의 263b '按唐書高記 … 十二月. 大將軍契如何'의 뒤에 이어서 주(注)가 되어야 할 것이다.

○ 【淇(浿)道行軍大摠管】패강도행군대총관(浿江道行軍大摠管)을 말할 것이다. 패강에 대하여 '유' 권제1·위만조선 조(주해 14, 14a) 참조.

○ 【劉(劉)伯英】'유' 권제1·태종춘추공 조 참조.

○ 【以伐高麗】'十二月云云'의 항목에 인용한 "신당서" 고종본기 참조.

○ 【明年辛酉(酉)正月】글의 뜻 및 간지로 보아도, 明年辛酉는 서기 661년 (당의 용삭 원년) (文武元年)에 해당한다. "신당서" 고종본기·용삭 원년 정월 무오 조에 '鴻臚卿蕭嗣業. 爲扶餘道行軍總管. 以伐高麗.'라는 것에 바탕을 둔 기사이다.

○ 【蕭嗣業】소우(후량 명제 아들)의 조카 균(鈞)의 형의 아들. 어릴 때부터 수 양제를 따라 돌궐에 들어갔다. 정관 9년에 당에 돌아왔는데, 그 돌궐과 잘 통하는 까닭에 돌궐의 군중을 다스렸다. 그리고 홍려경 겸 단우도호부장사가 되었고, 이윽고 고구려원정이 일어나자 이를 따랐다. 그러던 중에 돌궐이 반란을 일으키자 이에 맞섰으나, 패배하고 계주로 유배되었다. [참고] "신당서" 소우 전.

○ 【任雅相. 爲淇(浿)江道摠管. 率三十五萬軍. 以伐高麗】"신당서" 고종본기·용삭 원년 4월 경진 조에 '任雅相. 爲浿江道行軍總管. 契苾何力爲遼東道行軍總管. 蘇定方爲平壤道行軍總管. 蕭嗣業爲扶餘道行軍總管. 右驍衛將軍程名振爲鏤方道行軍總管. 左驍衛將軍麗孝泰沃沮道行軍總管. 率三十五萬軍. 以伐高麗'라고 되어 있다. 원문은 정월의 일처럼 되어 있으나, 4월의 일이기 때문에, 四月이라는 2자를 삽입해야 할 것이다. 또 임아상은 고구려 원정 중에 죽었는데, 현경 초년에는 이륙도행군대총관 소정방의 지휘하에 소사업 등과 돌궐로 출정(할 때에, 임아상은 연연도호,

소사업은 부도호였다)했다. [참고] "신당서" 돌궐 전.

○ 【八月甲戌. 蘇定方等. 及高麗(麗). 戰于浿(浿)江. 敗亡】 "신당서" 고종본기·용삭 원년의 '八月甲戌. 蘇定方及高麗戰於浿江. 敗之'에 바탕을 둔 글이다. 용삭 원년의 난에 대해서, 요동도행군총관인 계필하력 등은, 요동에서 압록강 방면으로 진격하여 천남생이 이끄는 고구려군과 싸워서 크게 이겼다. 또 계필하력과 서로 전후해서 따로 바닷길로 대동강을 거슬러 올라가 평양성에 다가간 평양도행군총관 소정방 등은, 성을 포위하고 해를 넘겼으나, 함락시키지는 못하고, 게다가 패강도행군총관 임아상이 도중에 죽고, 옥저도총관 방효태가 고구려군과 사수(평양의 동북방, 합장강) 물가에서 패배했기 때문에, 그 포위망을 뚫고 돌아왔다. 방효태는 영남의 군사를 이끌고 천개소문의 군과 싸웠던 것이다. [참고] "자치통감", "신당서" 고려전, 및 池内宏·前掲論文.

○ 【乾封元年丙寅六月. … 九月 … 敗之】 건봉 원년 병인은 서기 666년에 해당하고, 건봉(乾封)은 당 고종 조 원호의 하나이다. 백제는 660년에 신라·당 연합군에 의해 일단 멸망했는데, 귀실복신 등에 의해 부흥이 기도되었고, 그 부흥군의 힘은 왕성해져 주둔하던 당군은 위기에 빠졌다. 그래서 당은 고구려원정을 중지하고 다시 백제의 진압에 힘썼다. 그러한 가운데 고구려는 실력자 천개소문이 죽고, 내분이 일어나 개소문의 맏아들 남생이 당에 항복해 왔다. 그래서 고구려 원정이 재개되었는데, "신당서" 고려전에는 '(乾封元年) 六月壬寅. 高麗泉男生請內附. 右驍尉大將軍契苾何力爲遼東安撫大使. 率兵援之. 左金吾衛將軍龐同善·營州都督高偘爲遼東道行軍總管. 左武衛將軍薛仁貴·左監門衛將軍李謹行爲後援. ○九月. 龐同善及高麗戰敗之.'라고 되어 있다.

○ 【龐同善】 "신당서" 고려전, "자치통감"에 의하면, 천남생이 당에 항복했을 때, 그는 금오위장군이었는데, 고구려를 다시 공격하여 고구려군을 격파하고 남생과 만날 수 있었다.

○ 【高臨(侃?)】 "자치통감"(201), "책부원구", "당서" 등에는 고간(高侃) 혹은

고간(高偘)으로 하고 있다. 그는 영휘 원년(650)에 돌궐의 차비가한을 잡아 공을 세우고, 건봉 원년에는 위와 같이 고구려 토벌에 참가했으나, 함형 원년(670)에는 고구려인인 겸모잠이 반란을 일으켜 평양을 공격했기 때문에, 이근행과 함께 당군을 이끌고 평양방면으로 향하여 반란을 진압했다. 이때 고간은 한(漢) 군사의, 근행은 번(蕃) 군사의 사령관으로서였다. 또 다음 해 671년에는 요동의 안시성 방면에서 고구려 유민의 반란이 일어났기 때문에, 그는 되돌아가서 이를 평정했다. 더 나아가 672년에는 겸모잠의 남은 군중과, 이를 지원한 신라군을 재녕강 평야에서 격파했다. 池內宏 '高句麗滅亡後の遺民の判亂及び唐と新羅との關係'("滿鮮史研究"上世第二冊).

○ 【薛(薛)仁貴】 614-683년. 강주 용문 사람. 인귀는 정관 말에 태종의 고구려 토벌에 응모하여 공을 세우고, 유격장군으로 발탁되었고, 전후 우령군 중랑장에 뽑혔다. 고종 현경 2년(657), 다시 요동 경로를 따라 고구려 군을 쳐부수고, 3년에는 거란을 흑산에서 격파하고 거란왕 아복고를 잡았다. 후에 또 구성 돌궐을 천산에서 물리치고 국경의 근심을 없앴다. 건봉 초에 세 번째 고구려를 치고 결국 이것을 멸망하게 하고, 그 공에 의해 우위위대장군을 받고 평양군공으로 책봉되어 검교안동도호를 겸하여 병사 2만을 이끌고 유인궤(부도호)와 평양으로 갔다. 그리고 이내 신성(撫順)으로 옮겨 고로를 잘 다스려 도적을 제압하고, 인재를 잘 다스렸으며, 직무에 임하여 절의를 가지고 치적을 올렸기 때문에, 고구려의 민중은 이를 흠모하여 망국을 잊었다고 한다. 그러나 함형 원년(670), 토번[70]이 쳐들어오자 나파도행군대총관으로 임명받고 이를 쳤는데, 부장[71]이 명을 따르지 않아 당군이 대패하여, 결국 토번과 화평을 하고, 자신은 책임을 지고 제명되어 서민이 되었다. 한반도에서는 신라가 고구려 유민의 반란을

---

70) 티베트족.
71) 무관 벼슬.

이용하여 백제 옛 땅을 병합했기 때문에, 그 죄를 묻기 위하여 당은 바다를 통해 정벌군을 보냈는데, 인귀는 계림도총관이 되어 옛 백제 지역에 상륙했으나, 신라군에게 격퇴당했다. "인귀가 문무왕에게 보낸 글"과 "문무왕이 인귀에게 보낸 글"은 '나기' 문무왕 11년 조에 전해지고 있다. 더 나아가 인귀는 정월 15일에 일이 생겨 상주(象州)로 유배되었다가, 사면을 받고 또 개요 원년(681)에 기용되어 돌궐군을 대파했으나, 영순 2년에 나이 70세로 죽었다. [참고] "신구당서" 설인귀전. 또 설인귀에 관해서는 삼전을 천산으로 삼았다는 그 치적을 편곡한 원래의 장국빈(張國賓) 찬이 되는 원곡이 있다.

○ 【李謹行】 말갈인. 그의 아버지는 돌지계부(突地稽部) 촌장이었는데, 수나라 말에 영주에 있었다. 그러나 당의 고조 무덕 때에 돌궐이 유주를 습격해 왔을 때, 이것을 물리치고, 태종의 정관 때 이(李)씨 성을 하사받았다. 아들인 근행은 용모와 용맹이 뛰어나, 승진하여 영주도독이 되었고, 또 당의 장군으로서 고구려 정벌 때, 고구려 유민의 반란 진압, 신라 문죄의 난, 외에 많은 전쟁에 나가 공을 쌓았다. [참고] "신구당서" 이근행 전.

○ 【十二月巳(己)酉(酉). 以李勣 … 率六摠管兵. 以伐高麗】 "신당서" 고종본기와 같은 글이다. 건봉 원년 12월, 당 고종은 이적을 총사령관으로 임명하여, 요동에 가 있던 계필하력 · 방동선 등이 여러 장군과 협력하여 고구려를 토벌하도록 했다. 여섯 총관은 계필하력 · 방동선 · 독고경운(압록강) · 돈대봉(적리도) · 유인원(필렬도) · 김대문(해곡도) 6명이다.

○ 【總章元年戊辰九月癸巳. 李勣獲高臧王】 주해 263의 고장왕 참조.

○ 【十二月丁巳. 獻浮(俘)干(于)帝紀】 "신당서" 고종본기에는 '(총장 원년) 十二月丁巳. 俘高臧以獻.' "자치통감"(唐紀)에는 '(총장 원년) 十二月丁巳. 上受俘于含元殿.'이라고 보인다.

○ 【上元元年甲戌二月. 劉(劉)仁軌爲鷄林道摠管. 以伐新羅】 이 글은 "신당서" 고종본기와 거의 같다. 그러나 이 기(紀)에는 二月은 二月壬申, 總管은 大總管이라고 되어 있다. 또 上元元年甲戌은 서기 674년(상원은 고종

조 원호의 하나)이다. 이미 말한 바와 같이, 고구려 멸망 후, 당은 신라의 백제 옛 땅 침략의 죄를 묻고자, 함형 2년(671)에 설인귀를 계림도총관에 임명하여 수군을 이끌고 동정(東征)하게 했으나 실패했다. 그래서 당은 검모잠의 잔여 군중의 반란 평정 후인 상원 원년에, 한층 더 유인궤를 계림도대총관, 이근행을 그 부관으로서 신라정벌군을 보냈다. 그때에 당 고종은 문무왕의 관작을 없애고, 당에 있는 임해군(臨海郡)공 김인문(왕의 동생)을 세워 신라왕으로 삼고 귀국하게 했다. 상원 2년(675)에 당군은 신라영토에 쳐들어와, 그 기세는 왕성했으나, 문무왕은 사절을 당에 보내 입공함과 함께 사죄했기 때문에, 고종은 이것을 용서하고 문무왕의 관작을 복귀했다. 여기에서 당은 신라정벌을 그만두고, 다음 해인 의봉 원년의 봄에 안동도호부를 정식으로 요동으로 옮겨 조선을 관리하지 않는[72] 처치를 취했다(인문은 부임 도중이었기 때문에, 또 당에 돌아가 마지막까지 당에 머물렀다). 사정은 이상과 같은데, 이 글은 전후를 감안해서, 여기에 넣는 것은 부적당하다. 그런 까닭에 삭제하고 뒤의 글의 어딘가에 넣어야 할 것이다.

265○ 【而卿(鄕)古記云. … 未詳】이 문장은 위치가 혼란되어 있는 것으로 생각된다. 주해 263의 '總章戊辰. 王統兵. 與仁問・欽純等. 至平壤. 會唐兵. 滅麗.'의 분주(分注)가 되어야 할 것이다. 또 "향고기"는 어떠한 기록인지는 불명.

○ 【唐遣 … 與(與)新羅金庾信等. 滅之. 而此(此)去(云)仁問・欽純(純)等. 無庾信. 未詳】'조선사학회본'은 수로장군 유상홍이라고 읽고 있는데, '국역대장경본'에 興은 與의 잘못이라고 주를 따랐을 것이다. 다음으로 668년의 고구려 정벌의 난에 있어서, 김유신은 신라군의 대총관으로 임명받았으나, 나라에 머물고 평양에는 가지 않았다('나기' 문무왕 8년 조 및 김유신전〈下〉를 참조). 이해 문무왕을 따라 평양의 난에 간 것은, 본문에

72) 고증. '반도방기(半島放棄)'.

있는 것같이 인문·흠순 등의 장군이다.

○ 【陸路將軍孔恭】 고구려 정벌을 할 때의 당의 육로장군은, 영국공 이적 (요동도행군대총관) 등이었으며, 공공(孔恭)의 이름은 중국 역사서에 보이지 않는다.

○ 【有(右)相】 유상(有相)은 우상(右相)을 말하는 것인가(有와 右는 음 상통). 총장 원년(668) 정월에 우상 유인원은 당의 부총사령관에 임명된다. "신당서" 고종본기에는 '正月壬子. 劉仁軌等遼東道副大總管兼安撫大使浿江道行軍總管.'이라고 보인다. 유인궤가 가지는 패강도행군총관의 호칭으로 미루어 보아, 이것은 분명히 패강(대동강)을 거슬러 올라가 평양으로 진격할 만한 수군의 장군이다. 그래서 "향고기"에 당의 수로장군 유상은, 유우상('나기')이라고도 불렀던 패강도행군총관인 유인궤 외에는 없다. 이때 우상 유인궤가 수로장군이었던 것을 뒷받침하는 것으로서는 '나기' 문무왕 8년(668) 조에, 그는 같은 해 5월에 고종의 칙을 받들고 서해의 당항진(경기도 남양 근처)에 왔다. 그래서 문무왕은 왕의 동생 인문을 보내 영접하게 하자, 그는 신라가 다시 평양으로 출병을 해야 할 것을 명하고 돌아갔다고 전하고 있다. 이것은 이게우치 히로시(앞서 보인 논문 참조)가 지적한 것과 같이, 인궤가 수군의 장군으로서 활동했다는 사실의 일부를 말하는 것이다.

266 ○ 【時唐之游兵. 諸將兵. 有留鎭而將謀襲我者. 王覺之. 發兵之】 이것에 상응하는 기사로서는 '유' 권제5(신주 제6)·명랑신인 조에는 '總章元年戊辰. 唐將李勣. 統大兵. 合新羅. 滅高麗. 後餘軍百濟. 將襲滅新羅. 羅人覺之. 發兵拒之. 高宗聞之赫怒. 命薛邦. 興師將討之.'라고 있으며, 또 '나기' 문무왕(하) 11년(671) 조에 인용되어 있는 '문무왕이 설인귀에게 보내는 글'에는 '至總章元年(668). …又通消息云. 國家(唐) 修理船艘. 外託征伐倭國. 其實欲打新羅. 百姓聞之. 驚懼不安.'이라고 되어 있다.

267 ○ 【明年】 唐總章二年(669)을 말한다.

○ 【高宗使召仁問等. 讓之 … 乃下圓扉】 '나기' 문무왕 조에는, 그 9년(669)

하5월에 문무왕이 흠순 각간과 양도 파진찬을 당에 보내 사죄했다. 그런데 당 고종은 다음 해 정월에 흠순의 귀국은 허락했으나, 양도는 잡혀서 끝내 원옥73)에서 죽었다. 그리고 '以王擅取百濟土地遺民. 皇帝責怒. 再留使者.'라고 전하고 있다. 이것은 앞 글(266)에 대응하는 사건이었던 것으로 생각된다. 이 당시, 김인문은 당에 있던 중이었기 때문에, 혹은 고종으로부터 책망을 받은 것인지, 그 정황은 불명이다.

○【練兵五十萬. 以薛(薛)邦爲帥. 欲我新羅】설방(薛邦)은 설인귀를 가리킨다. '유' 권제5·명랑신인 조에는 앞서 인용한 문장에 이어서 '高宗聞之赫怒. 命薛邦興師. 將討之.'라고 있다. 신라가 고구려 반란 민중을 받아들이고, 백제 옛 땅을 침탈했기 때문에, 당은 671년에 신라문죄의 난을 일으키고, 설인귀를 계림도도독으로 하여 바다로부터 신라를 공격하여 백제 옛 땅을 회복하려고 했는데, 실패로 돌아갔다. "신·구당서"의 설인귀전에 '上元中. 坐事徒象州.'라고 되어 있는 것은, 아마 이 일로 좌절해서일 것이다. 설인귀의 671년 정벌에 관해서는, 중국의 사적에는 기사가 없는데, '나기' 문무왕 11년 조 이하에 상세하다. [참고] 池內宏 '高句麗滅亡後の遺民の叛亂及び唐と新羅との關係'("滿鮮史硏究"上世第二冊 수록).

268○【義相師】신라의 명승 의상법사를 말한다. 상세한 것은 '유' 권제4(의해 제5) 의상전교 조 참조.

○【相乃東還(還)上聞】위의 '의상전교' 조에는, '以咸亨元年庚午(670) 還國, 聞事於朝.'라고 되어 있다.

○【金天尊】문무왕대에 귀당총관 등 장군으로서 활약하고, 집사성의 장관인 중시가 된 천존(679년에 죽다)을 말하는 것인가. 존(尊)과 존(存)은 음상통.

○【明朗法師】상세한 것은 '유' 권제5(신주 제6)·명랑신인 조 참조.

○【狼山】'유' 권제1·선덕왕 지기삼사 조, 주해 217 참조.

○【神遊林】'유' 권제1 · 아도기라 조에 도읍 안에 있는 칠처가람지허를 들고 있는데, 그 가운데에 신유림이라는 말이 있다.

○【四天王寺】'나기' 문무왕 19년 가을 8월(679) 조에 '四天王寺成' 또 '유' 권제3 · 아도기라 조에 '今天王寺. 文武王己卯(679)開'라고 되어 있다. 또 '승람' 권2 · 경주부의 고적 조에 '四天王寺. 在浪山南麓'이라고 보이는데, 지금도 절터와 초석이 남아 있다. 또한 '유'의 권제1 · 선덕왕 지기삼사, 권제2 · 경명왕 조, 권제5(신주 제6) · 월명사 도솔가 조도 참조.

○【貞州】원래 고구려의 정주. 고려 현종 9년에 開城縣에 속했으나, 그 후 많은 변천을 거쳐 이조 세종 24년에 덕수현(德水縣)을 합쳐 풍덕군(경기도)이 된다.

○【迴繁】회선(廻旋)을 말할 것이다[참(塹)과 선(旋)은 음 상통].

○【以彩帛假搆(構)冝矣】사천왕사를 세울 시간이 없기 때문에, 채색을 한 베를 펼쳐 임시로 절을 구축하면 된다고 명랑이 대답한 것이다.

○【五方】동서남북 4방에 중앙을 합쳐 5방을 이룬다.

○【瑜珈(伽)明僧】가(珈)는 가(伽)와 음 상통하는 것으로 유가(瑜伽)를 유가(瑜珈)라고 적은 것일까. 유가 아사리[74]라는 뜻.

○【作文豆婁秘密之法】'유' 권제5 · 명랑신인 조 참조. 문두루(文豆婁) 혹은 두루(豆婁)는 빈두려(賓頭)(불제자, 십육나한의 제1)를 말한다.

○【時唐羅兵未交接. 風濤怒起. 唐舡皆没於水】'나기' 문무왕 11년(671) 조에는, '冬十月六日. 擊唐漕船七十餘艘. 捉郎將鉗耳大侯士率百餘人. 其淪没死者. 不可勝數.' 또 15년 조에는 '秋九月. 薛仁貴. 以宿衛學生風訓之父金眞珠. 伏誅於本國. 引風訓爲嚮導. 來攻泉城. 我將軍文訓等. 逆戰勝之. 斬首一千四百級. 取兵船四十艘. 仁貴解圍退走. 得戰馬一千匹.', 더 나아가 28년 조에는 '冬十一月. 沙湌施得. 領船兵. 與薛仁貴於所夫里州伎伐

---

74) 아사리(阿闍梨)의 한 지위. 제자를 가르치고 제자의 행위를 바르게 지도하여 그 모범이 될 수 있는 승려.

蒲. 敗績. 又進. 大小二十二戰. 克之. 斬首四千餘級.'이라고 보이는데, 15년과 16년의 기사는 11년의 일이 섞이어 다른 전쟁 기사 가운데에서 나온 것으로 보인다. 모두 본문과 관련될 것이다.

○ 【壇席】 단(壇)을 만들어 설치한 좌석을 말한다.[제식주법(祭式呪法)75) 등의 의식을 열기 위하여].

268a○ 【國史去(云)改刱在調露元年巳卯】 국사(國史)는 '사'를 가리키며, 去는 운(云)의 잘못. 사묘(巳卯)는 기묘(己卯)의 잘못이다. 사천왕사에 대해서는 앞서 말한 대로 '나기' 문무왕 19년(679) 추8월의 조에 '四天王寺成', 또 '유' 권제1·아도기라에 '文武王己卯開'라고 되어 있는데, 이 679년은 당 조로 원년에 해당한다(조로는 당 고종 조의 원호). 즉 이 해에 사천왕사가 창건되었는데, '유'는 왜 개창(改刱)이라고 기록했을까. 그것에 대해서 권제3·아도기라 조를 읽으면 알 수 있을 것이다.

269○ 【後年辛未】 당 고종대의 신미는 함형 2년(671) 이외에는 없다. 설인귀의 정벌은 671년이었기 때문에, 본문의 연차는 실제와는 1년의 차이가 있다.

○ 【唐更遣趙憲爲帥. 亦以五萬兵來征】 이 내정(來征)은 불명.

○ 【翰林郎】 한마디로 말하면 왕의 사명76)을 맡은 관서에 속하는 관리라는 뜻일 것이나, '사' 직관지(중) 상문사(詳文師) 조에는 '聖德王十三年改爲通文博士. 景德王又改爲翰林. 後置學士'. 나아가 같은 '사'의 직관지(하)의 궁예소제관호의 조에는 '元鳳省. 今翰林院'이라고 되어 있다. 그래서 문무왕대에 과연 한림원 등이 있었는지 어떤지는 불명하다. 박문준이 어쩌다가 당의 한림공봉 등과 같은 관직에 있었기 때문에, 당풍으로 한림랑이라고 호칭했던 것일까. '유'의 찬술자가 당시 고려의 제도에 바탕을 두고 말한 것일까. 또 "고려사" 권67·백관지1의 예문관(藝文館) 조에는 '藝

---

75) 제사 절차와 방법, 주문(呪文)을 읽는 방식.
76) 왕의 말이나 명령.

文館. 掌制撰詞命. 太祖仍泰封之制. 置元鳳省. 後改學士院. 有翰林學士. 顯宗改爲翰林院. … 忠烈王元年改文翰署. … 三十四年. 忠宣倂文翰史官. 爲藝文春秋館. … 忠肅王十二年. 分藝文春秋. 爲二. 館藝文館 … 恭愍王五年. 復稱翰林院 …. 十一年. 復稱藝文館. …. 恭讓王元年. 復倂爲藝文春秋館. …'이라고 되어 있다. 그러나 한림(翰林)이라는 말은 당제에 바탕을 둔 것이다.[77]

○ 【朴文俊】미상.

○ 【禮部侍郎】예부(禮部)는 상서성 6부의 하나. 그 장관은 상서로 정삼품. 차관은 시랑으로 정사품하이었다. 그리고 "당육전"에는 '예부상서 · 시랑의 직은 천하의 예의 · 사제 · 연향 · 공거의 정령[78]을 관장한다.'라고 보이는데, 예부는 주로 예의 · 제사에 관한 정무를 주관했다. 원래 예의 · 제사는 한대에는 태상의 직무이었으나, 상서성의 발달과 함께, 그 정무는 상서성으로 옮기고, 태상사는 예(禮)에 관한 기술관청이 되었다. 그 후의 일은 생략하겠으나, 당의 예부는 수와 같이 예부 · 사부 · 주객 · 선부의 사조(四曹)를 모두 예의 · 사제 · 연향의 정무를 관장하는 것 이외, 개원 24년(736) 이후는 이부(吏部)에서 옮겨진 공거 · 학교의 일도 맡았다. 이 공거 · 학교의 일은 후세까지 예부의 직무가 되었다.

○ 【樂鵬(鵬)龜(龜)】미상.

○ 【望德寺】'나기' 신문왕 5년(685) 조에 '夏四月. 望德寺成.'이라고 되어 있다. 이 절에는 13층의 탑이 있었다고 하는데, 사천왕사 터 남쪽에 현재도 그 자취가 존재하고 있다. '나기'에 제32대 효소왕은 그 11년(702) 추7월에 죽어, 망덕사의 동쪽에 묻혔다고 전하고 있다. 또 '나기' 경덕왕 14년 춘 조의 주기에 '唐令狐澄新羅國記曰. 其國爲唐立此寺. 故以爲名. 兩塔相對高十三層. 忽震動開合. 如欲傾倒者數日. 其年禄山亂. 疑其應也.'라

---

77) 구체적인 사료(史料) 제시가 필요할 것이다.
78) 정치상의 명령이나 법령.

는 것을 비롯하여, 원성왕 14년, 애장왕 5년, 헌덕왕 8년에 무언가 일이 있을 때마다 망덕사의 두 탑이 움직이거나, 서로 부닥치거나, 싸우거나 하는 일이 있었다고 전하고 있다. 또한 '유' 왕력 및 권제1(나물왕·김제상) 참조.

269a○ 【式(或)系孝昭王代. 誤矣】 '나기'에 의하면 망덕사의 창건은 신문왕 5년(685) 하4월의 일이라고 되어 있기 때문에, 이 주기와 같이 효소왕대로 하는 것은 잘못이다. 효소왕의 위는 이홍(理洪)(理恭). 신문왕의 태자이고, 어머니는 김씨 신목왕후(일길찬 흠운의 딸). 692년 7월에 신문왕이 죽었기 때문에, 신라 제32대의 왕위에 올랐으나, 당(측천무후)으로부터 신라왕보국대장군행좌표도위대장군계림주도독으로 책봉되었다. 이 왕대에 왕의 휘를 피하여 좌우이방부를 좌우의방부로 고치고, 서시전·남시전을 두고, 또 의학을 두어 박사(2명)로서 학생(본초경·소문경·침경·맥경·명당경·난경)을 교수하도록 했다. 더 나아가 이 왕대에는 당에 조공하는 것과 함께, 일본에도 왕자 김양림을 비롯해 종종 사신을 파견했는데, 698년에는 일본 국사를 숭례전(崇禮殿)에서 만났다는 등이 전해지고 있다. 김인문, 강수의 죽음도 이 왕대의 일인데, 효소왕은 재위 11년으로 즉 702년 추7월에 죽었다. 또한 '유' 권제1의 효소왕대. 죽지랑조 참조.

269○ 【强首先生】 신라의 몇 안 되는 문장가로, 자는 자두(字頭). 중원경 사량부의 사람. 그 전에는 임나 가야인이라고 한다. 태어나면서부터 총명했는데, 학문에 뜻을 두어 뛰어난 명성은 온 나라에 높았다. 무열왕 즉위 때에 온 당의 조서가 난해했던 것을, 한 번에 보고 이것을 풀었다. 그래서 왕은 명하여 당에 보내는 사표문을 짓게 했는데, 문장은 교묘하고, 게다가 뜻이 무한하게 깊어 일대의 명문이었기 때문에, 왕은 점점 의지하여 이름을 부르지 않고, 임생(任生)(임나의 선생인가)라고 하며 깊이 신임했다. [참고] '사' 강수 전.

○ 【舍人遠禹】 이 사인(舍人)의 직명. 원우(遠禹)의 이야기는 미상.

○【仁容寺】 본문 이외에 그 이름이 보이지 않는다.

○【死於海上】 '사' 김인문 전에는 김인문은 효소왕 3년(694)에 당의 도읍지에서 병사했다(향년 66세)고 되어 있어, 본문과는 다르다. 인문이 당에서 받은 관작인 우효위원외대장군임해군공, 혹은 보국대장군상주국임해군개국공우림군장군 등 가운데의 임해군(開國)공이라는 것에서, 해상에서 죽었다는 전승이 생긴 것일까.

270○【大王御國二十一年】 문무왕의 재위는 661-681년이기 때문에 어국 21년은 잘못이 아니다. '왕력'에는 '治二十年'이라고 하고 있는데, 이것에 대해서는 이미 말했다.

○【永隆(隆)二年辛巳崩】 서기 681년. 영융(永隆)은 당 고종 조의 원호의 하나. 그러나 681년에는 개휘(開輝)라고 개원되었다. 문무왕은 같은 해 7월에 죽었다.

○【葬於東海中大巖上】 '유' 왕력에는 '陵在感恩寺東海中'이라고 되어 있으며, '나기' 문무왕 21년 조에는 '秋七月一日. 王薨. 諡曰文武. 群臣以遺言. 東海口大石上. 俗傳王化爲龍. 仍指其石. 爲大王石.'이라고 되어 있다. 감은사는 제31대 신문왕이 문무왕을 위하여 경주 동해안에 세웠던 것인데, 지금도 이 절의 앞바다 수백 미터의 동해에 대왕암이라는 바위가 있다. 이곳이 문무왕이 묻힌 곳이라는 것은, 최근의 조사에서도 뒷받침된다. 이것은 세계 유일의 수중왕릉(水中王陵)이라는 것이 된다. 다음의 '만파식적' 조도 참조.

○【智義法師】 미상.

271○【置南山長倉】 '나기' 문무왕 3년(663) 조에 '春正月, 作長倉於南山新城. 築富山城.'이라고 되어 있다.

○【長五十步. 廣十五步. 貯(貯)米穀兵噐79)】 이같이 구체적인 기재는 '나기'에는 빠져 있다.

---

79) 噐는 器의 이체자.

○【是爲右倉】'나기'에는 기재가 빠져 있다.

○【天恩寺】미상.

○【左倉】'나기'에는 보이지 않는다.

272○【別本云】'유' 권제3·황룡사장육의 조에도 보이는데, 이곳에서는 이 하의 설명에서도 알 수 있듯이, '사'(나기)를 가리키는 것일까.

○【建福八年辛未】서기 591년(신라 진평왕 13년·수 문제의 개황 11년)에 해당한다. 건복은 신라의 연호로 진평왕 6년(584)에서 선덕왕 2년(632) 까지 계속된다.

○【築南山城. 周二千八百五十步】'나기' 진평왕 13년(591) 조에는 '秋七月. 築南山城. 周二千八百五十四步.'라고 보인다. 591년에 남산성이 쌓인 것 은 당시의 금석문에 의해서도 증명된다. 즉 1934년에 경주에서 발견된 제1 남산신성비, 1956년 발견의 제2 남산신성비, 1960년 발견의 제3 남 산신성비, 더 나아가 제4 남산신성비, 제5 남산신성비가 발견되어 있다. 그러나 축성의 시기를 제1 남산신성비에는 신해년 2월 26일로 하고 있 다. '나기'의 7월은 준공된 달(月)인가.

○【眞德王代始築】진덕왕대에 축성에 관한 것은 '나기'에는 보이지 않는다. '眞德王代始築'은 저자가 建福八年辛亥(건복팔년신해)를 진덕왕대라고 착각했을 것이다. 그러나 앞서 보인 비문에는 辛亥年(591)에 남산신성을 쌓았다고 되어 있기 때문에, 남산고성(南山古城)의 축성 시작은 진흥왕 대 혹은 진지왕대일까.

○【至此乃重修爾】'나기' 문무왕 19년 조에도 '秋八月. 四天王寺成. 增築南 山城.'이라고 되어 있기 때문에, 여기에 적혀 있는 대로 중수(重修)를 알 수 있다.

○【始築富山城. 二年乃畢】'나기' 문무왕 3년 춘정월 조에, 이해에 '築富山 城'이라고 보일 뿐이지만, 지금도 경주의 서쪽 외곽에 그 유적이 존재한다.

○【安北河邊築鐵(鐵)城】鐵은 철(鐵)의 잘못일 것이다. '나기' 문무왕 15년 (675)의 조에는 '緣安北河. 設關城又築鐵關城.'이라고 되어 있다. 또 "신

당서" 신라전에 '其國連山數十里. 有峽. 固以鐵闔. 號關門. 新羅常屯弩士數. 千守之.'라고 되어 있는 것은 위의 철관성을 말하는 것일까. 이세우치는 지금의 함경남도 덕원의 북방 약 6㎞, 해안을 따라 문천으로 가는 길의 왼쪽에, 망덕산(표고 346m)이라고 하는 천연의 요새를 이루는 유명한 산인데, 이 산의 고성(古城)은 철관성의 자취이다. 그리고 마식령 부근의 산에서 샘물이 나와, 덕망산 남쪽의 분지를 지나 동해로 들어가는 강을 북면천이라고 하는데, 이것을 안북하에 비정한다. 이 강의 남쪽에도 망덕이라는 작은 산(129m)이 있고, 철관의 망덕산을 남북으로 서로 대치하고 있다. 안변에 이어 요충지인 덕원읍은, 이 작은 망덕산의 동남 기슭에 위치하고 있다. 위의 '나기'의 기사는, 두 망덕산에 있어서 동시 축성을 의미한다고 봐도 지장이 없을 것이라고 한다. 池内宏 '眞興王の戊子巡境碑と新羅の東北境'("滿鮮史硏究"上世第二冊).

○【京師城郭】 신라의 왕도 경주는 사방의 산이 자연스럽게 나성(羅城)을 만들고 있기 때문에, 중국의 수도와 같이는 결국 되지 않았다.

○【令眞(具)吏】 진(眞)은 구(具)의 잘못일 것이다. 따라서 '이(吏)를 갖추게 하다.'라고 읽어야 할 것이다.

○【禊(禊)爰(災)進福】 禊을 결(潔)이라고 하는 간본이 많은데, 禊는 계(禊)의 오간(誤刊)이라고 봐야 할 것이다. 이 어구는 재앙(災)을 쫓다(禊), 복을 부른다는 뜻으로 풀어야 할 것이다.

○【王於是□罷其侵(役)】 '동대본', '조선사학회본' 및 서울대학교 중앙도서관장의 중종임신간본에는 이다음 글자를 정(正)이라고 하고 있다. 문무왕이 경사성곽을 쌓으려고 했으나, 의상법사의 말에 따라 중지했던 이야기는 '나기'에는 보이지 않는다.

273○【麟德三年丙寅】 서기 666년. 이해부터 乾封元年이 된다.

○【總章三年庚午】 서기 670년. 이해부터 咸亨元年이 된다.

○【正月七】 원래는 '正月七日'이라고 되어 있었을 것이나, 인쇄할 때에 일(日)이 탈락했을 것이다.

○ 【漢歧部】 '유' 권제1, 신라시조·혁거세왕 조의 주해 114 참조.

○ 【級干】 신라의 제9등의 관위(京位). 급찬·급벌찬·급벌간 등으로도 적는다.

○ 【一作成山何(阿)干(干)】 이 글은 본래는 일산 급간의 주기이다. 하(何)는 아(阿)로 바로잡아야 할 것이다. 아간은 신라의 제6등의 관위(京位)로 아찬(阿湌)·아척간·아찬(阿粲) 등으로도 적는다. 아찬(阿湌)은 진골 이외의 신분이 오를 수 있는 최고의 관위인데, 특히 우대하는 제도가 있어 한층 더 중아찬·삼중아찬·사중아찬까지 오를 수 있었다.

274○ 【又伐高麗. 以其國王孫迊(還)國. 置之眞骨位】 왕손이라는 것은 고구려의 안승(安舜)을 말한다. 안승은 연정토(淵淨土)(蓋蘇文의 동생)의 아들. 보장왕의 서자. 보장왕의 외손 등이라고 전해지고 있다. 연정토는 고구려 멸망 전인 666년에 12성(城)·763호·3543인을 이끌고 신라로 왔는데, 고구려 멸망 후, 즉 669년 2월에 안동도호부 치하에서 안승은, 4,000여 호를 이끌고 신라로 왔다. 신라는 670년에 안승을 신영토 서쪽 요지인 금마저(전라북도 익산)에 살게 하는 것과 동시에 고구려왕으로 봉했다. 이것이 소위 금마저의 소고구려국이다. 이와 같이 신라가 안승에게 고구려국을 부흥시킨 것은, 고구려의 제사를 관장하게 하는 것과 함께, 신라로 투항한 고구려 유민의 달래기에 있었던 것이다. 더 나아가 신라는 674년에 안승을 보덕왕으로 봉하고, 670년에는 문무왕의 여동생(혹은 잡찬 김의관의 딸)을 안승에게 시집보내 혈연관계를 맺고, 683년(신문왕 3년)에는 안승에게 신라 관위 제삼등인 소판을 내리고, 성 김씨를 하사했다. 다음으로 '이것을 진골 위에 둔다.'라는 것은 안승이 신라 왕족의 신분에 편입되었다는 것이다. 소판은 진골이 아니면 내리지 않는 관위이기 때문에, 안승이 소판을 받았다는 것은 진골의 신분이 되었다는 증거이다. 일찍이 금관국왕가의 대우와 닮은 것이다. 안승 및 소고구려국에 대해서는 村上四男 '新羅と小高句麗國'("朝鮮學報" 38. 39合倂號)에 자세하기 때문에 그것을 참고.

275○ 【車得公】 '유' 권제1 · 太宗春秋公 조에는 차득령공(車得令公)이라고 하고 있다.

○ 【冢宰】 주대육관의 으뜸(長)으로, 천자를 보좌하고 백관(百官)을 통제하는 자리. 후세의 이부상서에 해당된다.

○ 【均理百官. 平章四海】 "상서"의 주관 조에는 '冢宰掌邦治. 統百官. 均四海.'라고 보인다.

○ 【緇衣】 검은 옷. 먹물을 입힌 옷(다른 말로 승려를 의미한다).

○ 【居士】 도예에 능하면서 관직에 몸을 담지 않는 선비(處士). 또 재가(在家)하지만 불도에 뜻을 둔 사람. 여기에서는 후자를 가리킨다.

○ 【阿瑟羅州今溟州】 아슬라주는 하슬라주를 말한다. '유' 권제1 · 마한 조의 주해 28 참조.

○ 【牛首州今春州】 권제1 · 마한 조의 주해 29 참조.

○ 【北原京今忠州】 신라 5소경의 하나. 북원경은 문무왕 18년(678)에 지금의 원주(강원도) 지역에 놓였다. '사' 지리지(2)에는 '北原京. 本高句麗平原郡. 文武王置北原小京. 神文王五年(六八五)築城. 周一千三十一步. 景德王因之. 今原州.'라고 되어 있다. 그래서 '今忠州'라고 주를 한 것은 잘못으로, '今原州'라고 주를 해야 한다.

275C○ 【忠州】 지금의 충주(충청북도) 지역은 옛날에는 고구려의 국원성이었는데, 진흥왕 12년(551)에 신라가 한강의 상류역을 병합하고 더 나아가 553년에 백제로부터 하류역의 6군을 빼앗아, 그 지역에 신주(新州)를 설치하고, 557년에는 상류 요지인 국원에 소경을 두었다. 더 나아가 경덕왕대에 중원경이라고 이름을 고쳤다. '사' 지리지(2)에는 '中原京. 本高句麗國原城. 新羅平之. 眞興王置小京. 文武王時築城. 周二千五百九十二步. 景德王改爲中原京. 今忠州'라고 되어 있으며, 또 "고려사" 지리지(1) 충주목 조에 의하면, 고려태조 23년에 중원경은 충주로 이름을 고쳤다고 한다.

275, 275d○ 【武珍州今海陽】 지금의 광주(전라남도) 지역인데, 백제 멸망

후, 일찍 신라는 이 방면을 점령하여 무진주도독['나기' 문무왕 18(678)년 조에는, 이 이름이 보인다]을 둔 것 같다. 게다가 주(州)는 한때 지금의 나주로 옮겼기 때문에 무진군이 되었던 것인데, 신문왕 6년(686)에 발라주를 그만두고 다시 무진주를 두었다. 더 나아가 경덕왕 28년(757)에 무주라고 이름을 고치고 3현을 두었는데, 무주도독의 관하에는 15군이 있었다. 시대는 내려가 진성왕 6년(892)에 견훤이 일어나 이 지역을 거점으로 후백제를 칭했다(나중에 도읍은 전주로 옮긴다). 궁예는 왕건을 정기태감으로 하고 수군을 이끌고 이 방면의 공략을 하게 하여 거의 주(州) 경계를 빼앗았으나, 성주 지훤(견훤의 사위)이 견고하게 지켜 함락을 못 했다고 한다. 그러나 고려 태조 19년(936)에 후백제를 멸망하게 하고, 그 23년에 광주라고 이름을 고쳤다. 더 나아가 성종 15년(996)에 자사주로 강등되었는데, 나중에 또 해양현(⟦)으로 내렸다. 고종 46년(1259)에는 공신 김인준의 외가의 고향인 까닭에 승격해서 익주(知事州)가 되었는데, 나중에 한층 더 무진주로 승격했다. 그리고 충선왕 2년(1310)에는 화평부로 내리고, 공민왕 11년(1362)에는 무진부로 고쳤고, 22년에는 광주목으로 회복하여 다음의 이조로 이어졌다(이하 생략). 이상은 '사' 지리지(3), '나기', "고려사" 지리지(2), "세종실록지리지"에 의해 적은 것인데, 해양현은 고종 46년부터 이전의 것이기 때문에, '유' 편찬시에 찬술자가 해양현으로 이름을 바꾼 것을 모르고, '今海陽'이라고 주를 한 것일까. 약간 의문이다.

275○ 【里閈】 (이한).[80) 마을의 문. 향리.

○ 【供億】 가난한 사람을 넉넉하게 해서 안심하게 하는 것. 億은 편안하다는 의미.

○ 【皇龍寺】 '유' 권제1 '新羅始祖. 赫居世王' 조의 주해 113 참조.

○ 【皇聖寺】 황성사(皇聖寺)는 미상. 봉성사인가. 봉성사에 대해서는 '유'의

---

80) 원저서에는 (リカン)(rikan)으로 표기. 일본식 발음표기.

권제2·혜공왕, 권제2·효공왕. 권제3·백율사. 권제4·보양이목의 각 조 참조. 또 '사' 직관지(상)에 봉성사 성전(成典)이 있다.

275e○ 【端午】 음력 5월 5일의 절기로, 단오(端五)·단양(端陽)·중오(重五)·중오(重午)라고도 한다. 단(端)은 시(始), 오월(五月)은 오월(午月), 그런 까닭에 5일을 또한 오일(午日)이라고 한다. 차득공의 이름을 단오라고 한 것은, 혹은 단오(端午)에 태어났기 때문일까. 또 당대의 시어사(侍御史) 혹은 남무(男巫)를 단공(端公)이라고 했는데, 단오(端午)는 단공(端公)을 바꾼 것일까.

○ 【車衣】 su-ri의 차자. su-ri는 상(上)·봉(峰)으로 통한다. 단오는 음력 5월 5일의 절기이나, 왜 차의(車衣)가 단오와 통하는 것인지는 불명하지만, 중국에서는 음력 5월 5일 정오를 '天中節'이라고 하는 것을 의역한 것일까. 또 상신(재상)과 음훈이 통하는 것으로, 상신을 단오 혹은 차의라고 불렀던 것일까.

275○ 【京師】 도읍.

○ 【居家(冢)宰】 가재(家宰)는 총재(冢宰)의 잘못일 것이다. 차득공이 도읍으로 돌아가 총재 자리에 있었다는 뜻이다.

○ 【上守】 상번(임무수행의 당번에 오르다)의 뜻.

○ 【諸曹】 당의 상서성 아래의 이부, 병부, 호부, 형부, 공부의 6부를 고려 및 조선왕조에서는 이조, 병조, 호조, 형조, 예조, 공조 등 6조로 했다. 이것은 사대사상에 바탕을 두고, 각 부의 이름을 부르지 않고, 각부 아래 관서인 사(司)에 해당하는 1급 아래의 관청인 조(曹)[현재의 국(局)에 해당한다]를 따서 이름을 지은 것이다. 이 조(曹)는 엄밀하게, 이러한 관청을 가리킨다기보다는 일반적인 여러 관청의 의미로 해석해도 좋다.

○ 【注. 今之其人也】 이것은 원래는 '每以外州之吏一人. 上守京中諸曹.'로 주를 해야 하는 문장이다. 지금은 '유'의 저자가 있던 시대를 가리킨다.

○ 【其人】 고려 문종 31년(1077)에 기인선상법을 정하고, 향리의 자제를 골라 도읍에 잡아 두는 것과 동시에, 그 향리를 계문(啓問)하기 위한 것이

다. 이 제도는 인질적으로 지방의 세력을, 중앙에 묶어 두기 위하여 행한 것이다. 기인(其人)이라고 하는 명칭은 이때부터 시작되었는데, 실제는 본문에도 보이듯이 신라시대부터 이어져 온 것이다.

○【大內】궁중을 말한다.

○【興(與)安吉】홍(興)은 여(與)의 잘못으로 보인다.

○【饌】주식(酒食)[81]을 말한다.

276○【星浮山】'유' 권제1 · 太宗春秋公 조 참조.

○【繞木田】문자 그대로 해석하면 주변에 나무로 둘러싸인 밭인데, 땔감을 얻기 위한 토지로 보인다. 그래서 요(繞)는 소(燒)로 고쳐야 하는 것이 옳을까.

---

81) 술과 밥.

²⁷⁷만파식적

萬波息笛

---

²⁷⁸第三十一代神文大王. 諱政明. 金氏. 開耀元年辛巳七月七日卽位. ²⁷⁹

爲聖考文武大王. 創感恩寺於東海邊. ^{279a}寺中記云. 文武王欲鎭倭兵. 故始創此寺. 未

畢而崩. 爲海龍. 其子神文立. 開耀二年畢. 排金堂砌下. 東向開一穴. 乃龍之入寺旋繞之備. 盖遺詔之藏

骨處. 名大王嵓. 寺名感恩寺. 後見龍現形處. 名利見臺. ²⁸⁰明年壬午五月朔. ^{280a}一本云天授

元年. 誤矣. 海官波珍喰⁸²⁾朴夙淸奏(奏)曰. 東海中有小山. 浮來向感恩寺. 隨

波徃(往)來. 王異之. 命日官金春質^{280b}一作春日. 后之. "聖考今爲海龍. 鎭護

三韓. 抑(抑)又金公庾信乃三十三天之一子. 今降爲大臣. 二聖同德. 欲出

守城之寶. 若陛下行幸海邊(邊). 必得無價大寶." 王喜以其月七日. 駕幸

利見臺. 望其山. 遣使審之. 山勢如龜頭. 上有一竿竹. 晝爲二. 夜合一.

^{280c}一云. 山亦晝夜開合如竹. 使來奏(奏)之. 王於感恩寺宿. 明日午時. 竹合爲一.

天地振動. 風雨晦暗七日. 至其月十六日. 風霽波平. 王泛海入其山. 有龍

---

82) DB. ≪삼국사기≫ 권38, 職官志上에는 湌.

奉黑玉帶來獻. 迎接共坐. 問曰. "此山如竹. 或(或)判或(或)合. 如何." 龍
曰. "比如一手拍之無聲. 二手拍則有聲. 此竹之爲物. 合之然後有聲. 聖
王以聲理天下之瑞也. 王取此竹. 作笛吹之. 天下和平. 今(今)王考爲海中
大龍. 庾信復爲天神. 二聖同心. 出此無價大寶. 令我獻之." 王驚喜. 以五
色錦彩金玉酬賽之. 勅[83]使斫竹出海時. 山與龍忽隱不現. 王宿感恩寺.
十七日. 到祇(祇)林寺西溪邊. 留駕晝饍. 太子理恭. **280d**即孝昭大王. 守闕聞
此事走馬來賀. 徐察羮(奏)曰. "此玉帶諸窠皆眞龍也." 王曰. "汝何知之."
太子曰. "摘一窠沉水示之." 乃摘左邊第二窠沉溪. 即成龍上天. 其地成
淵. 因號龍淵. 駕还(還)以其作笛. 藏於月城天尊庫. 吹此笛. 則兵退病愈.
旱雨. 雨晴. 風定波平. 號萬波息笛. 稱爲國寶. 至孝昭大王代天授援四年
癸巳. 因失[84](夫)禮郎生还(還)之異. 更封號曰萬萬波波息笛. 詳見彼傳.

풀이 **277**만파식적(萬波息笛)

278제31대 신문대왕은, 그 휘를 정명이라고 한다. 김씨이며 개요(開
耀) 원년(681), 신사년 7월 7일에 자리에 올랐다. **279**덕이 높았던 부군
문무대왕을 위하여, 감은사를 동해 가에 창건했다. **279a**사중기에는 다음과

같은 기사가 보인다. 문무왕은 왜병을 진압하기를 원하여, 그 때문에 이 절을 창건하였는데, 그것

이 완성되기 전에 붕어하시어 해룡이 되어 버리셨기 때문에, 그 아들인 신문왕이 개요 2년(682)에

이 절을 세우셨다. 기와를 깔아 꾸민 금당의 층계 아래를 밀고 나가면 동쪽으로 하나의 동굴이 있

는데, 그 동굴이야말로 용이 바다에서 절에 들어오도록 준비되어 있는 것이다. 또한 유언에 의해

---

83) DB. 래(籾).
84) 고증. 失(夫), DB. 《삼국유사》 권3, 탑상(塔像) 백률사(栢栗寺) 조와 권4 의해(義解) 자장
정률(慈藏定律) 조에는 夫.

왕의 유골이 매장된 장소를 대왕암, 그 절은 감은사라고 이름 지었다. 나중에 왕의 화신인 용이 나타나 그 모습을 바라보았던 곳은 이견대라고 부르게 되었다고.

280다음 해(682) 임오년 오월 초하루의 일. **280a**혹은 말하기를 천수 원년(690) 이라는 것은 잘못이다. 해관 파진찬[85]인 박숙청이

'동해의 해상에 작은 산이 나타나, 바다에 떠서 감은사 방향으로 파도를 타고 이동해 오는 것 같사옵니다.'

라고 주상했다. 왕은 기이하게 생각하고, 일관인 김춘질**280b**혹은 춘일이 라고도 한다. 에게 이것에 대해 점괘를 보라고 명했다. 일관이 말하기를,

'덕이 높았던 부왕은, 지금은 해룡이 되어서 삼한을 지키시고 계십니다. 그리고 또 그 김유신 공은 분명히 삼십삼천의 자식으로, 지금은 이 세상에 내려와 대신이 되어 있습니다. 이 두 성자는 그 덕도 같이하시고 계시어, 성을 지키기 위한 보물을 내리려고 하고 계십니다. 만일 폐하가 해변에 가신다면, 반드시 가치를 가늠할 수 없는 큰 보물을 손에 넣으실 것입니다.'

라고 말하는 것이었다.

왕은 기뻐하며 이를 격려하고 그달 7일, 수레를 이견대(利見臺)로 몰아, 그 바다 가운데의 작은 산을 바라봄과 함께 관리를 보내 이것을 자세하게 관찰하게 하였다. 산의 모양은 거북이 머리 같고, 그 위에 하나의 대나무가 자라나 있었다. 그리고 그 대나무는 낮에는 두 개로 나누어져 있었는데, 밤에는 합쳐서 하나가 되었다. **280c**일설에는 그 산도 역시 주야로 열리거나 합치거나 하여, 그 모습은 대나무와 같았다고 한다. 관리는 돌아와서 이 모양을 왕에게 알리고, 왕은 감은사로 가서 그날 밤을 보내셨다.

---

85) 고증. 波珎(珍)喰(湌).

다음 날 정오 시각에 대나무는 합쳐서 하나가 되자, 이내 천지는 진동하며 비바람도 심해지고, 근처는 칠흑같이 어두워져 그것은 7일이나 이어졌다. 그달 16일이 되어 비바람은 가라앉고, 날씨는 따뜻해지면서 파도도 또한 조용해졌다. 그래서 왕은 배를 바다로 띄워 그 산에 발을 내디뎠더니, 용이 나타나 옥으로 꾸민 검은 띠를 받들어 왕에게 헌상했다. 왕은 이것을 맞이하여 대접을 하고, 자리를 함께하면서

'이 산과 대나무는 두 개로 나누어지기도 하고, 하나가 되기도 하는 것은 무슨 까닭인가.'

라고 물었다. 용은,

'마침 한쪽 손에 비유하면 좋을 같사옵니다. 한 손으로 쳐 본들 소리는 나지 않습니다만, 양손을 치면 소리가 납니다. 이 대나무도 영험이 있는 것은, 우선 나누어져 있는 것이 하나가 되고, 그 후 비로소 하늘의 소리가 들리는 것이옵니다. 이것은 성왕이 하늘의 소리로 천하를 다스리는 상서로운 조짐이옵니다. 왕은 이 대나무를 얻어 피리를 만들어, 그것을 부시면 천하의 화평은 분명하옵니다. 지금 부왕은 대룡이 되어 바다에 계시고, 유신 공도 또한 천신이 되어 계십니다만, 이 두 성인이 마음을 합쳐, 가치를 가늠할 수 없는 이 큰 보물을 내놓고, 저로 하여금 헌상하게 하셨던 것이옵니다.'

라고 대답했다. 왕은 놀라움을 금치 못하고 기뻐하며, 오색의 물감을 입힌 비단과 금 구슬(金玉)을 바쳐 제사를 지냈다. 칙사가 그 대나무를 잘라 바다에 노를 저으려고 하자, 산과 용은 금새 모습을 감추어 버리고 두 번 다시 나타나는 일은 없었다. 왕은 감은사에 머물면서, 17일에 기림사(祇林寺)의 서쪽 계곡의 하천에서 가마를 멈추고 점심을 드셨다. 태자인 이공[280d]분명히 효소대왕.은, 궁궐에서 왕의 빈자리를 지

키고 있었는데, 이 보고가 전해지자, 말을 타고 달려가 축사를 읊고, 조용히 생각을 했는데,

'이 옥대의 금 장신구 하나하나의 조각은 모두 진룡(眞龍)의 거처임에 틀림없습니다.'

라고 아뢰었다. 왕은

'너는 어떻게 이 옥대를 알고 있는 것인가.'

라고 묻자, 태자는

'하나의 움푹 패인 곳을 골라서 물에 넣어 보도록 하겠습니다.'

라고 말하며, 그 옥대의 왼쪽 끝에 있던 두 번째의 패인 곳을 골라 강물에 넣자, 금새 그것은 용이 되어 하늘로 올라갔고, 강에는 연못이 나타났다. 그것으로 인해서 이 연못을 용연이라고 부르게 되었다. 왕은 궁궐로 돌아가, 그 대나무로 피리를 만들어, 그것을 월성의 천존고에 보관하셨다. 이 피리를 불자, 금방 해를 입히는 적병은 물러가고, 병은 치유되었으며, 날이 가물어 메마를 때에는 비가 내리고, 오랫동안 장마가 질 때에는 맑은 하늘이 보였다. 바람도 잠들고, 파도도 잠잠해지기에, 이 피리는 만파식적이라고 이름을 짓고 국보로서 추앙되었다. 효소대왕의 치세, 천수 4년 계사년(693), 부예랑이 이 피리 덕분에 이상하게도 살아 돌아온 것으로 인해, 한층 더 이 칭호를 알게 되어, 만만파파식적이라고 부르게 되었다. 상세한 것은 부예랑의 기록을 보는 것이 좋다.

주해 **277**○ 【萬波息笛】 글 가운데에 '吹此笛. 則兵退. 病愈. 旱雨. 雨晴. 風定. 波平. 號萬波息笛. 稱爲國寶'라고 되어 있듯이 호국의 영험한 피리로서 숭

배된 피리이다. 이 영험한 피리에 대한 설화는, 그 핵심이 동해용신의 헌상이 있었다는 점에 있어서, 용신신앙과 호국사상, 및 용신신앙과 죽엽신앙의 절충을 모티브로 해서 태어난 것이다. 용신이 호국신으로 특히 중요시된 것은, 탈해전설 가운데에 현저하게 보일 뿐만 아니고('유' 탈해왕), 문무왕이 '爲護國大龍'이라고 유언한 예('유' 문호왕 법민)를 비롯하여 '유'의 도처에 보이는 전승이다. 또 용신과 죽엽과의 관계에 대해서도 낙산이대성(권제3) 조에 동해룡과 쌍죽용생의 설화가 보이는 것 외에 백률사(권제3)에 보이는 부예랑의 전승도, 신적(神笛)과 해신(海神)신앙과의 결합을 보이는 좋은 예이다(죽엽신앙에 대해서는 171 참조). 원성대왕(권제2) 조에는, 정원 2년(786) 일본 왕 분게이(文慶)가 신라정복을 기도했으나, 이 피리가 있다는 것을 듣고 중지했다는 전승을 기록하고 있다. 이 피리의 보관에 대해서는, 월성의 천존고에 보관했다고도 하고, 원성왕의 아버지 대각간 효양이 이것을 가졌다고도 하며, 혹은 내황전에 수장을 했다('유' 원성대왕)고도 기록되어 있는데, '승람' 경주시 조에는 '今亡'이라고 보인다.

278○ 【神文大王】신라 제31대 왕. 재위 681-692년. 문무왕의 장자. 어머니는 파진찬 선품(善品)의 딸 자의(慈儀). 즉위 원년(681), 문무왕대의 공신 흠돌·흥원·진홍·군관을 모반죄로 주살, 흠돌의 딸이었던 왕비도 추방된다. 문무왕대에 있어서 옛 백제영토 편입과 더불어, 685년 종래의 삽량주(양산)·한산주(경성)·우수주(춘천)·하서량주(강릉) 외에 완산주(전주)·청주(진주)를, 686년에는 웅천주(공주)·무진주(광주)를 다음 해 687년에는 한층 더 사벌주(상주)를 두고 9주의 제도를 완성, 한편으로는 국원소경(충주)·북원소경(원주)·금관소경(김해) 외에 685년에는 서원소경(청주)·남원소경(남원)을 신설하여, 9주(州) 5경(京)의 지방행정 구획을 성립하였다. 또 군제(軍制)면에서는 녹금서당·자금서당·백금서당·비금서당 외에 새롭게 고구려의 백성을 황금서당(683), 말갈의 백성을 흑금서당(683), 보덕성의 백성을 벽금서당·적금서당(686), 백제

의 백성을 청금서당(687)을 새로 설치하여 9서당을 확립시켰다. 명찰 봉
성사 · 망덕사가 건립된 것은, 이 왕대(685)의 일이다.

○ 【開耀元年辛巳七月七日即位】 개요(開耀)는 당 고종대의 연호. 그 원년
은 681년(辛巳). '나기'에는 先考文武王이 죽은 날을 7월 1일로 하고 있으
나, 신문왕의 즉위 월일에 대해서는 기재가 없다.

279○ 【文武大王】 주해 260을 참조.

○ 【創感恩寺於東海邊】 감은사(感恩寺)kam-ŭn-sa 창건에 대한 기재는 '나
기'에 보이지 않으나, 그 직관지(상)에는 성전(成典)의 설치나 혜공왕 ·
경문왕의 행차 기사를 실어, 신라 굴지의 관사(官寺)였다는 것을 분명히
하고 있다. 경상북도 월성군 양북면 용당의 그 절터에는, 지금도 또한 일
대의 거대한 삼중의 석탑을 남기고 있는데, 1959년 한국국립박물관의 스
태프에 의해, 금당 · 강당 · 회랑의 터에 대한 종합조사가 행해졌다. 이
조사에서 특히 주목을 끄는 것이 금당 터의 구조로, 이중 기단(基壇)의
상층기단에 있어서는, 아홉 열의 초석들을 연결하기 위하여 남북으로 길
고 가느다란 돌이 놓이고, 한층 더 이 돌 위에 동서로 길고 큰 돌을 나란
히 하여 상석(床石)[86]을 만들고, 금당은 그 위에 배치되었던 초석 위에
세워져 있었다. 보고자는 이러한 석제구축은 동양에서는 완전히 독자적
인 것으로, 해룡왕의 전설을 고려해 보면, 이해할 수 있다고 하고 있다
("感恩寺" 韓國國立博物館特別調査報告第二冊). '賢瑜珈 海華嚴'('유' 권
제4)에는, '感恩寺奏. 昨日午時海水漲溢至佛殿階前. 哺時而還'이라고 되
어 있어, 이 절과 해룡과의 깊은 연관을 그리고 있다.

279a○ 【寺中記】 황룡사장육('유' 권제3). 황룡사구층탑('유' 권제3) 조에도
보인다. 이것과 유사한 글의 전승으로서, 월정사에는 '寺中所傳古記'('유'
권제3 · 태산월정사오류성중), 영취사에는 '寺中古記'('유' 권제3 · 영취
사), 불국사에는 '寺中有記'('유' 권제5 · 대성효이세부모 신문대) 등의 존

---

86) 상돌.

재가 기록되어 있다. 사중기(寺中記)도 아마 절 전승의 종류일 것이다.

○【盖遺詔之藏骨處, 名大王巖】문무왕이 그의 유언에 의해 동해의 큰 바위에 묻혔다는 전승은, '문무왕·법민' 조(권제2)에도 보이며, 또 '나기' 문무 21년(681)에도, '群臣以遺言葬東海口大石上. 俗傳王化爲龍. 仍指其石爲大王石'이라고 되어 있다. 이 기사의 사실(史實)성에 대해서 오랫동안 논쟁되어 왔으나, 1967년 경상북도 월성군 외동면의 큰 암석 속에서 바닷속 묘를 발견, 그것이 문무왕 묘라는 것이 확인되었다.

○【利見臺】'승람'에 감은사의 '東三里有利見臺'가 보인다. "고려사" 악지(樂志)(2)의 삼국속악 조에 이견대가의 이름이 보이며, 그곳에는 이 노래의 유래에 대하여 '世傳羅王父子久相矣. 及得之築臺相見. 極父子之懽. 作此以歌之'라고 기록되어 있다.

280a○【天授元年】서기 690년 천수(天授)는 당의 측천무후가 세운 연호.

280○【海官波珎喰朴夙淸】파진찬(波珎喰)(喰은 湌의 잘못) 현재 음 pha-cin-chan 옛 음 pa-tăr-chan은 신라 제4등의 관등인 파진찬을 말한다. 진(珎)은 珍의 속자. 珎의 읽기에 대해서는 "고려사" 지리지(2)에 '無等山一云武珍岳一云瑞石山'이라고 보이며, 등(等) 뜻 tŭr, 석(石) 뜻 tor과 상통하는 것을 알 수 있다. '진구기(神功紀)' 섭정전기에도 신라의 왕자를 미시고치하도리간기(微叱己知波珍干岐)[87]라고 훈을 달고 있다. '사' 직관지(상)에는 '波珍湌或云海干或云破彌干'이 있으며, 파진(波珍)은 바다(海) 뜻 pa-ta와 상통하기 때문에 波珍湌=海干=海官이다. 파미간(破彌干)("수서" 신라 전에도 이렇게 적혀 있다)의 미(彌)-미(弥)는 진(珎)의 잘못된 글자. 박숙청(朴夙淸)pak-suk-chŏn은 달리 보이지 않는다.

○【東海中有小山. 浮來向感恩寺. …勅使斫竹】'사' 악지에는, 이 전승을 요약한 모양으로 '古記云. 神女(文)王時東海中忽有一小山. 形龜頭. 其上有一竿. 竹晝分爲二, 夜合爲一. 王使斫之作笛. 名萬波息笛'이라고 되어 있다.

---

87) ミシコチハトリカムギ(misikotihatorikamugi)라고 읽고 있다.

○【日宮金春質一作春日】 일관(日官)은 '처용랑 망해사'('권제2) に '王將還駕. 畫歇於汀過. 忽雲霧冥[88]曀. 迷失道路. 怪問左右. 日官奏云此東海龍所變也', '百栗寺'('유' 권제3)에 '六月十二日有彗星, 孛于東方. 十七日又孛于西方. 日官奏曰. 不封爵於琴笛之瑞'이라는 것으로 보아, 천문·점복(占卜)을 직무로 하는 관리라고 생각된다(253a 참조). 김춘질은 달리 보이지 않는다. 春質 음 chun-cir과 春日 음 chun-ir은 음 상통.[89]

○【三十三天】 도리천의 번역. 욕계육천의 제2. 제석천이 있는 수미산 꼭대기의 천계. 제석천을 중심으로, 사방에 각각 팔천(八天)이 있으므로 삼십삼천(三十三天)이라고 한다.

○【二聖同德. 欲出守城之寶】 호국의 영웅 문무왕과 김유신을 쌍죽에 비유하여, 신적(神笛)의 영험을 부가적으로 설명하고 있는 것이다.

○【竹. 畫爲二. 夜合一】 쌍죽으로부터 영적(靈笛)을 얻었다는 이야기는, "풍속통의" 권6의 '有羌[90]笛. 馬融笛賦曰. 近世雙笛. 從羌起. 羌人伐竹木. 及己. 龍鳴水中. 不見. 後截竹吹之. 音相似'라는 식의 토속설화에 바탕을 둔 것으로 보인다.

○【祇(祇)林寺】 지(祇)는 기(祇)의 오자. 기림사(祇林寺) ki-rim-sa는 경상북도 월성군 양북면 호암리 함월산에 있으며, 목탑의 터·석탑·석치미(石鴟尾)[91] 등을 오늘날 남기고 있다. 창건연대는 불명이나, 그 위치가 평지에서 산지로 옮기는 시기에 관한 것, 및 황룡사·사천왕사·망덕사 터 등에 보이는 목조탑의 잔존물을 남기고 있는 것 등으로 미루어 보아, 통일기의 이른 때에 건립되었던 것으로 생각된다. 또한 이 절은 현재(1935년 현재), 석굴암·불국사·분황사·백률사 등의 본산으로서 명맥을 유지하고 있다(齊藤忠 "新羅文化論攷").

---

88) 고증. 翼으로 나타냈다. 冥의 異體字.
89) 일본어로는 しつ·しち(質), じつ·にち(日)와 같이 된다.
90) 羌과 同字.
91) 돌로 만든 솔개(부엉이) 꼬리(?).

○【太子理恭】'나기'에는 '諱理洪一作恭'이라고 되어 있다.

280d○【即孝昭大王】주해 281을 참조.

280○【臧於月城天尊庫】 천존(天尊)은 신선·부처의 별칭인데, 천존고 chŏn-con-ko에 대해서는 미상. '백률사'('유' 권제3) 조에는 '大王(孝昭王) 聞之. 驚駭不勝曰. 先君(神武王)得神笛傳于朕躬. 今與玄琴臧在內庫. 因 何國仙忽爲賊俘. 爲之奈何琴笛事具. 載別傳. 時有瑞雲覆天尊庫. 王又震懼使 檢之. 庫內矢琴笛二寶'라고 되어 있으며, 천존고와 내고(內庫)를 동일한 것으로 하고 있다. 또 '원성대왕'('유' 권제2)의 조에는 '臧其笛於內黃殿'이 라고 되어 있다. 천(天)뜻 hanăr, 내(內) 뜻 an, 존(尊) 뜻 nophŭr, 황(黃) 뜻 nurŭr로 天과 內, 尊과 黃은 각각 뜻이 통하는 문자일지도 모르겠다. 또한 '천사옥대'('유' 권제1)의 조에서는 고려 태조 때, 이것을 내고에 수 장했다고 되어 있으며, '승람'에서는 '今亡'이라고 되어 있다. 월성에 대해 서는 주해 163을 참조.

○【孝昭大王】다음 장의 주해 281을 참조.

○【失(夫)禮郎】부예랑(夫禮郎)의 잘못. '유' 권제3·백률사 조를 참조.

²⁸¹효소대왕 죽지랑

²⁸¹ᵃ孝昭大王 竹旨郎 亦作竹曼亦名智官

²⁸²第三十二代孝昭王代. 竹曼郎之徒. 有得烏²⁸²ᵃ一云谷級干. 隷名於風流
黃卷. 追日仕進. 隔(隔)旬日不見. 郎喚其母. 問爾子何在. 母曰. "幢典牟
梁益宣阿干. 以我子差富山城倉. 直⁹²⁾馳去. 行急未暇告辭於郎." 郎曰.
"汝子若私事適彼. 則不湏(須)尋訪. 今以公事進去. 湏(須)歸享矣." 乃以舌
餠一合酒一缸(缸). 卒⁹³⁾左人²⁸²ᵇ鄕云皆叱知言奴僕也. 而行. 郎徒百三十七人亦
眞儀侍從. 到富山城. 問閽人得烏失奚在. 人曰. "今在益宣田. 隨例赴役
(役)." 郎歸田. 以所將酒餠饗之. 請暇於益宣. 將欲偕還(還). 益宣固. 禁不
許. 時有使吏侃(侃)珍. 管收推火郡. 能節租三十石.⁹⁴⁾ 輸送城中. 羙(美)郎
之重士風味. 圖宣暗塞不通. 乃以所領三十石. 贈益宣助請. 猶不許. 又以

---

92) 규장각본, DB, 파른본. 甚(直), 고증. 宜.
93) DB. 率의 오기.
94) 규장각본, 파른본. 石, 고증. 石(石).

珍節舍知騎馬鞍其胎之. 乃許. 朝廷95)花主聞之. 遣使取益宣. 將洗浴其
垢醜(醜96)). 宣逃隱. 掠其長子而去. 時仲冬極寒之日. 浴洗於城内池中.
仍合97)凍死. 大王聞之. 勅牟梁里人從官者. 竝合黜遣. 更不接公署. 不著
黑衣. 若爲僧者. 不合入鍾鼓寺中. 勅史上偘98)珍子孫. 爲枰定戶99)孫. 標
異之. 時圓測法師是海東高德. 以牟梁里人故. 不授僧職. **283**初述宗公爲
朔州都督使. 將歸理100)所. 時三韓兵亂. 以騎兵三千護送之. 行至竹旨嶺.
有一居士. 平理其嶺路. 公見之歎美(美). 居士亦善公之威勢赫甚.101) 相
感於心. 公赴州理隔102)一朔. 夢見居士入于房中. 室家同夢. 驚恠尤103)
甚. 翌日使人同104)其居士安否. 人曰居士死有日矣. 使來迊(還)告. 其死
與夢同日矣. 公曰,“殆居士誕於吾家爾.”更發卒修葬於嶺上北峯. 造石彌
勒一躰(軀).105) 安於塚前. 妻氏自夢之日有娠. 既誕. 因名竹郎. 壯而出
仕. 與庾信公爲副帥. 統三韓. 眞德太宗文武神文四代爲冢宰. 安定厥邦.
284初得烏谷慕郎而作歌曰. 去隱春皆理米 毛冬居叱沙哭屋尸以憂音 阿冬
音乃叱好支賜烏隱 皃史年數就音墮支行齊 目煙迴於七史伊衣 逢烏支惡
知作乎下是 郎也慕理尸心未 行乎尸道尸 蓬次叱巷中宿尸夜音有叱下是.

95) 규장각본, 파른본. 迋, 고증. 迋(廷).

96) 고증. 醜(醜).

97) DB. 슁의 오기.

98) 규장각본, 파른본, DB. 史上偘, 고증. 史(使)上(吏)偘(偘).

99) 고증. 戶(長?)孫.

100) DB. 고려 成宗의 이름인 '治'의 피휘.

101) 규장각본, 파른본. 其, 고증. 甚(甚).

102) 규장각본, 파른본. 隔, 고증. 隔(隔).

103) 고증. 尤(尤), DB. 규장각본에는 十.

104) 同으로 볼 수 없는 모양이다. 파른본, 규장각본. 問, 고증. 同(問), DB. 조병순소장본에는
問. 문맥상 問이 옳다.

105) 규장각본, 파른본. 軓, 고증. 躰(軀).

281효소대왕 죽지랑 또는 죽만 또는 지관(孝昭大王 竹旨郎**281a**亦作竹曼亦名智官)

282제32대 효소왕대에, 죽만랑의 화랑으로 득오**282a**혹은 谷이라고도 한다. 급간106)이라는 자가 있었다. 풍류황권(風流黃卷)107)에 이름을 올려놓고 날마다 출근했다.108) 그런 어느 날, 열흘 동안이나 모습이 보이지 않는 일이 있었다. 그래서 죽지랑이 그 어머니를 불러

'댁의 아들은 지금 어디에 있는가.'

라고 물었더니, 그 어머니는

'당전인 모량부의 익선아간이, 아들을 부산성의 창고로 가도록 명했기 때문에, 만사를 제쳐놓고 먼저 나가 버렸습니다. 그 출발하는 모습이 너무나도 황급하여 당신에게 말씀을 드릴 틈도 없었사옵니다.'

이라고 대답했다. 죽지랑은

'만일 당신의 아들이 사사로운 일로 그곳에 갔다고 한다면, 내가 일부러 찾아갈 필요도 없을 것입니다. 그렇지 않고 조정의 일 때문에 나갔다고 한다면, 아드님이 집에 돌아올 수 있는 조치를 취하는 것은 당연한 일입니다.'

라고 말을 마치자, 죽지랑은 곧장 한 합(合)의 설병(舌餅)과 술이 가득한 큰 항아리를 지니고, 좌인**282b**좌인(左人)을 우리말에서는 모두 질지라고 말한다. 노복을 말한다.을 데리고 익선 쪽을 향하여 나갔다. 그리고 낭도 137명도 모두 威儀를 갖추고 죽지랑을 따라, 일행은 富山城에 도착했다. 그리고 문지기에게

'득오가 없는데 도대체 어디에 있는가.'

---

106) DB. 신라 17관등 중 제9등에 해당하는 관등.
107) DB. 화랑도의 명부.
108) 고증. 풍류와 황권을 중시하는 화랑의 명부에 이름을 올리고 나날이 섬기고 있었다.

라고 물었다. 그 문지기는

'익선의 밭입니다. 늘 하던 대로 노역에 나가 있습니다.'

라고 가르쳐 줬기 때문에 낭은 그 밭으로 나갔다. 낭은 또 가지고 온 술과 떡으로 익선을 대접하고, 득오에게 시간을 내 주도록 부탁하였고, 득오를 데리고 함께 돌아갈 수 있도록 원했다. 그런데 익선은 그 말을 완고하게 거절하고 허가를 해 주지 않았다. 그때 사리 간진이라는 자가 있어, 추화군[109]을 다스리고 있었는데, 그 군의 조세 가운데에서 30석을 잘 변통하여, 마침 성 안으로 운반하던 참이었다. 간진은 죽지랑이 자기 화랑생도를 소중히 하는 고상하고 그윽한 성품에 감명을 받는 한편, 어리석은데다가 차갑고 융통성 없는 익선의 처신을 한심하게 여기고, 운반하던 30석의 조세를 익선에게 주고, 죽지랑의 간청이 받아들여지도록 힘을 보탰다. 그래도 익선은 아직 받아들이려고 하지 않기 때문에, 간진은 한층 더 사지(舍知)[110]의 말과 안장을 얹어 보냈더니, 겨우 그 바라는 바를 들어주었다. 조정의 화주(花主)[111]가 이러한 사정을 듣고, 사자를 보내 익선을 잡아, 그 몸에 묻은 더러움을 씻어 내고, 죗값을 치르게 하려고 했다. 그러나 익선은 교묘히 도망쳤기에, 그 장남을 잡아가 버렸다. 그때는 마침 (음력) 11월의 매우 추운 날이었기 때문에, 성 안의 연못에서 속죄를 시켰다면, (익선은) 반드시 동사해 버렸을 것임에 틀림없었다. 이를 들은 대왕은, 조칙을 내려 모량리 출신으로 조정에 종사하는 자를 추방하도록 하고, 다시는 공적인 부서에 들지 못하도록 하며, 혹시나 하는 허튼 마음도

---

109) DB. 지금의 경상남도 밀양 지방 일대.
110) 고중. 종을 말한다. DB. 신라 17관등 중 제13위에 해당하는 관등.
111) DB. 화랑의 우두머리.

허락하지 않았다. 만일 승려가 되었다고 해도, 종이나 북이 제대로 갖추어진 훌륭한 절에 들어가는 것을 금해 버렸다. 왕은 더 나아가 사관 (史官)(기록을 관장하는 관리)에게 명하여, 간진의 자손을 불러 대대로 평정호112)의 관직을 맡도록 하고, 더 나아가 그 덕을 칭찬하였다. 마침 그때 원측법사113)라고 하면 그야말로 해동을 대표할 정도의 고덕한 승려였는데, 모량리의 사람이라는 이유로 승려로서의 직무는 내리지 않았다.

283옛날 술종공114)이 삭주도독사로 임명받고, 그 지역으로 향하려고 할 때의 일. 그때 삼한의 병사가 난을 일으켰기 때문에, 3,000의 기병으로 공을 호송해 갔다. 일행이 죽지령까지 갔을 때, 한 거사가 고갯길을 닦고 있었다. 그 모습을 보고 감탄한 공은 크게 거사를 칭찬하였는데, 거사 쪽도 너무나 위풍당당한 공의 위세에 감탄하고, 서로 오가는 바가 있었다. 공은 삭주를 향하여 그 임무를 맡고 있었으나, 달이 바뀐 어느 날, 그 거사가 공의 방 안으로 들어가는 꿈을 꾸었다. 그런데 공의 부인도 같은 꿈을 꾸었다고 하기 때문에, 두 사람은 그 이상함에 더욱 더 놀랐다. 다음 날을 기다려 사자를 보내, 그 거사의 안부를 물어보게 하니, 그 모습은 보이지 않았다. 어떤 사람이 말하기로는,

'거사가 죽은 지, 며칠 되었다.'

라는 말을 듣고, 돌아온 사자는, 거사의 죽음이, 공이 꿈을 꾼 날짜와

---

112) DB. 당(唐)의 제도에서는 1리(一里)의 사무를 관할하는 호(戶)를 두고 평정호(枰定戶)라고 하였다.
113) 고증. 袁測法師. 원문 그대로.
114) DB. 신라 진덕여왕 때의 사람으로 ≪삼국유사≫ 권1 기이1 진덕왕(眞德王) 조에서는 알천공(閼川公), 박종공(林宗公), 호림공(虎林公), 염장공(廉長公), 유신공(庾信公)과 더불어 국사를 의논하였던 사람 중 하나로 기록되어 있다.

같았다는 취지를 술종공에게 보고했다. 공은,

　'거사는 꼭 한번 지금 우리 집안에 탄생할 것임에 틀림없다.'

라고 말하고 다시, 종을 그 산봉우리로 보내, 그 북쪽 봉우리에서 조문을 하는 한편, 돌 미륵상을 하나 무덤 앞에 안치시켰다. 공의 부인은 이 꿈을 본 날부터 임신을 하여, 이윽고 태어난 아이는 그 봉우리의 이름을 따서 죽지(竹旨)라고 이름을 지었다. 죽지는 성장함에 따라 관직에 올라, 유신공과 함께 부수가 되어 삼한을 통일하고, 진덕왕, 태종무열왕, 문무왕, 신문왕의 4대에 걸쳐 왕을 보좌하고 백관을 통솔하여 그 나라의 안태를 다하였다. [284]이전에 득오(谷烏)는 죽지랑을 흠모하여 다음과 같은 노래를 만들었다.

　가는 봄 잡기 힘드니
　나의 근심 탄식은 깊어라.
　인정은 곳곳에 이르고.
　이 몸조차 늙어 가노라.
　하물며 눈이 선명하던 동안에
　한 번 더 절을 하고
　주인 따라 가노라면
　쑥이 나는 길 한쪽에
　지낼 밤도 있으리까.

281○【孝昭王】재위 692-702년, 신문왕의 아들. 어머니는 일길찬 김흠운의
　　　　딸 신목왕후. 즉위 원년(692) 좌우이방부를 고쳐 좌우의방부로 하고, 4년

서시전·남시전을 신설했다. 이 외 박사 2인을 두고 본초경·갑을경·소문경·침경·맥경·명당경·난경을 학생에게 가르치게 하고(692), 또 구서당 가운데 문무왕 12년(672)에 두었던 장창당을 비금서당이라고 고치기도 했다(693).

281, 281a○ 【竹旨郎亦作竹曼亦名智官】 죽지랑(竹旨郎) 현재 음 cuk-ci-raṅ 옛 음 tae-mără-raṅ. 죽(竹) 자회(字會) 뜻 tae와 지(智) 자회 뜻 ti는 통용. 지(旨)는 산고개란 뜻인 mără에 차용된 예가 많으며('竹旨及伐山郡'-'사' 제사지), 관(官) 옛 말 maăr['莫耶停. 本官阿良支停'. '사' 지리지(1)], 만(曼) 현재 음 man(maăr → mas → man으로 변천)과는 공통차자(양주동 "古歌研究").

282, 282a○ 【得烏一云谷級干】 득(得)의 뜻 sir과, 곡(谷)의 뜻 sir은 상통한다 ['絲(sir)浦, 今蔚州谷浦也'-'유'·권제3·황룡사장육]. 오(烏)는 연오랑·세오녀('유' 권제1)에 보이듯이 인명의 첨미어이다(양주동 "고가연구"). 급간(級干)은 신라 제9등의 관직으로, '사' 직관지(上)에 '九日級伐湌或云汲[115)湌或云及伏干'이라고 보인다. 또한 글 마지막에는 득오곡을 이름으로 하고 있다.

282○ 【隷名於風流黃卷】 화랑도의 생활을 이와 같은 말로 표현한 것이며, 화랑의 풍속을 풍류라고 불렀던 것에 대해서는, '유' 권제3 미시랑 조에 '王敬愛之, 奉爲國仙, …風流耀世, 幾七年'이라고 보인다. 화랑의 풍속을 풍류라고 불렀던 것은 중국의 신선 취미의 풍류에서 온 것이며, 산수가 뛰어난 곳을 유람한 중국의 시객문인, 소위 적선(謫仙)류의 풍류를 산수를 즐겼던 화랑으로 가져온 것이다. 황권(黃卷)은 "서언고사"에 '書名黃卷, 有所自, 古人寫書, 皆用黃紙'라고 보이며, 책을 말한다.

○ 【幢典】 신라에서는 당(幢)이라는 글자가 들어 있는 군대 이름이 많았는데, 당전의 직위는 부대장급으로 보인다.

---

115) 汲?

○【牟梁】신라시조·혁거세왕 조의 주해 111을 참조.

○【富山城】pu-san-sŏṅ. 이미 '유' 문호왕 법민의 조에도 보이는데, '나기' 문무왕 3년(663) 춘정월 조에는, '築富山城'이라고 되어 있다. 이 성은 또 '사' 지리지(4)의 '三國有名未詳地分'의 가운데 들어 있는데, '승람'에는 '富山城. 在府西三十二里. 石築. 周三千六百尺. 高七尺. 今半類圮. 內有四川. 一池. 九川. 有 軍倉.'이라고 되어 있다. 이 성은 영천이나 청도에서 경주로 들어오는 길과 봉우리에 이어지는 위치에 있으며, 왕도 방위의 성곽으로서 축조되었던 것으로 생각된다.

282, 282b○【左人鄕云皆叱知言奴僕也】좌인(左人)은 미천한 사람이라는 뜻. "한서" 제후왕표의 '作左官之律'에 응소의 주로서 '人道上右, 今舍天子而仕諸侯, 故謂之左官也'라고 되어 있다. 개질지는 kŏ-rŏ-ch로 노예의 훈('字會')과 통한다(양주동 "고가연구").

282○【郎徒百三十七人】화랑집회의 인원수에 대해서는, 최초의 원화(여성화랑)인 준정·남모에 대해서는, '聚徒三百餘人'('나기' 진흥왕 37년), 화랑 사다함에서는 '其徒無慮一千人'('사' 열전④), 화랑 효종랑에서는 '郎徒幾千人'(列傳)이라고 보인다. 이 숫자는 아마 과장되어 있는 것으로 생각되며, 많으면 2,3백 명에서 수백 명의 규모로 생각해도 좋을 것이다.

○【得烏失】실(失)은 득(得)이나 곡(谷)(모두 sir)과 통하는 것으로, 得(失)烏라고 기록을 해야 할 것이다.

○【郎歸田. 以所將酒餠饗之】남자의 공동생활을 기반으로서 성립하고 있는 화랑집회에 있어서는, 스스로 구성원 사이에 강한 우애관계가 생겼다. 죽지랑과 득오와의 우정도 그 일례라고 할 수 있다. 화랑과 낭등과의 우애 이야기로서는, 이 외에 부예랑과 안상('유' 권제3·백률사), 백운과 김천("삼국사절요" 권제6, "동국통감" 권제5) 등이 유명하며, 특히 진흥왕 대의 화랑 사다함과 낭등 무관랑과의 교우는 '含始寫武官郎約爲死友. 武官病卒. 哭之慟甚. 七日亦卒. 時年十七歲'('사' 사다함전)이라고 기록되어 있을 정도이다.

○【推火郡】chu-hwa-kun 지금의 경상남도 밀양지방에 놓인 군. '사' 지리지(1)에 '密城郡. 本推火郡. 景德王改名. 領縣五.'라고 되어 있다. 고려 공양왕 2년(1390)에 승격하여 밀양부가 된다.

○【朝廷(廷)花主 … 合凍死】초기 사회에서 남자 집회의 구성원의 이익을 보호하기 위하여, 강력한 사법적 기능을 갖추는 경우가 많다. 화주인 익선에 대한 가혹한 형벌도, 그러한 사법적 기능에 의한 것이며, 화랑집회가 그 회원의 보호에 관해서 절대적인 사법권을 행사했던 사실을 말하는 전승이다. 화주는 화랑의 총체적인 통솔자라고 생각되지만, 그 실체에 대해서는 불명.

○【杯定戶孫(長?)】이병도는 평정호에 대해서는 '당제(唐制)에 한 리(里)의 사무를 통괄하는 호를 평정호라고 한다.'(역주병원문 "삼국유사" 및 한국 명저대전집 수록 "삼국유사")라고 주를 달고 있다. 근간의 "완역삼국유사"(김사엽 역주), 三中堂文庫 "삼국유사"(이동환 역주), 박영수 역 "삼국유사" 등, 한국계 역자는 모두 위의 주해를 그대로 답습하고 있는데, 어떠한 자료에 의한 것인지는 불명하다. 이병도의 주에 당제라고 되어 있는데, 당(율령시대)에서는 지방은 주(州)·현(縣)·향(鄕)·리(里)로 나누어졌다. 그리고 중앙에서 관리가 파견된 것은 주·현까지이고, 향·리에는 관리가 놓이지 않았다. 또 100호를 리로 삼고, 5리를 향, 서경 및 주현의 영내를 방(坊)으로 하고, 교외를 촌(村)으로 하여, 각각 이정·방정·촌정을 두었는데, 이(里) 안의 모든 행정사무를 관장하는 것은 이정(里正)이었던 것이다. 더 나아가 이정은 외직장의 서(胥)인데, 촌락의 행정은 이정 등의 손을 빌리지 않으면 운영할 수 없었던 것으로, 이것은 중국뿐만 아니고 조선에서도 같을 것이다. 그런 까닭에 어떤 지방의 말단행정을 하는 자가 놓인 것이므로, 평정호장(杯定戶長)은 문맥으로 보아 이정·촌정과 같은 임무를 맡은 것으로 생각된다. 당제에서는 이정·촌정(色役人)은 모두 주민인 적임자가 차과(差科)(지명해서 충당)되고, 이정은 조조용(租調庸)면제(課見不輸), 촌정은 잡요(雜徭)면제이었다([참고]

日野開三郎 "唐代租調庸の研究(2)"). 더 나아가 핵심적 고찰을 더한다면, 평정(枰定)의 枰은 秤의 잘못으로 볼 때, 세량(歲糧)을 계량하는 자로서 칭정(秤定)을 맡았던 것일까라고 생각된다. 또 평(枰)의 음이 평(評)과도 통하므로 칭정(秤定)은 평정(評定)에서 생긴 것일까. 평(評)은 예부터 읍리를 나타내는 훼(喙)·양(梁)·진(珍) 등과 통하기 때문이다. 마지막으로 이병도는 평정호손(枰定戶孫)은 평정호장(枰定戶長)으로 고쳐야 할 것이라고 하고 있다.

283○ 【述宗公】 sur-cŭń-koń. '유' 권제1·진덕왕 조에 알천공·임종공·호림공·염장공·유신공 등과 함께, 남산의 울지암에서 나랏일을 의논했다고 되어 있는데, '사'에는 이 공의 이름은 일절 나오지 않는다.

○ 【朔州都督使】 삭주(朔州)sak-cu는 지금의 강원도 춘천 지역에 놓인 州. 그 유래에 대해서 '사' 지리지(2)에는 '朔州. 賈耽古今郡國志云. 句麗之東南. 濊之西. 古貊地. 蓋今新羅北朔州. 善德王六年唐貞觀十一年爲中(牛)首州置軍主一云文武十三年唐咸亨四年置首若州. 景德王改爲朔州. 今春州. 領縣三云云.이라고 기록되어 있으며, '나기' 경덕왕 12년(753) 12월에는 이것에 대응하여 '首若州爲朔州. 領州一. 小京一. 郡十一. 縣二十七'이라고 보이고 있다. 지리지에서는 郡數十二라고 되어 있으며, 이 기사보다도 군이 하나 더 많은데, 이것은 지리적으로 말해 명주(溟州)(강원도 강릉)의 관리하에 있었다고 생각되는 삭정군(함경남도 안변)을 더했기 때문이라고 생각된다(津田左右吉, "滿鮮歷史地理研究"1). 朔州=牛首. 州의 설치·변천에 대해서는 간명하지 못한 것이 있기 때문에, 우선 그것과 관계되는 근본 사료를 '사'의 가운데에서 이미 보인 것을 제외하고 열거하겠다. ⓐ 基臨王三年三月. 至牛頭州. 望祭太白山. ⓑ 眞興王十七年秋七月. 置比烈忽州. 以沙湌成宗爲軍主. ⓒ 眞興王二十九年冬十月. 廢比列忽州置達忽州. ⓓ 文武王八年三月. 置比列忽州. 仍命波珍湌龍文爲摠管. ⓔ 牛首停. 本比烈忽停. 文武王十三年. 罷比烈忽停置牛首停(職官志(下)). 牛首州. 一作頭. 一云首次若. 一云烏根乃(地理志④). ⓕ 碑利城軍

主喙福登智沙尺干(眞興王昌寧碑). 이들의 사료에서 스에마쓰(末松保和)는 우수주의 변천을 다음과 같이 추정하고 있다. ① 진흥왕 17년(556) 비열홀주(함경남도 안변)를 두다. ② 진흥왕 29년(568) 비열홀주를 폐하다. → 달홀주(강원도 고성)를 두다. ③ 선덕왕 6년(637) 우수주를 두다. ④ 문무왕 8년(668) 비열홀주를 다시 설치하다. ―이것으로 우수주의 폐지를 추정. ⑤ 문무왕 13년(673) 비열홀주를 폐하다. → 우수주를 다시 설치하다("新羅史の諸問題"). 이에 대하여 이게우치(池内宏)는 진흥왕이 남북 양쪽 한강 유역을 점유하고 나서 선덕왕 6년까지, 요지인 춘천에 주(州) 정치를 하지 않았다고는 생각되지 않는다고 하면서 지리지②의 선덕왕 6년 설치설을 의심하고, 진흥왕 29년, 비열홀주가 폐지되었던 해에 우수주가 춘천 지역에 설치되었다고 추정하며, 직관지(하)의 '牛首停. 本比烈忽停.'은 이러한 사실의 표현이 아닐까라고 추정하고 있다("滿鮮史研究"上世 第二冊). 도독에 대해서는, '사' 직관지(하) 외관의 항목에 '都督九人. 智證王六年(五〇五) 以異斯夫爲悉直州軍主. 文武王元年(六六一) 改爲摠管. 元聖王元年(七八五)稱都督. 位自級湌至伊湌爲之'라고 되어 있고, 이 도독의 아래에는 한 사람의 주조(別名州輔), 한 사람의 장사(別名司馬)가 놓여 있었다. 즉 도독은 9주에 놓여 있으며, 주의 장관으로서 군정·민정을 총관했던 관리이다.

○ 【理所】【州理】 본래는 치소(治所), 주치(州治)라고 적어야 할 것이나, 고려 성종의 휘인 治를 피하여 같은 뜻의 理를 댄 것이다. '유'에 있어서 이 예는 이미 '왕력'에서, 각 왕의 치세를 나타내는 데에 治□□年이라고 하는 곳을, 理□□年으로 되어 있는 것 등으로 봐 왔던 바이다.

○ 【竹旨嶺】 cuk- ci- ryŏn. 오늘날의 죽령을 말한다. 경상북도 북방의 충청남도와 경계를 접하는 곳인 험난한 고개로, 풍기(경상북도)에서 단양(충청북도)로 통하는 고갯길로도 되어 있다. '승람' 풍기군 산천 조에 '竹嶺. 西應忠淸道丹陽郡所伊山. 東應望前山.'이라고 되어 있다. '사' 제사지·소사 조에 '竹旨. 及伐山郡'이라고 보인다. 또한 '사' 거칠부전에 의하면 진흥왕 12년

(551) 고구려와의 싸움에서 '竹嶺以外, 高峴以內十郡'의 지역을 점령했다고 되어 있다. 선덕왕 11년(642) 백제를 치기 위하여 원군을 바라는 신라의 사자 김춘추에 대하여, 고구려 보장왕이 '竹嶺本是我地分. 汝若還竹嶺西北之地. 兵可出焉'(紀)이라고 말하는 것으로부터 미루어 보아, 이 고개가 진흥왕 때까지 신라, 고구려 간의 국경이었다고 생각된다. 또한 '나기' 아달라왕 4년(157) 조에 '開竹嶺'이라고 되어 있는 것은, 원래부터 신뢰할 만한 것은 아니다.

○【公赴州理. …. 因名竹旨】'미륵하생경'에서 말하는 시두말성의 대파라 문주 묘범의 처 마파제(摩波提)에 생(生)을 맡기고 하생하여, 크게 국토를 교화한 미륵보살의 이야기에 의한 전승이다. 화랑의 민간신앙과 절충한 불교신앙 가운데에는 미륵신앙이 제1이며, 미륵선화의 이야기('유' 권제3, 미륵선화·미시랑·진자사)는 그 대표적인 것이라고 할 수 있겠다.

○【與庚信公爲副帥. 統三韓】죽지랑이 신라 통일전쟁 때, 김유신의 곁에서 활약한 것은 '나기' 진덕왕 3년·문무왕 원년·8년 조 및 '후(后)' 김유신 전 등에 보인다.

○【眞德太宗文武神文四代'爲冢宰】죽지랑의 행정관으로서의 지위를 보이는 것은, '나기' 진덕왕 5년(651) 2월 조에 '改稟主爲執事部. 仍拜波珍湌竹旨爲執事中侍. 以掌機密事務'라고 되어 있을 뿐이다. 죽지랑은 진덕왕 이하 4대의 왕을 섬기고 있으나. 그 아버지 술종이 진덕왕의 대신으로서 섬기고 있었기 때문에, 그가 화랑이 된 것은 진평왕대라고 생각해도 큰 과실이 없고, 그 죽음은 아마 신문왕대이나, 다음의 효소왕대이었다고 생각된다. 따라서 표제에 죽지랑의 화랑시대를 효소왕대라고 하는 것은 잘못으로, 효소왕대라는 것은 득오의 노래에 관한 시대이다(三品彰英 "新羅花郎の研究").

284○【去隱·春·皆理米】去隱ka-m 지나다. 春 pom. 春(을) 皆理米 tă-ri-măe 보내면서·거듭하면서(kă-ri-mae)·그리며(kŭ-ri-mae).

○【毛冬·居叱沙·谷屋尸以·憂音】毛冬mo-tăr(否定前辭), 모든116)(motŭn). 居叱沙 i-s-sa 있는 것조차 · 이야말로(kŏ-s-sa). 谷屋尸以 u-u-r-i 울음. 憂音 sir-ŭm 슬픔.

○【阿冬音 · 仍叱好支 · 賜烏隱 · 皃史】阿冬音 a-tăr-ăm 사랑(을). 仍叱好支 na-s-ho-ti 걸어. 賜烏隱 si-o-n 둥근 돌. 皃史 cŭ-su 모습.

○【年數 · 就音 · 墮支行齊】年數 hăe-su 나이(를). 就音 masa-m 잡는 것. 墮支行齊 hŏr-hi-cyŏ 늙어 가는 것.

○【目煙 · 迴於尸七 · 史伊衣】目煙 mu-n 눈동자(를). 迴於尸七 to-o-r-chir 돌다. 史伊衣 sa-i-ŭi 사이에.

○【逢烏支 · 惡知 · 作乎下是】逢烏支 masp-o-hi 만나도록. 惡知 ŏs-ti 어찌. 作乎下是 cis-o-ha-i 하시는 것을.

○【郎也 · 慕理尸 · 心未 · 行乎尸 · 道尸】郎也 raň-(i)-ya 郎이여. 慕理尸 kŭ-ri-r 그리다. 心未 măsă-măe 마음에. 行乎尸 nyŏ-o-r 가다. 道尸 ki-r 길(은).

○【蓬次叱 · 巷中 · 宿尸 · 夜音 · 有叱下是】蓬次叱 tapo-c-c 쑥. 巷中 kurhŏ-hăe 움푹 패인 땅에. 宿尸 ca-r 자다. 夜音 pa-m 밤(도). 有叱下是 I-s(i)-ha-i 있어라.

참고

‘유’의 향가는 이 모죽지랑가를 비롯해 14수가 전해지고 있다(권제2 · 6에 각 6수. 권제3 · 4에 각 1수). 한시에 대하여 국풍, 즉 신라의 가요를 총칭해서 향가라고 한다. 주해 147 참조. 이곳에서는 가장 오래된 서동요(6세기 이전)부터 9세기 후반의 처용가를 기재하지만, 실제는 통일신라를 정점으로 고려 초기경까지 성행했다. 오늘날 전해지는 것은, 균여의 찬불가 11수를 더한 25수에 지나지 않는다. ‘유’, ‘사’에 의하면, 전해지지 않은 미상의 가사가 많이 있었으며, 9세기 말에 이미 향가집 “삼대목”의 편찬이 있었던 것을 알 수 있다. 신라어는 13세기의 고려인에 의해서 이미 고어로 느껴졌다. 가사를 기재한 일연 자신도 어느 정도로 풀이했는지는 모른다.

---

116) 전부.

향가의 형식은 10구체로서 안정된 모양이라고 하는데, 그것에 선행하여 8구체나 4구체가 있었고, 4구체로 보이는 것이 오래된 것 같다. 그러나 그 향가 스타일도 고려시대에 새롭게 채용된 가사체로 바뀌어, 이윽고 단가(시조)의 유행과 함께 조선인에게 잊혀졌듯이, 그 계승에 큰 단절이 생겼다. 그것이 연구자에게 다루어져 이해하기 힘든 가사이면서도, 일반적으로 알려지게 된 것은, 금세기에 들어오고 나서이다. 가요라는 점에서 일본의 기기가요를, 그리고 표기의 관점에서 망요가나를 상기시키는 것으로, 일본의 연구자에게는 일찍부터 주목받아 왔다. 가요는 본래 노래를 부르는 것에 의해 존재하고, 그 가사의 표기도, 노래를 알던 당시 사람들의 기억을 돕는 정도로 역할은 다할 것이다. 그러나 시대가 흐름에 따라 전승이 끊겨, 노래 그 자체가 잊혀지면, 가사 자체를 모르게 되어 버린다. 후대의 사람에게 해독을 강요하는 까닭이다. 향가를 옮기는 한자는, 상당히 복잡한 용자를 보이는 것으로 받아들여졌다. 한자의 음훈을 이용하면서 본토의 모양을 나타내지만, 그 형태도 난해한 옛말이 되었기 때문이다.

향가의 전모를 처음으로 현대에 소개한 것은 오구라 신페이(小倉進平)다(“鄕歌及び吏讀の硏究” 1929). 양주동은 시인적 직관을 살리면서 그 해독을 수정 발전시켰다(“조선고가연구” 1942). 이후 학계에서는 양주동 해독이 중심이 되어 있다. 이탁은 독자적 방법으로 해독했다(‘향가신해독’ 1955). 홍기문은 오구라·양주동을 바탕으로 한 절충에 새로운 견해를 더했다(“hyaṅ-ka-hae-sŏk” 1947). Peter H. Lee 이학수도 같다(Studies in the Saenaennorae: Old Korean Poetry 1957). 김준영은 의미 파악에 주안점을 두었다(“향가상해” 1964). 지헌영(“향가려요신석” 1947) 및 정열모(‘sae-ro irk-nŭn 鄕歌’ 1947)의 해독은 아직 보지 못했다. 그 외 개별적인 해독의 시도는 많다.

최근에는 정연영이나 서재극 등이 새롭게 도전하고 있다. 처용가는 전승에 관한 것도 있어, 가장 많은 해독안이 나왔는데, 남광우의 논고는 간결하며 유용('鄕歌硏究', “國語學論文集” 1962), 오구라의 해독에 개인 의견을 제출했던 마에마 교사쿠(前間恭作)의 논고는, 오구라 저작과 함께, 최근 일반인에게 입수하기 쉬워졌다(“小倉進平博士著作集(1)”). “前間恭作著作集(下)”가 하마다(浜田)에 의해서 교토대학교 문학회에서 간행되었다. 한편 이두 표기의 관련에서 개개의 형태에 관한 논고가 있는데, 그 가운데에도 이숭녕은 표기체계에 처음으로 조직적인 칼을 넣어('新羅時代表記法體系e關han試論' 1955), 유창균·박병채를 비롯해, 그 외의 여러 사람으로 이어지고 있다. 다른 한편 어떤 특정의 읽기가 많이 인용됨에 따라 어느 틈에 정설적인 성격을 띠고, 그곳에서 다른 면의 의논이 전개되는 경향도 나타나기 시작했다. 또 해독을 해도, 노력의 공이 무시되기 일쑤이고, 이견의 제출에만 급한 것처럼 받아들여진다. 당연히 거쳐야 할 준비연구가 목하 진행 중이라는 현상에서는, 종래의 여러 해독에는 원리적 방법을 포함하여 언어사적 배려가 결여되어 있는 것 같으며, 시기상조의 느낌도 없지는 않다. 향가의 해독은 고대조선어 연구의 결론이기도 하다. 따라서 현 단계에서는 모두 잠정적인 시안에 지나지 않는다. 이러한 전망에 대해서는 한국어문학회의 성과가 유용하다("新羅時代ǔi言語wa文學" 1974). 본 주해자는 지금까지의 선학자들의 성과에 의할 뿐으로, 독자 안을 제출하는 것은 아니다. 해독의 방법 및 고증은 일체 생략하고 결과만 냈다. 그래도 의미불명이나 의문스런 곳이 적지 않다. 【 】에서 기재한 대로 구절을 보이고, 그 내부가 분석되는 곳은 · 으로 보이며, 해독은 그 구로 나누어진 한자에 로마자 전사로 대응시키고, 다음으로 일본어역을 보탰다. 또 다른 해독이 있어, 필요하다고 생각되는 것에 대해서는, · 의 다음에 적었다.

²⁸⁵성덕왕

聖德王

²⁸⁶第三十三聖德王神龍二年丙午. 歲禾¹¹⁷⁾不登. 人民飢甚.¹¹⁸⁾ 丁未正月初一日至七月三十日, 敕民給租, 一口一日三升爲式. 終事而計三十萬五百碩也. ²⁸⁷王爲太宗大王刱奉德寺, 設仁王道場. 七日大赦. 始有侍中職.¹¹⁹⁾ ^{287a}一本系孝成王.

^{풀이} ²⁸⁵성덕왕(聖德王)

²⁸⁶제33대 성덕왕 신룡 2년 병오년(706)의 일, 오곡이 익지 않고, 백성들은 굶주림 때문에 매우 괴로워했다. 이듬해 정미 정월부터 7월 30일에 이르는 동안에, 백성을 위하여 곡식을 나누어 주었는데, 한 사람

---

117) DB, 규장각본, 파른본에는 빈칸.
118) 규장각본, 파른본, 고증, 人民飢甚.
119) 규장각본, 파른본. 耺, 고증. 耺(職).

에 하루 3승(升)이 정해진 것이었다. 이 구휼이 끝나고 그 양을 재 보니, 30만 5백 석이나 되었다. **287**왕은 태종대왕을 위해 봉덕사[120]를 창건하고, 인왕회를 전수(專修)[121]하기 위해 도량을 설치했다. 그리고 7일간에 걸쳐 대사면을 행했다. 또 처음으로 시중[122] 직을 제정했다. **287a**어떤 책에는 효성왕 때의 일이라고 한다.

주해

285○ 【聖德王】 신라 제33대의 왕. 재위는 '사'·'유' 모두 702년(당의 장안 2)부터 737년(당의 개원 25)까지로 일치하고 있는데, 죽은 해에 대해서는 의문이 없지는 않다(본서 상권). 성덕왕대부터 경덕왕대에 걸쳐서가 신라시대의 최전성기에 해당한다. 신라 영역의 북쪽 경계는, 백제·고구려 멸망 후에도 양국의 옛 영토는 당의 지배하에 놓여, 대동강(浿江) 유역에도 미치지 못했는데(池內宏, "滿鮮史硏究" 上世篇2. 津田左右吉 "津田左右吉全集" 第十一卷을 참조), 백제·고구려 유민의 반당 투쟁에 의한 당세력의 후퇴(문무왕 16년·676에 안동도호부를 평양에서 요동성으로 이전), 성덕왕 13년(714)부터 본격적으로 부활시킨 친당외교(宿衛外交), 특히 당의 발해대책의 실패(본서 상권 참조)에 의해, 735년(성덕왕 34년·당의 개원 23) 대동강 이남의 영유권을 당으로부터 정식으로 승인받아, 통일신라시대에 있어서 최대 판도를 영유하기에 이르렀다. 하지만 새롭게 더한 지역에, 즉시 군현이 설치되어 신라의 직접지배가 실현된 것은 아니었다. 그 운영에는 시간을 요하여, 대동강 남안에까지 군현이 설치된 것은, 헌덕왕 7년(815)의 일이었다(井上秀雄. "新羅史基礎硏究" 87

---

120) DB. 현재 경상북도 경주시의 북천(北川) 부근에 있었던 것으로 전해지는 사찰.
121) 전수(專修), 지식이나 기술을 전문적으로 배우고 익힘.
122) DB. 시중(侍中)은 신라의 관직명으로 집사부(執事部)의 장관직. 651년(진덕여왕 5)에 중시(中侍)라는 이름으로 처음 만들어졌다가 747년(경덕왕 6)에 시중으로 개명.

면). 왕권에 관해서는 상대등의 변질이 주목된다. 성덕왕 27년(728) 7월에 상대등인 배부가 연로하여 상대등의 퇴직을 허락받고, 이어서 경덕왕 16년(757) 정월에 사인이 병을 이유로 상대등을 파면당했고, 22년(763) 8월에는 신충이 상대등을 파면당했으나, 이들 사건은 중대에 있어서의 왕권의 정치 권력화를 보이는 것과 동시에, 하대에 있어서의 상대등의 정치 권력화를 보이는 것이었다(李基白 "上大等考"·"新羅政治社會史研究" 수록. 井上秀雄 前揚書 제11장).

286○ 【神龍二年丙午. 歲禾不登. 人民飢甚】신룡은 당 중종의 원호의 하나로, 그 2년은 성덕왕 5년(706)에 해당한다. '나기'에도 5년 춘정월 조에 '國內饑. 發倉廩賑之', 8월 조에 '穀不登'이라고 되어 있어 일치한다.

○ 【丁未正月初一日至七月三十日. 救民(民)給租】정미(丁未)는 신룡 2년의 다음 해. 경룡 원년(707)이고 성덕왕 6년에 해당한다. '나기' 성덕왕 6년 정월 조에도 '民多饑死. 給栗人一日三升 至七月'이라고 하여 진휼의 기간은 일치하고 있다. 또한 '유'의 조(租)가 '나기'에서는 율(栗)로, 또 앞에서는 '유'의 화(禾)가 '나기'에서는 곡(穀)으로 되어 있어서, 租가 栗인지, 禾 또는 穀이 구체적으로 무슨 곡물인 것인지가 문제인데, '사'에 있어서 租나 穀의 자의 용법은 다양하여, 삼국시대나 신라통일기의 주곡식이 미곡(米穀)인 것인지, 栗인 것인지에 대해서도 문제가 있기 때문에, 참고문헌을 보이는 정도로 끝낸다. [참고] 李弘稙 '三國史記の租の用法'("韓國古代史の研究" 수록). 籌方貞亮 '三國史記にあらわれた麦と麦作について'("조선학보" 제48집).

○ 【一口一日三升爲式】'나기' 성덕왕 6년 정월 조에도 마찬가지로 '一日三升'이라고 기록되어 있는데, 이와 같은 분량에 대해서는, 이 성덕왕 6년의 경우에만 보이고, 진휼이 정기적이었던 것인지에 대해서는 미상.

○ 【而計三十萬五百碩】석(碩)은 석(石). 碩의 사용 예는 '유'에서는 권제3 탑상의 제사영묘사장육의 항목에도 보인다. 또한 '이마니시본'(正德本)에서는 상부 난외의 여백에, '飢民几一百五十二萬五千八百九三'이라는 기

입이 보이는데, 30만 500석을 一口一日三升 · 1석(一石)을 100승(百升)의 비율로 계산하면 진휼을 받은 백성의 연인원은 1001만 6666人이 되어, 어떠한 기준에 근거하여 산출된 것인지 미상. 또한 '나기' 성덕왕 6년 조에는 총계가 기록되어 있지 않다.

287○【大宗大王】 태종춘추공을 말한다. 주해 233 참조.

○【剏奉德寺】 봉덕사의 창건연차에 대해서는, 같은 '유'가 권제3 · 탑상제 사의 황룡사종 · 분황사약사 · 봉덕사종의 항목에서, '(奉德)寺乃孝成王 開元二十六年戊寅. 爲先考聖德大王奉福所創也'와, 효성왕대로서 개원 26년(효성왕 2년, 738)의 것이라고 전하고 있어서 맞지 않는다. 성덕왕대 에 태종춘추공 명복을 위하여 창건한 봉덕사와, 효성왕 2년에 성덕왕 명 복을 위하여 창건한 봉덕사와, 같은 이름의 절이 두 개 있었다고 한다면, 모순은 해소되지만, 연대가 가까운 기간에 같은 이름의 절이 두 개, 건립 의 목적도 다르고, 게다가 마찬가지로 왕명에 의해 창건되었다고는 생각 되지 않는다. '유'의 편찬 당시, 봉덕사의 창건연차, 건립목적에 대하여 다른 전승이 전해졌기 때문에, 이 같은 차이가 생긴 것이라고 생각되는 데, 상세한 것은 불명. 또 두 절이 같은 절이었다고 한다면, 그 절터는 경 주왕도 내, 북천(東川)을 따라 난 지역에 있었던 것 같은데, '승람' 권2의 경주고적 · 봉덕사종 조에 '後. 寺淪於北川. 天順四年庚辰. 移懸于靈妙寺' 라고 되어 있는 것에 의하면, 천순 4년(1460)에는, 절이 없어진 것 같으 며, 절의 종을 영묘사로 이전하고 있다. 봉덕사종(성덕대왕 신종)에 대해 서는, '유' 권제3 · 탑상제사의 봉덕사종 항목 참조.

○【仁王道場】 인왕회를 말하며, '仁王般若波羅密經'(鳩摩羅什 역의 경전 명)을 독송하는 법회로, 인왕도장 · 인왕반약회 · 백좌도장 · 백좌회 등으 로 부른다. 이 법회는 경전의 권하, 호국품 제5에 '當國土欲亂. 破壞劫燒. 賊來破國時. 當請百佛像. 百菩薩像. 百羅漢像.(中略) 共聽請百法師. 講 般若波羅密. 百師子吼高座前. 燃百燈. 燒百和香. 百種色花. 以用供養三 寶. 三衣什物. 供養法師. 小飯中食. 亦復以時. 大王. 一日二時. 講讀此

經'(鳩摩羅什 역)라고 보이듯이, 진호국가 목적으로 하는 것으로, 조선에
서는 신라 진흥왕 12년(551)에 열렸던 것('사' 열전사 거칠부)이 최초이
며, 성덕왕대의 법회는 제2회째에 해당한다. 그 후 진평왕 35년 · 선덕왕
5년 · 혜공왕 15년 · 헌강왕 2년 · 12년 등에 보인다(二宮啓任, '朝鮮にお
ける仁王會の開設', "朝鮮學報" 14집 수록 참조). 또한 당의 영태 원년
(765)에 불공금강 역의 '仁王護國般若波羅密多經'이 나오고부터는 밀교
계 사원에서는 불공(不空) 역을 다루었다.

○ 【始有侍中職(職)】 시중(中侍)은 집사성의 장관. 그 설치 연차에 대해서
는, '나기' 진덕왕 5년 2월 조에 '改稟主爲執事部. 仍拜波珍湌竹旨爲執事
中侍. 以掌機密事務', 또 '사' 직관지(상)에도 '執事省. 本名稟主. 眞德王
五年改爲執事部. 興德王四年又改爲省. 中侍一入(人)眞德王五年置'라고
되어 있다. '나기'에서는 진덕왕대 이후, 역대 왕대에 중시(侍中)가 기록
되어 있고, 그 창설은 진덕왕 5년(651)이라고 생각되며, 창설연차를 성덕
왕대, 또 본문 분주와 같이, 효성왕대라고 하는 설의 상세한 것에 대해서
는 미상이다. 다만 '나기'의 기록에 의거하면, 651년에 시작된 시중의 역
사에 있어서, 성덕왕대 전후가 전환 시기에 해당한다. 예를 들면 문무왕
5년(665)에 시중으로 취임한 진복은, 문무왕 8년(668)에 퇴임했다. 신문
왕 원년(681)에는 상대등에 취임, 성덕왕 17년(718)에 시중에 취임한 사
공은, 성덕왕 19년(720)에 퇴임하지만, 성덕왕 27년(728)에 상대등에 취
임하고 있듯이, 시중직 경험자가 후에 상대등에 취임한다는 것은, 이전에
는 보이지 않았던 일이지만, 성덕왕대 이후에는 종종 보이게 되어, 하대
에 들어가면 선덕왕 · 원성왕 · 헌덕왕 · 민애왕 4인이 모두 시중직의 경
험자이었다. 이와 같이 시중직이 변질되어 가는 초기에 성덕왕대는 맞이
하고 있는 것이다. 또 '나기'에 의하면 성덕왕의 후비 소덕왕비는 효소왕
대의 시중 순원의 딸이며, 효성왕과 경덕왕과의 생모이기도 하다. 효성
왕은 또 순원의 딸 혜명을 비로 맞이하며('유' 왕력에서는 진종각간의
딸), 경덕왕의 후비 만월부인은 효성왕대의 시중 의충의 딸이며, 혜공왕

의 생모이기도 하다. '유'에 보이는 시중의 창설연차에 관한 설은, 이와 같은 사정과 관계를 가지는 것일지도 모르지만 미상. 또한 처음에 중시(中侍)로서 출발했던 명칭이 시중(侍中)으로 변경된 것은, 경덕왕 6년(747)의 일이다. 시중에 대해서는 李基白 '新羅執事部の成立'("新羅政治社會史研究" 수록), 井上秀雄 '"三國史記"にあらわれた新羅の中央行政官制について'("新羅史基礎研究" 수록) 참조.

287a○ 【一本系孝成王】 '一本'에 대해서는 미상. 효성왕에 대해서는 '유' 왕력·제34 효성왕 항목 참조.

²⁸⁸수로부인

水路夫人

²⁸⁹聖德王代, 純¹²³⁾貞公赴江陵太守. ^{289a}_{今溟¹²⁴⁾州}行次海汀晝饍. 傍有石嶂. 如屛臨海. 高千丈, 上有躑躅花盛開. 公之夫¹²⁵⁾人水路見之. 謂左右曰, "折花獻者其誰." 從者曰"非人跡所到." 皆辭(辭)不能. 傍有老翁. 牽牸牛而過者, 聞夫人言. 折其花. 亦作歌詞. 獻之. 其翁不知何許人也.

²⁹⁰便行二日程, 又有臨海亭. 晝鐥¹²⁶⁾次海龍忽攬夫人入海. 公顚倒躃地. 計無所出. 又有一老人. 告曰, "故人有言. 衆口鑠金, 今¹²⁷⁾海中傍生. 何不畏衆口乎. 宜進界內民.¹²⁸⁾ 作歌唱之. 以杖打岸. 則¹²⁹⁾可見夫人矣."

123) 규장각본, 파른본. 純, 고증. 純(純).
124) DB, 규장각본, 파른본. 寊, 고증. 溟(溟).
125) DB, 규장각본, 파른본. 夫, 고증. 末(夫).
126) DB, 규장각본, 파른본. 鐥, 고증. 鐥(饍).
127) DB, 규장각본, 파른본. 仐, 고증. 仐(今).
128) 규장각본, 파른본. 民, 고증. 民(民).
129) 고증. 刞(則), DB, 규장각본, 파른본. 빈 칸.

公從之, 龍奉夫人出海獻之. 公問夫人海中事. 曰. "七寶宮殿. 所饍(饍)甘滑香潔. 非人間煙火." 此夫人衣襲異香, 非世所聞. 水路姿容絶代, 每[130] 經過深山大澤. 屢被神物掠攬. **291** 衆人唱海歌詞曰. 龜乎. 龜乎. 出水路. 掠人婦女罪何極. 汝若悖逆不出獻, 入網(網)捕掠燔之喫. **292** 老人獻花歌曰. 紫布岩乎. 過[131]希執音乎手母牛放教遣, 吾肹不喻慚肹伊賜等, 花肹折叱可獻乎理音如.

풀이 **288**수로부인(水路夫人)

289성덕왕 때의 일. 순정공은 강릉 **289a**지금의 명주의 태수로 부임하게 되었다. 도중에 바닷가가 나온 곳에서 점심을 먹고 있었는데, 그 곁에는 병풍처럼 바위가 둘러 있어, 그 높이가 천 장(丈) 정도나 되며, 그 위에는 철쭉꽃이 지금이 제 철인 듯이 활짝 피어 있었다. 공의 부인 수로가 이것을 보고 좌우 사람들을 보며,

"저 꽃을 꺾어다 줄 사람은 없는가?"

라고 하였다. 곁에 있던 종자들은

"도저히 사람의 발길이 닿을 곳은 아닙니다."

라고 하면서 모두 사양만 할 뿐으로, 부인의 바라는 바를 이루어 줄 사람은 없었다. 그 곁으로 암소를 끌고 지나가려던 나이 먹은 노인이, 우연히 부인의 말을 듣고 곧장 그 꽃을 꺾어 온 뒤에, 노래까지 곁들여 바쳤다. 그 노인이 도대체 어디에서 온 사람인지, 아무도 확인할

---

130) 규장각본, 파른본. 毎, 고증. 每(每).
131) 규장각본, 파른본. 过, 고증. 过(邊).

방법이 없었다.

290일행은 계속하여 이틀 정도 길을 가니, 바다가 보이는 곳에 정자(亭子)가 있어, 그곳에서 점심을 먹고 있었다. 그때 갑자기 바다의 용이 나타나, 갑자기 부인을 낚아채고 바다 저쪽으로 모습을 감추어 버렸다. 이것을 보고 있던 순정공은 낭패한 나머지 바닥에 쓰러져 버리고, 어찌하면 좋을지 시간만 흐르고 있는 것이었다. 그러자 또 하나의 노인이 어디에서 왔는지도 모르게 나타나서, 공(公)을 향하여

"옛사람의 말에 여러 사람의 소문은 쇠도 녹인다는 교훈이 있습니다. 지금 바닷속으로 사라진 짐승도 어찌 여러 사람의 소문을 두려워하지 않겠습니까? 주저할 것 없이 온 나라 백성에게 노래를 짓게 하고, 그 노래를 부르면서 막대기로 바닷가를 쳐 보는 것이 좋으니, 그렇게 하면 반드시 부인을 찾을 수 있을 것입니다."

라고 일러 주었다. 공이 그 말대로 했더니, 용은 부인을 받들고 바다에서 나와 모습을 나타내고, 부인을 공(公)에게 바쳤다. 공이 부인에게 바닷속의 일을 물으니, 부인은,

"칠보로 만든 궁전이 있었고, 요리되어 나오는 음식은 맛이 매우 부드러운데다가, 무어라고 말할 수 없는 깊은 향기가 있어, 인간이 요리한 것은 아니었사옵니다."

라고 대답했는데, 사실, 부인의 옷에는 불가사의한 향기가 배어 있었고, 그것은 이 세상에서는 들어 보지 못한 향기이었다. 수로부인의 자태는, 세상에 비할 바가 없을 정도이었기 때문에, 깊은 산이나 큰 못을 지날 때마다 여러 번 그 땅의 신에게 납치되었을 정도이었다.

291여러 사람이 바다를 향하여 불렀던 해가(海歌)의 가사는 다음과 같은 것이었다.

거북아, 거북아. 수로부인을 내 놓아라.

남의 부녀를 빼앗아 간 죄는 도저히, 도저히 다 못 갚을 것이야.

그대, 만약 함부로 거역하고, 모습도 보이지 않고, 부인도 내놓지

않는다면, 그물을 쳐서 잡아, 구워 먹을 것이야.

[292]노인이 수로부인에게 꽃을 바칠 때의 헌화가(獻花歌)는, 다음과

같은 것이었다.

나의 몸을 너무 아프게 하지 않는다면,

자줏빛 바윗가에

소가 이끄는 그물을 손 놓고

꽃을 꺾어 와

바치오리다.

주해

288○ 【水路夫人】 수로(水路)는 물이 흐르는 길, 물이 넘쳐나는 곳이며, 그
것은 또 물의 신이 살고 있는 성스러운 곳·물의 신이 나타나는 곳이며,
물의 신 그 자체를 의미하기도 한다. 수로부인은 실재한 인물이 아니고,
물의 신의 영신의례(迎神儀禮)에 등장했던 신령(물의 신)이며, '龜乎龜
乎. 出水路. …燔之契'의 주가(呪歌)(주해 291을 참조)에 보이는 것과 같
이, 본래는 물의 신의 출현을 청하는 주가에서 불렀던 것이라고 생각된다.

289○ 【聖德王代】 앞 조의 주해 285 참조.

○ 【純(純)貞公】 실재했던 인물은 아니고, '龜乎龜乎. …燔之契'의 주가가 행
방불명된 사람을 데리고 간 신을 부르는 주가로서 성립되었을 때에, 수
로, 물의 신인 남편과 어울리게, 순수, 무구, 청정의 상징으로서 붙여진

이름일 것이다.

289, 289a○【赴江陵太守今溟(溟)州】강릉은 현재의 강원도 강릉에 해당한다. 상세한 것은 주해 28의 '溟洲. 古穢國. 濊王印' 항목(상권) 및 주해 196, 196a의 '아슬라주(今溟洲)' 항목 참조.

289○【作歌詞. 獻之】이 조 마지막의 '헌화가'를 가리킨다. 주해 292 참조.

290○【海龍】용은 불교사상에도 보이며, 많은 경전에 등장하는데, 불교사상과 떨어져도 세계 각지에 있어서 물의 신으로서 신앙을 모으고 있는 뱀 모양의 신령이다. 주로 불교사상으로서의 용에 대해서는 '유' 기이 권제 1·제사탈해왕 조의 주해 154 '二十八龍'의 항목(본서 상권 491 항목)을, 호국의 물의 신으로서의 용에 대해서는 '유' 권제2·만파식적 조(주해 277 참조).

○【老人】후술하는 주해 291의 '龜乎龜乎. …燔之契'은, 물의 신의 출현을 청하는 문답형식의 주가(呪歌)이다. 이와 같은 주가가 행해지는 영신의 례에 있어서는, 사람들은 신령으로부터 출현을 청하는 주가를 배우는 것이다(상세한 것은 三品彰英全集 第五卷 수록의 '古代朝鮮における王者出現の神話と儀禮'의 제1절을 참조). 이 조에서는 노인이 '龜乎龜乎. …燔之契'의 주가를 가르쳤다고 되어 있지는 않으나, 이 주가를 불렀던 영신의례에 있어서는, 노인은 사람들에게 주가를 교시하는 신령으로서 등장했던 것이라고 생각된다.

○【眾口鑠金】참언[132]의 두려워해야 할 비유로서 사용되었던 것도 있으나, 이곳은 "국어" 국어 하·경왕24년 조에 '眾心成城(餘心所好. 莫之能敗. 其固如城也) 眾口鑠金(鑠. 鋼也. 所毀. 雖金石猶可鋼也)이라고 되어 있는 예로, 사람들의 말에 무서운 힘이 있다는 비유일 것이다. 즉 대세에 의해서 바다 신(해룡)의 출현을 구하면, 반드시 성공할 것이라는 의미라고 생각된다.

---

132) 중상, 거짓말.

○【海中傍生】해룡을 가리킨다. 방생은 불교어이며 방행이라고도 하고, 범
어 tiryañc의 역으로 畜生이라고도 번역하며, 底栗車라고도 音寫한다. 사
육되는 생물류라는 뜻으로 새, 짐승, 벌레, 물고기 등의 모든 동물을 가리
킨다. 중생의 생존 상태를 오도(五道), 육도(六趣)라고 하는 것 가운데 축
생도(축생·방생의 세계)는, 지옥도, 아귀도와 함께, 삼악도의 하나에 속
하는 것이며, 무지암둔으로 서로 죽이고, 그 때문에 괴로움이 많고 즐거
움이 적은 세계로, 우치133)한 자가 악행의 대가로서 이곳에 태어난다고
되어 있다. 용왕은 축생 가운데의 업보가 뛰어난 자이나, 금시조(金翅鳥)
등에 의한 해로움으로부터 벗어나지 못한다고 되어 있다(이상, 주로 法
藏館刊·“佛教學辭典”에 의한다).

○【作歌唱之】노래는 이 조 끝의 ‘龜乎龜乎. …燔之契’를 가리킨다. 주해
291 참조.

○【以杖打岸】‘유’ 권제2·가락국기 조에도 皇天의 명에 의해 강림하는 신
령을 사람들이 맞이할 때, 이 조의 ‘龜乎龜乎. …燔之契’라는 신의 출현을
청하는 주가가 노래가 불렸으나, 그때에도 주가를 부르면서 ‘以之踏舞’했
다고 되어 있는 것처럼, 영신의례에 있어서는, 무용도 필요하였다. 본조
의 ‘以杖打岸’의 행위는, 무용의 일부가 혹은 가무의 박자 맞추기로서 필
요한 행위였던 것으로 생각된다. 또한 주해 291 참조.

○【七寶宮殿】칠보로 꾸며진 바다 신이 살고 있는 궁전, 소위 용궁이다. 자
세한 것은 주해 154의 ‘龍城國’ 참조. 또한 칠보는 본래, 불교어로 경전에
따라 다르지만, “般若經”에서는 금·은·유리·차거134)(白珊瑚?)·마
노135)(에메랄드?)·호박·산호(赤珊瑚?)를 말한다. 상세한 것은 龍谷大
學編“佛教大辭彙”제4권 참조.

---

133) 어리석고 못남.
134) 옥돌.
135) 석영.

291○【龜乎龜乎. …燔之契】행방불명된 사람을 데리고 간 신을 부를 때에 행해진 의례에 있어서, 사람들이 부른 문답형식의 주가를 암시하게 한다. 강제로 신령의 출현을 요구하는 문답형식의 주가에 대해서는, 앞서 보인 미시나(三品) '古代朝鮮における王者出現の神話と儀禮'의 제1절 '首露神話考' 참조. 그런데 본조의 주가는 행방불명이 된 인간의 출현을 신령에게 돌려줄 것을 강요하는 노래가 되어 있으나, 그것은 후세에 이르러 '掠人婦女罪何極'의 부분이 부가되었기 때문에, 본래는 물의 신(水路)의 출현을 강요하는 주가였다고 생각된다. 해룡의 출현을 강요하는 노래임에도 불구하고, '龜乎龜乎…'라고 되어 있고, '龍乎. 龍乎…'라고 되어 있지 않은 것은, 물의 신으로서는 거북이 쪽이 보다 오랜 관념이었기 때문일 것이다. 또한 '유' 권제2 · 가락국기 조에도, 물의 신의 출현을 강요하는 주가('龜何. 龜何. …燔灼而喫也')가 보인다. 주해 431 참조.

292○【紫布巖乎. …花肹折叱可獻乎理音如】이 노래는 향가이다. 노래가 가진 의미에 대하여 김사엽은 "조선문학사"에서, 양요(禳妖)의 의미를 가진 노래로 '불순한 타인으로부터 물건을 받을 경우의 '꺼림칙한 것'과 '부정'을 털기 위한 샤머니즘적 양요의 방편으로서 사용되어 있다.'라고 했으나, 상세한 것은 미상.

○【紫布 · 岩乎 · 過(邊)希 · 執音乎 · 手 · 母牛 · 放教遣】紫布 tit-pae 붉은 자색(의). 巖乎 pa-ho 바위(의). 過(邊)希 kăs-hǔi 가에. 執音乎 cap-ǔ-on 잡고. 手 son 손(으로). 母牛 am-syo 암소(를). 放教遣 nohǔ-si-ko 놓으시고.

○【吾肹 · 不喻 · 慚肹伊賜等】吾肹 na-hǔr 나를. 不喻 an-ti(否定前辭). 慚肹伊賜等 pǔs-hǔr-i-si-tǔn 잡으신다면

○【花肹 · 折叱可 · 獻乎理音如】花肹 koc-hǔr 꽃을. 折叱可 kǒ-s-ka 꺾어. 獻乎理音如 patcǎp-o-ri-ṅ-ta 바치오리다.

²⁹³효성(성덕)왕

孝成(聖德)王

²⁹⁴開元十年壬戌十月. 始築關門於毛火¹³⁶⁾郡. 今毛火村. 屬慶州東南境, 乃防日本塞垣也. 周迴六千七百九十二步五尺, 役¹³⁷⁾徒三萬九千二百六十二人, 掌貟元眞角干. ²⁹⁵開元二十一年癸酉,¹³⁸⁾ 唐人欲征北狄,¹³⁹⁾ 請兵新羅客使六百四人來还¹⁴⁰⁾國.

풀이　²⁹³효성(성덕)왕[孝成(聖德)王]

²⁹⁴개원 10년¹⁴¹⁾ 임술 10월에 처음으로 모화군에 관문¹⁴²⁾을 쌓았다.

---

136) DB, 규장각본, 파른본에는 大, 고증. 火.
137) 규장각본, 파른본. 彶, 고증. 彶(役).
138) 규장각본, 파른본. 酉, 고증. 酉(酉).
139) 규장각본, 파른본. 狄, 고증. 狄(狄).
140) 규장각본, 파른본, 还, 고증. 还(還).
141) DB. 당 현종의 연호로 이때는 성덕왕 21년(722).

지금의 모화촌으로 경주 동남의 경계에 속하는 곳으로, 곧 일본을 방어하는 요새였다. 둘레는 6792보 5자이고, 동원된 역부는 3만 9262명이며, 감독관(掌員)은 원진 각간이었다. **295**개원 21년 계유년(733)에 당나라 사람들이 북쪽 오랑캐(北狄)[143]를 치려고 신라에 청병하여, 그 때문에 당으로부터 사신 604명이 왔다가 본국으로 돌아갔다.

주해

293○【孝成(聖德)王】 '사' 및 '유'가 전하는 효성왕대는, 개원 25년(737)부터 동 29년(741)(죽은 해는 그다음 해인 천보 원년)까지이기 때문에, 본문에 기재되어 있는 개원 10년과 동 21년의 기사는 전왕인 성덕왕대의 일이다. 편찬할 때에 편찬자 일연의 착오인가. 혹은 다음 항 '경덕왕 충담사 표훈대덕'의 첫 행 '德經等. 大王備禮受之.'는, '나기'에 의하면 효성왕 2년의 일이기 때문에, 편찬 이후에 생긴 누락된 글에 의한 착오가 아닐까. 효성왕에 대해서는 '유' 왕력·신라 제34 효성왕 항목의 주해(본서 상권)를, 성덕왕에 대해서는 주해 285 참조.

294○【開元十年壬戌十月】 개원(713-741년)은 당 현종 조의 원호의 하나로, 그 10년은 성덕왕 21년(722)에 해당된다. '나기' 성덕왕 21년 10월 조에도 '築毛伐郡城. 以遮日本賊路'라고 있어, 일치한다.

○【始築關門於毛火郡】 '사' 지리지(1) 임관군 조에 '臨關郡. 本毛火(一作蚊伐)郡. 聖德王築城. 以遮日. 本賊路. 景德王改名. 今合屬慶州.'라고 보이며, 앞 항목에서 보인 '나기' 성덕왕 21년 10월 조와 본문의 세 사료는 기본적으로는 일치하고 있다. 그 위치에 대해서는, '승람' 권21·경주고적

---

142) DB. 경상북도 경주시 외동면 모화리와 경상남도 울주군 범서면 두산리 사이에 있는 석축산성.

143) DB. 여기서의 북적은 渤海를 가리키는 것으로 이 일은 성덕왕 32년의 일로 효성왕 때의 일이 아니다.

조에 '在郡東四十五里. …. 石城遺址尚存. 人謂之關門.'이라고 되어 있으며, 현재의 경상북도 경주시의 동남, 월성군 외동면 모화에 해당되며, 울산 방면에서 경주로 들어가는 요충이다.

○ 【今毛火村. 屬慶州東南境】 본문의 '今'은 '유' 편찬 시의 고려시대를 가리킨다. 덧붙여 경주라는 지명의 성립은, 신라말년·고려시대 초기이며, '나기' 경순왕 9년(935) 12월 조에 경순왕인 고려태조·왕건에게 항목을 전한 후, '改新羅爲慶州'라고 기록하고 있다. 그 후 우여곡절을 거쳐 충렬왕 34년(1308)에 계림부로 이름을 고친 적도 있었으나, 이조 태종대에 다시 경주로 이름을 바꿔, 오늘에 이르고 있다.

○ 【乃防日本塞垣】 8세기에 들어오자, 신라·일본 관계는 험악한 길을 거치게 되는데, 성덕왕대는 양국의 利害 대립이 현저해진 시기에, '나기' 성덕왕 30년(731) 4월 조에는, '日本國兵船三百艘. 越海襲我東邊. 王命將出兵大破之.'라고 무력충돌의 기록도 보인다. 이 기사의 진실성은 확증할 수 없는데, '속일본기'(덴표 7월 2월 조)에 의하면, 734년(성덕왕 33·天平6)에는 국호를 왕성국으로 고치고, 일본의 반항을 샀다(이때의 신라 사신은 덴표 6년 12월 다자이후에 도착했다). 본문의 '塞垣'도 이러한 일본, 신라 관계를 배경으로 해서 쌓였을 것이다. [참고] 末松保和 '日韓關係'("日本上代史管見" 수록). 鈴木靖民 '奈良初期の日羅關係'("續日本紀研究" 134 所収). 森克己 '日唐·日宋交通の航路の發達'("日本歷史" 272호 수록).

○ 【周適六千七百九十二步五尺】 신라시대의 척도에 대해서는, 반드시 분명하지 않기 때문에, 중국 척도를 참고하면 다음과 같다. 본문에서는 ' …二步五尺'이라고 되어 있기 때문에, 5척을 1보로 하는 수, 당대의 제도는 아니고, 6척을 1보로 하는 진·한대의 제도에 의해 계산되었을 것이다. 진·한대의 1척은 약 23㎝이므로, 1보는 약 138㎝가 되며, 6792보 5척은 약 9374.11m에 해당된다. 또 후지다 모도하르에 의하면, 고려 초기에 축성된 경주성의 성벽은 고려척에 바탕을 둔 것 같으므로, 고려척인 6척을

1보라고 하는 제도에 의했다고 한다면, 고려척의 1척(曲一尺二寸·唐의 6尺)은 약 29.5㎝에서 31.5㎝이고, 1보의 최장 1.89m로서, 6792보 5척은 최장 약 10283.45m가 된다(藤田元春, "尺度綜考", 藪田嘉一郎 編譯注 '中國古尺集説").

○ 【元眞角干】 원진에 대해서는 '사'에 보이지 않고, '유'에 대해서도 이곳밖에 등장하지 않기 때문에, 상세한 것은 알 수 없다.

295○ 【開元二十一年癸酉(酉)】 서력 733년, 성덕왕 32년에 해당한다.

○ 【唐人欲征北狄(狄), …來迟(還)國】 본서 상권의 말갈·발해 조, 특히 주해 54a 참조. 본 사건에 관련되는 사료에는, '나기' 성덕왕 32년 추칠월 조, '사' 열전 제3·김유신 하, "구당서"의 발해말갈전 및 신라전, "신당서"의 발해전 및 신라전 등이 있다.

경덕왕 · 충담사 · 표훈대덕

景德王 · 忠談師 · 表訓大德

297德經等. 大王備禮受之. 王御國二十四年. 五岳三山神等. 時或現侍於
殿庭. **298**三月三日. 王御故(皈)正門樓上. 謂左右曰, "誰能途中得一貟榮
服僧來." 於是適有一大德. 威儀鮮潔徜徉而行. 左右望而引見之, 王曰.
"非吾所謂榮僧也." 退之. 更有一僧. 被衲衣負櫻筒. **298a**一作荷簣. 從南而
來. 王喜見之. 邀致樓上. 視其筒中, 盛茶具已(已). 曰. "汝爲誰耶." 僧曰.
"忠談." 曰. "何所歸來." 僧曰. "僧每(每)重三重九之日, 烹茶饗南山三花嶺
彌. 勒世尊. 今玆旣獻而選(還)矣." 王曰. "寡人亦一甌茶有分乎." 僧乃煎
茶獻之, 茶之氣味異常. 甌中異香郁烈. 王曰. "朕嘗聞師讚耆婆郎詞腦
(腦)歌. 其意甚(甚)高, 是其果乎." 對曰"然". 王曰. "然則爲朕作理144)安
民(民)歌." 僧應時奉勑歌呈之. 王佳之. 封王師焉. 僧再(再)拜固辭不受.
299安民(民)歌曰 君隱父也, 臣隱愛賜尸母史也. 支145)民146)焉狂尸恨阿孩

---

144) DB. 고려 成宗의 이름인 '治'의 피휘.

古爲賜尸知**民**(民)是愛尸知古如 窟理叱大肹生以支所音物生此肹喰**惡**(惡)
支治良羅 此地肹捨遣只於冬是去於丁 爲尸知國**惡**(惡)支持以 支知古如後
句 君如臣多支**民**(民)隱如 爲內尸等焉國**惡**(惡)太[147]平恨音叱如.[148]

---

[296]경덕왕 · 충담사 · 표훈대덕(景德王忠談師表訓大德)

[당나라에서 보낸] **[297]**도덕경 등이 왔기 때문에, 대왕[149]은 예를 갖추어
받았다. 왕은 24년에 걸쳐 나라를 다스렸는데, 그동안 오악이나 삼
산[150]의 신들이 때로는 대궐의 정원 등에서 왕의 가까이에 나타나는
일이 있었다. **[298]**3월 3일(765년)에 왕이 귀정문의 누 위에 나가서 좌우
의 측근에게 말하기를,

'누가 길거리에서 옷차림을 단정히 하고 훌륭해 보이는 승려 한 사
람을 찾아서, 이곳에 데려올 자는 없는가?'

라고 하였다. 이때 마침 매우 지위가 높은 듯하고, 행동거지가 위엄이
있고, 몸차림도 제대로 갖추어 있는 한 승려가, 왔다 갔다 하는 것이
눈에 들어왔다. 그래서 좌우 측근들은, 이 승려를 데리고 와서 왕을
만나게 했다. 그런데 왕은

'신분이 내가 말하는 훌륭한 승려가 아니다.'

---

145) 고증, 규장각본, 파른본. 빈칸.
146) 규장각본, 파른본. 民, 고증. 民(民).
147) DB. 太, 규장각본, 파른본, 고증. 大.
148) 이후 DB.에서는 찬기파랑가 부분이 이어서 나타나지만, 고증에서는 뒤로 분리했다.
149) 경덕왕. 신라 제35대 왕으로 재위 기간은 742~765년.
150) DB. 오악(五岳)은 동악으로는 토합산, 남악으로 지리산, 서악으로 계룡산, 북악으로 태백
산, 중악으로 부악(현 대구의 팔공산)을 가리키는 것으로 보인다.

라고 하면서 그를 물리치고 말았다. 다음으로 또 한 승려가 나타났다. 이 승려의 모습은 어떤가 하면, 기운 옷을 몸에 걸치고, 변변찮은 통 같은 지게를 이고 있었다. 이 승려가 남쪽에서 다가오는 것을 흡족하게 바라보고 있던 왕은, 드디어 이를 맞이하여 누 위로 부르셨다. 승려가 짊어지고 있던 통 안을 들여다보니, 그저 포개 놓은 다구(茶具)가 들어 있을 뿐이었다.

'도대체 그대는 어디의 무어라고 자인가.'

'충담(忠談)151)이라고 합니다.'

'어디에서 돌아온 것인가.'

'우둔한 소승은 3월 3일(重三)과 9월 9일(重九)의 절구에는, 차(茶)를 다려 남산152)의 삼화령153)의 미륵세존에게 공양을 합니다. 지금도 차를 드리고 돌아오는 길입니다.'

'나에게도 차 한 잔을 주지 않겠는가?'

승려는 곧 차를 다려 왕에게 드렸는데, 그 차의 향기나 맛이 보통의 것과는 다르고, 그것을 담은 찻잔에서는 특이한 향기가 퍼졌다. 왕이 이어서 충담사에게 물었다.

'나는 일찍이 스승이 만들었다는 기파랑을 찬양한 사뇌가를 들은 적이 있는데, 그 노래의 풍취는 매우 격조가 높은 것이었다는 것을 기억하고 있다. 그 사뇌가는 정말 스승이 만드신 것이 틀림없는가?'

---

151) DB. 생몰년 미상의 신라 경덕왕대 승려. 그가 지은 향가로 찬기파랑가(讚耆婆郎歌)와 안민가(安民歌)가 유명.
152) DB. 경상북도 경주시 남쪽에 위치한 산.
153) DB. ≪삼국유사≫ 권5 효선9 빈녀양모(貧女養母)의 孝宗郎遊南山鮑石亭(或云三花述)의 기록으로 보아 삼화술은 삼화령으로 남산의 고개로 추정.

충담사가

'그러하옵니다.'

라고 대답하자, 왕은

'그렇다면 짐을 위해, 백성을 편안히 다스리기 위한 노래를 지어 주지 않겠는가'

라고 했다. 칙명을 받고 충담은 즉시 노래를 지어 이것을 왕에 드렸다. 왕은 이것을 기뻐하여 왕사로 봉하였는데, 충담은 왕에게 정중한 예를 올리며 감사의 뜻을 나타냈지만, 그것을 받는 것을 굳이 사양할 뿐이었다. 안민가(安民歌)는 다음과 같이 부른다.

298임금은 아버지, 신하는 어머니이다
백성은 어린아이라고
축복하라 백성들도
은총의 깊이를 알리라
어리석은 미물로 살아가는
땅속 민초에게 그날의 양식을
주어서 다스려 주신다
이 땅을 버리지 않는다고 하는
백성이 있어야 나라는
유지될 것이다.
임금답게 신하답게 또 백성답게 하면
나라의 근간은
평안하리다.

296○【景德王】 재위 742-765년. 휘는 헌영. 효성왕의 친동생. 효성왕의 뒤를 이을 자식이 없어 즉위. 신라 역사상, 율령체제의 확립과 문화의 융성에 가장 뜻을 다한 국왕. 이 왕대에 새롭게 설치된 직관명·군현명, 및 증원이나 개명된 직관·주현명을 본기에만 있는 것을 적으면, 다음과 같다. 신설인 사정부 소년감전·동부예 관전(744)·동관아관(752)·대곡성 등 14현(748)에, 개명·증원인 것 ―( )의 안이 옛 이름, 시중(중시·747)·병부·창부시중(卿監)·동부 낭중(大舍)·집사원외랑(執事舍知)·집사랑(執事史)·조부·예부·승부·선부·영객부·좌우의육부·사정부·위화부·예작전·대학감·대도서·영창관등주부(大舍)·승부사목(舍知)·선부동주(舍知)·예작부사례(舍知)·병부사병(弩舍知)·창부사창(조사지-이상, 759), 정찰 1명(749)·천문박사 1명·누각박사 6명(750)·어룡성봉어 2명(751)·창부사 3명(753)·조부사 2명·율령박사 2명(757), 상주(沙伐州)·양주(歃良州)·강주(靑州)·한주(漢山州)·삭주(首若州)·웅주(熊川州)·명주(河西州)·전주(完山州)·무주(武州)(무진주-이상, 757). 이 외 직관·주현의 변혁이 큰 폭으로 행해졌던 것은 '지리지'·'직관지'에 상세하다. 직관의 명칭변경은 당 제도의 모방에 의한 것이며, 이러한 극단적인 중국화 정책을 추진하기 위하여, 왕은 상대등인 김사인이나 신충 등을 사임하도록 몰아붙이나, 이 정책이 실책이었다는 것은, 혜공왕대가 되어 거의 옛 명칭으로 복구한 것에 의해서도 상상이 간다. 문화면에 있어서는 신문왕 2년(682)에 설치된 국학을 대학감으로 고치는 것과 함께, 제업박사·조교를 두고(747), 유학 연구를 하도록 한 것, 승려 진표에 의해서 법상종이 퍼진 것, 더 나아가서는 중시 김대성에 의해서 만들어졌다는 불국사·석굴암의 존재가 주목된다.

○【忠談師】 본조 및 생의사석미륵(권제3) 조에서, 그가 화랑 기파랑의 일원으로 작가 그 외 종교의례에 관련되어, 매년 3월 3일과 9월 9일에 남산 삼화령의 미륵불에게 헌차(獻茶)했던 것은 알 수 있지만, 그 이외의 경력에 대해서는 불명하다.

○【表訓大德】화엄종의 고승 의상(625-702)의 십대 제자의 한 사람. 홍륜사금당에는 십성(十聖)의 한 사람으로서, 그의 니소(泥塑)가 안치되어 있다고 한다(동경홍륜사금당십성 '유' 권제4). 그는 또 불국사에 살며, 항상 천궁과 왕래했다고도 전해진다(의상전교 '유' 권제4·대성효이세부모 신문대 권제5). 상세한 경력은 미상. 대덕(大德)은 고승이란 뜻(주해 336).

297○【德經等大王備禮受之】 '나기' 효성왕 2년(738) 하사월 조에 '唐使臣 刑璹以老子道德經等文書獻于王'이라고 보이기 때문에, 이 9 문자는 아마 효성왕 조에 들어가 있던 것으로 보인다. 덕경은 노자 하편의 호칭이다.

○【五岳三山神】삼산(三山)에 대해서는 주해 115·173·230을 참조. 오악에 대해서 '사' 제사지에는 '中祠. 五岳. 東吐含山大城郡. 南地理山靑州. 西雞龍山龍天州. 北太伯山奈己郡. 中文岳一云公山押督郡.'이라고 적혀 있다. 오악신앙의 원류는 중국에 있으며, 그 지역에서는 오행사상의 발달과 더불어 한(漢) 무제 때, 거의 성립되었다. 토함산에 대해서는 155, 지리산에 대해서는 주해 407, 태백산에 대해서는 주해 7(7b) 참조.

298○【敀(皈)正門】미상.

○【重三重九之日】중삼(重三)은 3월 3일, 중구(重九)는 9월 9일을 말한다. 중국의 역(易)의 사상에서는 홀수(奇數)가 겹치는 이날은 음양의 조화가 무너져 안 좋은 일(惡事)·재해가 일어나기 쉽다고 하여, 그 때문에 여러 가지 행사가 일어났다. 중국에서는 예부터 3월 3일 및 3월의 첫 뱀(巳)의 날(上巳)에는, 관민 모두 동류 물에서 묵은 때(宿垢)를 불제(祓除)했다고 되어 있으며, 일본에서도, 이날을 모모(桃)의 섹쿠(節句)로 해서, 흉사를 피하는 다양한 행사가 일어나고 있다. 또 9월 9일을 중국에서는 중양절(重九節)이라고 부르면서 높은 산에 올라 국주를 마시면서, 재해를 피하는 풍습이 있었다.

○【烹茶饗南山三花嶺彌勒世尊】삼화령(三花嶺)에 관계된 기사로서 '유' 권제5 빈녀양모 조에 '孝宗郎遊南山鮑石亭或云三花述'이라고 되어 있다. 삼화술(述 음 sur 峰의 옛 뜻 sur, suri)이라는 것은 삼화봉을 말하며, 三花峰=

三花嶺이라는 것은, 남산의 봉우리 이름이다. 삼화령은 효종랑의 예에 의해서도 분명하듯이, 화랑의 유오지(遊娛地)이며, 그 명칭은 신선사상에서 선녀전설의 화산에서 온 것이라고 생각된다. 화랑과 전차(煎茶)와의 관계에 대해서는 "동유기" 경포대·한송정에도 보이며, 불교의 종의(宗儀)로서의 전차(煎茶)가, 화랑의 그것과 어느 틈에 융합하여, 충담사는 화랑 기파랑154)의 일원으로서 그러한 의례에 참가했을 것이다. '유' 권제3·생의사석미륵의 조에는, 삼화령에 모시는 미륵세존의 유래와, 이 세존에게 매년 중삼중구의 날에, 충담사가 팽차를 헌상했다는 유래가 기록되어 있다.

○ 【詞腦(腦)歌】주해 147 참조.

○ 【理安民歌】작자 충담사는 찬기파랑가를 작사한 것으로 미루어 보아, 화랑 기파랑의 일원이었다고 생각되며, 따라서 이 노래도 화랑집회의 가곡으로서 받아들여져야 할 것이다. 화랑관계의 노래가 승려에 의해서 만들어진 예는 이 외, 대거화상('유' 권제2·경문대왕)·월명사('유' 권제5·월명사도솔가)·융천사('유' 권제5·융천사 혜성가 진평왕대) 등에도 보인다.

299○ 【君隱·父也】君隱 kun-ŭn 君은. 父也 api-yo 아버지이다.

○ 【臣隱·愛賜尸·母史也】臣隱 sin-ŭn 臣은. 愛賜尸 tăsă-sya-r 사랑으로 다스려 주는. 母史也 ŏ-si-yo 어머니이다.

○ 【民焉·狂尸恨·阿孩古·爲賜尸知·民(民)是·愛尸·知古如】民焉 min-ăn 백성은. 狂尸恨 ŏ-r-hăn 어린. 阿孩古 a-hăe-ko 아이이고. 爲賜尸知 hă-sya-r-ti 하신다면. 民是 min-i 백성이. 愛尸 tăsămă-r 사랑을. 知古如 ar-ko-ta 알아야 한다.

○ 【窟理叱·大肹·生以·支所音·物生·此肹·喰支·治良羅】窟理叱 ku-ri-s 차(수레)의. 大肹 tăe hŭr 축(軸)을. 生以 nah-i 살려야 할 것이다. 支

---

154) 원저서의 耆委郎은 誤字.

所音 koi-so-m 지탱함. 物生 kas-nahi 갓난아기, *호젓하게 살아가는 백성들(ku-mŭr-s ta-hi sar-son mŭr-săen). 此肹 i-hŭr 이것을. 喰惡支 nŏk-ŏ-ti 먹이며. 治良羅 tasă-ra-ra 다스려야 한다.

○【此地肹・捨遺只・於冬是・去於丁】 此地肹 i-stă-hŭr 이 땅을. 捨遺只 pări-ko-k 버리고. 於冬是 ŏ-tăr-i 어디로. 去於丁 ka-tyŏ 갈까.

○【爲尸知・國惡[155]支・持以支・知古如】 爲尸知 hă-r-ti 라고 하면. 國惡支 nar-a-c 나라를 말할 것 같으면. 持以支 tin-i-ti 지켜야 할 것을. 知古如 ar-ko-ta 알아야 한다.

○【後句】 반가(反歌)에 해당하는 것으로, 한 번 쉰다든가, 리듬이 바뀌는 것을 시사하는 곳. 감탄사를 넣는 방법도 있다.

○【君如・臣多支・民(民)隱如】 君如 kun-tai 임금다운 것. 臣多支 sin-ta-i 신답게. 民隱如 min-ăn-tai 신하답게.[156]

○【爲內尸等焉・國惡・太平・恨音叱如.】 爲內尸等焉 hă-nă-r-tă-n이라고 한다면. 國惡 nar-ak 나라는. 太平 thae-phyŏń 태평. 恨音叱如 hăn-ŭm-s-ta 해야 한다.

---

155) 규장각본, 파른본. 悪. 고증. 惡(惡).
156) DB. "백성답게".

³⁰⁰찬기파랑가왈

讚耆婆郎歌曰

³⁰¹咽嗚爾處米, 露曉邪隱月羅理, 白雲音逐于浮去隱安支下. 沙是八陵(陵)隱汀理也中, 耆郎矣皃史是史藪邪. 逸烏川理叱磧惡(惡)希, 郎也持以支如賜烏隱, 心未際叱肹逐內良齊. 阿耶, 栢史叱枝次高支好, 雪是毛冬乃乎尸花判也.

³⁰²王玉莖長八寸¹⁵⁷⁾ 無子廢之, 封沙梁夫人. 後妃滿¹⁵⁸⁾月夫人諡(諡)景垂大后, 依忠角干之女也. ³⁰³王一日詔表訓大德曰, "朕無祐不獲其嗣, 願大德請於上帝而有之." 訓上告於天帝還(還)來奏(奏)云, "帝有言, 求女即可, 男即不宜(宣)." 王曰 "願轉女成男." 訓再上天請之, 帝曰 "可則可矣, 然爲男則國殆矣." 訓欲下時, 帝又召曰 "天與人不可亂, 今師徃來如隣里漏洩天機, 今後宜(宣)更不通." 訓來以天語諭之, 王曰 "國雖殆, 得男而爲

---

157) 규장각본, 파른본. 寸 자리에 빈칸.
158) 규장각본, 파른본. 滿. 고증. 滿.

嗣足矣." 於是滿月王后生太子王喜甚(甚). 至八歲王崩太子即位, 是爲惠
恭大王. 幼冲故大(太)后臨朝政條不理, 盗賊蜂起不遑備禦, 訓師之說(說)
驗矣. 小帝旣女爲男, 故自期晬至於登位常爲婦女之戱, 好佩錦囊(囊), 與
道流爲戱. 故國有大亂, 修爲宣德與金良相所弑. 自表訓後聖人不生於新
羅云.

풀이 **300**찬기파랑가왈(讚耆婆郞歌曰)

우러러보니 달 밝고
흰 구름을 쫓는다.
새파랗게 맑은 시내에
머금은 기랑의 모습
은하로 가는 모래벌판에
멈춰 있는 님의 그림자
낭이 지켜 주신다.
마음의 끝까지
따라가 모신다.
아아!
잣나무 가지 드높아
서리조차 모르는
그대 화랑이여.

302왕은 옥경(玉莖)의 길이가 8치나 되었다. 아들이 없으므로 왕비를 폐하고, 사랑부인으로 봉하였다. 후비는 만월부인이라고 하는데, 떠밀려 경수태후라고 불렸는데, 의충 각간의 딸이었다.

[303]어느 날 왕은 하루는 표훈대덕에게

'짐이 복이 없어 아들을 두지 못했으니, 원컨대 대덕께서 상제께 청하여 아들을 두게 간청해 주지 않겠는가.'

라고 칙을 내렸다. 표훈은 곧장 천제에 올라가 고하고 돌아와서, 왕에게 다음과 같이 아뢰었다.

'상제로부터 분부가 있었습니다. 그것에 의하면 딸을 구한다면 지장 없는데, 만일 아들을 구한다면 좋지 않은 일이 있을 것이라고 하옵니다.'

그것을 들은 왕은,

'바라는 것은 딸이라고 하지 않고, 아들로 바꿔 얻고 싶은 것이다.'

라고 하였다. 그래서 표훈은 다시 하늘에 올라가, 왕의 간청이 이루어지도록 청해 보았다. 상제가 말하는 것은,

'바꾸는 것도 좋은 것이 좋다. 그러나 만일 아들일 때에는, 반드시 나라가 위태로울 것이다.'

라고 일렀다.

표훈이 내려오려고 할 때, 상제가 다시 표훈을 불러 말하기를,

'천계(天界)와 인계(人界)의 구별을 흐려서는 안 된다. 지금 그대는 양쪽 세계를 왕래하며, 그 모양이 마치 이웃 마을로 가는 것처럼 천계의 기밀을 누설하고 있다. 이후로는 두 번 다시 천계로 와서는 안 된다.'

라고 말했다. 표훈은 왕의 곁에 돌아와 천제의 말을 그대로 전하여 왕을 깨우쳤으나, 왕은

'나라가 비록 위태로울지라도 후사가 없으면 어쩔 수 없는 일. 아들

을 얻어서 뒤를 이을 수 있다면, 나는 그것으로 만족한다.'
라고 하며 수긍을 하지 않았다.

   [304]이러한 까닭에 만월왕후는 드디어 태자를 낳아, 왕의 기쁨이라
는 것은 대단한 것이었다. 태자가 8세 때에 왕이 돌아가 왕위에 올랐
다. 이것이 혜공대왕이다. 그러나 왕은 아직 나이가 어렸으므로, 태후
가 조정에 나섰으나, 정령이나 법률조차 지켜지지 않고, 도적은 벌떼
처럼 일어나는 모양으로, 이 같은 난리를 막기 위한 준비마저 할 겨를
이 없을 정도로, 표훈스님이 전해 준 천제의 말이 분명한 표시로서 나
타났다. 어린 왕은 여자로서의 출생이 정해져 있었는데, 남자로서 이
세상에 태어났다. 그 때문인가, 첫 탄생일부터 후에 즉위할 때까지,
늘 여자아이들이 하는 장난을 즐기고, 기꺼이 비단으로 만든 주머니
를 허리에 차고, 도류(道流)와 어울려 희롱하고 있었다. 이러한 식이
었기 때문에 나라에 큰 난리가 있어 마침내 선덕(宣德)[양상(良相)]과 김
양상(金良相)(김유신?) 때문에 왕은 살해되는 결과가 되었다. 표훈스님
이후로는, 신라에 성인이 나지 않았다고 한다.

주해 300○【耆婆郞】화랑은 신라의 꽃이며, 문무 양도(兩道)에서 뛰어났기 때문
에, 화랑이었던 기파랑도 그와 같이 찬양받으며 노래로 불렸고, 향가 가
운데 전해진 것인데, 기파랑의 전승은 미상.

301○【咽嗚爾處米】ur-wŏ-ri-chi-mǎe 우러러보니

○【露曉邪隱·月羅理】露曉邪隱 nat-ho-sya-n 나타나 보이시고. 月羅理
tǎr-ri 달은.

○【白雲音·逐于·浮去隱·安支下】白雲音 hǔin-kur-ǔm 흰 구름. 逐于

coch-o 좇아. 浮去隱 ptŏ-ka-n 떠다니고. 安支下 an-ti-ha 있어라.

○ 【沙是·八陵(陵)隱·汀理也中】沙是 sai(强勢眞). 八陵隱 pha-rŭ-n 푸르다. 汀理也中 na-ri-yŏ-hăe 강에.

○ 【耆郎矣·兒史·是史藪邪】耆郎矣 ki-raṅ-ŭi 기랑의. 兒史 cŭ-si 모습의. 是史藪邪 I-sa-syu-ra 있는 것을.

○ 【逸烏川理叱·磧惡(惡)希】逸烏川理叱 ir-o-na-ri-s 하늘 강의. 磧惡希 cakpyŏr-ak-hŭi 자갈밭에.

○ 【郎也·持以支如賜烏隱】郎也 raṅ(i)-ya 郎이여. 持以支如賜烏隱 ti-ni-ti-sya-o-n 가지시다.

○ 【心未·際叱肹·逐內良齊】心未 măsă-măe 마음의. 際叱肹 kă-s-hŭr 가에. 逐內良齊 coch-nu-a-cyŏ 좇아 구하고 싶어.

○ 【阿耶】a-ya 뒤 구절을 도입하는 감탄사.

○ 【栢史159)·枝次·高支好】栢史 cas-s 잣의. 枝次 ka-ci 가지가. 高支好 nop-ho 높아서.

○ 【雪是·毛冬乃乎尸·花判也】雪是 sŏr-i 서리를. 毛冬乃乎尸 mo-tăr-na-o-r 모른다. 花判也 koc-han-ya 화주(花主)여.

302○ 【玉莖長八寸】남근(男根)이 장대한 것은, 음양이 조화하는 상서로운 징조라고 하는 속전(俗傳)이 중국에 있다.

○ 【無子. 廢之. 封沙梁夫人】'유' 왕력·경덕왕 조에는, '先妃三毛夫人出宮无後'라고 되어 있다. 사량(沙梁)은 sa-to(주해 110a), 삼모(三毛)sms sam-tho로 상통하므로, 사량부인과 삼모부인은 동일인물로 생각된다. 또한 '나기' 경덕왕 즉위 전기에 '妃伊湌順貞之女也'라고 되어 있는 것은, 이 사량부인을 가리킨 것으로 보인다. 이 기(紀)의 혜공왕 조에는 원비(元妃)·차비(次妃)의 제도가 보이며, 경덕왕의 후비인 만월부인이 의충 각간의 딸이라고 한다면, 원비 사량부인의 아버지는 이찬 순정이라고 생

---

159) 원저서에는 "叱"이 누락.

각해도 틀림없을 것이다.

○【後妃滿月夫人. 謚(諡)景垂大后. 依忠角干之女也】'나기' 혜공왕 즉위 전 기에는, '母金氏滿月夫人. 舒弗邯義忠之女. 王即位時年八歲. 大后攝政'이 라고 되어 있으며, 같은 곳 경덕왕 2년(743) 하사월 조에는 '納舒弗邯金 義忠女爲王妃'라고 되어 있다. 依・義는 ŭi의 음차문자이므로, 依忠과 義 忠은 동일인물이다. '나기'에 의하면, 이 김의충은, 성덕왕 34년(735) 새 해를 축하할 목적으로 당에 파견되고, 효성왕의 즉위와 함께 중시에 임명 되었으나, 그 3년(739)에 죽는다. 만월부인의 시호, 경수태후에 대해서는 '나기'에 보이지 않는다.

303○【表訓大德】주해 296을 참조.

304○【惠公大王】주해 305를 참조.

○【大(太)后臨朝】'나기' 혜공왕 즉위 전기에 '王即位時年八歲. 太后攝政'이 라고 되어 있다.

○【國有大亂】주해 312를 참조.

○【爲宣德與金良相所弑】선덕과 김양상을 다른 사람처럼 적고 있는데, 양 상(良相)('유' 왕력에서는 亮相)은 선덕왕의 휘이며, 이 두 사람은 동일인 물이다. '나기'는 '伊湌金志貞判. 聚衆圍犯宮闕. …上大等金良相與伊湌敬 信擧兵誅志貞等. 王與后妃爲亂兵所害'라고 하고 있으며, 혜공왕은 김지 정의 난병(亂兵)에 의해 살해되었던 것처럼 되어 있으나, '유'의 글이 옳 다고 생각된다. 따라서 김양상은 이찬 경신(敬信)의 잘못이라고 생각된 다. 혜공왕이 살해된 해를, '유' 왕력・'나기' 모두 780년이라고 하고 있는 데, 중국 사서(史書)에서는 784년으로 하고 있다('왕력' 혜공왕 조의 주해 참조). 혜공왕 뒤에 즉위한 선덕왕은 '奈勿王十世孫'이라고 부르고 있으 며, 통일신라시대 이후 계승된 무열계(武烈系)의 왕맥(王脈)은 8대・120 년 남짓해서 왕위에서 물러나게 되었다. '나기'는 선덕왕 이후를 하대(下 代)라고 하며, 그 이전의 중대(中代)와 다른 시대구분을 하고 있다.

혜공왕

惠恭王

³⁰⁶大曆之初, 康州官署大堂之東地. 漸陷成池, ^{306a}一本大寺東小池. 從十三尺 橫七尺. 忽有鯉魚五六. 相繼而漸大, 淵亦隨. ³⁰⁷大至(曆)二年丁未, 又天 狗墜於東樓南. 頭如瓮尾三尺許. 色如裂火, 天地亦振. ³⁰⁸又是年. 今(金) 浦縣稻田五頃中. 皆米顆成穗. ³⁰⁹是年七月. 北宮庭中. 先有二星墜地. 又一星墜. 三星皆没¹⁶⁰⁾入地. ³¹⁰先時. 宮北厠圊中二莖蓮生. 又奉聖寺田 中生蓮. ³¹¹虎入禁城中. 追覔失之. ³¹²角干大恭家梨木上. 雀集無數. 擄 安國兵法下卷云. 天下兵大亂, 於是大赦修省. 七月三日. 大恭角干賊起. 王都及五道州郡幷九十六角干相戰. 大亂. 大恭角干家亡. 輸其家資寶帛于 王宮. 新城長倉火燒. 逆¹⁶¹⁾黨之寶穀. 在沙梁·牟梁等里中者. 亦輸入王 宮. 亂弥三朔乃息. 被賞者頗多. 誅死者無筭¹⁶²⁾也. 表訓之言. 國殆是也.

---

160) 파른본, 규장각본, 고증. 没(没).
161) 파른본. 逆, 규장각본, 고증. 通(逆).
162) 파른본. 筭(王의 우상귀에 점이 있다). 규장각본, 고증. 筭(筭).

305혜공왕(惠恭王)

306대력163) 초년에 강주164) 관청가가 중심이 되어 있는 건물(州의 행정청)의 동쪽 땅이, 점점 가라앉아 연못이 되어 버렸다. **306a**어떤 책에는 대사(大寺) 동쪽의 작은 연못이 그것이라 한다. 그 크기는 세로가 13자, 가로가 7자로서, 금방 잉어 대여섯 마리가 헤엄치게 되었는데, 그 잉어가 점점 커짐에 따라 못도 따라서 점점 커졌다.

307대력 2년 정미년(767)에는, 또 동루의 남쪽에 천구(天狗)165)가 떨어지는 일이 있었다. 그 머리는 항아리 같았고, 꼬리는 3자가량이었으며, 그 몸의 색은 뜨겁게 타는 불과 같았다. 이때 천지는 역시 진동하였다고 한다. **308**또 같은 해에 김포현의 논은 5경(頃) 중의 5경이라고 해도, 쌀 낟알이 맺히지 않은 텅 빈 이삭 그대로였다. **309**이해의 7월에는 북궁의 정원 가운데로, 처음에 두개의 별이 떨어지고, 더 나아가 또 한 개의 별이 떨어졌는데, 이 세 개의 별은 모두 땅속으로 들어가 버렸다. **310**이보다 앞서 대궐의 북쪽 측간 속에서, 두 줄기의 연(蓮)이 나고, 또 봉성사(奉聖寺)의 밭 가운데에서도 연이 나는 일이 있었다. **311**호랑이가 궁정 안에 들어와, 사람들이 이것을 추격하여 잡았으나 놓쳐 버렸다. **312**각간166) 대공167)의 집 배나무 위에는, 참새가셀 수 없이 많이 모여 시끄럽게 하는 일도 일어났다. 이러한 변괴를안국병법 하권에서 살펴보면 '천하에 병(兵), 커다란 난리가 일어난

---

163) DB. 당 대종(代宗)의 연호로 766~779년.
164) DB. 현재의 경상남도 진주 일대이다. 거열성(居列城) · 거타주(居陁州) · 청주(菁州)로도 불렸다.
165) DB. 유성의 하나.
166) DB. 신라 17관등 중 제1위.
167) DB. 혜공왕 4년(768) 동생 대렴(大廉)과 함께 반란을 일으켰다가 실패하여 죽임을 당하였다.

다.'라고 판단하였다. 이에 왕은 액을 쫓으려고, 대사면을 하고, 왕도 몸조심하면서 스스로 성찰을 하기로 했다. 7월 3일, 대공각간이 이끄는 적(盜)이 봉기하자, 왕도와 5도 주군(州郡)의, 96명의 각간이 서로 싸워 대란이 일어났다. 대공각간의 집안이 망하였고, 그 집에 있던 재화, 옥보, 비단 등은 왕궁으로 옮겼다. 신성의 장창[168]도 이 난리 통에 불에 타 버렸다. 그래서 모반한 자들의 재물과 곡식으로, 사량부와 모량부의 마을에 있던 것은, 왕궁으로 운반해 들였다. 난리는 3개월에 이르러 잠잠했는데, 공을 세워 보상을 받은 자도 매우 많고, 또 목베어 죽은 사람도 셀 수 없을 정도이었다. 표훈[169]의 말대로 '나라가 위태롭다.'는 것은, 분명히 이 난리를 가리키는 것이었다.

주해

305 ○【惠恭王】신라 제36대 왕. 재위는 '사'에 의하면 765년(당의 영태 원년)에서 780년(당의 건중 원년)이지만, 죽은 해에 대해서는 의문도 든다. 계보·치세연수에 대해서는, 본서 상권 242-243 참조. 765년에 8세로서 즉위했기 때문에, 태후(어머니인 만월왕후)가 섭정했다('나기' 혜공왕 즉위 전기 및 '유'의 '찬기파랑가'의 조). 왕의 즉위 중에는 4년(768)에 대공(大恭)과 대렴(大廉)(대공의 동생)(주해 312 참조), 6년(770)에 김융, 11년(775)에 김은거·염상·정문의 반란이 있었고, 16년(선덕왕 원년·780)에는 지정과 경신의 반란의 와중에 살해되었다(주해 303 참조). 이러한 반란과 관련하여 '유'의 본 조도 수많은 재난이 기록되어 있으나, '나기'에서는 한층 더 2년 정월에 '牝牛生犢. 五脚. 一脚向上'의 요사스런

---

168) DB. 문무왕 3년(663) 경주 남산의 신성에 설치하였던 곡물창고.
169) DB. 의상의 제자로 불국사에 주석하였으며, 흥륜사의 금당10성 중에 포함되어 그 서벽에 소상(塑像)이 모셔져 있었다.

일, 3년 6월·6년 11월·13년 3월과 4월·15년 3월의 지진, 4년 봄·6년 5월의 혜성, 5년 5월의 황(蝗), 한해(旱害) 등의 재난을 기록하고, 반란과 재난의 연속의 원인을 '王幼少即位. 及壯淫于聲色. 巡遊不度. 網紀紊亂. 災異屢見. 人心反側(則). 社稷杌陧.'이라고, 혜공왕 개인의 성격으로 설명하고 있는데, 혜공왕의 출생을 둘러싼 일화(주해 303을 참조)와 함께, 후세의 판단으로 봐야 할 것이다. 귀족세력은 이미 혜공왕 개인의 성격을 떠나서, 왕권을 능가할 정도로 커져 있었던 것이다(李基白 '新羅惠恭王代の政治變革'·"新羅政治社會史研究" 소수).

306○ 【大曆之初】 대력은 당의 대종(代宗)의 원호(766-779). 다음 조(주해 307 참조. 또한 大至는 大曆의 잘못)에는 '二年丁未'라고 보이기 때문에, 본 조는 元年丙午(혜공왕 2)에 해당하는 것으로 생각할 수 있다.

○ 【康州】 '사' 지리지(1) 강주(康州) 조에 '神文王五年. 唐垂拱元年. 分居陁州. 置菁州. 景德王改名. 分晉州.', '승람' 권30·진주목 조는 '本百濟居列城(一名居陁). 新羅文武王取而置州. 神文王分居陁州. 置晉州摠管. 景德王改康州. 惠恭王復爲菁州. 高麗大祖又改康州.'라고 되어 있어, 그 관할 지역은 현재의 경상남도 진주시에 해당한다. 이 진주 지역은 '서기' 긴메이기(欽明紀) 23년 조에서는 임나의 자타국으로서 등장하며, 562년 신라에 멸망되었다. 또한 '사' 지리지(1) 강주 조의 거창군의 항목에는 '本居烈郡(或云居陁). 景德王改名.'이라고도 보이며, 거열주(居列州)(居陁州)의 관할은 거창이었던 것처럼 생각되나, 같은 이름의 지역인지, 관할 지역의 이동을 보이는 기록인지, 또 사료의 착오로 보아야 할지는 미상. [참고 津田左右吉 '滿鮮歷史地理研究1'·全集第十一卷 161면. 鮎貝房之進 "雜攷" 제7집 하권·흠명기(欽明紀). 또한 강주의 범위에 대하여 井上秀雄 "新羅史基礎研究"의 도표·부록 참조.]

○ 【漸陷成池 … 淵亦隨】 '나기' 혜공왕 2년 2조에는 '康州地陷成池. 縱廣五十餘尺. 水色靑黑'이라고 되어 있으며, '유' 본문과는 약간 다르지만, 지이(災異) 사상(주해 324 참조)에서는 모두 재이(災異)이다. 지함(地陷)은,

중국역대의 정사·오행지에서는 지진이나 산사태, 지반균열이라고 일괄하여 기재되어 있으며, 그것이 생기는 원인은 "후한서" 오행지(4) 수록의 '춘추한함노'가 '女主盛. 臣制命. 則地動·坼畔·震起·山崩.'이라고 하듯이, 여인·신하 전권 즉 음양의 조화가 음기 왕성하기 때문에 파괴되기를 원하는 일이 많다.[170] 또 황제가 신하의 조언을 믿고 실정을 행한 경우에도 생긴다고 말하고 있다. 지함의 원인은 이상과 같으나, 잉어의 출현이나 '相繼而漸大. 淵亦隨.'가 어떠한 의미를 가지는지는 '유' 본문과 같은 사례를 다른 문헌에서 찾을 수 없었기 때문에 미상이다.

306a○ 【一本】 미상.

○ 【大寺東小池】 미상. 다음 항목에서 보듯이 '나기'에서는 강주의 어디인지에 대해서는 적고 있지 않다.

307○ 【大至(曆)】 중국에 대지(大至)라는 원호는 없다. 앞 조의 '大曆之初'나 혜공왕대라는 관점에서 보아, 大曆의 잘못일 것이다. 그 2년 정미(丁未)는 767년(혜공왕)에 해당한다.

○ 【天狗】 '나기' 혜공왕 2년 10월 조에는 '天有聲如皷'라고, '天狗'의 기록이 있고, '유'의 '天狗'와는 다르지만, 모두 병란의 징조이다. 천구(天狗)에 대해서는 "사기" 천관서에, '狀如大奔星. 有聲共下. 止地類拘. 所隨及炎火. 望之如火光炎炎衝天. 其下円如數頃田處. 上鋭者則有黃色. 千里破軍殺將.'이라고 되어 있어, '유'는 분명히 천구(天狗)의 기록이다. 또한 천고(天鼓)에 대해서는 "사기" 천관서 참조.

308○ 【今(金)浦縣】 금포현(今浦縣)에 대해서 달리 출처가 없고, '나기' 혜공왕 3년 9월 조에는 '金浦縣. 禾實皆米'라고 보이며, 今·金은 같은 음이므로 김포현(金浦縣)을 말할 것이다. 김포현은 '사' 지리지(2) 한주장제군 조에 '金浦縣. 本高句麗黔浦縣. 景德王改名. 今因之.'라고 되어 있으며, 현재의 경기도 김포군 김포면에 해당한다.

---

170) 고증. 원문 그대로.

○ 【五頃】 경(頃)은 토지의 면적을 표시하는 단위이다. 유형원의 '반계수록 · 전제(상)의 '古者畝式. 六尺爲一步. 百步爲一畝. 百畝爲一頃.'에 의거하여, 한 자(一尺)를 당척의 최장(31㎝)에 의해서 계산하면, 1경은 34,596평방m가 된다. 척(尺)에 대해서는 효성왕 조의 주해 294 참조. 또한 조선의 토지면적의 표시방법(頃畝나 結負 등)에 대해서는, '韓國土地制度史'上下["韓國文化史大系"Ⅱ · 政治 · 經濟史(下) 所収], 朴時亨 '李朝田税制度の成立過程'("震檀學報" 제14호) 등 참조.

309 ○ 【二星墜地. …三星皆沒(没)入地】 '나기' 혜공왕 3년 7월 조에도, 세 개별의 낙하가 기록되어 있다. 운석에 대해서는 재이(災異) 사상에서는, "사기" 천관서의 '末襄公時. 星隕如雨. 天子微. 諸候政(征). 五伯代興'이나, "문헌통고" 권291 · 상위14의 원연 원년 3월 · 4월의 운석에 관한 설명 '其後. 王莽逐專國柄. 王氏之興. 萌於成帝時. 是以有星隕之變. 後莽逐篡國.'에 보이는 것과 같이, 왕권 쇠약 · 신하 융성의 상징 · 예시로서 해석되는 일이 많다.

310 ○ 【二莖蓮生】 이경(二莖)의 연(蓮)이나, 다음에 보이는 '田中生蓮'이 상서재이사상에서, 어떠한 의미를 가지고 있는지는 미상이다. 이경(二莖)의 연(蓮)에 대해서는, 관견(管見)으로는, 중국서적에 그 예를 찾을 수 없었으나, 일본에 유사한 예가 있다. '서기' 고교구기(皇極紀) 3년 6월 6일 조에 '於劍池蓮中. 有一莖二萼者. 豊蒲大臣妄推曰. 是蘇我臣將榮之瑞也.'라고 되어 있으며, 일경이악(一莖二萼)의 연(蓮)을 상서로서 다루고 있는 예가 있다. 일경이악의 연과 이경의 연은 다르지만, 양자 모두 목련리로 통하는 상서로운 일로서 생각되었을 것이다. 목련리라는 것은 "예문유취" 권98 · 상서부(祥瑞部) 상 인용의 '서응도'에 의하면, '木連理. 王者德化洽. 八方合爲一家.'일 때에 생기는 상서로운 일이고, 그 모양은 "연희식" 권21 · 치부성의 상서 조에 의하면 '異本同枝. 或枝旁出. 上更還合.'인 것이며, "금석색"에 한대의 화상석의 예가 수록되어 있다.

○ 【奉聖寺】 그 창건은 '나기' 신문왕 5년 3월 조의 '奉聖寺成'에 의하면, 685

년이다. 이 절에는 성전이 있어, 사천왕사·감은사·봉덕사·봉은사 등과 함께 역대의 왕을 모시는 절이었기 때문에, 규모도 갖추었을 것이지만, 미상이다.

311○【虎入禁城中. 良覔失之】'나기'에서는 혜공왕 4년 6월 조에 '虎入宮中'이라고 되어 있고, 6년 6월 조에는 '虎入執事省. 捉殺之.'이라고 되어 있다. 상서재이 사상에서는, 백호가 상서이며, '武后載初中. 涪州民范端化虎.'("문헌통고" 권308·물이14) 등은 요사이지만, '유' 본문과 같은 예가 어떠한 의미를 보이는지는 관견으로는 분명히 할 수 없었다.

312○【大恭】출처 등에 대해서는 미상. 그와 동생인 대렴이 일으킨 난에 대해서는 후술.

○【雀集無數】군작(群雀)에 대해서는, "예문유취" 소재의 '진류기구전'에 '圍人魏尚. 高帝時爲太史. 有罪繫詔獄. 有萬頭雀. 集獄棘樹上. 拊翼而鳴. 尚占曰. 省者爵命之祥. 其鳴即復也.'라고 되어 있는 것에 의하면, 상서라는 것이 되지만, 본문 소재의 '안국병법'의 설과 다르다. 상세한 것은 미상. 또한 적작, 황작, 백작 등은 상서이다["예문유취" 상서부 하·조부(鳥部)하의 작(雀) 항목].

○【安國兵法】미상.

○【修省】스스로 돌이켜 살핀다는 뜻. "역경" 진(震) 항목에 '洊雷震. 君子以恐懼修省'이라고 보이며, 호병문 "주역본의통석"에서는 '恐懼作於心. 修省見於事. 修. 克治之功. 省. 審察之力.'이라고 해석하고 있다.

○【七月三日】'유' 본문에서는 '虎入禁城中'부터 이후의 글에 연차의 명시가 없어, 대공의 난은, 문맥으로 풀어 보면, 대력 2년 정미(혜공왕 767)의 7월 3일에 시작되었다는 것이 되지만, '나기'에서는 다음 해 혜공왕 4년 무신 7월의 일로서, 기록하고 있어, 1년의 차이가 있다. 또한 다음 항목과 후술 '三朔'의 항목 참조.

○【大恭角于賊起. …九十六角干相戰】이 난에 대해서는 '사'나 "신당서"에도 기록이 전해지고 있다. '나기' 혜공왕 4년 7월 조는 '一吉湌大恭與弟大

廉叛. 集衆圍王宮三十三日. 王軍討平之. 誅九族.'이라고, 마치 대공과 대
렴 형제만의 반란처럼 기록하고 있어, '유'와는 상당히 다르지만, "신당
서" 신라전의 '大曆初. …會其宰相爭權相攻. 國大亂.'을 참고로 하면, '유'
의 기록이 역사 사실에 보다 가까운 것이 아닐까. 대공의 관위에 대해서
는, '유'는 각간, '나기'는 일길찬이라고 전하고 있어 크게 다르다. 각간은
신라 17등의 관등의 제1위(이벌찬·서불감 등과 같다)이고, 일길찬은 제
7위이다('사' 잡지7·직관 상을 참조). 또한 이 난의 기간에 대해서는, 후
술 삼삭의 항목에서 다룬다.

○【五道】신라의 지방제도는, 신문왕 5년(685)에 일단 완성된 5소경(五小
京)·9주제(九州制)인데, '나기'에는 애장왕 9년(808) 2월 조의 '發使十二
道. 分定諸郡邑彊境.'을 비롯해, 경문왕 7년(867) 10월 조, 효공왕 2년
(898) 7월 조, 8년(904) 조 등에도, 9주제와 다른 도(道) '制'가 시행되었
다고 생각되는 기록이 보인다. 또 '사' 지리지(4)의 '三國有名未詳地分'의
가운데에는, 북해통·염지통·동해통·해남통·북요통의 5통의 명칭이
들어 있다. 9주제와 도(道)'制'와의 관계 또 5통에 대해서는, 井上秀雄 "新
羅史基礎硏究" 제6장 및 제10장에 논고가 있다.

○【新城長倉】경주의 남산 신성에 설치된 장창(곡물창). 상세한 것은 문호
왕법민 조의 주해 271-272 참조.

○【沙梁·牟梁等里】사량부·모량부 등의 촌리에 대해서는, 고증 상권의
[참고] '육촌고략' 참조.

○【三朔】삭(朔)의 원래 뜻은, 역(曆)에서 1개월의 첫날이란 의미이나, 12
개월의 역(曆)을 의미하는 경우도 있다. 삼삭은 앞의 의미를 따르면 3개
월, 뒤의 의미를 따르면 3개년이 된다. 이미 '大恭角干賊起. …九十六角
干相戰'의 항목에서도 다루었듯이 내란의 기간에 대해서는 '나기'는 33일
간, "신당서" 신라전에서는 3년간으로 하고 있어, 크게 다르다. 이기백은
삼삭(三朔)을 3개월로 해석하고, 내란의 기간에 대해서도 3개월 설을 취
하고, '나기'의 33일간은 반란병이 왕궁을 포위하고 있던 기간, "신당서"

의 3년간은 삼삭의 잘못, 혹은 혜공왕 6년 8월에 일어난 김융의 반란('나기')을 포함한 기간을 기록한 것이라고 적고 있다. 자세한 것은 이기백, '新羅惠恭王代の政治的變革'("新羅政治社會史硏究" 所收)를 참고.

○ 【表訓之言】표훈 및 표훈의 말에 대해서는 '찬기파랑가왈' 조의 주해 303 참조.

³¹³원 성 대 왕

元聖大王

³¹⁴伊飱(湌)金周元. 初爲上宰, 王爲角干. 居二宰. 夢脫¹⁷¹⁾幞頭著素笠, 把
十二絃琴. 入於天官寺井中. 覺而使人占之, 曰. "脫幞頭者失職(職)之兆,
把琴者著枷之兆, 入井入獄之兆." 王聞之. 甚患杜門不出. 于時. 阿飱(湌)
餘三或本餘山. 來通謁. 王辭(辭)以疾不出. 再通曰. "願得一見." 王諾之.
阿飱(湌)曰. "公所忌何事." 王¹⁷²⁾具說(說)后(占)夢之由, 阿飱(湌)興拜曰,
"此乃吉祥之夢. 公若登大位而不遺我則爲公解之." 王乃辟禁左右而請解
之, 曰. "脫幞頭者人無居上也, 著素笠者冕旒(旒)之兆也, 把十二絃琴者十
二孫傳世之兆也, 入天官井入宮禁之瑞也. 王曰. 上有周元. 何居上位. 阿
飱(湌)曰. 請密祀北川神可矣." 從之. ³¹⁵未幾宣德王崩, 國人欲奉周元爲
王. 將迎入宮. 家在川北. 忽川漲不得渡. 王先入宮即位. 上宰之徒衆皆來

171) 파른본, 고증. 脫(脫).
172) 파른본, 규장각본, DB. 王, 고증. 主.

附之, 拜賀新登之主, 是爲元聖大王. 諱敬信. 金武.[173] 盖厚夢之應也. 周元退居㴑(溟)州. 王旣登極. 時餘山巳(已)卒矣. 召其子孫賜爵. **316**王之(子)孫有五人, 惠忠太子[174]·憲平太子·禮英匝干·大龍夫人·小龍夫人等也. **317**大王誠知窮達之變. 故有身空詞腦(腦)歌. **317a**歌亡未詳. **318**王之考大角干孝讓. 傳祖宗萬波息笛. 乃傳於[175]王. 王得之. 故厚荷天恩其德遠輝. **319**貞元二年丙寅. 十月十一日. 日本王文慶. **319a**按日本帝紀, 第五十五年[176]文德王. 疑是也. 餘無文慶. **319b**武(或)本云. 是王太[177]子. 擧兵欲伐新羅, 聞新羅有萬波息笛. 退兵. 以金五十兩遣使請. 其笛. 王謂使曰. "朕聞上世眞平王代有之耳. 今不知所在." 明年七月七日. 更遣使. 以金一千兩請之曰"寡人願得見神物而還[178]之矣." 王亦辭以前對. 以銀三千兩賜其使, 還(還)金而不受. 八月使還(還). 藏其笛於內黃殿. **320**王卽位十一年乙亥. 唐使來. 京留一朔. 而还(還). 後一日. 有二女. 進內庭. 菱(奏)[179]曰. 妾等乃東池靑池 **320a**靑池卽東泉寺之泉也. **320b**寺記云. 泉乃東海龍往來. 聽法之地. 寺乃眞平王所造. 五百聖衆. 五層塔. 幷[180]納田民□(焉).[181] 二龍之妻也. 唐使將河西國二人而來, 呪我夫二龍及芬皇寺井等三龍. 變爲小魚. 筒貯[182]而攺(皈).[183] 願陛下勑二人留. 我夫等護國龍也. 王追至河陽舘. 親賜享宴. 勑河西人曰, 爾輩[184]何得取我

---

173) DB. 씨(氏)의 오기.
174) 파른본, 규장각본. "大子".
175) 파른본, 규장각본. 이체자 "扵".
176) DB. 主 또는 代의 오기.
177) 파른본, 규장각본. "大".
178) 파른본, 규장각본. 還, 고증. 還(還).
179) 파른본, 규장각본. 菱, 고증. 菱(奏).
180) 파른본, 규장각본. 幷, 고증. 幷.
181) DB, 고증. □, 규장각본. 焉(약간 흐리다), 파른본. 焉.
182) 파른본, 규장각본. 貯, 고증. 貯(貯).
183) 고증. "歸"와 같은 "皈".

三龍至此. 若不以實告. 必加極刑. 於是出三魚獻之, 使放於三處. 各湧水
丈餘. 喜躍而逝. 唐人服王之明聖. ³²¹王一日¹⁸⁵⁾請皇龍寺. 注或本云. 華
嚴寺又金剛寺. 香(是)盖(蓋)以寺名經名光(交)混之也. 釋智海入內. 稱
(講?)¹⁸⁶⁾華嚴經五旬. 沙彌妙正每¹⁸⁷⁾洗鉢於金光井. ^{321a}因大賢法師得名. 邊有
一黿浮沉井中. 沙彌每以殘食饋而爲戲. 席將罷. 沙彌謂黿曰. "吾德汝日
久. 何以報之." 隔¹⁸⁸⁾數日黿吐一小珠. 如欲贈遺. 沙彌得其珠. 繫於帶
端. 自後大王見沙彌愛重. 邀致內殿. 不離左右. 時有一匝干. 奉使於唐,
亦愛沙彌請與俱行, 王許之. 同入於唐. 唐帝亦見沙彌而寵愛. 丞¹⁸⁹⁾相左
右莫不尊信. 有一相士奏曰. 審此沙彌. 無一吉相, 得人信敬. 必有所
將¹⁹⁰⁾異物. 使人撿看. 得帶端小珠. 帝曰朕有如意珠四枚. 前年失一个.
个(今)見此珠. 乃吾所失也. 帝問沙彌, 沙彌具陳其事. 帝內失珠之日. 與
沙彌得珠同日. 帝留其珠而遣之. 後人無愛信此沙彌者. ³²²王之陸(陵)在
吐含¹⁹¹⁾岳西洞鵠寺. ^{322a}今崇福寺. 有崔致遠撰碑. 又刱報(奉)恩寺. 又望德
(恩)樓. ³²³追封. 祖訓入匝干. 爲興平大王, 曾祖義官匝干爲神英大王, 高
祖法宣大阿干爲玄聖大王. 玄聖大王¹⁹²⁾玄聖之考即摩叱次匝干.

---

184) 파른본, 규장각본. 罩, 고증. 罩(罩).
185) 파른본, 규장각본. 口.
186) 파른본, 규장각본. 揜, 고증. 稱(講?).
187) 파른본, 규장각본. 每, 고증. 每(每).
188) 규장각본. 隔, 고증. 隔(隔).
189) 파른본, 규장각본. 丞, 고증. 丞, DB. "承"의 오기로 보고 있다.
190) 파른본, DB, 규장각본. 持.
191) 규장각본. 含, 고증. 含(含).
192) DB.에서는 빠져야 하는 곳으로 보고 있다.

³¹³원성대왕(元聖大王)

³¹⁴이찬 김주원은 처음 상재가 되고, 왕은 각간으로서 그다음의 재상이 되었다. 그런데 자신이 두건을 벗은 대신에 허름한 갓을 쓰고, 12현금을 껴안고, 천관사¹⁹³⁾ 우물 속으로 들어가는 것을 봤기 때문에, 꿈을 깨고 나서 사람을 시켜 이것을 점치게 했다. 점술가는 말하기를

'구건을 벗은 것은 관직을 잃을 징조요, 가야금을 든 것은 목 도리깨의 형벌을 당할 징조요, 우물 속으로 들어갔다는 것은 옥에 갇힌다는 징조입니다.'

라는 것이었다.

왕은 이 말을 듣자 심히 마음이 아파, 그러고 나서는 문을 닫고 바깥으로 나가려고 하지 않았다. 이때 아찬(阿飡)¹⁹⁴⁾인 여삼(餘三) 혹은 다른 본에서 여산(餘山)이라고 되어 있다. 이 와서 뵙기를 청했다. 왕은 아픈 것처럼 꾸미고, 나오려고 않았다. 그런데 아뢰기를 청한 여삼이,

'부디 바라옵니다. 한 번만 만나 주셨으면 합니다.'

라고 하므로 왕이 이를 허락하여 아찬과 만나셨다. 아찬은

'공께서 근심하고 계시는 것은 도대체 어떤 일 때문이옵니까?'

라고 물었다. 그래서 왕은 자세하게 점술가의 해몽을 설명했다. 아찬은 일단 한번 일어나, 이어서 절을 꾸벅꾸벅하며 고개를 숙이고,

'이것은 의심할 것도 없이 길상(吉祥)을 보이는 꿈이옵니다. 만일 공이 왕위에 오르셨을 때에, 또한 저를 잊지 않고 계신다면, 공을 위해 이 꿈을 풀어 드리겠습니다.'

---

193) DB. 김유신이 창건한 절로, 사지(寺址)가 경주시내의 오릉(五陵) 동쪽에 남아 있다.
194) DB. 신라 17관등 중 제6관등으로 아척간(阿尺干)으로도 표기되었다.

라고 하였다. 왕은 측근의 사람들을 물러가게 하고, 아찬에게 해몽을 들었다. 아찬은,

'두건을 벗은 것은, 보다 위에 있는 사람이, 이제 없어진다는 뜻이요, 허름한 갓을 쓰고 계신다는 것도, 12류(旒)의 옥(玉) 면류관을 쓸 징조이옵니다. 또 12현금을 지니고 계신 것은, 12대손까지 그것이 전해진다는 조짐이 틀림없습니다. 천관사 우물 속에 계신 것도, 이윽고 궁궐로 들어가신다는, 경하할 조짐임에 분명합니다.'

라고 풀어 보였다. 왕이

'자기의 한참 위에 주원이 있는데, 어찌 그 위에 오를 수 있겠소?'

라고 말하자 아찬은 다음과 같이 대답하였다.

'은밀히 북천의 신에게 소원을 빌면 이루어집니다.'

³¹⁵그러고 나서 아직 얼마 지나지 않았는데, 선덕왕이 세상을 떠나매, 나라 사람들이 김주원을 받들어 왕위에 올리려고 하여, 당장에라도 주원을 맞이하여 궁궐로 들어가려고 하고 있었다. 주원의 집은 북천의 북쪽에 있었다. 그 강의 물살이 눈 깜짝할 사이에 험해졌기 때문에 건널 수가 없자, 그 사이에 왕이 먼저 궁궐로 들어가 왕위에 올라 버렸다. 상재였던 주원의 무리들도 모두 와서 그를 따랐으며, 새로 즉위한 왕에게 삼가 기쁨을 늘어놓았다. 이것이 원성대왕이다. 왕의 휘(諱)는 경신(敬信), 김무(金武)라고 했다. 생각해 보니 그 귀한 꿈의 징조가 나타났다고 할 수 있다. 주원은 관직을 버리고 명주에서 은둔해 버렸다. 왕이 이미 왕위에 올랐으나, 그때의 아찬인 여산은 이미 죽었다. 왕은 그의 자손을 불러 작위를 내렸다. ³¹⁶왕에게는 다섯 명의 손자가 있었다. 혜충태자¹⁹⁵⁾·헌평태자¹⁹⁶⁾·예영¹⁹⁷⁾잡간¹⁹⁸⁾·대룡부인·소룡부인 5명이다. ³¹⁷대왕은 인생의 곤궁과 영달은 자연의 운명

에 의한 것으로, 사람의 힘으로는 좌우할 수 없다는 것을 깊이 알고 있었다. 그래서 대왕은 신공(身空)이라고 하는 사뇌가를 만들었다. **317a**노래는 사라져 잘 모른다. 왕의 아버지인 대각간효양은, 그 만파식적을 선조로부터 이어받아 가지고 있었고, 한층 더 전하여, 이것을 왕에게 내렸다. 왕은 이 만파식적을 얻었기 때문에, 하늘로부터의 은혜가 두 텁고, 왕의 덕은 멀리까지 빛나게 되었다.

319정원 2년 병인 10월 11일에 일본왕인 문경**319a**문경(文慶)은 일본제기를 살펴보니, 제55대 왕 문덕(文德).[199] 이것이 맞다고 생각된다. 이 외에는 문경에 해당한다고 생각 되는 자가 보이지 않는다. **319b**어떤 본에서는 이 왕은 태자였다고도 한다.[200] 이 군사를 일 으켜 신라를 치려 했으나, 신라에는 만파식적이라는 피리가 있어, 이 피리가 적병을 물리쳐 버렸다는 말을 듣고, 우선 사자에게 금 50냥을 주어 보내, 그 피리를 보여 달라고 청했다.[201] 왕이 사신을 불러,

'나는 훨씬 옛날, 진평왕 때에 그것이 있었다고만 들었다. 그러나 지금은 그 있는 곳조차 막연하여 알지 못한다.'

라고 하였다. 문경은 그 이듬해 7월 7일(787년)에도 다시 사신을 보내 어, 금 1천 냥으로 그 피리를 청했다. 사자는 우선,

'허락을 하신다면, 어떻게든 그 불가사의한 피리를 저에게 보여 주 셨으면 합니다. 그러하면 피리는 돌려드리겠습니다.'

---

195) DB. 원성왕의 장자인 인겸태자(仁謙太子).
196) DB. 원성왕의 차자인 의영태자(義英太子).
197) DB. 원성왕의 셋째 아들로 효진(孝眞).
198) DB. 신라 17관등 중 제3관등으로 소판(蘇判) 혹은 잡찬(迊湌)이라고도 한다.
199) 원저서에는 문덕왕(文德王)을 文德天皇이라고 표현했다.
200) DB.에는 "이 왕의 태자라고도 한다."라고 되어 있다. 원본(元本)과는 다르다.
201) 원저서에는 'その笛をわけてほしい'라고 되어 있다. 이것을 직역하면 "그 피리를 나누어 줬 으면 한다."이다.

라고 말했으나, 왕은 지난번과 같은 응대를 하고 이것을 거절하며, 그 사자에게는 은 3천 냥을 하사하도록 했다. 그러나 사자는 금을 돌려 받으려고 하지 않고, 8월이 되자, 사신은 일본으로 돌아가 버렸다. 그래서 그 피리는 내황전(內黃殿)에 수납하게 되었다. **320**왕의 즉위 11년, 을해에 당나라 사신이 왕경에 와서, 한 달이나 머물다가 돌아갔다. 그 후 하루가 지나서 두 여자가 궁궐안의 마당에 나아와 다음과 같이 아뢰었다.

'저희들은 다름 아닌 동지와 청지 **320a**청지는 바로 동천사(東泉寺)의 샘이다. **320b**"사기(寺記)"에 이르기를 이 샘에는 동해의 용이 불법을 듣기 위해 자주 왔던 곳이라고 전한다. 사찰은 진평왕(眞平王)이 지은 것으로서, 5백 명의 승려가 봉사하여 5중탑이 지어지고, 또 절의 밭을 지키기 위한 백성도 모셔져 있었다.에 사는 두 마리 용의 아내입니다. 당나라 사신은, 두 명의 하서국인을 데리고 와서, 우리의 남편인 두 마리 용과, 더 나아가 분황사 우물에 사는 용, 모두 합쳐 세 마리 용에게 주술을 부려, 작은 물고기로 변하게 하여, 통 속에 담아 돌아가 버렸습니다. 원컨대 폐하께서는 부디 두 사람이 더 멀리 가지 못하도록[202] 명해 주십시오.

저희 첩들의 남편은 나라를 지키는 용이옵니다.'

왕은 두 사람을 쫓아, 하양관에 이르러, 왕은 주연(酒宴)을 베풀고, 이 하서국 사람들에게

'너희들은 어찌하여 우리나라의 세 용을 잡으려고 하느냐. 이 자리에서 있는 그대로 보고하지 않으면, 극형을 줄 것이다.'

라고 엄하게 했다. 이렇게 되자 어쩔 수 없이 두 사람은 서너 마리의

---

202) DB. "두 사람에게 칙명을 내리시어"라고 되어 있다.

물고기를 꺼내어 왕에게 헌상했다. 왕은 이것을 각각의 샘에 풀어 주었는데, 그때 어느 샘이든 1장(丈)도 넘는 높이의 물이 솟구쳐 오르고, 작은 물고기는 기뻐 춤을 추며 올라갔다. 이런 일이 있고, 당나라 사람들은 왕의 총명과 덕이 높은 것에 두려움을 안았다고 한다. [321]왕은 하루는 황룡사의 석지해[203]에게 궁중으로 불러[혹은 다른 본(本)에 따르면 지해는 황룡사의 승려가 아니고, 화엄사 또는 금강사의 승려라고도 하는데, 그것은 아마도 지해가 화엄경을 강설했기 때문에, 사찰 이름과 불경 이름을 혼동했기 때문일 것이다] 화엄경을 낭송하기를 5주간[204]이나 이르렀다. 출가한 지 얼마 되지 않는 소년 승인 묘정은 언제나 항아리를 금광정[321a]대현(大賢)법사가 이 이름을 지어 주었다. 우물가에서 씻었다. 그 우물 안에는 떴다가 가라앉았다가 하는 한 마리의 거북이가 있었기 때문에, 묘정은 언제나 남은 먹이를 주면서, 그것을 위안으로 하고 있었다. 그런데 5주나 걸쳤던 지해의 법석이 이윽고 끝나려고 할 때, 그 소년 승은 거북이를 보고,

'내가 너에게 은덕을 베풀고 나서 무척 날이 지났구나. 도대체 너는 그 보답으로 무엇을 줄 것인가.'

라고 말했다. 그러고 나서 5,6일이 지나자, 거북이는 작은 구슬 한 개를 토해 내어, 그것을 선물로 주려는 듯했다. 소년 승은 그 구슬을 받아 허리띠 끝에 매달았다. 그 후로부터 대왕도 이 소년 승을 소중하게 여겨 내전에 불러들여 곁을 떠나지 못하게 했다. 이때 잡간의 직위에

---

203) DB. 지해는 경덕왕 13년(754) 여름에 왕에 의해서 황룡사에서 "화엄경"을 강하였던 법해 (法海)와 동일 인물인 듯하다.

204) DB. 에는 50일간이라고 되어 있다. 원전(元典)에는 "稱(講?)華嚴經五旬"이다. 오순(五旬) 의 해석에 이론(異論)이 있을 것이다.

있던 자가, 명을 받들어 사신으로 당에 가게 되었는데, 이 사람도 또한 소년 승을 총애했기 때문에 함께 가기를 청하자, 왕이 허락하여 함께 당에 들어갔는데, 당황제도 역시 이 소년 승을 보고 총애하였으며, 대신을 비롯하여 황제를 모시는 사람들도 이를 존경하고 신뢰하지 않는 이가 없었다.

이때에 한 관상가가,

'이 소년 승을 유심히 살펴봤습니다만, 어디 한 군데에도 길한 것을 찾을 수가 없습니다. 그런데 이와 같이 사람의 신용과 존경을 한 몸에 모으고 있는 것은 반드시 무언가 기이한 것을 소지하고 있을 것임에 틀림없사옵니다.'

라고 왕205)에게 아뢰었다. 그래서 사람을 시켜 이 소년 승을 살펴 궁금증을 풀어 보니, 과연 허리끈에 묶어 둔 작은 구슬을 찾아냈다. 황제는

'나에게는 여의주가 네 개 있었는데 지난해에 한 개를 잃었다. 지금 소년 승이 가지고 있는 이 구슬을 유심히 보니 바로 내가 잃어버린 것이 틀림없다.'

라고 하며 황제가 소년 승에게 사정을 묻자, 소년 승도 숨김없이 자세하게 구슬을 얻게 된 사실을 아뢰었더니, 황제가 궁중에서 여의주를 잃어버린 날짜를 생각해 보니, 소년 승이 여의주를 얻은 날과 똑같은 날이었다는 것을 알았다. 황제는 그 구슬을 원래 자리에 놓고, 소년 승을 멀리하였기 때문에, 그리고 나서 이후로는, 이 소년 승을 귀여워하거나, 신뢰를 하는 자는 없어졌다.

---

205) 원저서에는 "王"이라고 표현했다.

³²²왕의 능은 토함산 서동에 있는 곡사^{322a}지금의 숭복사(崇福寺)이다.에 있는데, 최치원이 지은 비가 남아 있다. 그 외에 보은사나 망덕루206) 등을 창건하였다. 또 왕은 선조인 훈입 잡간을 흥평대왕이라 하고, 중조인 의관 잡간을 신영대왕으로 삼았으며, 또 고조인 법선 대아간을 현성대왕으로, 각각 추봉하셨다. 현성대왕의 아버지는, 바로 마질차 잡간이다.

주해 **313** ○ 【元聖大王】 신라 제38대 왕. 즉위 연차에 대해서는 '유' 왕력·'유' 본문·'사' 연표 모두 일치하여, 정원 원년(685)이라고 전하고 있는데, 죽은 해에 대해서는 차이가 있다(본서 상권 '乙丑立. 理十四年' 항목을 참조). '나기' 원성왕 즉위 전기에는, 사람들의 말로서는 원성왕을 '前王(宣德王)之弟'라고 전하고 있지만, '나기'·'유' 왕력이 기록하고 있는 계보에서는 선덕왕의 동생으로는 보이지 않는다. 스에마쓰는 신라인의 말을, '굳이 말한다면, 두 왕이 나물왕 계보의 출신이었다는 것에 근거를 둔 막연한 표현이라고 할 것이다.'라고 해석하고 있다(末松保和 "新羅史の諸問題" 29면). 또한 원성왕의 계보에 대해서는, 본서 상권 및 뒤에 나오는 주해 318·323 참조. 원성왕은 혜공왕 16년에 일어난 지정의 난 평정에 공을 세워, 선덕왕의 즉위와 함께 상대등에 취임했다. 그리고 선덕왕이 죽은 후, 북천 신의(神意)에 의해, 김주원을 밀어내고 왕위에 오를 수가 있었다고 전하고 있다('나기' 원성왕 즉위 전기·'유' 그 의의(意義)에 대해서는 주해 314의 '北川神' 참조]. 원성왕은 '나기' 원성왕 원년 2월 조에 의하

206) 고증. 봉은사(奉恩寺)나 망은루(望恩樓). 규장각본, DB. 보은사(報恩寺), 망덕루(望德樓). DB. 원성왕 10년(794) 7월에 망은루(望恩樓)를 궁의 서쪽에 세웠다는 기록이 있는데, 덕(德)은 은(恩)의 오기로 보인다.

면, 4대 전까지 아버지와 할아버지에게 '大王'호의 시호를 달고 있다. 이와 같은 추봉은 다른 왕에게는 보이지 않는 이례(異例)이나, 스스로 나물 왕계 출신이라는 의식에서 나왔을 것이다('나기' 원성왕 즉위 전기에는, '奈勿王十二世孫'이라고 전하고 있다). 신라의 왕위는 무열왕 이후, 무열 왕계에 의해 계승되어 왔는데, 혜공왕이 죽은 후, '奈勿王十世孫'이라고 부르는 선덕왕이 즉위했다. 따라서 원성왕은 나물왕계가 부활한 초대(初 代)는 아니지만, 무열왕계의 김주원을 물리치고 즉위한 것이나, 마찬가 지로 나물왕의 자손이라고는 하지만, 선덕왕과는 가계(家系)를 달리한 것 등으로부터 선조를 내세워 나물왕계 부활을 강조한 것은 아닐까. 또한 원성왕에게 '大王'이 추봉된 연대에 대해서는, '사'·'유' 모두 명기하지 않았는데, '나기' 소성왕 원년 5월 조에는, 소성왕의 아버지(원성왕의 아들)인 혜충태자에게 '惠忠大王'을 추봉하고 있기 때문에, 이와 동시(同時)나 혹은 이 이전의 어느 시기가 된다.

314○ 【伊飡(湌)】 신라 17등 관위의 제2위. 이척찬이라고도 한다.

○ 【金周元】 '나기' 원성왕 즉위 전기에는, 주원(周元)을 '王(善德王)之族子'라고 하고 있는데, '사' 열전 제4·김양전에는 '金陽. 學魏昕. 太宗大王九世孫也. 曾祖周元伊湌. …'이라고 되어 있으며, 이것에 의하면 주원은 무열왕 6대 자손이라는 것이 된다. 스에마쓰는 주원을 선덕왕의 집안 자식이라고 하는 기록은 모계(母系)를 따른 계보일 것이라고 하고 있다(末松保和著 전게서·29면). 주원은, 혜공왕 13년 10월에 시중(侍中)에 취임하지만, 그 후는 원성왕과 왕위를 다투기까지 역사상에는 등장하지 않는다. 그동안에 상대등이었던 양상이 선덕왕으로서 즉위하고, 지정의 난(혜공왕 16년) 평정에 양상과 협력했던 경신(후에 원성왕)이, 선덕왕 즉위와 함께 상대등으로 취임한 것에 대해서, 주원은 선덕왕 즉위와 함께, 시중을 파면당하고, 지정의 난을 경계로, 선덕왕·원성왕의 세력에 대해서 열세기 되었던 모양이다. 주원이 원성왕과의 왕위 계승 다툼에서 진후, 그 아들인 헌창이 헌덕왕 14년(822)에, 헌창의 아들인 범문이 헌덕왕

17년(825)에 반란을 일으키는데, 스에마쓰는 이 반란도 나물왕계에 대한 무열왕계의 부흥운동으로서 상정하고 있다(전게서 30면).

○ 【幞頭】 두건(頭巾)을 말하는데, 통일신라시대에는 신분에 따라 사용할 수 있는 포(布)의 종류가, 법에 의해 정해져 있었다. 자세한 것은 '사' 잡지 제2·색복 조 참조.

○ 【天官寺】 '승람' 권21·경주고적 조에 의하면, 김유신이 창건한 절로서, 절 이름은 젊은 유신이 익숙한 유녀(遊女)의 호(號)라고 한다. 절터는 경주 시내의 오릉(五陵)의 동쪽에 있다. 자세한 것은 '승람'의 경주고적 조 및 "동경잡기" 권2 고적 조 참조.

○ 【阿飱(飡)】 신라 17등 관위의 제6위. 아척간 혹은 아찬이라고도 한다.

○ 【餘三】 미상.

○ 【或本餘山】 이 어구(語句)는 정덕본(今西本) 등에서는 본문으로 되어 있는데, 본래는 주(注)였다고 생각된다.

○ 【冕旒(旒)】 면(冕)은 중국에서 황제즉위식이나 정초(正初) 조공 등의 대의에 사용하는 관(冠)으로, 그 앞뒤(앞에만이라는 설도 있다)에 유(旒)라는 주옥을 실로 이은 장식을 늘어트리는 것도 있기 때문에, 면류(冕旒)라고 부른다. 당대(唐代)에서는, 황제는 흰 구슬의 유(旒)를 12줄, 황태자는 파란 구슬의 유(旒)를 9줄, 군신(群臣)은 신분에 따라 유(旒)의 줄 수가 달랐다. 황후나 황태자비 등의 여성은 면류관을 쓰지 않는다. 일본에서도 8세기에는 천황과 황태자가 예복을 입는 의식에 착용한 것 같으나, 자료적으로는 그다지 명확하지 않다. 신라의 경우에는 '유' 권제3·원종흥법, 염촉멸신이 조에도 법흥왕이 흥륜사를 완성했을 때 '謝冕旒被方袍'로서 나오지만, '사' 잡지 제3·색복 조에도 면류관은 기록되어 있지 않고, 실제로 사용되었다고는 생각되지 않는다. 아마 왕위를 상징하는 말로서 사용되었을 것이다.

○ 【北川神】 북천(北川)은 '승람' 권21·경주산천 조에, '東川(一云北川. 一云閼川. 在府東五里. 出楸嶺入堀淵)'이라고 되어 있으며, 현재의 북천에

해당한다. 배천은 신라시대는 생명의 강·성스런 강으로 되어 있었다. 원성왕 즉위에 관련되는 홍수도, 사실로서 건너는 것이 불가능한 정도였는지, 아닌지에 대한 판단은 곤란하지만, 그 신의(神意)의 나타남으로서 받아들여졌을 것이다. '나기' 원성왕 즉위 전기 조에는 분명히 그와 같이 기록하고 있다. 북천에 대한 상세한 것은 주해 109의 '閼川楊山村' 참조.

315○ 【宣德王】 신라 제37대 왕. 재위 기간·왕비 등에 대해서는, 본서 상권의 선덕왕 항목 참조. '사'의 시대구분에 의하면, 하대(下代) 최초의 왕이다('나기' 경순왕 조). 또한 시대구분에 대해서는 본서 상권의 진덕여왕의 주해, '中古', '下古'의 항목 참조. 휘(諱)는 良相['유' 왕력에서는 양상(亮相), 경덕왕 22년 정월에 시중(侍中), 혜공왕 10년 9월에 상대등이 되고, 혜공왕이 살해당한 후, 왕위에 올랐다]. 자세한 것은 주해 304의 '爲宣德與金良相所弒'의 항 참조.

○ 【國人欲奉周元爲工. …拜賀新登之主】 '나기' 원성왕 즉위전기 조에도, 같은 취지의 전승이 시록되어 있다. 또한 글 가운데의 '川'은 북천(北川)이며, 주해 314의 '北川神' 참조.

○ 【諱敬信】 원성왕의 휘에 대해서는, '나기' 원성왕 조가 경신(敬信), '유' 왕력도 敬愼·敬信이라고 일치하고 있다. '유' 왕력에는 '唐書云敬則'이라고도 보이지만, 현행의 "구당서", "신당서"는 모두 敬信이라고 기록하고 있다. 다만 "자치통감"이 '新羅王敬則卒, 庚寅. 冊命其嫡孫俊邕爲新羅王.'(권235·貞元 16년 조)라고 하고 있어, 이 '당서'는 "자치통감"을 가리키고 있다고도 생각된다.

○ 【金武】 정덕본을 비롯해 여러 자료가 모두 '諱敬信'에 이어서 '金武'라고 기록하고 있기 때문에, 김무는 원성왕의 휘의 하나로 생각된다. 그러나 金武라는 휘는 달리 보이지 않으므로, 이병도, "原文幷譯註三國遺事", 김사엽, "完譯三國遺事" 등에서는 '金氏'라고 고치고 있으나, 확증이 있는 것은 아니다.

○ 【溟(溟)洲】 주해 28 및 주해 196 참조. 또한 주원(周元)이 명주로 물러났

다고 하는 전승은, '사'에는 기록되어 있지 않다.

316○【王工孫(子)】 혜충태자, 헌평태자, 예영잡간 등은 원성왕의 자식이며, 본문의 '孫'은 잘못이다.

○【惠忠太子】 원성왕의 장자(長子)라고 생각되는 인겸태자이다. 인겸은 원성왕 원년 2월에 태자가 되어, 원성왕 7년(791) 정월에 죽어서 혜충(慧忠)의 시호를 받았다. 원성왕이 죽은 후, 인겸의 자식인 소성왕이 즉위했기 때문에, 그 원년(799) 5월에 '惠忠大王'의 호(號)가 추봉되었다.

○【憲平太子】 원성왕의 차남(次男)으로 생각되는 의영태자이다. 인겸태자가 죽은 후, 원성왕 8년(792) 8월에 태자가 되었으나, 원성왕 10년 2월에 죽어서 '헌평(憲平)'이라는 시호를 받았다.

○【禮英匝干】 예영(禮英)의 자식에는 균정과 헌정이 있었으며, 헌정의 자식이 제43대 희강왕, 균정의 자식이 제45대 신무왕이다. 예영은 신무왕의 즉위와 더불어 '惠康大王'을 추봉받았다('나기' 신무왕 조). '유' 왕력의 제43 희강왕 및 제45 신호왕 참조. 匝干은 잡간으로, 관위 17등의 제3위에 해당하지만, '나기' 신무왕 조에서는 예영을 이찬(제2위)이라고 하고 있어 다르다.

○【大龍夫人·小龍夫人】 달리 출처가 없어 미상.

317○【身空詞腦(腦)歌】 미상. 사뇌가의 의미에 대해서는, 주해 147 참조.

○【大角于】 신라의 관위 17등보다 위의 관위로, 대서발한이라고도 한다. 정규 관위가 아니고, '비상위'['사' 직관지(상)]이다.

○【孝讓】 원성왕의 아버지로, 원성왕 원년에 '명덕대왕'을 추봉 받았다. 그 관위에 대해서는 '유' 본문은 대각간, '유' 왕력에서는 대아간(제5위), '나기' 원성왕 원년 2월 조에는 일길찬(제7위)이라고 하여 큰 차이가 보인다.

○【萬波息笛】 '유' 권제2·'만파식적(萬波息笛)' 조(주해 277-280) 참조.

319○【貞元二年丙寅. 十月十一日】 정원은 당의 덕종 조의 원호의 하나로, 그 2년은, 서기 786년, 일본에서는 간무(桓武)천황의 엔랴구(延曆) 5년에 해당한다. 이 정원 2년과 다음 해 7월 7일의 견사(遣使)에 대해서는, '나

기' 및 일본 측의 자료에는 보이지 않으나, 상세한 일자도 기록되어 있어, 무언가 참고할 만한 자료가 있었다고 생각된다.

○【日本王文慶】정원 2년 당시의 일본의 천황은 간무(桓武)천황(재위 781-806)인데, 그 휘는 산부이어서, 문경(文慶)이라는 이름은 오늘날 전해지고 있지 않다.

319a○【日本帝紀】'유' 권제1・연오랑 세오녀 조(주해 167b)에도 일본제기로서 보이나, 어떠한 서적인지 미상.

○【第五十五年文德王. 疑是也. 餘無文慶】'五十五年'은 '五十五代'의 잘못. 몬도구(文德)천황의 재위는 850-858년으로, 연대가 크게 다르다. 또 몬도구천황의 이름은 일본사료에서는 도강(道康)이며, 중국・조선 사료에서도, 문경이라는 이름은 관견(管見)으로는 찾을 수 없었다. 그런 까닭에 '餘無文慶'이라고 추측했던 것인지 미상이다.

319b【武(或)本云. 是王太子】문경이 786년에 견사(遣使)했던 천황의 태자였다면, 태자는 간무(桓武)천황의 맏아들인 아데노미고(785년 11월 25일) 태자가 된다. 후의 혜죠(平城)천황에 해당하지만, 아데노미고에게 문경이라는 이름을 관견(管見)으로는 찾을 수 없었다.

319○【眞平王】신라 제26대의 왕. 자세한 것은 '유' 왕력의 '第二十六眞平王' 조, '천사옥대' 조의 주해 208 '백정왕' 항목 참고. 또한 본문에서는 '朕聞. 上世眞平王代. 有之耳.'라고 적고 있는데, '유' 권제2・만파식적 조에서는 만파식적은 제31대 신문왕이 만들게 했던 것이라고 전하고 있다.

○【內黃殿】궁정 내의 건물일 것이나, 자세한 것은 미상. 또한 '유' 권제2・만식파적의 조에서는, 신문왕은 월성의 천존에 수장(收藏)했다고 전하고 있다(주해 280의 '천존고'를 참조).

320○【王即位十一年乙亥】정원(貞元) 11년(795)에 해당한다.

○【唐使】원성왕 11년에 당의 사신이 온 것에 대해서는, '나기' 및 중국 사료에는 보이지 않는다.

320a○【青池】'권제4・현유가(賢瑜伽) 해화엄(海華嚴) 조에도 보이며, 그

기사에서 왕궁 내의 연못이었다는 것을 알 수 있다.

○【東泉寺】 '유' 권제1 · 신라시조 혁거세왕 조에도 보이며, 절 이름은 알에서 탄생한 혁거세에게 산탕을 쓰게 했다고 전해지는 동천과 관련된다고 생각하며, 또 본문과 같이 호국의 용이라는 전승도 전해지고 있어, 상세한 자료가 남겨진 좋은 절이나, 일찍 폐사(廢寺)가 된 것은 무슨 까닭일까. 창건연차에 대해서는 다음 항 '사기(寺記)'가 전하는 '진평왕'대 절. 이곳에 대해서는 '유' 권제1 · 신라시조 혁거세왕 조 '浴東泉'의 주기(注記)에 '在詞腦野北'이라고 전하는 것뿐으로, 다른 것은 알 수 없다. 동천 및 사뇌야(詞腦野)의 의미 파악에 대해서는 주해 120 참조.

320b○【寺記】 동천사의 사기(寺記). 이곳 이외에 전해지는 것은 없고, 상세한 것은 미상.

○【泉乃東海龍往來. 聽法之地】 천(泉) 즉 동천사의 연못이, 호국의 신령(海龍)이 사는 곳이라는 것을 의미하고 있다. 용(龍)에 대해서는 '유' 권제2 · 만파식적의 조(주해 279-280), '유' 권1 · 제4 탈해왕 조 참조.

○【寺乃眞平王所造】 '나기'를 비롯해 자른 사료가 없어, 상세한 것은 알 수 없다.

○【納田民□】 民 아래의 1자는 새긴 글자가 마모되어 판독을 할 수 없다. '조선사학회본'에는 □이다. 도다이본(東大本), 최남선 편 "삼국유사", 이병도 "原文幷譯注三國遺事" 등에서는 '언(焉)'으로 되어 있다.

320○【何西國】 당사(唐史)에 이끌려 왔다는 것이므로, 하서국은 일단 중국의 영역 내로 추정해도 좋을 것이다. 중국에서는 일반적으로 감숙성의 황하 서쪽 지역을 하서(河西)라고 부른다. 본문에서는 하서국으로 되어 있는데, 이 전승은 원성왕의 총명함을 전하기 위한 이야기이므로, 행정단위 지역으로서 생각할 필요는 없을 것이다.

○【芬皇寺井】 분황사의 창건은, 선덕여왕 3년(634) 정월이라고 전해지고 있다. 현재 경주시내 황룡사 터의 북쪽에 있다. 이 절은 원효(화정국사. 원효에 대해서는 '유' 권제4 · 원효불기 조에서 자세하게 다룬다)가 살았

던 신라의 명찰이다. 상세한 것은 '유' 권제3 · 황룡사종 분황사약사 봉덕사종 조에서 다루겠지만, 이 절의 9층탑(현재는 2층)은, 황룡사 장육금동상 · 옥대와 함께 신라 3대 보물의 하나("동경잡기" 권2 고적 · 옥대 조 및 화주분황사 구층탑 조)로 전해지고 있다. 이 절의 우물에 호국의 용이 산다는 전승이 태어난 것도, 이러한 배경이 있기 때문일 것이다. 또한 불필요한 말(蛇足)이겠지만, 전승의 우물이라는 것은, 현재 이 절의 승방(僧房) 앞에 있다.

○ 【河陽館】 고유명사인 것일까. 하(河)의 北(陽)의 관(館)이라는 보통명사일까. 혹은 경상북도 영천군 아양면 아양에 있던 館이라고 해석해야 할까. 달리 출처가 없고 미상이다.

321 ○ 【皇龍寺】 주해 113의 '황룡사' 참조.

○ 【注或本云. … 光(交)混之也】 '或本云 … 光混之也'가 본래 주(注)이었음에도 불구하고, 본문에 나왔기 때문에 주(注)인 것을 주기(注記)한 '注'의 글자까지 본문으로서 잘못 새겼을 것(誤刻)이다.

○ 【華嚴寺】 전라남도 구례군 마산면 지리산에 있는 화엄사를 말하는 것일까. 이 절은 진흥왕 5년(544)에 범승 연기에 의해 터를 닦기 시작했다고 전해지며, 신라시대의 것이라는 사리탑 · 석등총 · 칠층탑 등이 현존하는 신라의 명찰이다. 혹은 강원도 명주군 오대산의 화엄사(자세한 것은 '유' 권제3 · 대산오만진신 조 참조)라고도 생각할 수 있다.

○ 【金剛寺】 미상.

○ 【香(是)】 여러 본(本) 모두 '香'이 되어 있어, 오자(誤字)인 걸까. 전후로 글이 빠져 있는 것일까. 미상이다. 또한 한국의 민족문화추진회 발행의 "삼국유사"에서는 '者'의 잘못이라고 하고 있다.

○ 【光(交)混】 광(光)은 교(交)와 음 상통으로 인한 잘못된 글자(誤字)일 것이다.

○ 【智海】 달리 출처가 없고, 미상이다. 그러나 경덕왕 13년(754) 여름, 경덕왕에 의해서 황룡사(皇龍寺)에서 요청을 받아 화엄경을 강설(講說)하

고, 동지(東池)를 넘치게 한 법해라는 승려가 있고, 게다가 그 기단(奇端)
은 대현(大賢) 기단(金光井)의 다음 해 일이라고 전해지고 있어, 지해와
법해는 동일인물처럼 생각할 수 있으나, 속단은 피하고 싶다. 대현에 대
해서는 뒤에서 말하는 '金光井(因大賢法師得名)'의 항목 및 '유' 권제4·
현유가 해화엄 조를, 또 법해에 대해서도 같은 현유가 해화엄 조 참조.

○ 【華嚴經】 올바르게는 '대방광불화엄경'이라고 한다. 자세한 것은, '유' 권
제4·현유가 해화엄 조에서 다루겠다.

○ 【沙彌妙正】 사미(沙彌)는 śrāmaṇera 또는 śrāmaṇerika의 음을 옮긴 것
(音寫). 불교승단 가운데에서, 십계를 받은 7세 이상 20세 미만의 출가한
남자를 말한다. 묘정에 대해서는 달리 출처가 없어 미상.

321, 321a○ 【金光井(因大賢法師得名)】 금광정(金光井), 대현법사(大賢法
師), 모두 '유' 권제4·현유가 해화엄 조에 보인다. 대현법사는 남산 즙장
사에 지내면서, 경덕왕 12년(753) 큰 가뭄 때에 경덕왕의 부름을 받고, 왕
궁의 내전에서 금광명경을 강설하고, 메말라 있던 궁중의 우물을 넘치게
했다고 한다. 그리고 그 우물은 금광명경으로 인해 금광정이라는 이름이
지어졌다고 한다.

321○ 【如意珠】 마니(摩尼)를 말한다. 마니는 maṇi의 음사로서. 주(珠)·
보주(寶珠)라고 번역하며, 보옥의 총칭이다. 마니에는, 불행재난을 없애
고, 흐린 물을 청정하게 하며, 물의 색을 바꾸는 등의 덕(德)이 있다고 한
다. 특히 원하는 만큼의 다양한 보옥을 내는 덕이 있는 보주(寶珠)를, 여
의주·여의보주라고 한다(法藏館 "佛教學辭典" 昭和三三年).

322○ 【王之陸(陵)】 원성왕의 능(陵)에 대해서는 '유' 왕력고 '在鵠寺今崇福
寺'와 같은 기록을 전하고 있으나, '나기' 원성왕 조 말미에는 '以遺命. 舉
枢. 燒於奉德寺南'이라고 적었을 뿐으로, 능(陵)에 대해서는 다루고 있지
않다. 또한 후술의 주해 322 '鵠寺(今崇福寺)' 참조.

○ 【吐含(含)山】 주해 155 '토함산' 참조.

322, 322a○ 【鵠寺(수(今)崇福寺)】 최치원 찬술의 '新羅國初月山大崇福寺

碑銘幷序'가 있던 절로서 유명하지만, 폐사되었고, 절터는 경주 외동면 말방리에 있다. 비문에 의하면, 김원량이라는 인물이 자기 땅을 희사, 절을 창건하여 곡사(鵠寺)라고 이름을 지었다. 그 후 중화을사 가을(헌강왕 11년·885)에 '先祖所建鵠寺. 宜易牓爲大崇福.'이라고 절 이름을 바꾸고, 그리고 정강왕 때에 '乃光朝嗣位之初載. 奉爲烈祖元聖大王園陵. 追福之. 所修建也.'라고, 원성왕의 능(陵)을 추복(追福)하기 위해 수건(修建)했다고 한다. 이것에 의하면, 원성왕의 능은 숭복사 옆에 있었다는 것을 알 수 있다. 또한 '正德本'에서는 복(福)의 글자가 선명하지 않은데, '유' 왕력이나 최치원의 비문에 보이는 곡사와 숭복사와의 관계로 보더라도 복(福)이 틀림없을 것이다.

322○ 【崔致遠撰碑】 최치원은 신라말기의 석학(碩學). 자세한 것은 주해 25 참조. 찬비(撰碑)에 대해서는 앞 항목 참조. 또한 비석은 파편이 발견되었을 뿐이지만, 비문은 최치원의 비문집 "사산비문"이나 "금석총람"에 수록되어 있다.

○ 【叛報(奉)恩寺】 '나기' 원성왕 10년 7월 조에는 '始創奉恩寺'라고 되어 있고, 봉(奉)과 보(報)는 음 상통이므로, 같은 절이라고 생각된다. 奉·報 모두 올바른 절 이름인지는 속단할 수 없으나, '사' 직관지(상)에 보이는 봉은사와 같은 절이라고 한다면, 봉은사 쪽이 맞을 것이다. '사' 직관지(상)의 봉은사는 '成典衿荷臣一人. 惠恭王始置.'라고 보이며, 혜공왕대에는 이미 완성되어 있었다고도 생각할 수 있으나, 혜공왕대에 건립이 시작되어, 원성왕 10년에 완성되었다고 생각할 수 있다.

○ 【望德(恩)樓】 '나기' 원성왕 10년 7월 조에는, '起望恩樓於宮西'라고 되어 있어, 덕(德)은 은(恩)의 잘못일까. 望恩(德)樓에 대해서는 달리 기재가 없어, 상세한 것은 알 수 없다.

323○ 【追封. 祖訓入匝干. …文聖大王】 원성왕 조(祖)·고조(高祖)에 대한 추봉(追封)은, 인명·관위에 다소의 차이는 있으나, '나기' 원성왕 원년 2월 조에도 보인다. 또한 아버지 효양에 대한 명덕대왕의 추봉은, '나기'

원성왕조 및 '유' 왕력에 보이지만, 이곳에는 기록되어 있지 않다. 또 훈입·의관·법선에 대해서 상세한 것은 알려져 있지 않다.

○【祖訓入匝干. 爲興平大王】'나기'에서는 '訓入'이 '魏文'으로, '匝干'이 '伊湌'으로 되어 있다. 잡간은 17등 관위의 제3위, 이찬은 제2위이다.

○【曾祖義官匝干爲神英大王】'나기'에서는 '義官'이 '義寬'으로, '匝干'이 '伊湌'으로 되어 있다.

○【高祖法宣大阿干爲玄聖大王】'나기'에서는 '大阿干'이 '大阿湌'으로 있는데, 모두 제5위이다.

○【文聖大王】'玄聖之考'의 위의 네 글자인 현성대왕은 연자(衍字)[207]라고 생각된다.

○【摩尼次匝干】미상.

---

207) 필요 없는 글자.

³²⁴조설

早雪

³²⁵第四十哀莊王. 末年戊子八月十五日有雪.

³²⁶第四十一憲德王, 元和十三年戊戌三月十四日大雪. ^{326a}一本作丙寅, 誤矣.

元和盡十五無丙寅. ³²⁷第四十六文聖王, 巳(己)未五月十九日大雪, 八月一日天

地晦暗.

풀이   ³²⁴조설(早雪)

³²⁵제40대 애장왕 말년 무자년(808) 8월 15일에 눈이 내렸다.

³²⁶제41대 헌덕왕 원화²⁰⁸⁾ 13년 무술년(818) 3월 14일에 많은 눈이 내

렸다. ^{326a}다른 본에는 이것을 병인년의 일이라고 되어 있으나 오류이다. 원화라는 원호가 행

해진 것은 15년간으로 이 기간에 병인년은 보이지 않는다. ³²⁷제46대 문성왕 기미 5월

---

208) DB. 당 헌종(憲宗)의 연호로 806~820년.

19일(839년)에 많은 눈이 내렸고, 8월 1일에는 천지가 어두웠다.

주해 324○ 【早雪】 계절에 어긋나는, 즉 음력으로 겨울(10, 11, 12월) 이외에 내리는 눈을 조설(早雪)이라고 한다. 재이상서[겸위(謙緯)·음양오행] 사상에서는 재이(災異)라고 생각하고 있었다. 재이상서 사상이라는 것은, 하늘은 군주가 선정을 펼치고 있을 때에는, 흰 꿩(白雉)·봉황새(鳳)·영지(芝草) 등의 진귀한 동식물, 오색의 경운(慶雲) 등의 상서로운 징조를 보여, 군주의 다스림을 칭찬하지만, 악정(惡政)을 행하고 있을 때에는, 일식(日食)·지진(地震)·호우(豪雨)·대한(大旱) 등의 천재지변을 일으켜서 군주에게 반성을 구한다. 그러나 반성이 없을 때에는 이사(異事)[209]를 생기게 하여 결국은 왕조를 멸망하게 한다고 하는 사상으로, 중국에서 전국시대에 성립하여, 전한시대에 정비된 사상이다. 재이[210]는 본래, 군주의 실정에 대한 하늘의 훈계이었지만, 전한 말의 애제·평제시대 때부터는 황후·황족을 비롯하여 요직에 있는 신하의 행위·의사에 관한 결과로서, 또 장차 발생할 사건의 예고라고도 생각하게 되었다. '사'는 삼국에 대하여, 제각기 재이를 기재하고 있는데, 고구려와 백제에서는 망국의 전후에 재이의 기사가 집중되어 있는 것에 대하여, 신라에서는 약간 사정이 달라 흥미 깊다. 신라는 651년에 행정상의 모든 책임을 져야 하는 관청으로서 집사부를 설치했다. 그 장관인 시중(中侍)에는 19년 전후에 이르는 거의 270년간에 79명이 임명되었으나, 그 가운데 22명이 지진 등의 천재지변이 원인으로 파면되어, 재이사상이 현실적으로 정치사상으로서 이용되었다는 것을 알 수 있다. 그러나 '나기'에 기재되어 있는 재이(災異)의 대부분은 구체적인 정치사건과 대응시켜, 그 의미를 고찰하는 것은 거

---

209) 요사(妖事), 요사스런 일.
210) 재앙이 되는 괴이한 일.

의 불가능하며, '早雪' 조에 보이는 3조의 조설(早雪)사건도, 그 정치적 의의를 분명히 할 수 없다. 또한 이사(異事·妖事)에 대해서는, 혜공왕 조의 주해 305·311, 상서(祥瑞)에 대해서는 주해 310 참조. 또 삼국시대의 재이사상에 대해서는, 이홍식 '"三國史記"に現れた讖緯緯的記事'("조선학보" 25집). 飯島忠夫 '三國史記の日食記事'("支那古代史と天文學")(所收). 시중(侍中)과 재이(災異)와의 관계에 대해서는, 이기백 '新羅執事部の成立'("震檀學報" 25·26·27 倂合號. 후에 "新羅政治社會史研究"에 수록) 등 참조.

325○ 【哀莊王】 왕의 재위는 '유' 왕력에 의하면 799-809년. 그 출처, 즉위·붕년(崩年)·치세(治世) 연수 등에 대해서는, '유' 왕력 권제40 애장왕 조 참조. 애장왕은 아버지 소성왕 2년(799) 6월에 태자가 되어, 소성왕이 죽자 같은 해 13세에 즉위했으나, 젊어서였을까, 즉위와 함께 숙부인 아찬 병부령 언승을 섭정으로 맞이해야 했다. 애장왕은 스스로의 권위를 강화하여 왕권을 유지할 목적으로, 혜공왕 4년(당의 대력 3년·768년) 이후부터 중단되었던 당으로부터의 왕모·왕비에 대한 책명을 부활하는 등을 했는데, 809년 7월 언승(후의 헌덕왕. 주해 326 참조)과 그 동생 이찬 제옹('유' 왕력에서는 홍덕왕이라고 하고 있다. 주해 328 참조)에 의해 살해되었다. 왕모·왕비의 책명과 성에 대해서는 井上秀雄 '新羅朴氏王系の成立'("新羅史基礎研究" 所收) 및 末松保和 '新羅中古王代考'("新羅史の諸問題" 수록) 참조.

○ 【末年戊子八月十五日有雪】 무자년(808)은, 기묘를 즉위원년으로 하면, 애장왕 10년('사' 연표로는 9년)에 해당한다. 그러나 '나기'에서는 이해에는 눈이 내린 기사가 없고, 8월 강설(降雪)은 8년 정해(807)에 기록되어 있다. 이 8월 15일의 강설(降雪)이, 단순한 자연현상으로서의 기록인지 재이기사로서의 기록인지, 속단하기 힘들다. 만일 재이 사상에 바탕을 둔 기록이라고 하면, 제철이 아닌 강설은, 신하모반이나 황후(부인) 음란·권력을 쥐고 흔드는 예시(豫示) 및 보이는 것이지만, 어느 사건과 관

련되는 재이로서 판단해야 할지 분명히 할 수 없다. 또한 무자를 말년으로 하는 것에 대해서는, '유' 왕력의 제40 애장왕 조의 주해 참조.

326○ 【憲德王】 '유' 왕력에 의하면 왕의 재위는 809-826년. 그 출처, 즉위·붕년 등에 대해서는 '유' 왕력 제41 헌덕왕 조의 주해 참조. 이 왕대에는 자주 반란이나 민란이 일어났고, 그 때문인지 천재지변이나 이사(異事) 등의 기록이 많다. '나기'에 의하면, 적오(赤烏)(2년), 백치(白雉)(2년), 백오(白烏)(17년) 등의 상서(祥瑞)가 기록되어 있는 반면, 유성(流星)(2·7·15년), 일식(日食)(17년), 한(旱)(9·12년), 그 외 홍수나 조설(早雪) 등의 천재지변을 비롯하여, '池中有異鳥. 身長五尺. …憲昌敗亡兆也.'(14년 조) 등의 요사(妖事)가 많이 기록되어 있다. 이들의 재이가 모두 사실(혹은 사실로서 당시의 사람들에게 생각되었다)라고는 할 수 없으나, 14년에 일어난 웅천주 도독 김헌창의 반란, 17년에 일어난 범문(김헌창의 아들)의 반란, 7년의 '西邊州郡大飢. 盜賊蜂起.', 11년의 '草賊遍起. 命諸州郡都督大守捕捉.' 등의 민란에 의해 야기된 혼란을 반영하고 있을 것이다. 김헌창·분문의 반란에 대해서는 井上秀雄 '新羅政治體制の變遷過程', '新羅王權と地方勢力'(모두 "新羅史基礎研究" 수록) 참조.

○ 【元和十三年戊戌三月十四日大雪】 원화(元和)는, 당 헌종 조의 원호. 13년은 서기 818년에 해당한다. '사' 연표에서는 원화 13년 무술은 헌강왕 10년에 해당하지만, '나기' 10년 조에는 6월의 일식(日食) 기사밖에 기재가 없다. '나기' 헌덕왕대의 강설 기사는, 7년 5월 조, 14년 2월 조, 15년 1월·7월조에 보이지만, 그 어느 것과도 해당하지 않아 의미 미상. 또한 14년 2월의 강설 기사는, 같은 해 2월에 일어난 김헌창의 반란과 관련될 것이다.

326a○ 【一本作丙寅誤矣. 元和盡十五. 無丙寅】 원화(元和)는 병술(806년)에 시작되어, 15년 경자(820년)로 끝나 있어, 주(注)가 지적하고 있는 대로이다. 또한 '一本'은 미상.

327○ 【文聖王】 '유' 왕력·제46 문성왕 조의 주해 및 주해 331-333 참조.

○【巳(己)米五月十九日大雪．八月一日天地晦暗】'유' 왕력에 의하면, 이 기미년(839)의 정월 22일에 민애왕이 죽고, 같은 해 4월에 신무왕이 즉위하여 11월 13일에 죽고, 그 11월에 문성왕이 즉위했다는 것으로 되어 있기 때문에, 5월과 8월은 신무왕 원년의 일이 된다. 또 '나기'에 의하면, 기미년 정월에 민애왕이 죽고, 이어서 즉위한 신무왕은 7월 23일에 죽고, 8월에 문성왕이 즉위한 것으로 되어 있기 때문에, 5월의 강설은 신무왕 원년, 8월의 천지 회암(晦暗)은 문성왕 원년의 일이 된다. 천지회암은 그다지 예가 없는 재이(災異)이지만, 밝은 빛(明)(陽)을 잃은 현상이므로, 왕의 인격의 결여나 실정에 대한 경고이다. 그러나 구체적으로 어떠한 정치정세와 관련되는지는 미상.

³²⁸흥덕왕앵무

興德王鸚鵡

³²⁹第四十二興德大王, 寶曆二年丙午即位, ³³⁰未幾有人奉使於唐, 將鸚鵡
一雙而至, 不夂(久)雌死. 而孤雄哀鳴不巳(已), 王使人掛鏡於前. 鳥見鏡中
影擬其得偶乃啅其鏡, 而知其影乃哀鳴而死. 王作歌云, 未詳.

³²⁸흥덕왕(興德王) 앵무(鸚鵡)

³²⁹제42대 흥덕대왕(興德大王)은, 보력(寶曆) 2년 병오년(826)에 즉위하
였다. ³³⁰그리고 나서 얼마 안 되어 어떤 사람이 명을 받고 당에 사신
으로 갔던 일이 있었는데, 이 사람이 앵무새 한 쌍을 가지고 왔다. 그
러나 오래지 않아 암컷이 죽어 버리고, 홀로 남은 수컷은, 애처롭게
울어, 언제 그칠지 모르는 상황이었다. 왕은 거울을 그 앞에 놓아두도
록, 측근에게 명했다. 그러자 수컷 새는 거울 속에 비친 모양을 보고,
짝이 돌아왔다고 착각을 하여, 그 거울을 빈번하게 부리로 쪼았다. 그

러다가 그 모양이 그림자에 지나지 않음을 알자, 또 애처롭게 슬피 울다가 이윽고 죽었다. 왕은 이 앵무를 기리는 노래를 지었는데, 그 가사는 지금으로서는 자세히 알 수 없다.

주해

328○ 【興德王】 출처, 즉위·붕년·치세연수 등에 대해서는, '유' 왕력 제42 흥덕왕 조의 주해 참조. 소성왕 및 헌덕왕의 같은 어머니의 동생으로, '유' 왕력에 의하면, 809년에 헌덕왕과 함께 애장왕을 살해한 것으로 되어 있으나, '나기'에서는 그 인물을 제옹이라고 한다. 제옹이라는 이름은 '나기' 애장왕 10년(809) 7월 조에만 등장하며, 또 흥덕왕 이름에도 제옹이라는 것은 보이지 않아, 흥덕왕과 동일인물인지 아닌지는 미상이다. 당시 제옹과 비슷한 이름을 가진 인물로서, 제륭[일명 제옹(悌顒)](후의 희강왕)이 있다. 그는 헌덕왕으로 보면 종형제의 아들에 해당하며, 동생은 아니다. 또 헌덕·흥덕의 동생으로서 충공(후의 민애왕의 아버지·선덕대왕)의 존재를 알 수 있지만, 그 이름이 제옹(悌邕)이었다는 기록도 없다. 흥덕왕은 헌덕왕 11년 2월에 상대등, 같은 14년 정월은 부군이 되어, 헌덕왕의 사후, 그 뒤를 이어 즉위한 것으로 되어 있다. 즉위할 때에는 왕위 쟁탈의 기록은 보이지 않는데, 헌덕왕 붕년에 대해서는 다른 전승도 있으며, 내란은 아니더라도 무력대립을 예상하는 견해도 있다. [참고] 末松保和 '新羅下古諸王薨年存疑'("新羅史の諸問題" 所収). 井上秀雄 '三國史記にあらわれた新羅の中央行政官制について'("新羅史基礎研究" 수록).

329○ 【寶曆二年丙午即位】 보력(寶曆)은 당 경종의 원호로서, 2년은 서기 826년에 해당한다. 흥덕왕의 즉위가 보력 2년이었다고 한다면, '유' 왕력에서 말하는 전왕 헌덕왕의 치세연수와의 사이에 차이가 생기는데, 헌덕왕의 붕년에 대해서는 다른 전승도 있어, '유' 왕력·제42 흥덕왕 조의 주해 및 스에마쓰의 전게서 참조.

330○ 【有人奉使於唐. 將鸚鵡一雙而至】 '나기' 및 중국 사서에 같은 기록이 없다. '앵무'는, 본래 열대산 새이며, 게다가 사람 말을 하기 때문에, 고대 중국에서는 진조(珍鳥)로서 여러 서적에 등장하여, 다양한 일화를 남기고 있다. 특히 白·赤·五色의 '앵무'는 서조(瑞鳥)라고도 하고 있다. 조선 사적에서는, '앵무'가 등장하는 예는 적지만, '나기'에는 진평왕 53년 7월 조·성덕왕 32년 10월 조에 보이며, 진평왕 53년의 '앵무'는 사람 말을 하며 인간에게 도(道)를 깨우치는 새로서, 성덕왕 32년은 당에서 보내온 서조(瑞鳥)(山鸚鵡)로서 등장하고 있다.

○ 【不久(久)雌死. …乃哀鳴而死】 이 애화(哀話)는 '나기' 흥덕왕 원년 12월 조에 전하는 다음과 같은 삽화에 바탕을 둔 것은 아닐까. 흥덕왕은 원년 12월에 왕비인 장화부인을 잃고, '王思不能忘. 悵然不樂', 그래서 신하들은 다시 왕비를 맞이하도록 주청(奏請)했지만, 왕은 '隻(雙?)鳥有喪匹之悲. 況失良匹. 何忍無情遽再聚乎.'라고 하며 왕비를 맞이하는 것을 허락하지 않았다고 한다. 사실 흥덕왕은 장화부인이 죽고 난 뒤에도 왕비를 맞이하지 않았던 것 같다. '앵무'의 애화(哀話)는 아마 중국서적에서 출전하는 것이겠지만, 관견(管見)으로는 분명히 할 수 없었다.

³¹¹신무대왕 염장 궁파

神武大王 閻長 弓巴²¹¹⁾

³³²第四十五神武大王潛邸時, 謂俠士弓巴曰, "我有不同天之讎.²¹²⁾ 汝能
爲我除之, 獲居大位則娶爾女爲妃." 弓巴許之, 恊心同力擧兵犯京師能成
其事. 旣簒位欲以巴之女爲妃, 羣臣極諫曰, "巴側微, 上以其女爲妃則不
可." 王從之. 時巴在淸海鎭爲軍戍, 怨王之違言欲謀亂. 時將軍閻長聞之
奏(奏)曰, "巴將爲不忠, 小臣請除之." 王喜許之. 閻²¹³⁾長承²¹⁴⁾肯歸淸海
鎭, 見謁者通曰, "僕有小怨於國君, 欲投明公以全身命." 巴聞之大怒曰,
"爾輩²¹⁵⁾諫於王而廢我女, 胡顧見我乎." 長復通曰, "是百官之所諫. 我不
預²¹⁶⁾謀, 明公無嫌²¹⁷⁾也." 巴聞之引入廳事謂曰, "卿²¹⁸⁾以何事來此." 長

211) DB. "삼국사기" 권44 열전 장보고(張保皐) 조에는 弓福.
212) 파른본, 규장각본. 讎, 고증. 讎(讎).
213) 파른본, 규장각본. 閻, 고증. 閻(閻).
214) 파른본, 규장각본. 承, 고증. 承(承).
215) 파른본, 규장각본, 고증. 輩(輩).
216) 파른본, 규장각본, 고증. 預(預).

曰"有忤於王欲投幕下以免[219]害爾." 巴曰"幸矣."置酒歡甚.[220] 長取巴
之長劍斬之. 麾下軍士驚懼皆伏地. 長引至京師復命曰,"已(已)斬弓巴
矣."上喜賞之賜爵阿干.

풀이 **331**신무대왕(神武大王) 염장(閻長) 궁파(弓巴)

332제45대 신무대왕은, 아직 사저에 있을 때. 협사인 궁파에게

"나는 같은 하늘 아래 살 수 없는 원수가 있는데, 궁파여, 철저하게
네가 나를 위해 그를 제거해 주지 않겠는가. 그러하면 내가 만약 천자
의 자리를 손에 넣어 왕위에 오른다면, 그대의 딸을 왕비로 삼겠다."
라고 하였다.

궁파는 이를 받아들여, 왕과 마음을 합치고, 힘을 같이하여 군대를
일으켜 도읍을 함락시켜, 훌륭하게 그 일을 이루었다. 이윽고 왕은 자
리를 잇자, 궁파의 딸을 왕비로 삼으려고 했으나, 여러 신하들이 극히
간하여 말하기를,

"궁파는 미천한 출신이옵니다. 왕께서 그 딸을 왕비로 삼으려고 하
시는 것은 두말할 것도 없이 좋지 않은 일이옵니다."
라고 하였기 때문에 왕은 그 말을 따랐다.

332이 무렵 궁파는 청해진에 있으면서 군대를 거느리고 있었는데,
왕이 약속을 어긴 것을 원망하여 반란을 모의하려 하였다. 우연히 장

---

217) 파른본, 규장각본, 고증. 嫌(嫌).
218) 파른본, 규장각본, 고증. 卿(卿)
219) 파른본, 규장각본. 㝹, 고증. 免(免).
220) 파른본, 규장각본, 고증. 甚(甚).

군인 염장이 이 말을 듣고,

"궁파는 당장에라도 불충한 일을 하려고 합니다. 청하건대 소신이 나서서 궁파를 없애겠습니다."

라고 왕에게 아뢰었다.

왕은 기뻐하며 이 간청을 받아들였다. 염장은 왕의 뜻을 받자, 청해진으로 가서 궁파의 후계자를 만나, 그 자를 통해서

"나는 이 나라의 임금에게 작은 원한이 있어, 그 때문에 귀공의 곁에 가서 같은 편이 되게 해 주면, 신명을 다하겠습니다."

라고 하였다.

궁파가 그 말을 듣고 크게 노하여

"너희 무리들이 왕에게 간하여 나의 딸을 물리쳤던 것이다. 어찌 나를 만나려고 하느냐."

고 하였으나, 염장은 다시 후계자를 통하여

"귀공의 딸 일은, 백관들이 간했다는 것이 맞는 것이며, 나는 그런 책모 따위는 전혀 알지 못하는바, 귀공에게 대하여, 아무런 원망도 가지고 있지 않다."

라고 하였기 때문에, 이것을 들은 궁파는 염장을 청사에 불러들여,

"경(卿)은 무슨 일로 여기까지 왔는가."

라고 하니, 염장은, "저는 왕에 대하여 온순한 마음을 가지고 있지 않다. 어떻게든 공의 진영에 의탁해 해를 면하려 합니다."라고 하였다. 궁파는 "잘 왔다."라고 하며, 술자리를 마련하여, 잔을 나누니, 그 흥은 대단했다. 기회를 노리고 있던 염장은, 궁파의 긴 칼을 빼앗아 단숨에 그를 베었다. 이것을 본 궁파 진영의 병사들은 모두 놀란 나머지 넋을 잃어버리고, 모두 땅에 엎드렸다. 염장이 군사들을 이끌고 도읍

에 다다르자, 왕에게, "이미 궁파를 베었습니다."라고 하며, 일의 자초
지종을 아뢰었다. 왕은 기뻐하며, 염장의 공로를 칭찬하여, 아간 벼슬
을 주었다.

주해 **331**○【神武大王】 '나기' 제10·신무왕 전기(前紀)에 의하면, 신라 제45대
신무왕은 휘가 우징으로, 제38대 원성왕의 손자인 균정의 아들이며, 제
43대 희강왕의 사촌 동생이다. 조부인 이찬 예영(일명 효진이라고도 한
다)을 추봉하여 혜강대왕이라고 하고, 아버지를 성덕대왕으로 하고, 어
머니 박씨 진교부인을 헌목태후라고 하고, 아들인 경응을 태자로 한 적이
있다. 또 같은 기(紀) 제11·문성왕 즉위전기에는, 신무왕비는 정계부인
으로, 정종태후라고도 했다고 되어 있다. 이 신무왕의 계보관계는, '유'
왕력과 약간 다르다. 아버지 균구는 균정의 잘못일 것이다. 어머니는 貞
□夫人이라고 되어 있어, 진교부인과 일치하지 않는다. 이것은 貞과 眞
이 글자 모양이 비슷한 것으로 인해 잘못 기록된 것이라고 생각된다. 예
를 들면 '나기'에서는 신무왕비를 정계부인이라고 하는 것에 대하여, '유'
왕력에서는 妃眞從(繼)이라고 되어 있어, 이곳에서도 貞과 眞이 혼동되
어 있다. 신무왕의 치세는 '유'에서는 839년 4월부터 같은 해 11월 13일까
지라고 되어 있는 것에 대해, '나기'에서는 같은 해 '七月二三日薨'이라고
되어 있는데, '나기'를 따르는 것이 좋을 것이다('왕력'의 신라 제45 신호
왕 조 참조). 신무왕은 희강왕대 이후의 경주 귀족의 왕위 찬탈 가운데에
서, 단 한 사람의 지방 세력과 결탁하여 왕위에 올랐다. 신라 하대(下代)
의 왕권으로서 이례적인 존재이기는 하지만, 이 설화에 보이는 것과 같
이, 신무왕을 둘러싼 중앙귀족의 반대로, 최대 협력자 궁파의 딸을 왕비
로 하는 약속을 지킬 수가 없었다. 여기에 신라왕권의 경주 중심주의의
성격을 찾을 수 있다.

○ 【閻(閣)長】 염장(閻長)은 무주(지금의 전라남도 광주)의 무인(武人)일 것이다. 민애왕 원년(838) 3월에, 다음 왕 신무왕을 옹립했던 청해진 대사 궁복이나 평동장군 김양 등은, 민애왕을 죽이기 위해 우선 무주를 제압했다. 아마 이때, 염장 등 무주의 호족들이, 신무왕에게 가담하게 되었다고 생각된다. 같은 해 12월 평동장군 김양을 비롯해, 염장·장변·정년·낙금·장건영·이순행 등은, 민애왕 정권을 타도하기 위해 무주를 출발했다. 같은 달 무주 철치현의 북(지금의 나주 남쪽)에서 왕조 측의 대감 김민주의 군사를 물리치고, 다음해 정월 19일, 대구(지금의 대구)에서 왕조의 주력군을 물리치고, 왕도를 함락시켜 민애왕을 죽였다. 신무왕 즉위후는 무주로 돌아간 것 같다. 문성왕 8년(846) 궁복과 왕조 측이 대립하고 있다는 것을 듣고, 왕조로 와서 궁복 주살의 명을 받고 이것을 실행했다. 그 사정에 대해서는, '나기'보다 '유'의 글이 자세하다.

○ 【弓巴】 궁파(弓巴)에는 별명이 많다. '사'에서는 궁복·장보고, "당서"에서는 장보고, "속일본기"에서는 장보고(張寶高)라고 한다. '나기' 및 '사' 장보고전("당서" 신라전과 거의 같은 글)에 의하면, 궁파의 행적은 다음과 같이 전한다. 궁파는 신라인이지만, 출신지나 계보 등은 전혀 알려져 있지 않다. 청년시대에 당으로 건너가 군인이 되어, 무녕군 소장이 되었다. 그 후, 신라로 돌아와 왕에게 진언하여 '지금, 중국에서는 널리 신라인을 노비로서 쓰고 있다. 청해진을 맡겨 주신다면, 중국의 해적에게 신라인을 약탈하도록 하지 않겠습니다.'라고 했다. 흥덕왕 3년(828) 4월에 궁파는 청해진 대사로 임명받고, 약속대로 신라인이 팔려 가는 일이 없어졌다. 희강왕 2년(837) 5월에 우징(후의 신무왕)이 왕위찬탈전에 실패하여 그의 진영으로 도망쳤다. 민애왕 원년 2월 김양이 왕도를 떠나 청해진에 와서, 거병의 일을 도모했다. 우징을 옹립했던 궁복의 군사는 같은 해 3월 무주에서 남원까지 출병했고, 같은 해 12월에는 본격적인 왕도 공략전을 전개했다. 궁복의 군사는 다음 해 정월 19일 대구 싸움에서 결정적인 승리를 거두고 그 기세를 타고 왕도 경주를 함락시키고, 민애왕을 죽

였다. 같은 해 4월 신무왕이 즉위하자, 궁복을 청해진대사에서 감의군사에 승격시키는 것과 동시에 식읍(食邑)으로서 2,000호(戶)를 내렸다. 같은 해 8월 문성왕이 즉위하자, 그의 전공을 보상하여 진해장군으로 승격시키고 있다. 문성왕 7년(845) 3월 문성왕은 부왕과 궁복과의 약속을 지켜, 궁복의 딸을 차비(次妃)로 하려고 했다. 귀족들은 그가 경주귀족이 아닌 것을 이유로, 그의 딸을 왕비로 하는 것을 반대했기 때문에, 왕도 이 주장을 따를 수밖에 없었다. 문성왕 8년에, 이것을 안 궁복은 청해진에서 반기(半旗)를 흔들었다. 경주귀족들은 그를 진압할 수도 없어 고민하던 중, 본문에도 보이는 것과 같이, 염장에 의해 궁복은 토벌되었다. "속일본후기" 승화 7년 12월 기사 조, 같은 8년 2월 무진 조, 같은 9년 정월 을사 조에 장보고(弓巴)에 관한 것을 전하고 있다. 이것에 의하면 장보고는 당과 신라와의 무역에 종사했고, 일본까지 그 판로를 넓혔다는 것을 알 수 있다. 대재부(大宰府)는 그가 신라의 가신이기 때문에, 국교를 개방할 대상은 아니라고 하여, 그 사신을 추방하려고 했다. 대정관에서는 국교에 대해서는 대재부의 의견에 찬성을 하면서도, 그들이 가지고 온 상품의 매매는 허가하고 있다. 그뿐만 아니라 다음과 같은 주의를 하고 있던 점이 주목된다. '인민이 당이나 신라의 신문물이 결핍되어 있기 때문에, 매우 비싼 가격으로 상품을 사서, 가산(家産)을 기울이지 않도록 주의를 하시오.'("속일본후기" 권10, 승화 8년 2월 무진 조)라고 하고 있다. 또 장보고가 살해당했다는 보고를 접하고, 전축전국수인 훈야조신(文室朝臣) 미야다마로가 장씨의 상품을 빼앗았다("속일본후기" 권11, 승화 9년 정월 을사 조). 그 이유로서, 보고가 생존 중에, 당의 상품을 사기 위해 비단으로 대가를 선지급했다. 그 선지급의 잔고(殘高)가 상당했기 때문에, 그것에 해당하는 상품을 가졌음에 지나지 않는다고 주장했다. 이러한 것은 9세기의 무역문제를 생각하는 데에 중요한 단서가 된다. 또한 궁파(장보고)가 죽은 해에 대하여 '나기'에는 문성왕 8년(846)이라고 하고 있으나, 오가다 마사유키가 지적한 것같이 "입당구법순례행기"나 "속일본후기"에

의해서, 일본의 승화(承知) 8년(841)(문성왕 3년) 11월이라고 해야 할 것이다. 이것에 대해서는 이마니시 류 '慈覺大師入唐求法巡禮行記を讀みて'("新羅史研究" 所收) 참조. 그러나 '나기'는 어떻게 해서 5년의 기년(紀年)을 잘못했는지 알기 어렵다.

332○ 【神武大王潛邸時. …】우징(祐徵)이 궁파에게 한 말로서 '我有不同天之讎(讐)汝能爲我除之'라고 되어 있으나, '나기' 민애왕 원년 2월 조와 같이 우징이 궁복에게 한 말로서 '金明弑君自立. 利弘枉殺君父. 不可共戴天也. 願仗將軍之兵. 以報君父之讎.'라고 되어 있어, 우징이 청해진의 궁복 저택에 피난했을 때의 일이라고 해도 좋을 것이다. 여기에 보이는 잠저(潛邸)라는 것은, 궁복 저택에 숨어 있을 때의 일로서, '潛弓福邸'라고 하면 한층 더 사정이 분명해질 것이다.

333○ 【清海鎭】'나기' 제10 · 흥덕왕 3년(828) 4월 조의 주(注)에, '清海今之莞島'라고 되어 있으며, '승람' 권37 강진현 산천 조에 '莞島. 在縣南海中六十里周二百九十里詳海南縣', 해남현 산천 조에 '莞島. 在縣南四十里周二百九十里即新羅清海鎭其西南屬干縣東北屬康津縣.'이라고 되어 있다. 현재 전라남도 완도군 완도읍에 있는 완도가 이것에 해당할 것이다.

³³⁴사십팔 경문대왕

四十八 景文大王

³³⁵王諱膺廉²²¹⁾年十八爲國仙. 至於弱冠, 憲安大王召郞宴於殿中, 問曰.
"郞爲國仙優遊四方. 見何異事." 郞曰 "臣見有羨(美)行者三." 王曰 "請聞
其說(設)." 郞曰 "有人爲人上者. 而撝謙坐於人下. 其一也, 有人豪富. 而
衣儉易. 其二也, 有人本貴勢. 而不用其威者. 三也." ³³⁶王聞 其言而知其
賢. 不覺墮淚而謂曰 "朕有二女. 請以奉巾櫛." 郞避席而拜之. 稽首而退.
告於父母. 父母驚喜會其子弟. 議曰 "王之上公主皃甚寒寢. 第二公主甚
羨(美). 娶之幸矣." 郞之徒上首範敎師者聞之. 至於家. 問郞曰 "大王欲
以公主妻公. 信乎." 郞曰 "然." 曰 "奚娶." 郞曰 "二親命我冝(宜)弟." 師曰.
"郞若娶弟則予必死於郞之面前. 娶其兄則必有三羨(美). 誡之哉.²²²⁾" 郞
曰 "聞命矣." 旣而王擇辰而使於郞曰 "二女惟公所命." 使歸. 以郞意美

---

221) 파른본, 규장각본. 鷹, 고증. 廉(廉).
222) 파른본, 규장각본, DB. "裁".

(奏)曰. "奉長公主爾." 旣而過三朔. 王疾革. 召群臣曰. "朕無男孫. 竁(竁)

窆之事. 冝(宜)長女之夫膺廉(廉)繼之." 翌日王崩, 郎奉遺詔卽位. 於是範

教師詥(詣)於王曰. "吾所陳三羙(美)者. 今皆著矣. 娶長故. 今登位. 一也.

昔之欽艶第(弟)主. 今易可取. 二也. 娶兄故. 王與夫人喜甚(甚). 三也." 王

德其言. 爵爲大德. 賜金一百三十兩(兩). 王崩諡曰景文. **337**王之寢殿. 每

(每)日暮無數衆虵俱集. 宮人驚怖. 將驅遣之. 王曰. "寡人若無虵不得安

寢. 冝(宜)無禁." 每(每)寢吐舌滿胷(胷)鋪之. **338**乃登位, 王耳忽長如驢耳.

王后及宮人皆未知, 唯幞頭匠一人知之. 然生平不向人說(說). 其人將死.

入道林寺竹林中. 無人處. 向竹唱云. "吾君耳如驢耳." 其後風吹. 則竹聲

云. "吾君耳如驢耳." 王惡(惡)之. 乃伐竹而植山茱萸. 風吹則但聲云. "吾

君耳長." **338a**道林寺舊在入都林邊.**339**國仙. 邀元郎譽昕郎. 桂元叔宗郎等.

遊[223]覽金蘭. 暗有爲君主理邦國之意. 乃作歌三首, 使心弼舍知. 授針卷,

送大[224]炬和尚處. 令作三歌, 初名玄琴抱曲. 第二大道曲. 第三問羣曲.

入奏(奏)於王, 王大喜稱賞. 歌未詳.

풀이 **334**사십팔(四十八) 경문대왕(景文大王)

335왕의 이름은 응렴(膺廉)이라고 한다. 18세에 국선(國仙)[225]이 되었
다. 20세를 맞이하자, 헌안대왕은 낭(膺廉)을 불러 대궐에서 축연을
벌였다. 그 자리에서 왕은 낭에게, "국선이 되어 사방을 돌아다니며
연찬(研鑽)을 쌓는 동안에, 무언가 색다른 경험을 한 적은 없었는가."

---

223) 파른본, 규장각본, DB. "遊".
224) 파른본. 규장각본, 고증. "大", DB. "火".
225) DB. 화랑의 다른 말.

라고 물었다.

이에 대답하기를 낭은, "저는 아름다운 행실을 지닌 세 사람을 보고 왔습니다."라고 대답하였다. 왕은 "그 이야기를 듣고 싶네."라고 청했다. 낭은 "남의 윗자리에 있을 만한 사람이면서, 자신을 낮추고 남을 높이며, 자기는 남의 밑에 있는, 이런 사람을 보았는데, 이가 그 첫째로 들고 싶은 인물이옵니다. 또 아주 큰 부자인데, 그 복장이 검소한 사람, 이것이 두 번째로 들고 싶은 사람이옵니다. 본래 고귀한 출생이며 권세가 있는 데도 불구하고 그 위세를 보이지 않는 사람이 세 번째로 들고 싶은 인물이옵니다."라고 아뢰었다.

336 왕은 이 이야기를 듣고서 낭의 현명함에 감복하여, 절로 눈물을 흘리면서 "짐에겐 두 딸이 있는데, [낭의] 시중을 들게 하고 싶네."라고 하였다. 낭은 자리에서 급히 비키며 사양을 하고, 머리를 땅에 대며 경의를 나타내고 물러났다. 낭이 그 상황을 부모님께 말했다. 놀라고 기쁜 부모님은, 낭의 형제를 모두 모아 여러 가지 상담을 한 끝에

"위의 맏 공주는 기량(器量)이 매우 낮으나, 둘째 공주는 각별하게 아름답다. 이 둘째 공주를 얻는다면 다행스런 일이다."라고 하였다. 그런데 이것을 들은 동료 화랑도이면서, 윗사람인 범교사[226]가, 낭의 집에 찾아와서 "대왕께서 친히 공주를 공의 아내로 주고자 한다는데 사실입니까?"라고 물었다. "그렇습니다."라고 대답하자, 그 범교사는 고쳐 앉고, "두 사람 가운데 어느 쪽에게 장가들 생각입니까."라고 물었다.

그래서 낭은 "부모님은 둘째 공주를 맞이하는 것이 좋다고 저에게

---

226) DB. "삼국사기" 권11 헌안왕 4년 조에는 흥륜사의 중이라고만 기록되어 있다.

말했습니다."라고 있는 그대로 말하였다. 그러자 범교사는 "낭께서 만약 동생에게 장가간다면, 반드시 낭의 면전에서 목숨을 걸어 죽게 될 것이다. 그렇지 않고, 그 언니를 맞이한다면, 반드시 세 가지의 좋은 일이 있을 것이 틀림없다. 이 점을 잘 새겨 두도록" 하라고 말하였다. 이 말을 듣고 낭은 "사(師)의 지시는 잘 알았습니다."라고 하였다.

이윽고 왕은 길일을 택하여 사자를 낭에게 보내, "두 딸을 모두 공이 말하는 대로 따를 것이다."라고 전하였다. 사신이 돌아가서 낭의 의향을 다음과 같이 주상(奏上)했다.

"공은 추호도 의심 없이 맏 공주를 맞아들이겠다고 하고 있습니다."라고.

이리저리 3개월이 지났을 때, 왕은 병이 갑자기 위독해졌다. 왕은 여러 신하들을 불러서, "짐은 남손(男孫)이 없다. 그렇기 때문에 내가 죽은 후 제사는, 장녀 남편인 응렴이 당연하니, 이것을 이어서 끊이지 않도록 해야 할 것이다."라고 말을 남기자, 그다음 날에 왕은 죽었다. 낭은 이 유조(遺詔)를 받들어 왕위에 올랐다. 이때 그 범교사가 새 왕 앞에 나와서

"제가 앞서 아뢰었던 세 가지 좋은 일은, 이제 모두 분명해졌습니다. 맏 공주에게 장가듦으로써 지금 왕위에 오른 것이 그 첫째이옵니다. 또 예전에 매우 아름다운 것을 주의하시라고 말씀 드린 둘째 공주도, 이제는 안심하고 맞이하시게 된 것이옵니다. 이것이 그 둘째입니다. 더 나아가 셋째는 공이 맏 공주에게 장가듦으로써, 왕과 비(妃)의 기쁨이 한층 더한 것이었사옵니다."

라고 하였다. 왕은 그 말을 고맙게 여겨, 대덕 벼슬을 주고, 또 130냥의 금을 내려 주었다. 이 왕이 세상을 떠나자 시호를 경문왕(景文王)이

라고 했다.

[337]매일 날이 저물면 왕의 침전(寢殿) 주위에는 헤아릴 수 없는 많은 뱀들이, 마치 서로 이끄는 것처럼 모여들었다. 궁인들이 놀랍고 두려워, 당장에라도 쫓아내려고 했다. 그런데 왕은

"과인은 뱀이 나와 주지 않으면 안심하고 잠을 잘 수 없다. 뱀이 모이는 것을 밀어내는 것은 결코 해서는 안 될 것이다."라고 명하였다. 왕은 잘 때에는 항상 혀를 내밀고 있어, 그것의 크기라는 것은, 왕의 온 가슴을 덮고 있을 정도였다.

[338]왕이 임금의 자리에 올랐을 때의 일. 왕의 귀가 갑자기 길어져서 당나귀의 귀처럼 되었다. 왕후를 비롯하여 궁인들이 아직 그것을 눈치 못 챘으나, 두건을 만드는 장인만은, 분명히 이것을 알고 있었다. 이 장인은 평소 사실을 다른 사람에게 말하는 것 등은 하지 않았지만, 얼마 지나지 않아 생을 마감할 때가 되어, 도림사의 대나무 숲속에 인기척이 없는 곳으로 들어가, 대나무를 향하여 다음과 같이 외쳤다.

"우리 임금님 귀는 당나귀의 귀처럼 생겼다."

그 후에 바람이 불기만 하면 대나무에서 소리가 나서

"우리 임금님 귀는 당나귀의 귀처럼 생겼다."

라고 반복하게 되었다. 왕이 이것을 싫어해서 이에 대나무를 베어 버리고, 산수유나무를 심게 했으나, 역시 바람만 불면 그때마다 목소리만 들리면서

"우리 임금님 귀는 기다랗다."

라고 말했다고 한다. [338a]도림사는 원래는 도성으로 들어가는 숲(혹은 入都林?) 근처에 있었다.

[339]국선이었던 요원랑·예흔랑·계원·숙종랑 등 네 사람은, 금란

지방을 순행하며 왕을 돕고, 또 나라를 다스려 나가는 데에 도움이 되고자 기개를 마음속에 품고 있었다. 그래서 그 결의의 정도를 노래 세 수에 담아, 그것을 적어 필사지에게 주어, 대구화상의 거처로 보내, 그것에 곡을 지어 받도록 부탁했다. 이렇게 해서 생긴 첫 번째 것을 현금 포곡, 두 번째가 대도곡, 세 번째 것을 문군곡이라고 이름을 짓고, 이윽고 궁중에 들어가 왕 앞에서 읊었더니, 왕은 크게 기뻐하며 이것을 칭찬했다. 그 노래는 지금까지 자세하지 않다.

주해

334○ 【景文大王】 재위 861-875년. 제43대 희강왕의 손자. 계명 아찬의 아들. 어머니는 광화(혹은 光義)부인. 비(妃)는 김영화. 즉위 5년(865) 당의 의종으로부터　개부의동삼사검교대위지절대도독계림주제군사상주국신휘왕으로 책립(冊立)되고, 9년에 왕자 소판 김윤 등을 사은사로서 입당시키고 있다. 6년에는 이찬 윤홍 등이, 14년에는 이찬 근종이, 각각 반란을 일으켰으나, 모두 평정에 성공, 13년에는 황룡사 구층탑의 수복(修復)이 행해졌다. 또한 4년에 '日本國使至'라고 되어 있는데, 일본 사료(史料)에는 보이지 않는다.

335○ 【諱膺廉(廉)】 '나기'에는 '諱膺廉膺作疑'라고 되어 있다.

○ 【國仙】 화랑을 말한다. '김유신' 조의 주해 229 참조.

○ 【弱冠】 '예기'에 '20을 약(弱)이라고 하며 갓(冠)을 쓴다.'라고 되어 있다. 남자 20세, 즉 성인의 칭호.

○ 【憲安大王】 신라 제47대의 왕. 재위 857-861년. 휘는 의정(혹은 祐靖). 신무왕의 이복 동생. 어머니는 선강왕의 딸 조명부인. 조카인 제46대·문성왕(文聖王)의 고명[227]에 의해 즉위. 아버지 김균정은 제42대·흥덕

---

227) 왕이 유언으로 나랏일을 부탁함.

왕이 죽은 후, 조카의 아들 제륭(제43대·희강왕)과 왕위계승 다툼으로 죽는다. '나기'는 헌안왕의 치세 5년간에 특히 눈에 띄는 치세 기사를 넣지 않았다. 4년 조에는 '유'에 보이는 공주와 응렴과의 혼인전승을 동공이곡의 줄거리로 기록하고 있다.

○ 【召郎. 宴於殿中】 '나기' 헌안왕 4년 조에는 '王會群臣於臨海殿'이라고 되어 있다.

○ 【郎曰. 有人爲人上者. …不用其威者. 三也】 화랑집회의 덕목을 말하는 것이다.

336○ 【郎之徒上首範敎師】 상수(上首)는 화랑집단의 지위를 나타내는 것이라고 생각되나, 미상. '서기' 긴메이(欽明)천황 2년(541)에 '加羅上首位古殿奚'라고 보인다. 범교사는 '나기'에 '興輪寺僧'이라고 되어 있다. 승려로서 화랑의 무리가 되어 있는 예로서는, 미시랑[228]의 승려 진자('유' 미륵선화 미시랑 진자사), 호세랑의 석혜숙('유' 이혜동진), 문노의 승려 전밀('사' 김흠운전) 등을 들 수 있으며, 화랑의 풍속이 불교와 융합한 결과로 일어난 현상이다. 또한 승려가 화랑을 간(諫)한 예로서는, 응렴과 범교 외, 구참공과 승려 혜숙과의 사이에도 보인다('유' 권제4·이혜동진).

○ 【朕無男孫】 '나기' 헌안왕 5년 조에도 '寡人不幸無男子'라고 되어 있는데, '사'의 궁예전에는 '弓裔新羅人. 姓金氏. 考第四十七憲安王誼靖. 母憲安王嬪御. 失其姓名. 或云四十八景文王膺廉之子'라고 되어 있으며, 궁예를 헌안왕의 자식이라고 하는 전승이 있다는 것을 기록하고 있다.

○ 【膺廉(廉)繼之】 화랑에서 왕위에 올랐던 것은 경문왕뿐이지만, 화랑의 자식으로서 왕위에 올랐던 예로서는, 효종랑의 자식 경순왕(제56대)을 들 수 있다. 신라의 역사가 하대(下代)로 들어가, 왕위가 불안정해짐과 동시에, 종교적, 군사적 실력을 가진 화랑이 정권을 장악하기에 이르렀던 것이다.

---

228) 고증에는 말시랑(末尸郎).

○ 【昔之欽艶第(弟)主. 今易可取】 '나기'에는 '納寧花夫人弟爲次妃'라고 되어 있다.

○ 【爵爲大德】 대덕(大德)이 붙은 고승으로서, '유'에는 범교 외, 표훈·진문·영심·명랑·국교·융종·의안·유가 등의 이름을 기록했고, 의상의 제자, 오진·지통·표훈·진정·진장·도융·낭원·상원·능인·의숙을 16덕(德)이라고 부르고 있다(권제4 의해 제5·의상전교). '나기' 진평왕 24년 조에도 지명을 대덕으로 한 적이 있는데, 신라에서 고려와 같이 승려 계급으로서 대덕이 존재했는지는 미상.

337 ○ 【景文. 王之寢殿. 每日暮無數衆蚊俱集】 경문왕에 대해서는 주해 334, 용사(龍蛇)신앙에 대해서는 주해 151, 279를 참조.

338 ○ 【幞頭匠】 두건을 만드는 장인. 복두에 대해서는, 원성대왕 조 참조.

○ 【道林寺】 to-rim-sa 이 사원에 대해서 대판 김태랑은 "1927년 가을, 동쪽 입구 즉 내동면 구황리 분황사의 동남 여러 마을에 있는 폐탑(廢塔) 절터에서, '道林'이라고 우서양각(右書陽刻)의 평기와를 발견했기 때문에, 이것을 도림사 절터로 추정했다. 이 문자는 경성제국대학[229]에 기증되어 있다."라고 기록하고 있다('慶州に於ける新羅廢寺址の寺名推定に就て', "朝鮮" 197). 또한 재등충은 유적이 의심되는 곳으로서, 탑의 흔적, 폐탑(廢塔) 흔적을 남기고 있는 경주읍 내동면 구황리의 폐사적(廢寺跡)을 들고 있다("新羅文化論放").

○ 【竹林中. 無人處. 向竹唱云】 죽엽(竹葉)과 용사(龍蛇)신앙에 대해서는 주해 171, 279 참조.

338a ○ 【入都林】 미상. '道林寺. 舊在入都林邊.'은 입도림(入都林)을 고유명사로 보면, '도림사는 이전에는 입도림의 근처에 있었다.'라고 읽을 수 있으며, 입도림을 고유명사라고 보지 않으면, '도림사는 이전에는 도읍으로 들어가는 도중의 숲 근처에 있었다.'라고 읽을 수 있다.

---

229) 원저서에는 "字".

339○ 【國仙. 邀元郎譽昕郎. 桂元叔宗郎等. 遊覽金蘭. 暗有爲君主理邦國之意. 乃作歌三首】 邀元郎(yo-wŏn-raṅ)·譽昕郎(ye-hǔn-raṅ)·桂元(kye-wŏn)·叔宗郎(suk-coṅ-raṅ)의 여러 화랑은 달리 보이지 않아 미상. '金蘭'이라는 이름은 화랑의 유원지로서 자주 보이지만, 일정한 지역이 아니고, 강원도 일대의 동해변 지방을 가리키는 것이라고 생각된다. 또한 이 지명은 "역계사 상"의 '二人同心. 某利斷金. 同心之言. 其臭如蘭'에서 나온 것이다. 4화랑의 노래는 이안민가라고 추정되지만, 그것에 대해서는 주해 298 참조.

○ 【使心弼舍知. 授針卷. 送大炬和尚處. 令作三歌】 心弼舍知(sim-phir-sa-ci) 미상. 사지(舍知)는 '효소왕대 죽지랑'을 참조. 대거화상에 대해서 '나기' 진성왕 2년(888) 조에 '王素與角于魏魏弘通. 至是常入內用事. 仍命與大炬和尙. 修集鄕歌. 謂之三代目云'이라고 되어 있다. 승려가 만든 이안민가에 대해서는 충담사 조 참조.

○ 【初名玄琴抱曲. 第二大道曲. 第三問羣曲】 세 곡(三曲) 모두 미상이지만, 충담사의 이안민가로 생각하면, 국왕에 대한 교훈적 내용을 포함하고 있다고 생각된다.

³⁴⁰처용랑 망해사

處容郞 望海寺

³⁴¹第四十九憲康大王之代, 自京師至於海内. 比屋連墻. 無一草屋. 笙歌不絶道路. 風雨調於四時.

³⁴²於是大王遊開雲浦 ^{342a}_{在鶴城西南. 今蔚州.} 王將還駕. 晝(晝)歇於汀過(邊). 忽雲霧冥²³⁰⁾瞪. 迷失道路. 怪問左右. 日官奏云. “此東海龍所變也. 冝(宜)行勝事以解之.” 於是勑有司爲龍刱佛寺近境. 施令已出. 雲開霧散. 因名開雲浦. ³⁴³東海龍喜. 乃率七子. 現於駕前. 讚德獻舞奏樂. 其一子隨駕入京. 輔佐王政. 名曰處容. 王以美(美)女妻之. 欲留其意. 又賜級干職. ³⁴⁴其妻甚(甚)美(美). 疫²³¹⁾神欽慕之. 變無²³²⁾人夜至其家. 竊²³³⁾與之宿. 處容自外至其家. 見寢有二人. 乃唱歌作舞而退. 歌曰. 東京明期月良

---

230) 규장각본, 고증. 冥(冥).
231) 파른본, 규장각본. 疫, 고증. 疫(疫).
232) 파른본, 규장각본. 無, 고증. 無(爲). DB. 위(爲)의 오기로 보인다.
233) 파른본, 규장각본. 竊, 고증. 竊(竊).

夜入伊遊行如可. 入良沙寢矣見昆. 脚烏伊四是良羅. 二肹隱吾下於叱古.

二肹隱誰支下焉古. 本矣吾下是如馬於隱. 奪叱良乙何如爲理古. 時神現

形. 跪於前曰. "吾羨公之妻. 今犯之矣. 公不見怒. 感而美之. 誓今(今)已

後. 見畫(畫)公之形容. 不入其門矣." 因此. 國人門帖處容之形. 以僻邪進

慶. **345**王旣還. 乃卜靈鷲山東麓勝地. 置寺曰望海寺. 亦名新房寺. 乃爲

龍而置也. **346**又幸鮑石亭. 南山神現舞於御前. 左右不見. 王獨見之. 有

人現舞於前. 王自作舞. 以像示之. 神之名或[234]曰祥審. 故至今(今)國人

傳此舞. 曰御舞祥審. 或曰御舞山神. 或云旣神出舞. 審象其皃命工摹刻

以示後代. 故云象審. 或云霜髯[235]舞. 此萬(乃)以其形稻(稱)之. **347**又幸於

金剛嶺. 時北岳神呈舞. 名玉刀鈐.[236] 又同禮殿宴時. 地神出舞. 名地伯

級于(干). 語法集云. "于時山神獻舞唱歌云. 智理多都波都波"等者. 蓋言

以智理國者知而多逃. 都邑將破云謂也. 乃地神·山神知國將亡故作舞以

警之. 國人不悟謂爲現瑞. 耽樂滋甚故國終亡.

풀이 **340**처용랑 망해사(處容郞 望海寺)

341제49대 헌강대왕 대에는, 도읍에서 온 나라로 통하는 어느 길에도,
집과 담장이 연이어져 있었으며, 허접한 집은 단 하나도 찾으려고 해
도 없었고, 피리 소리와 노랫소리가 끊이지 않고, 길에까지 넘쳐 있던
모양. 바람이나 비, 모든 계절의 혜택에 이르기까지, 4계절에 걸쳐 순
조로웠다.

---

234) 파른본, 규장각본. 式, 고증. 式(或).
235) 파른본, 규장각본. 髯, 고증. 髵(髯).
236) 파른본, 규장각본. 鈐, 고증. 鈐(鈐).

342이때에 대왕이 개운포에서 노닌 적이 있었다. _{개운대는 학성의 서남쪽} _{에 있으며, 지금의 울주이다.} 왕이 가마를 돌려 궁궐로 돌아가려고 해변 가까이에서 낮의 휴식을 취하고, 이윽고 그곳도 지나려고 했을 때, 갑자기 구름과 안개가 자욱해져 근처가 어두워져 길을 잃어버렸다. 이것은 괴이한 일이라고 여긴 왕이, 좌우 측근에게 그 까닭을 물으니까, 일관 (日官)이 대답하여 아뢰기를,

"동해에 사는 용이, 이 이변을 일으켰사옵니다. 부디 왕께서는 용이 마음을 돌릴 수 있는 무언가 좋은 일을 행하시어, 이를 푸시는 것이 좋을까 하옵니다."

라고 주상(奏上)하였다.

이것을 들은 왕은 관련되는 관리에게 명을 내려, 그 근처를 골라 용을 위해, 새롭게 절을 세우도록 했다. 이러한 왕령이 드디어 내려지자, 구름도 개이고 안개도 흩어져 버렸다. 이 부근을 개운포라고 이름이 붙게 되었다.

343동해의 용은 기뻐하여 이에 일곱 아들을 거느리고 왕 앞에 원래의 모습을 나타내고, 왕의 덕을 찬양하여 춤을 추며 풍악을 연주하게 했다. 그중 한 아들이 왕의 수레를 따라 서울로 들어와, 이후 정사를 도왔다. 이 자식은 이름하여 처용이라고 했는데, 왕은 아름다운 여인을 처용에게 시집보내, 어떻게든 그의 마음을 도읍의 생활에 잡아 두려고, 한층 더 급간의 벼슬을 내리기도 했다.

344그런데 처용의 처는 유난히 아름다웠기 때문에, 역병신이 그녀를 흠모한 나머지, 사람의 모습으로 둔갑하여, 인기척 없는 밤에 살며시 그 집을 찾아가서, 몰래 하룻밤을 함께 보내 버렸다. 바깥에 나갔던 처용이 집에 돌아와 방에 있는 두 사람을 보고, 어쩔 수 없이 노래

를 흥얼거리고 춤을 추면서, 그 자리에서 물러나려고 했다. 그 노래는 다음과 같은 것이었다.

도읍에 달은 밝고
노니다가 돌아오는 늦은 때
집에 들어와 자리를 보니
어쩐 일인가 나란히 있는 다리가 넷
둘은 분명히 내 처의 것
남은 둘은 뉘 것인고
내 처이지만 남에게
빼앗겼다. 어찌할 수 없다.

이때에 역병신이 그 모습을 드러내어, 처용 앞에 무릎을 꿇고 "제가 공의 아내를 흠모한 나머지, 지금 잘못을 범해 버렸습니다."라고 말했다. 그러나 공은 그 노여움을 나타내지 않았다. 이 태도에 완전히 감동한 역병신은 "지금 이후로는 공의 모습이 그려져 있는 것을 보면, 그것을 걸고 있는 집 문에는, 사양하여 들어가지 않겠습니다."라고 하였다.

이로 인해 나라 사람들(國人)이 처용의 그림을 대문 앞에 붙이고, "귀신은 물러가고 복은 들어오라."라고 기도하게 되었다.

345왕이 이미 도읍에 돌아와 있었다. 영취산 동쪽 기슭의 경치 좋은 곳을 고르게 하여, 그곳에 절을 세웠다. 이 절은 망해사라고 했는데, 또한 신방사라고도 이름이 붙었다. 이 절은 두말할 것도 없이 용에게 보답하기 위해 세워진 것이다.

346또 왕이 포석정에 행차했을 때, 남산의 산신이 모습을 나타내어 임금 앞에서 춤을 추었다. 그러나 좌우의 신하들에게는 이 춤은 보이지 않고, 다만 왕에게만 이것이 잘 보였다. 산신이 사람의 모습이 되어 왕 앞에서 춤을 추자, 왕 스스로가 그대로 춤을 추어, 어떤 춤인지를 다른 사람에게 보여 가르쳤다. 이 산신의 이름은, 또 상심이라고 했으므로 지금까지도 나라 사람들이 이 춤을 전하여 어무상심이라고 하고, 어떤 때에는 어무산신이라고도 했다. 한번은 산신이 나타나 춤을 추자, 왕은 공인(工人)에게 명하여, 그 추는 모습의 자초지종을 조심스럽게 모각하게 하여, 이것을 후세를 위하여 남겨 두었다. 그래서 이 춤은 상심(象審)이라고 불리며, 또 상염무라고도 불렸다. 이 상염무라는 것은, 그 형상을 본떠 일컫은 것이다.

347또 왕이 금강령에 행차했을 때에 북악의 신이 나타나 춤을 바쳤는데, 이 춤은 옥도금이라고 이름이 붙었고, 또 동례전에서 주연을 베풀었을 때, 땅의 신이 나타나 추었던 춤은 지백급간이라고 이름이 붙었다. "어법집"에는, "그때에 산신은 춤을 흥겹게 하는 노래를 불렀는데, 그 가사는 "지리다도파도파라고 하였다."라고 전하고 있다. 이 노래의 의미를 생각해 보건대, "지혜로서 나라를 다스리는 자는, 그 나라의 앞날을 꿰뚫어 보고, 혹시나 불안의 그림자가 드리워지면, 대개의 경우, 곧 도망쳐 버리기 때문에, 도읍이 무너져 가게 된다."라고, 이러한 예고와 같다. 지신(地神)이나 산신은, 당장에라도 나라가 멸망할 것을 예견하고, 춤을 춰서 이 상황에 대하여 경고했는데, 나라 사람들은 이것도 눈치채지 못하고, 오히려 상서로운 일이 나타난 것이라고 알았으므로 춤을 추어 그것을 경계했던 것이나 나라 사람들은 이를 깨닫지 못하고 상서(祥瑞)가 나타난 것으로 생각하여, 안일을 탐

하는 것이 점점 심해졌기 때문에, 마침내 나라는 망해 버렸다.

 340○ 【處容郎】 chŏ-yoń-rań. 처용(處容)의 어의에 대해서는 추령(chu-ryŏń)·초용(cho-yŏń)설(양주동 "古歌硏究"), 용안(koz-čŭz)설(김사엽 "完譯三國遺事") 등이 있다. 동해용의 자식인 처용랑은, 헌강왕의 정치를 보좌하는 한편, 벽사진경의 신으로서 민중으로부터 숭배 받았던 일을, 이 조에서는 이야기의 뼈대로 삼고 있다. 이 처용에 대한 신앙은, 오늘날 또한 정원 14일에 타처용이라는 명칭으로, 민간행사 가운데에 살아 있으나, 성현 저술 "용재총화"에는 고려 궁궐에서 성대한 '처용지희'에 대하여 기록하고 있다. 처용랑이 동해용신의 자식으로서, 아동의 모습으로 출현하고, 게다가 국정도 보좌했다고 하는 전승은, 나라를 지키는 신으로서 중시된 탈해왕의 그것과 서로 통하는 것이며, 고대 제정(祭政)의 본질을 이야기하는 것이라고 보아도 좋을 것이다.

○ 【望海寺】 mań-hae-sa. 뒷글에 이 절의 소재를 '靈鷲山東麓勝地'이라고 기록하고 있다. 영취산에 대해서는 '歙郎州阿曲縣之靈鷲山'('유' 낭지승운보현수 조)라고 되어 있으며, 아곡현 즉 고려시대의 울주에 있는 산이다. 그러나 '승람' 울산군 조에는 '望海寺 靑松寺 俱在文殊山'이라고 되어 있다. 영취산·문수산은 모두 같은 산령(山嶺)을 가리킬 것이다.

341○ 【憲康大王】 재위 875-886년. 경문왕의 태자. 치세 4년(878) 당의 희종(僖宗)으로부터 사지절개부의동삼사검교대위대도독계림주제군사신라왕(使持節開府儀同三司檢校大尉大都督雞林州諸軍事新羅王)으로 책봉된다. '나기'는 이 왕대를 '邊境靜謐. 市井歡娛'라고 표현하고 있는데, 그 5년에는 일길찬 신홍의 반란이 있었고, 왕권의 동요(動搖)를 부정할 수는 없다. 고려의 태조가 태어난 것은, 이 왕의 2년이다. 또한 4년과 8년에 일본국사(日本國使)의 내조(來朝)를 기록하고 있으나, 일본 사료에는 그것에 해당하는 기사를 빠트리고 있다.

○【自京師至於海內. …風雨調於四時】헌강왕대의 평온을 칭찬하는 이 왕의 기사는 '나기'의 헌강왕 6년 조에 기록되어 있으나, '유' 권제1·또 4절 유택 조에도 '나기'의 글을 요약한 기사가 보인다. 또한 주해 106 참조.

○【開雲浦】kae-un-pho. '승람' 울산군 조에는 '開雲浦在郡南二十五里.'라고 보이며, 더 나아가 이조에 이르러 좌도수군절도사영이 부산포에서 이곳으로 옮겼다.

342a○【鶴城】hak-sŏṅ. 울주(蔚州)를 말한다. "고려사" 지리지에 '蔚州 … 別號鶴城'이라고 되어 있다.

342○【忽雲霧冥(冥)曀. 迷失道路】용신(龍神)이 출현하는 상황을 전하는 것으로, '만파식적' 조의 '天地振動風雨晦暗'과 같은 표현이다. 그런데 나중에 이 표현을 일식에 대한 묘사라고 생각하여, 처용랑을 일식신인 나후에 비유하는 사상이 생겼다("樂學軌範").

○【日官】주해 168을 참조.

343○【級干職】주해 237을 참조.

344○【變無(爲)人夜至其家】한국고전총서본 머리글과 같이 無를 爲의 잘못이라고 본다면, '변하여(사람 모습으로 둔갑하여), 밤에 그 집에 이르러…'가 되어 원활하게 읽을 수 있으나, 원문 그 대로는 '변하여(사람 모습으로 둔갑하여), 사람 없는 밤(사람이 없는 밤)에, 그 집에 이르러…'가 될 것이다.

○【乃唱歌作舞而退】소위 처용무(處容舞)의 기원 설화로, 이 가무는 고려 시대에 들어오면, 벽사진경의 무악으로서 궁궐에 받아들여, 이조 초기까지 전해졌다. 또 이 가무는 일반민속으로서도 행해진 것 같으며, '승람' 경주 조에는, '自號處容. 每月夜歌舞於市. 意不知所在. 時以爲神. 其歌舞處後人名爲月明巷. 因作處容歌處容舞假面以戲'라고 되어 있다. 또한 이 조에 보이는 처용가의 전반(前半)은 이조의 성종 24년(1493)에 편찬되었다. '악학궤범' 소재의 처용가 가운데에도 다루어져, 매년 12월 그믐날에

궁정에서 구나의 의례가 행해진 후, 이 무악이 연출되었다.

○【東京·明期·月良】[원문에는 구(句) 구분을 명시하지 않았으나, 편의 상 나누어 보인다.] 東京toň-kyŏň 경주 도읍. 明期pǎr-kǎn 밝은. 月良 tǎ-rae 달에.

○【夜入伊·遊行加可】夜入伊pam-tǔr-i 밤늦게까지. 遊行如可no-ni-ta-ka 노니다가.

○【入良沙·寢矣·見昆】入良沙tǔr-ŏ-sa 들어가. 寢矣cart-ǎe 寢床(을) 見 昆po-kon 보면.

○【脚烏伊·四是良羅】脚烏伊kar-ǎ-i 다리는. 四是良羅n도-i-rŏ-ra 넷이었다.

○【二肹隱·吾下於叱古】二肹隱tupǔr-hǔ-n 둘은. 吾下於叱古nae-hae-ŏ-s-ko 내 것이고.

○【二肹隱·誰支下焉古】二肹隱tupǔr-hǔ-n 둘은. 誰支下焉古nu-ki-hae-ŏn-ko 누구 것인가.

○【本矣·吾下是如馬於隱】本矣pon-tǎe 본래. 吾下是如馬於隱nae-hae-i-ta-mar-ŏn 내 것인데.

○【奪叱良乙·何如·爲理古】奪叱良乙a-s-a-nǎr 빼앗긴 것을. 何如ŏs-tŏ 어떻게. 爲理古hǎ-ri-ko 어찌하나.

○【此. 國人門帖處容之形. 以僻邪進慶】벽사진경의 주술로서 처용랑의 인 형이나 화상(畫像)을 문에 붙이는 풍습은 오래토록 조선사회에서 계승 되어, 이조의 학자 정동유(1774-1808)는, "주영편" 속에서 이것에 관한 '打處容'의 풍습을 다음과 같이 적고 있다. '正月十四日. 閭閻以藁草爲人 形. 納若干錢於其中. 頭腹臂股無所定處. 又或以小兒襦褓237)等衣被其體 名曰處容. 以爲除厄之法. 及黃昏. 街上兒童十百爲群. 逐家問處容有無. 有者投之. 門外群童. 各各執其頭脚. 左右扯奪. 逐片片裂碎. 乃各各檢其 所執之體. 有錢者得之. 名曰打處容'(李能和 "朝鮮巫俗考"에서 인용).

---

237) 원저서에는 襦으로 보인다. 襟일 것이다.

345○ 【靈鷲山】 주해 340 망해사(望海寺) 항목을 참조.

346○ 【幸鮑石亭. 南山神現舞於御前】 포석정(pho=sŏk-cŏṅ)은 남산의 서쪽 기슭에 세워진 신라시대의 별궁으로, 현재 포어(鮑魚)의 모양을 한 유상곡수의 유적이 남아 있다. 이 정자에는 왕비의 종친과 외척과 함께 회연(會宴)을 벌인 경애왕이, 후백제의 견훤에 의해 공격당해, 후관으로 도망가 자진한다는 슬픈 이야기가 담겨 있다. 이 정자가 유상곡수의 장소만으로 된 것은, 신의 행동으로서의 놀이가 사람의 행동으로서의 유락으로 바뀌어 버린 후의 일이며, 본래는 이 기사에도 보이는 것과 같이, 남산의 산신을 모시는 성역이었던 것이다. 화랑 효종랑이 남산의 포석정에서 놀았다는 기사가 있는 것도[권제5 효선(孝善) 제9 빈녀양모' 조], 영악남산의 영지로서의 포석정을 이야기하고 있는 것이다.

○ 【祥審】 saṅ-sim 아마 산신(san-sin)의 차자표기일 것이다. 象審(saṅ-sin)·霜髯(saṅ-pin) 모두 같은 것이라고 생각된다.

347○ 【金剛嶺】 주해 114a 참조.

○ 【北岳】 금강산을 말한다. '승람'에는 '金剛山在府北七里新羅號北嶽'이라고 적혀 있다. 또한 토함산을 동악, 선도산을 서악, 함월산을 남악이라고 불렀다.

○ 【玉刀鈐】 미상. 그러나 玉刀 음ok-to는 악(嶽)의 옛말 o-ram, 영(靈)의 훈과 통할 가능성도 있기 때문에, 옥도(玉刀)는 산령(山靈)의 훈차자일까. 후문에 이 1구(句)와 짝을 이루는 형태로, 토지신이 나타나고, 그것을 지백급간이라고 부르는 것도 참고해야 할 것이다.

○ 【同禮殿】 미상.

○ 【地伯級于(干)】 지백(地伯)은 땅의 주인이라는 뜻. 급간은 원래는 신라의 제9등의 관위이나, 이곳에서는 존칭일 것이다.

○ 【語法集】 미상.

○ 【地神山神知國將亡. 故作舞以警之】 고대의 가무(歌舞)는 정치를 지지하는 중요한 종교의례이며, 신과 왕을 직결(直結)하는 자리였다. 바다신·

산신의 가무에 의해 제사가 한층 심오해지며, 나라의 운명이 계시되기도 하는 것과 함께, 왕도 가무를 하는 것에 의해, 여러 신을 향한 강화 의례를 밝는 것이다. 예를 들면 경애왕이 국가흥망의 때에, 포석정에서 주연을 했다는 전승 등도['유' 권제2·김부(金傅)대왕], 이 정자에서 모시는 호국신을 향한 혼신의 종교의례로 봐야 할 것이며, 그것은 그저 구경만 하고 노는 가무가 아니었던 것이다.

³⁴⁸진성여대왕 거타지

眞聖女大王 居陁知

³⁴⁹第五十一眞聖女王. 臨朝有年, 乳母鳧好夫人. 與其夫魏弘匝干等三 · 四寵臣. 擅權撓政, 盜賊蜂起. 國人患之, 乃作陁羅尼. 隱語書投²³⁸⁾路上. 王與權臣等得之, 謂曰 "此非王居仁, 誰作此文." 乃囚居²³⁹⁾仁於獄. 居仁 作詩訴于天, 天乃震其獄囚以免之. ³⁵⁰詩曰. 燕丹泣血虹穿日,²⁴⁰⁾ 鄒²⁴¹⁾ 衍含悲夏落霜.²⁴²⁾ 今我失途還似舊,²⁴³⁾ 皇天何事不垂祥.²⁴⁴⁾ 陁羅尼²⁴⁵⁾ 曰, "南無亡國. 利尼那帝. 判尼判尼蘇判尼于干²⁴⁶⁾三阿干. 鳧伊裟婆訶."

---

238) 규장각본, 고증. 投(投), 이하 같다.
239) 파른본, 규장각본. 居, DB. "삼국사기" 권11, 신라본기 진성왕 2년 조에는 巨.
240) DB. "삼국사기" 권11, 신라본기 진성왕 2년 조에는 于公慟哭三年旱.
241) 규장각본. 鄒, 파른본. 鄒(改書?), 고증. 鄒(鄒). 이하 같다.
242) DB. "삼국사기" 권11, 신라본기 진성왕 2년 조에는 鄒衍含悲五月霜.
243) DB. "삼국사기" 권11, 신라본기 진성왕 2년 조에는 今我幽愁還似古.
244) DB. "삼국사기" 권11, 신라본기 진성왕 2년 조에는 皇天無語但蒼蒼.
245) 파른본, 규장각본. 屍, 고증. 屍(尼). 이하 같다.
246) 파른본, 규장각본. 于于, DB. 동경대소장본에는 干干.

說者云, "利尼那帝者. 言女主也, 判尼蘇判尼者言. 二蘇判也, 蘇判爵名, 于于[247]三阿干[248]也, 鳧伊者. 言鳧好也."[351]此王代阿飱(飱)良貝.[249] 王之季子也. 奉使於唐, 聞百濟海賊梗於津鳧,[250] 選弓士五十人隨之. 舡次鵠島 [351a]鄕云骨大島, 風濤大作. 信宿俠[251]旬. 公患之, 使人卜之, 曰 "島有神池, 祭之可矣." 於是具奠於池上, 池水湧高丈餘. 夜夢有老人謂公曰, "善射一人. 留此島中, 可得便風." 公覺而以事諮於左右曰, "留誰可矣." 衆人曰 "宜以木簡五十片. 書我輩(輩)名, 沉水而鬮之." 公從之. 軍士有居陁知者. 名沉水中, 乃留其人, 便風忽起. 舡進無滯.[352]居陁愁立島嶼, 忽有老人. 從池而出謂曰, "我是西海若. 每一沙弥日出之時. 從天而降, 誦陁羅尼三繞此池, 我之夫婦子孫. 皆浮水上, 沙弥取吾子孫肝腸. 食之盡矣, 唯存吾夫婦與一女爾. 來朝又必來, 請君射之." 居陁曰 "弓矢之事吾所長也, 聞命矣." 老人謝之而没, 居陁隱伏[252]而待. 明日扶桑旣暾, 沙弥果來. 誦呪如前, 欲取老龍肝. 時居陁射之, 中沙弥. 即變老狐, 墜地而斃. 於是老人出而謝曰, "受公之賜. 全我性命, 請以女子妻之." 居陁曰, "見賜不遺. 固所願也." 老人以其女. 變作一枝花. 納之懷中, 仍命二龍. 捧居陁趂及使舡, 仍護其舡. 入於唐境. 唐人見新羅舡有二龍負之, 具事上聞, 帝曰 "新羅之使必非常人." 賜宴坐於羣臣之上, 厚以金帛遺之. 旣还(還)國. 居陁出花枝, 變女同居焉.

---

247) DB. 동경대소장본에는 于干.
248) DB. 干의 오기로 보이고, 규장각본에는 뒤에 者言三四寵臣이 있다.
249) 파른본. 負, 규장각본. 負, 고증. 貝.
250) 파른본, 규장각본. 鳧, DB. 島의 오기로 보인다.
251) 파른본. 浹, DB, 고증. 俠, DB. 浹의 오기로 보인다.
252) 파른본. 伏, DB. 伏의 오기로 보인다.

풀이 **348**진성여대왕(眞聖女大王) 거타지(居陀知)

349제51대 진성여왕253)이, 제사를 하게 되고 몇 년인가 지났을 때, 여왕의 유모이었던 부호부인이, 그의 남편 위홍 잡간254)을 비롯해 서너 명의 총신들과 함께, 권력을 마음대로 흔들었기 때문에, 정치는 한층 어지러웠고 도적이 벌떼처럼 일어났다. 나라 사람들 가운데, 이를 매우 근심하는 자가 있어, 은어의 수수께끼를 만들어, 그것을 길 위에 던져 두었다.(그 은어라는 것은, 평범한 것으로는 알 수 없다.) 다라니255)를 이용한 것이었다. 그런데 이것을 본 왕과 그 권신들이 두런두런 이야기를 나누고서는

"이런 것을 쓸 수 있는 것은, 왕거인밖에 생각할 수 없다. 그렇지 않으면, 도대체 누가 이 글을 지었겠는가."라며 왕거인을 잡아 옥에 가두어 버렸다. 그래서 거인은 시를 지어 그 무죄를 하늘에 호소하니, 금시 하늘은 거인을 구해 내어, 터무니없는 죄로부터 벗어나게 해 버렸다. **350**거인의 그때의 시에는

연단256)의 피눈물은,

하얀 무지개가 되어 하늘을 뚫고[연단(燕丹), 추연의 지성에 하늘이 감동하여]

추연257)도 중상의 슬픔을 품자,

---

253) DB. 재위 기간은 887~897년. 경문왕의 딸로 통일신라시대의 유일한 여왕.
254) DB. 잡찬(迊湌), 소판(蘇判)이라고도 하는데, 신라의 17관등 중 세 번째.
255) DB. 범어 dharani의 음역.
256) DB. 전국시대 연(燕) 태자.
257) DB. 전국시대 제(齊)나라 사람.

하늘이 여름에 서리를 내렸네.

지금 나도 같은 길을 헤매고 있으니,

연(燕)이나 추(雛)와 같은 그 신세는,

황천이여,

바라는 것은 어떻게든 서상(瑞祥)을 내려 주시오.

라고 되어 있었다. 다라니에는

"나무망국 찰니나제 판니판니 소판니 우우삼아간 부이사바하(南無亡國 刹尼那帝 判尼判尼 蘇判尼 于于三阿干 鳧伊娑婆訶)."

라고 적혀 있는데, 그것을 풀이하는 이의 말에 의하면

"찰니나제는 여왕을 말하고 판니판니 소판니는 두 소판을 말한 것이니, 소판은 관작의 이름이요, 우우삼아간은 서너 명의 총신을 말한 것이며, 부이는 부호를 말한 것이다."라는 것이었다.

351이 왕의 시대에, 아찬의 자리에 올랐던 양패는 왕의 막내아들이었다. 양패가 당나라 사신의 임무를 다하기 위하여, 바다를 건너려고 할 때, 백제의 해적이 이곳저곳 배를 대는 곳에서 위세를 떨치고 있다고 전해 들었다. 뛰어난 궁수 50명을 뽑아 데리고 갈 채비를 갖추었다. 배가 곡도(鵠島)²⁵⁸⁾**351a**이 지방에서는 골대섬(骨大島)이라고 한다.에 이르자 파도가 크게 거칠어졌기 때문에, 열흘 남짓 그 섬에서 묵어야 했다. 이 상황을 염려한 양패공이 사람을 시켜 점을 치니, "섬에 신령한 못이 있다. 그곳에서 천신에게 제사 지내면 저절로 길은 열릴 것입니다."

---

258) DB. 곡(鵠)은 본음이 혹이다. "삼국사기" 지리4에 "漢山州 … 鵠島 今白嶺鎭"이라고 나와 있으며 현재 백령도(白翎島) 부근의 어느 섬을 가리키는 것으로 생각된다.

라고 하였다. 즉시 못 위의 제단에 술과 음식을 바치고 기도를 하니, 못물이 한 길 남짓이나 솟아올랐다. 그날 밤 공은 꿈속에서 한 노인이, "활 잘 쏘는 사람 한 사람을 골라, 이 섬 안에 머무르게 하면, 반드시 좋은 순풍을 얻을 수 있을 것입니다."라고 하는 것을 들었다.

공은 일어나자마자 곧 좌우 사람들에게 말하여, "누구를 머무르게 하는 것이 좋겠는가?"라고 상담했다. 여러 사람들의 의견으로는, "50장의 목간에 우리 궁사 50명의 이름을 적은 것을 물에 띄워 가라앉는 것으로 제비를 뽑는 것이 좋다."라고 했다.

공은 이를 따랐다. 그러자 군사 중에 거타지란 자가 있었는데, 그의 이름이 가장 깊게 물속에 가라앉았다. 그래서 이 거타지를 섬에 머물게 하니, 금시 순풍이 불어와 배는 순조롭게 나아갔다. [352]남은 거타지는 어떻게 될지 무척 근심을 하면서 섬의 한쪽에 서 있었더니, 갑자기 한 노인이 나타났다. 연못으로부터 모습을 보인 노인은,

"나는 서해의 바다 신(海神)인데, 요즈음 해가 뜰 때마다 한 사미승이 하늘에서 내려와, 다라니를 중얼거리면서 이 못을 세 바퀴 돌자, 기이하게도 우리 부부도 자식도 소자들도 금시 신통력을 잃고 물 위에 떠올라 버린다네.[259] 그러자 사미승이 내 자식과 손자의 간과 창자를 다 먹어 버리고, 그 때문에 지금은 이제 우리 부부와 딸 아이 하나가 남았을 뿐이오. 그러나 내일 아침이 되면, 또 그 사미승이 반드시 올 것이다. 부디 이 사미승을 쏘아 잡아 주시오."라고 하였다. 거타가

"활 쏘는 일만큼은, 자신이 있으니 말씀대로 따르겠습니다."

라고 대답을 하니, 금방 그 노인은 물속으로 모습을 감추어 버렸다.

---

259) DB. "이 못을 세 바퀴 돌면 우리 부부와 자손들이 모두 물 위에 떠오르는데."

거타는 몸을 숨기기 위해 엎드린 채로, 사미가 나타나기를 기다렸다. 다음날 아침 해가 비칠 때, 과연 사미는 다가왔다. 그리고 전과 같이 주문을 외우며 늙은 용의 간을 취하려고 하였다. 이때다 싶어 거타가 활을 쏘자, 보기 좋게 사미를 꿰뚫었다. 사미의 모습은 이내 늙은 여우로 변하여 땅에 떨어져 죽었다.

이때 그 노인이 다시 나타나, 공에게 감사를 표하면서, "공의 은덕을 받아, 우리가 목숨을 보전하였으니, 부디 남은 내 딸을 공이 거둬들였으면 한다."라고 하였다.

거타가 말하였다. "주신다면 저버리지는 않겠습니다. 원래부터 바라던 바입니다.[260]"라고 대답을 하였다. 그러자 그 노인은 그 딸을 하나의 꽃가지로 변신시키자, 공은 이것을 품속에 간직했다. 이리하여 노인의 명을 받은 두 마리의 용이, 서둘러 공을 따라, 먼저 당으로 향하여 출발했던 일행의 배를 쫓아, 이윽고 이 배에 다다랐다. 두 마리의 용은 한층 더 일행을 호위하여, 무사히 당나라의 영역에 들어가기까지 바래다 줬다. 당나라 사람들은, 신라의 배를 두 용이 짊어지고 오는 것을 보고, 이 모습을 황제에게 아뢰었다. 황제는

"신라의 사신은 반드시 평범한 사람이 아닐 것이다."

라고 하시며, 잔치를 베풀고 자리도 다른 나라로부터 조공을 온 사신들보다 훨씬 위에 자리하게 하고 금과 비단을 후하게 내려 주었다. 이윽고 고국에 돌아온 거타는, 품속에서 그 꽃가지를 꺼내니, 금시 한 여자로 변하여 함께 살게 되었다.[261]

---

260) DB. "[따님을] 주시고 저버리지 않으시니".
261) DB. 거타지 설화는 고려 태조 왕건의 조부인 작제건(作帝建) 설화와도 유사하다. "고려사" 참조.

348○ 【眞聖女大王】 '나기'에 의하면 휘는 만(曼), 헌강왕의 여동생으로서, 그 재위 연차는 887-897년으로 하고 있다. 그러나 "최치원문집"이나 "납정절래"에서는 휘를 탄(坦)이라고 하고, 그 즉위연차도 1년의 오차가 있다. 이 시기의 신라는 이미 지방세력이 자립하여, 신라왕권의 지배하에서 벗어나려고 하고 있었다. 진성 5년(891) 10월에는 북원경(지금의 원주)에서 반란을 일으킨 양길이, 후에 태봉국을 건설한 궁예를 파견하여, 북방에서 활동하기 시작하여, 다음 해 6년(892)에는 전라도에서 견훤이 후백제를 건국하였다. 또 10년(896)에는 옛 가라(加羅) 지방에 적고적이 일어나, 왕도 서부까지 진격해 왔다. 이와 같이 진성왕대는, 후삼국시대로 이행하는 신라왕조 말기의 정황을 보이고 있다.

○ 【居陀知】 미상.

349○ 【鳧好夫人】 미상.

○ 【魏弘】 '나기'에 의하면, 위홍은 헌강왕 원년(875)에 이찬에서 상대등이 되었다. 진성왕 2년(888) 2월까지 각간으로 승격하고, 진성여왕과는 이전부터 정을 통하고 있었기 때문에 왕이 즉위하자, 늘 궁궐 안으로 출입하여 정치에 간섭했다. 이 해에 위홍이 죽자, 진성여왕은 혜성대왕의 시호를 보냈다.

○ 【王居仁】 미상.

351○ 【鵠島】 '사' 권37 지리지(4)의 고구려 옛 지명 가운데에 '鵠島, 今白嶺鎭.'이라고 되어 있다. '승람' 권43 강령현 건치 연혁 조에, '古白翎島本高句麗鵠島高麗稱白翎鎭'이라고 되어 있는 것에 해당한다. 현재 황해도 옹진군 강령리 지방의 섬일 것이다.

³⁵³효공왕

孝恭王

³⁵⁴第五十二孝恭王. 光化十五年壬申. ^{354a}實朱梁虬化二年也. 奉聖寺外門. 東西二十一間. 鵲巢. ³⁵⁵又神德王即位四年乙亥. ^{355a}右本云天祐十二年. 當作貞明元年. 靈廟寺內行廊. 鵲巢三十四. 烏巢四十. ³⁵⁶又三月. 再(再)降霜. ³⁵⁷六月. 斬浦水與海水波相鬪三日.

풀이

³⁵³효공왕(孝恭王)

³⁵⁴제52대 효공왕 광화 15년, 임신^{354a}사실은 주량의 건화 2년(912년)이다.년에, 봉성사 바깥 문에, 동서 스물한 칸에 걸쳐 까치가 둥지를 짓는 일이 있었다. ³⁵⁵또 신덕왕이 즉위해서 4년(915년)째인 을해년^{355a}고본(古本)에는 천우 12년이라고 했는데, 이것은 마땅히 정명(貞明) 원년이라고 해야 한다.에 영묘사 안 행랑에 까치가 서른네 군데나 둥지를 만들고, 까마귀도 마흔 군데의 둥지를 만들었다. ³⁵⁶또 3월에 두 번이나 서리가 내렸고, ³⁵⁷6월에는

참포의 물과 바닷물이 사흘 동안에 걸쳐 서로 싸운 일이 일어났다.

353○ 【孝恭王】 '나기'·'유' 왕력 모두 휘를 요(嶢), 아버지를 헌강왕이라고 하고 있는데, 어머니의 이름을 달리하고 있다. '유' 왕력에서는 모를 헌강왕의 정실 왕비 문자왕후라고 하고 있지만, '나기'에서는 헌강왕의 서자로, 모(母)는 김씨라고만 되어 있고, 효공왕 2년 정월에 의명왕 태후라고 하고 있다. 또 효공왕의 출신과 즉위에 대하여, '나기' 진성왕 9년 동 10월 조 및 11년 하5월 조에 다음과 같이 기록하고 있다. '(九年) 冬十月. 立憲康王庶子嶢爲太子. 初憲康王觀獵. 行道傍見一女子. 姿質佳麗. 王心愛之. 命後車載到帷宮. 野合·即有娠而生子. 及長體貌魁傑. 名曰嶢. 眞聖聞之. 喚入內. 以手撫其背曰. 孤之兄弟姉妹骨法異於人. 此兒背上兩骨隆起. 眞憲康王之子也. 仍命有司備禮封崇.', '十一年夏六月. 王謂左右曰. 近年以來. 百姓困窮. 盜賊蜂起. 此孤之不德也. 避賢讓位. 吾意決矣. 禪位於太子嶢. 於是遣使入唐表奏曰. 臣某言. 居義仲之官. 非臣素分. 守延陵之節. 是臣良圖. 以臣姪男嶢. 是臣亡兄晟息. 年將志學. 器可興宗. 不假外求. 爰從內擧. 近已傳權者藩寄. 用靖國災.' 이 설화의 요지는 왕의 서자가 왕위에 오르는 것과, 왕이 생존 중에 양위하는 것이, 신라의 왕위계승에서 이례적인 사태이었기 때문에, 그 해명을 위한 것이었다. 제49대 헌강왕, 50대 정강왕, 51대 진성왕의 3대가, 형제 상속이었으나, 이것은 각 왕에게 적자의 계승자가 없었기 때문일 것이다. 진성왕의 양위는 27대 선덕여왕 대에 당(唐) 태종으로부터 '女王不能善理'라고 지적받은 것이, 어쩌면 영향을 주고 있는 것일지도 모른다. 이 왕대는 북방의 궁예가 세력을 증대하고, 8년(904) 국호를 마진이라고 하고, 여러 제도를 갖추었다. 더 나아가 15년(911) 궁예는 태봉국이라고 고쳤다. 후백제의 세력도 또 확대되어, 소위 후삼국시대에 들어간 왕대이다.

354, 354a○【光化十五年壬申(實朱梁乾化二年也)】광화의 연호는, 당 소종이 정한 것으로, 898-901년까지 4년밖에 없다. 이것을 광화 15년이라고 한 것은, 신라의 마지막 견당사가 사료에는 보이지 않지만, 광화 연중에 파견되었기 때문이며, 그 후의 연호의 변천을 무시하고 기록된 것일지도 모른다. 당시의 중국역사는 당 말의 혼란기로, 황소의 난에 참가한 주온이, 901년에는 당의 소종을 옹립하고, 도읍을 장안에서 낙양으로 옮겼으나, 소종이 여러 제후에게 주온의 횡포를 전했기 때문에, 주온은 소종을 죽이고 애제를 세웠다. 907년 애제를 퇴위시키고, 후양의 태종이 되고, 연호를 개평이라고 했다. 이어서 911년, 연호를 건화라고 고쳤다. 건화 2년 임신은 912년이다. 분주(分注)에 주량이라고 되어 있는 것은, 후량왕실의 씨명이 주씨(朱氏)이었기 때문이다.

354○【奉聖寺】권제2 · 혜공왕 조를 참조.

355○【神德王】재위 912-917년. 성 박씨. '나기'는 휘를 경휘(景暉)라고 하고, 아달라왕의 먼 손자로, 아버지를 예겸이라고 하며, 어머니를 정화부인이라고 하고, 왕비는 헌강왕의 딸이라고 하고 있다. '유' 왕력에서는, 휘를 경휘(景徽)라고 하며, 본명을 수종이라고 하고 있는데, "당서" 신라전에서는 제42대 흥덕왕을 경휘하고 하고, '나기' 권10의 흥덕왕 전기(前紀) 조에서는 '興德王立. 諱秀宗. 後改爲景徽.'라고 있기 때문에, '유' 왕력이 순서를 착각한 것인지 의심된다. 또 신덕왕의 계보에 대해서는, 이례적으로 모계를 부계보다 먼저 들며, 어머니 진화부인을 아달라왕의 먼 손자라고 하고 있다. 아버지도 문원각간이라고 하고, 의부로는 예겸이라고 하고 있다. 이와 같은 '나기'와 '유'의 서로 다른 전승은 박씨 왕계에 대한 해석의 차이이며, 박씨 왕계로의 이해가 정설화되어 있지 않기 때문일 것이다. 신덕왕에 대해서는 이마니시 류 이후 신라왕의 성격 · 선출방법이나 골품제의 문제로서 생각되어 왔다. 또 중국의 동성불혼의 혼인형태를 받아들이는 것에 의해, 왕후를 박씨라고 하는 생각이, 이 시대에 상당히 퍼지고, 신덕왕의 자매가 효공왕의 왕후가 된 것에서 박씨로 부르고, 헌

강왕의 딸 김씨를 신덕왕이 처로 삼는 것으로 인해, 박씨라고 이름을 말하게 된 결과라고 하는 생각도 있다(井上秀雄, '新羅朴氏王系の成立―骨品制の再檢討, 朝鮮學報 47집 "新羅史基礎硏究" 수록). 이 왕대는 전대에 이어, 후백제나 태봉(泰封)의 침입을 받았는데, 신덕왕 5년(916) 秋8월 조에, 후백제의 견훤이 대야성 공격에 대해 반격한 것을 전하고 있다. 사료에 보이는 한, 신라가 자력으로 국토를 방어한 것은, 이때를 마지막으로 하고 있다.

355, 355a○ 【神德王卽位四年乙亥(右[古]本云天祐十二年. 常作貞明元年)】 신덕왕 4년 을해는, 915년에 해당한다. 천우는 당 마지막의 황제 애제의 연호로, 동 4년 후량(後梁)의 태조 주전충이 애제를 몰아붙여 자리를 물려받고, 당은 이로써 멸망했다. 같은 해부터 양(梁)의 개평의 연호가 쓰였으나, 신라에서는 당을 종주국으로 하고 있었기 때문에, 양의 연호를 고본(古本)에서는 인정하지 않았을 것이다. 915년에는 양의 정명 원년에 해당하며, 천우의 연호가 계속 이어지면, 천우 12년에 해당하는 해이다.

○ 【靈廟寺】 권제1·선덕왕 지기삼사(知幾三事) 조를 참조.

357○ 【漸浦】 '나기'에서는 참포(槧蒲)라고 하며, 신덕왕 4년(915) 하4월 조에 '槧浦水與東海水相擊. 浪高二十丈許. 三日而止.'라고 있다. 이 외 이 왕대에서 천재지변의 기사가 많으나, 이것은 신라멸망의 전조라고 보고, 편찬자가 의식적으로 다룬 것이라고 생각된다. 다음으로 참포의 위치에 대하여, '사' 권32·제사지 사독 조에 '東, 吐只河(一云槧浦. 退火郡)라고 되어 있다. 또 '승람' 권22·흥해군 고적 조에 '槧浦(一云吐只河. 新羅東瀆. 載中祠. 疑即曲江也.)'라고 되어 있으며, 곡강에 대해서는 같은 군(郡) 산천 조에 '曲江(在郡東七里. 源出慶州神光縣馬北山北. 流過郡北. 東流孤靈山入海.)'이라고 되어 있다. 곡강은 "동국여지도"에 의하면 신광천이며, 흥해는 현재의 경상북도 영일군 의창면 흥해읍이다.

³⁵⁸경명왕

景明王

³⁵⁹第五十四景明王代. 貞明五年戊寅, 四天王寺壁畫狗鳴, 說²⁶²⁾經三日
壤²⁶³⁾之, 大²⁶⁴⁾半日又鳴. ³⁶⁰七年庚辰二月. 皇龍寺塔影倒立於今毛舍知
家庭中一朔. ³⁶¹又十月四天王寺五方神弓絃皆絶, 壁畫狗出走庭中. 還入壁
中.

풀이 ³⁵⁸경명왕(景明王)

³⁵⁹제54대 경명왕 때, 정명 5년 (간지로는) 무인에 사천왕사 벽화에 그
려져 있는 개가 짖으므로, 3일 동안 불경을 강설하여 이를 물리쳤
다. 그래도 반나절이 채 안 되어 또 마찬가지로 개가 울었다고 한다.

---

262) 파른본, 규장각본. 說, 고증. 說(說).
263) DB. 규장각본. 壤.
264) 고증에서는 大(不). DB, 파른본. 大, 규장각본. 犬.

³⁶⁰또 정명 7년 경진 2월(920년)에, 황룡사 탑의 그림자가 10일간이나, 금모사지의 집 뜰 앞에 비쳤다. ³⁶¹또 같은 해 10월의 일. 사천왕사 오 방천신이 지키고 있던 활줄이, 모두 끊어져 버리자, 그것에 맞추어 벽화에 그려져 있던 개가 바깥으로 빠져나와, 뜰 안을 뛰어다니다가, 다시 벽화 속의 개가 되어 버렸다.

주해

358○ 【景明王】 '나기'에 의하면, 제54대 경명왕의 재위는 917-924년이며, 아버지를 신덕왕, 어머니를 의성왕후라고 하고 있다. '유' 왕력에서는, 어머니를 자성왕후라고 하고 있는 점에서 '나기'와 다르다. 경명왕 2년 (918) 하6월에 궁예를 쓰러트리고 고려태조가 즉위했다. 경명왕 4년 (920)에는, 후백제가 대야성을 함락하고, 왕도로 진군하려고 했기 때문에, 왕은 고려에 원군을 요청했다. 다음해 5년(921) 2월에 말갈이 침입했을 때에도 고려태조의 지원을 얻었다. '사'의 편찬이 고려 조이었기 때문에, 이 왕대 이후 고려태조의 활약을 주체로 기술되어 있는데, 신라말기의 3왕대에는 고려태조의 강력한 지원을 받았던 것은 사실이라고 해도 좋을 것이다.

359○ 【貞明五年戊寅…】 정명은 후양의 연호로, 정명 5년은 919년에 해당한다. 그러나 그 간지는 을묘로, 1년의 오차가 있다. '나기'에서는 경명왕 3년(919) 조에 '四天王寺塑像所執可弦自絶. 壁畫狗子有聲若吠者.'라고 있으며, 이 기사에 대응한다. 이 설화도, 신라망국의 조짐을 나타낸 것이라고 할 수 있겠다.

○ 【大(不)半日又鳴】 大는 不의 잘못일 것이다. 견(犬)의 잘못이라고도 보이겠으나, 본문에서는 구(狗)라고 적혀 있으므로 불(不)이라고 해야 할 것이다.²⁶⁵⁾

360○ 【七年庚辰】 정명 7년(921) 경명왕 5년의 일이나, 경진은 전년인 정명

6년으로 간지와 연차가 여기에서도 1년 차이가 난다.

○ 【皇龍寺】 권제3 · 황룡사장육 조 참조.

○ 【今毛舍知】 미상.

361○ 【四天王寺】 권제1 · 선덕왕 지기삼사(知畿三事) 조 참조.

---

265) 주어 관점에서는 犬이 맞을 것이다.

³⁶²경애왕

景哀王

³⁶³第五十五景哀王. 即位同光二年甲辰²⁶⁶⁾二月十九日. 皇龍寺說百座.

說經. 兼飯禪僧三百, 大王親行香致供. 此百座通說禪教之始.

풀이 **³⁶²경애왕**(景哀王)

³⁶³제55대의 경애왕이 즉위한 동광 2년, 갑진 2월 19일의 일, 황룡
사²⁶⁷⁾에서 백좌²⁶⁸⁾를 열어 불경을 풀이하였다. 겸하여 선승 3백 명에
게 음식을 대접하고, 대왕도 친히 그 자리에 가서 향을 피우고 공양을

---

266) 파른본, 고증. 甲辰, DB. 경애왕 즉위년은 후당 장종(莊宗) 동광(同光) 2년 甲申이므로 甲
申의 오기로 보인다.
267) DB. 지금의 경상북도 경주시 月城 동쪽에 있었던 사찰. 고려 고종 때 몽골군의 침입으로
소실되어 지금은 터만 남아 있다.
268) DB. "인왕경(仁王經)"을 소의 경전으로 하는 불교법회로 100명의 법사를 모시고 경을 읽는
법회.

바쳤다. 이것이 백좌통설이라고 하는 것으로, 선(禪)과 교(敎)를 말한 시초269)이다.

362○ 【景哀王】 '나기'에 의하면 제55대 경애왕의 재위는 924-927년, 경명 왕의 친동생이며, 아버지는 신덕왕, 어머니는 의성왕후, 왕비는 없고, 휘 는 위응이라고 한다. 경명왕 원년에 이찬으로 상대등이 되었으나, 3년에 는 상대등의 지위를 김성에게 물려주고 있다. 이 시기의 상대등제는 이 미 부왕의 요소가 강하고, 태자취임 이전에 상대등의 자리에 취임했을 것 이다. 경애왕시대는 후삼국시대로, 신라는 고려태조 왕건에 의존하면서, 후백제 견훤에 대항했다. 4년(927) 11월, 견훤의 군사가 신라왕도에 침입 하여 경애왕을 죽였다. 이때 왕이 포석정에서 주연을 열고 있었던 것에 대하여, 경애왕을 유락(遊樂)에 빠지고, 정치를 잊은 나쁜 왕(惡王)이라 고 하는 설과, 이것에 대하여 국가의 흥망에 즈음하여, 왕의 직장(職掌) 으로서 시운을 점치고, 그 대책을 신에게 구하는 신성한 행사를 하고 있 었다고 보는 설로 나누어져 있다.

363○ 【司光二年甲辰二月十九日】 경애왕의 즉위연차가 동광 2년(924)이라 는 것은 '나기', '유' 왕력 모두 같다. 그러나 그 간지가 여기에서는 갑진이 라고 되어 있는데, 동광 2년의 간지는 갑신으로, 진(辰)은 신(申)의 잘못 이다. 즉위의 월일을 명시하는 예는 드물지만, 그 원전은 불명하며, 절일 (節日) 등의 관계도 불명하다. 또 '나기'에서는 선왕 경명왕의 죽음을 같 은 해 8월이라고 하고, 같은 해 9월에는 서둘러 경애왕이 고려태조에게 사신을 파견하고 있다. '나기'는 유월칭원을 따르는 예가 많으므로, 즉위 는 동광 2년 갑신 9월이라고 하는 것이 된다. 경애왕 즉위의 월일에 대해

---

269) DB. 이것이 백좌에서 함께 설한 선교(禪敎)의 시초이다.

서는 달리 사료를 찾아내지 않는 한, '사'와 '유'는 서로 다른 자료에 의한 것이라고 할 수밖에 없다.

○【皇龍寺】권제3 황룡사(皇龍寺) 구층탑 조 참조.

³⁶⁴김부대왕

金傅大王

³⁶⁵第五十六金傅大王. 諡敬順. ³⁶⁶天成二年丁亥九月. 百濟甄(甄)萱. 侵羅至高鬱府. 景哀王請救於我太祖. 命將以勁兵. 一萬往救之, 救兵未至, 萱以冬十一月掩入王京. 王與妃嬪宗戚. 遊鮑石亭宴娛. 不覺兵至. 倉卒不知所爲. 王與妃奔入後宮. 宗戚及公卿²⁷⁰⁾大夫士女. 四散奔走. 爲賊所虜. 無貴賤匍匐乞爲奴婢.²⁷¹⁾ 萱縱兵摽掠公私財物. 入處王宮. 乃命左右索王. 王與妃妾數人匿在後宮. 拘致軍中. 逼令王自進.²⁷²⁾ 而強溢(淫)王妃. 縱其下. 亂其嬪妾. 乃立王之族弟傅爲王. 王爲萱所擧卽位. 前王尸殯於西堂. 與羣下慟哭. 我太祖遣使弔祭. ³⁶⁷明年戊子春三月. 太祖率五十餘騎. 巡到京畿, 王與百官郊迎. 入宮²⁷³⁾相對. 曲盡情禮. 置宴臨海殿. 酒

---

270) 파른본, 규장각본. 卿, 고증. 卿(卿).
271) 파른본, 규장각본. 婢, 고증. 婢(婢).
272) 파른본. 進, 고증. 進(盡), DB. 盡의 오기로 보인다.
273) 파른본, 규장각본에는 '宮'이 없다. DB. "삼국사기" 권12, 신라본기 敬順王 5년 조에는 入 뒤에 宮.

酣. 王言曰. 吾以不天侵274)致禍亂. 甄275)萱恣行不義. 喪我國家. 何
痛276)如之. 因泣277)然涕泣. 左右莫不嗚咽. 太祖亦流涕. 因留數旬. 乃迴
駕. 麾下肅靜.278) 不犯秋毫. 都人士女相慶曰, 昔甄氏之來也. 如逢犳虎.
今王公之至. 如見父母. **368**八月. 太祖遣使. 遺王錦衫279)鞍馬. 并賜羣僚
將士有差. **369**清泰二年乙未十月. 以四方280)地盡爲他有. 國弱勢孤. 不
已281)自安. 乃與羣下謀. 擧土降太祖. 羣臣可否. 紛然不已(已)王太子曰,
國之存王必有天命. 當與忠臣義士. 収合心. 力盡而後已(已), 豈可以一千
年之社稷. 輕以與人. 王曰. 孤危若此. 勢不能全. 旣不能強. 又不能弱.
至使無辜之民肝腦塗地. 吾所不能忍也. 乃使侍郎金封休齎書. 請降於太
祖. 太子哭泣辭王. 徑往皆骨山.282) 麻衣草食. 以終其身. 季子祝髮隷華
嚴. 爲浮圖. 名梵空. 後住法水海印寺云. **370**太祖受書. 送太相王鐵迎之.
王率百僚歸我太祖. 香車寶馬連亘三十餘里. 道路塡283)咽, 觀者如堵. 太
祖出郊迎勞. 賜宮東一區. 今正承院. 以長女樂浪公主妻之. 以王謝自國居他
國. 故284)以鸞喩之. 改號神鸞公主. 謚孝穆. 封爲正承.285) 位在太子之

---

274) 파른본, 고증. 侵, DB. 浸의 오기로 보인다.

275) 파른본, 규장각본. 甄, 고증. 甄(甄).

276) 파른본, 규장각본에는 '痛'이 없다. DB. "삼국사기" 권12, 신라본기 敬順王 5년 조에는 何
뒤에 痛.

277) 파른본. 泣, DB. 만송문고본에는 泣.

278) DB. "삼국사기" 권12, 신라본기 敬順王 5년 조에는 正.

279) 파른본. 衫, 규장각본, 고증. 衫(衫).

280) DB. "삼국사기" 권12, 신라본기 敬順王 5년 조에는 方 뒤에 土.

281) DB. "삼국사기" 권12, 신라본기 敬順王 9년 조에는 能.

282) DB. "삼국사기" 권12, 신라본기 敬順王 9년 조에는 山 뒤에 倚巖爲屋의 네 글자가 있다.

283) 파른본, 규장각본. 塡, 고증. 塡(塡).

284) DB. '以王謝自國居他國故, 以鸞喩之改號神鸞公主'이다.

285) DB. "삼국사기" 권12, 신라본기 경순왕(敬順王) 9년 조에는 正承, "고려사" 권2, 세가(世家)
태조(太祖) 18년 조에는 政丞.

上. 給禄一千石. 侍從員將皆錄用之. 攺(改)新羅爲慶州. 以爲公之食邑.

371 初王納土來降, 太祖喜甚. 待之厚禮. 使告曰. 今王以國與寡人. 其爲賜
大矣. 願結婚於宗室. 以永甥舅之好. 王荅(答)曰. 我伯父億廉 _{王之考孝宗角干}
_{追封神興大王之弟也. 有女子, 德容雙美(美). 非是無以備内政."} 太祖娶之, 是爲神成王后金氏. _{本朝登仕}
_{郎金寬毅所撰王代宗錄云."神成王后李氏本慶州大尉李正言爲俠[286]州守時, 太祖幸此州納爲妃, 故或云}
_{俠州君. 願堂玄化寺, 三月二十五日立忌, 葬貞陵. 生一子安宗也."} 此外二十五妃主中不載金氏之事, 未
詳. 然而史臣之論亦以安宗爲新羅外[287]孫, 當以史傳爲是. 太祖之孫景宗伷. 聘政承公之
女爲妃. 是爲憲承[288]皇后. 仍封政承[289]爲尚父. 太平興國三年戊寅崩.
謚曰敬順. **372** 册[290]尚父誥曰. 勅. 姫周啓聖之初. 先封呂(呂)主. 劉漢興
王之始. 首開[291]簫[292]何. 自[293]大定寶區. 廣開基業. 立龍圖三十代. 躋
麟趾四百年. 日月重明. 乾坤交泰. 雖自無爲之主. 乃[294]開致理之臣. 觀
光順化衛國功(功)臣上柱國樂浪王政承食邑八千戶金傅. 世(處)[295]雞林.
官分王爵. 英烈振凌雲之氣. 文章騰擲地之才. 富有春秋. 貴居茅土. 六韜
三略. 恂入胷(胷)襟. 七縱五申. 撮飯(版)[296]指掌. 我太祖須載接陸擲之好.
早認餘風. 尋時頒駙馬之姻. 內酬大節. 家國旣歸於一統. 君臣宛合於三

---

286) DB. 陜의 오기. 이하 같다.

287) DB. 만송문고본에는 弟.

288) DB. "고려사" 권88, 열전(列傳) 후비(后妃) 경종(景宗) 조에는 獻肅.

289) DB. "고려사" 권2, 세가(世家) 조태(祖太) 18년 조에는 政丞.

290) 파른본, 규장각본. 冊, 고증. 冊(冊).

291) 파른본. 開, DB. 冊의 오기.

292) 파른본. 簫, DB. 蕭의 오기.

293) DB. 自 뒤에 此 혹은 是가 누락된 것으로 보인다.

294) 파른본. 乃, DB. 亦의 오기.

295) 파른본, 규장각본, 고증에는 '處'가 보이지 않는다. DB.에는 처(處) 삽입. 파른본.에는 世와
雞 사이에 傳가 보이나, 後人의 것인가.

296) DB.에는 '故'(귀 귀), 원저서에는 '飯'.

韓, 顯播令名. 光崇懿範. 可加號尚父都省令. 仍賜推忠愼297)義崇德守節
功臣號. 勳封如故. 食邑通前爲一萬戶. 有司擇日備禮用(冊)命. 主者施行.
開寶八年十月日. 大匡內議令廉(廉)揔翰林臣翮(翮)宣奉行, 奉勅如右. 牒
到奉行. 開寶八年十月日. 侍中署. 侍中署. 內奉令署. 軍部令署. 軍部令
無署. 兵部令無署. 兵部令署. 廣坪298)侍郎署. 廣坪侍郎無署. 內奉侍郎
無署. 內奉侍郎署. 軍卿(卿)無署. 軍部卿(卿)署. 兵部卿(卿)無署. 兵部
卿(卿)署. 告推忠愼義崇德守節功(功)臣, 尚父都省令, 上柱國樂浪都(郡)王
食邑一萬戶. 金傅. 奉勅如右. 符到奉行. 主事無名. 郎中無名. 書令史.
無名. 孔目無名. 開寶八月十月日. 下.

373史論曰. 新羅朴氏昔氏. 皆自卵生. 金氏從天入金櫃299)而降. 或(或)
云乘金車. 此尤詭怪不可信. 然世俗相傳爲實事. 今(今)但厚300)厥初. 在
上者. 其爲己(己)也. 儉301)其爲人也寬. 其設官也略. 其行事也簡. 以至誠
事中國. 梯航(航)朝聘之使. 相續不絶. 常遣子弟. 造朝302)宿衛. 入學而
誦303)習. 于以襲聖賢之風化. 革鴻荒之俗. 爲禮義之邦. 又憑王師之威靈.
平百濟高句麗. 取其地郡縣.304)

可謂盛矣. 然而奉浮屠之法. 不知其弊. 至使閭里比其塔廟. 齊民(民)逃
於緇褐. 兵農侵305)小. 而國家日衰. 幾何其不亂且三306)也哉.307) 於是時.

297) "고려사" 권2, 世家 景宗 즉위년 조에 忠順.
298) DB. 평(評)의 오기. 이하 같다.
299) 파른본. 櫃, 고증. 擯(櫃).
300) 파른본. 厚, 고증. 厚(原), DB. "삼국사기"권12, 신라본기 敬順王 9년 조 史論에는 原.
301) DB. '其爲己也儉, 其爲人也寬.'
302) DB. "삼국사기" 권12, 신라본기 敬順王 9년 조 史論에는 朝 뒤에 而.
303) DB. "삼국사기" 권12, 신라본기 敬順王 9년 조 史論에는 講.
304) DB. "삼국사기" 권12, 신라본기 敬順王 9년 조 史論에는 縣 뒤에 之.
305) DB. "삼국사기" 권12, 신라본기 敬順王 9년 조 史論에는 浸.

景哀王加之以荒樂. 與宮人左右出遊鮑石亭. 置酒燕衛(衎). 不知甄(甄)萱

之. 至308)與309)門外韓檎310)虎樓頭張麗華. 無以異矣. 若敬順之歸命太

祖. 雖非獲巳(已)亦可佳311)矣. 向若力戰守死. 以抏(抗)王師, 至於力屈勢

窮. 即312)必覆其家(宗)族.313) 害及于無辜之民. 而乃不待告命, 封府庫.

籍群難.314) 以歸之, 其有功(功)於朝廷.315) 有德於生民甚大. 昔錢民316)

以吳越入宋. 蘇子瞻謂之忠臣. 今新羅功(功)德過於彼遠矣. 我太祖妃嬪

衆多. 其子孫亦繁衍. 而顯宗自新羅外孫即寶位. 此後繼統者皆其子孫.

豈非陰(陰)德也317)歟. **374**新羅既納土國除, 阿干神會. 罷外署还. 見都城

離潰. 有黍離離嘆. 乃作歌. 歌亡未詳.

풀이 **364**김부대왕(金傅大王)

　　365제56대 김부대왕의 시호는 경순이다. **366**천성 2년 정해 9월, 백제

　　의 견훤은 신라를 침범해서 고울부318)까지 군사를 이끌었으므로, 경

---

306) 파른본, 규장각본. 正, 삼(三)은 아닌 것 같다. DB. 조병순소장본에는 亡으로 되어 있다.
　　본 조의 말미에 歌亡未詳이 있다.

307) DB. '衏'.

308) DB. '不知甄(甄)萱之至, 與門外韓檎虎樓頭張麗華無以異矣.'

309) DB. "삼국사기" 권12, 신라본기 경순왕 9년 조 史論에는 與 뒤에 夫.

310) DB. 금(擒)의 오기.

311) DB. "삼국사기" 권12, 신라본기 敬順王 9년 조 史論에는 嘉.

312) DB. "삼국사기" 권12, 신라본기 경순왕 9년 조 史論에는 則.

313) DB. '即必覆其家宗族.'

314) DB. "삼국사기" 권12, 신라본기 경순왕 9년 조 史論에는 郡縣.

315) 파른본, 규장각본. 廷, 고증. 迁(廷).

316) 고증. 民(民). DB. "삼국사기" 권12, 신라본기 敬順王 9년 조 史論에는 氏.

317) DB. "삼국사기" 권12, 신라본기 敬順王 9년 조 史論에는 報.

318) DB. 지금의 경상북도 영천시.

애왕은 우리 (고려) 태조에게 구원을 청했다. 장수에게 명을 내려, 정예 군사 1만 명을 거느리고 가서 구원하게 했다. 그러나 구원군이 아직 도착하지 않은 겨울 10월의 일, 견훤은 신라 도읍을 불시에 쳐들어가, 입경을 해 버렸다.

이때 왕은 왕비, 여관, 게다가 왕족들도 함께 포석정으로 가, 그곳에서 주연을 열고 한창 즐겁게 놀고 있던 중의 일로서, 견훤의 군사가 침입하는 것도 전혀 알지 못하다가, 너무나도 급하여 어찌할 바를 몰랐다. 왕과 왕비는 달아나 후궁으로 달려갔다. 왕의 일족이나 공경대부와 사녀들은 사방으로 흩어져 달아났지만, 결국은 뿔뿔이 흩어져 적의 포로가 되는 자가 많았다. 잡힌 자는 신분의 귀천을 가릴 것 없이, 모두 땅에 엎드려 "노비가 되어도 목숨을 살려 달라."고 하면서 엎드려 기면서 애원했다. 견훤은 병사들을 풀어놓아 공사 간의 재물을 약탈하게 하고, 자신도 왕궁에 들어가서 그곳에 거주하여 눌러앉아 버렸다. 나중에 견훤이 좌우 사람을 시켜 왕을 찾게 했더니, 왕비나 몇 명의 비첩과 함께 후궁에 숨어 있다는 것을 알고, 이를 잡아 군영에 끌어냈다. 견훤은 왕에게 억지로 자결하게 한 후에, 왕비를 욕보였으며, 부하들을 풀어놓아 왕의 빈첩들을 모두 욕보였다.

그러던 중에 왕족 가운데에서, 아직 젊은 부(傅)가 일어나 왕이 되었지만, 이것은 견훤의 천거로 겨우 자리에 올랐던 것이다. 왕은 전왕의 시체를 서당에 안치하고, 여러 신하들과 함께 통곡만 할 뿐이었다. 우리 태조도 조문의 사신을 보내어 제사를 집행하게 하였다.

[367]이듬해 무자년 봄 3월의 일. 태조는 50여 기병을 거느리고, 순찰을 위해 신라의 도읍을 향하고 있었다. 왕은 백관과 더불어 교외까지 나가서 맞이하여, 그 길로 대궐로 들어가, 두 사람은 서로 마주앉아 자

리를 권했다. 두 사람은 정의와 예의를 다하여, 서먹한 점 없이, 환영의 주연은 임해전에서 열렸다. 이윽고 주연도 무르익었을 때, 왕이 "나는 하늘의 도움을 받기도 전에 차례차례로 전화를 불러일으키는 결과가 되어 버렸고, 한편 견훤은 견훤대로, 불의한 짓을 마음껏 행하여 우리나라를 망쳐 놓았습니다. 통탄한 일도 이보다 더 통탄할 일이 있겠습니까."

라고 말하면서 눈물을 줄줄 흘리면서 우니, 그 자리에 있던 좌우 사람들도 목메어 울지 않는 사람이 없었고, 태조도 역시 눈물을 흘렸다. 태조는 이곳에서 수십 일이나 신라의 도읍에 머무르다가 돌아갔는데, 그동안에 휘하의 군사들의 태도는 엄숙하고 조용했으며 조금도 군의 규율을 어기는 자는 전혀 보이지 않았다.

그래서 도읍의 사람들은 남녀를 막론하고 모두 태조를 경하하며, "전에는 견훤이 왔지만, 그 모습은 마치 늑대와 범을 만난 것 같았는데. 이번에 태조가 오셔서 보니, 마치 부모를 대한 것 같다."라고 서로 이야기하며 기뻐하였다.

368 8월이 되자 태조는 사자를 보내서, 왕에게 비단 옷과 안장을 얹은 말을 보내 주었고, 또 많은 관료와 장사들에게도 거기에 어울리는 선물을 내려 주었다.

369 청태 2년 을미 10월의 일. 신라의 왕조는 사방의 토지를, 모두 다른 세력에게 빼앗기고, 나아가 국력이 약해진데다가, 고립되어 도와줄 자도 없어, 이제 더 이상 스스로 지탱할 수가 없었다. 이에 왕은 여러 신하들과 함께 여러 가지 상의를 한 결과, 국토를 들어 고려 태조에게 투항하기로 하였다. 이에 대한 여러 신하들이 옳으니 그르니 하여 의논이 시끄럽고 좀처럼 끝나지 않았는데, 왕의 태자가,

"나라의 존망도 반드시 하늘의 명에 의한 것입니다. 우선 충신이나 의사들과 함께 민심을 수습하는 데 노력을 해보고, 그래도 힘이 미치지 않는다면, 그때에 비로소 끝내는 것이 당연한 처리일까 합니다. 어찌 이 천년 넘게 이어온 신라를, 가벼이 남의 손에 맡겨 버리는 것이 가능하겠습니까?"

라고 하였다. 이에 대하여 왕이 말하기를,

"우리나라의 상태는 이렇게까지 외롭고 고립되고, 위험에 빠져 있다. 이와 같으면 형세를 원래대로 보전하는 것은 어렵다. 국력을 이 이상 강하게 한다는 것은 도저히 어림도 없고, 아니 그것은커녕 더 이상 약해질 수도 없는 상태가 되어 버리고 말았다. 이렇게까지 되고 게다가, 죄 없는 백성들을 도탄의 괴로움을 당하게 하는 것[319]은, 나로서는 차마 할 수 없는 일이다."

라고 하였다.

그래서 왕은 시랑 김봉휴를 사자로 세워 국서를 가지고, 태조에게 가서 항복하기를 청했다. 태자는 큰 소리로 울면서 슬퍼했는데, 왕의 곁을 떠나 물러나자, 그대로 바로 개골산으로 향하는 좁은 길을 더듬어 들어가서 삼베옷을 입고 풀을 먹다가, 그대로 얼마 못 되어 생애를 마쳤다. 또 막내 왕자는 머리를 깎고 승려가 되어, 화엄(華嚴)의 가르침에 따라 절과 인연을 맺고, 범공(梵空)이라고 이름을 지었는데, 그 뒤로는 불법(佛法)의 중심지라고도 하는 법수사(法水寺)[320]와 해인사(海印寺)에 살았다고 한다.

---

319) DB. 본문에는 肝腦塗地(참살당하여 간과 뇌장이 땅에 흩어지고 시체는 그냥 방치되는 것)로 보인다.
320) DB. 법수사(法水寺)는 경상북도 성주군 동쪽 가야산 남쪽에 있었던 절.

370태조는 신라로부터 항복의 국서를 받자, 태상 왕철을 보내서 이를 맞이하게 했다. 신라왕은 여러 신하들을 거느리고 우리 태조에게 귀순했다. 그 일행의 장대함은, 아름다운 수레나 훌륭한 말의 행렬이 30여 리에 걸쳐 이어졌고, 이것을 한번 보려고 하는 사람들은 서로 밀거니 당기거니 하면서 담과 같이 늘어섰다. 태조는 성 밖에까지 나가서 이 행렬을 영접하여 위로의 정(情)을 보였다. 이윽고 왕의 거처도 대궐 동쪽에 있는 한 구역(지금의 정승원)을 주고, 또 태조 자신의 장녀인 낙랑공주[321]를, 신라왕의 아내로 맞이하게 하였는데, 태조는 신라왕이 자기 나라를 버리고 다른 나라에 몸을 맡기고 있는 사정에 마음이 아파, 낙랑공주라는 이름을 바꿔, 길조인 난(鸞)(봉황새)에 비유하여, 신란공주라고 부르게 하였으며, 또 시호는 효목이라는 아호[322]를 내렸다. 게다가 신라왕에게는 봉토도 주고, 정승공이라는 이름으로서 그 공적을 나타내었으며, 그 자리는 태자의 위에 있었고 녹봉 일천 석을 주었다. 정승공을 따라왔던 시종과 관원·장수들도 모두 그 씨명(氏名)을 등록하게 하여, 저마다 소임을 맡겼다. 그리고 신라라는 이름도 고쳐, 새로이 경주라고 부르게 함과 함께, 이것을 정승공[경순왕]의 식읍으로 삼을 것을 인정했다.

371처음에 신라왕이 국토를 바치며 항복해 올 때의 태조의 기쁨이라는 것은 대단한 것으로서, 신라왕에게의 대우에도 결례가 없도록, 세심한 배려를 게을리하지 않았다. 그리고 태조는 신라왕에게,

"이번에 왕은 나라의 모든 것을 과인에게 주었다. 그 받은 것은, 혜

---

321) DB. 고려 태조의 9명의 딸 중 맏딸이자, 신라 제56대 경순왕의 아내.
322) 문인, 학자, 화가 등이 본명 외에 갖는 별호나 이름을 높여 부르는 말.

아릴 수 없는 큰 것이다. 그러므로 왕의 종실과 혼인을 하여, 장인과 사위의 의(誼)를 오래도록 가지고 싶다."라고 말하자, 신라왕은,

"나의 백부 억렴[371a]왕의 아버지 효종 각간은 추봉되어, 신흥대왕이라고 하는데, 이 사람의 아우이다.[323])에게 딸이 있는데 덕행과 용모가 모두 아름답습니다. 이 사람이 아니고는 내정을 다스릴 사람이 없습니다."

그래서 태조는 그녀를 맞아들였는데, 이가 신성왕후 김씨이다.

[371b]우리 고려왕조의 등사랑 김관의[324])가 지은 "왕대종록"에는 "신성왕후는 이씨 출신으로, 본래는 경주 대위 이정언이 협주의 지방관으로 있을 때, 그 고을에 갔던 태조가, 이 신성왕후를 왕비로 맞아들였기 때문에, 그 왕비의 이름을 또한 협주군이라고도 했다. 또 협주군이 소원을 빌었던 원당인 현화사는, 이 왕비를 위하여 매년 3월 25일을 명일(命日)로 하여, 법요를 치렀다. 왕비는 정릉에 장사지냈다. 또 아들 하나를 낳으니 이것이 안종이다."라고 기록하고 있다. 또 이 외에도 태조의 25비주(妃主)에 대하여, 그 출신을 김씨라고 하는 예는 보이지 않으므로, 본문에서 다루고 있는 김씨의 일은 자세히 알 수 없다. 그러나 사신은, 안종을 신라왕의 외손이라고 논했으니, 마땅히 "왕대종록"에 보이는 사전을 옳다고 해야 할 것이다."

태조의 손자 경종은 그 휘(諱)를 주(伷)라고 했는데, 정승공의 딸을 맞아 왕비를 삼으니, 이가 헌승황후[325]이다. 이에 정승공에게는 거듭 봉토를 내리고, 상보[326])라는 존칭도 내려졌다. 그 후 정승공이 태평흥국 3년 무인에 사망하니, 그 시호를 경순왕이라고 했다.

[372]태조가 정승공을 상보(尙父)로 책봉할 것을 고한 칙서는 다음과

---

323) DB. "왕의 아버지 효종(孝宗) 각간(角干)은 추봉(追封)된 신흥대왕(神興大王)의 아우이다."라고 되어 있다.
324) DB. "고려사"에 의하면 그는 고려 의종대에 징사랑(徵仕郎) 검교군기감에까지 달했던 인물.
325) DB. 경순왕의 딸.
326) DB. "상보(尙父)". 황제나 왕이 아버지처럼 존경하는 인물에게 사용한 존칭으로, 상부(尙父)의 부(父)는 남자의 미칭(美稱)으로 음은 "보"이며, 보(甫)와 통용된다.

같은 것이었다.

"조칙을 내리노니 희씨 주(姬周)가 나라를 처음 세울 때는, 먼저 대공망 여상을 봉했고, 유씨(劉氏)가 한(漢)의 왕조를 세울 때에는, 먼저 소하를 봉했다. 그런 후에 천하[寰區]가 평정되었고 널리 기업이 열리자, 하도낙서가 전하는 것과 같이, 주(周) 왕조는 30대에 걸쳐 오래도록 번영하였고, 한 왕의 일족도 4백 년이나 되는 동안에 대대로 이으니, 그로 인하여 해와 달이 거듭 밝고 천지가 서로 조화되었다. 비록 무위의 군주로부터 시작되어 아무것도 하지 않아도 천하는 자연히 다스려진다고 해도, 그것은 역시 보좌하는 신하로 말미암았던 것이다. 공은 우리 고려의 문물제도를 잘 이해하고 이것을 순화(順化)하여, 명실공히 위국(衛國)의 공신이라고도 해야 할 것이다. 공(公) 즉 상주국·낙랑왕·정승327) · 식읍 8,000호(戶) 김부왕은, 대대로 계림에 살고 벼슬은 왕의 작위를 받았다. 그 영특한 기상은 하늘을 업신여길 만하고 그 문장의 재능은 그 손작전이 말하는 땅이 진동할 만한 것이었다. 왕은 오래 장수하였고, 스스로 봉토하여 그 기품은 드높고, 가슴에는 육도삼략328) 등의 병법을 간직하고, 또 칠종의 정과 오신의 겸허함을 가지고 있는 원만한 분이었다. 우리 태조는 우선 이웃 나라와 화목하게 지내는 우호를 닦으시니, 일찍부터 신라국의 여풍(餘風)을 승인하고, 이내 부마의 인의를 맺어, 안으로 대절로 수답했다. 그 결과 나라는 이미 통일되고 군신이 완전히 삼한에서 합치게 되었다. 이에 공의 이름을 널리 알리고, 그 훌륭하고 모범적인 영단을 크게 기리

---

327) DB. "낙랑왕정승(樂浪王政承)".
328) DB. 병서의 이름이다. 육도(六韜)는 태공망(太公望)이 지은 것이라 하고, 삼략(三略)은 황석공(黃石公)이 지었다고 하나 모두 후세의 위작이라 한다.

기 위하여 상보도성령의 칭호를 더해 주었다. 또한 더불어 추충신의 숭덕수절공신의 호(號)를 내리니, 훈봉(勳封)(유서가 있는 봉토)은 전과 같고 식읍도 이전과 같이 1만 호(戶)가 바람직하다. 담당관은 길일을 잡아 예를 갖추어 조칙으로써 이 책명을 공포하라. 또 제각기 일을 맡은 자는 이것을 시행하도록 하라. 개보 8년 10월 일(975년).

대광 내의령329) 겸 총한림 신 핵(翮, 王融)이 선(宣), 봉(奉), 행(行).

봉(奉)

이같이 칙(勅)을 받들었으니 첩(牒)이 이르거든 봉행하시오. 개보 8년 10월 일(975년).

시중 서명

시중 서명

내봉령330) 서명

군부령 서명

군부령 무서

병부령 무서

병부령 서명

（月日時都事受）

광평시랑331)서명

광평시랑무서

내봉시랑무서

내봉시랑서명

---

329) DB. 내서성(內書省)의 장관.
330) DB. 태봉(泰封) 초기 내봉성(內奉省)의 장관.
331) DB. 광평성의 차관.

군부경무서

군부경서명

병부경무서

병부경서명

추충신의 숭덕수절공신 상부도성령 상주국 낙랑군왕 식읍일만호 김부에게 고(告)하노니, 이같이 칙(勅)을 받들었으니 부신이 이르거든 봉행하시오.

주사 무명

낭중 무명　　　　서령사 무명

공목 무명

개보 8년 10월 일에 내린다.(975년)

373삼국사기는 이렇게 말했다.

"신라의 박씨(朴氏)와 석씨(昔氏)는 모두 알에서 나왔다. 김씨는 황금 궤 속에 들어서 하늘로부터 내려왔다고 하며, 혹은 황금수레를 타고 왔다고 하니 이것은 더욱 기괴하여 믿을 수가 없다. 그러나 세속이 서로 전하여 사실이라고 한다. 그것은 그렇다고 치고 이제 다만 그 신라의 시초를 살펴보면, 백성 위에 있는 이는 그 자신에게는 검소했고 다른 사람에게는 너그러웠다. 또 그 관직을 설치하는 것은 되도록 간략히 했고, 그 일을 행하는 것은 간소하게 했다. 성심껏 중국을 섬겨서 육로와 해로로 조빙하는 사신이 서로 잇달아 끊어지지 않았다. 항상 자제들을 중국에 보내어 숙위하게 하고, 나아가 학부(學府)에 들여보내 공부하게 하였다. 이리하여 성현의 풍습과 교화를 이어받고, 미개한 풍속을 변혁시켜서 예의의 나라로 만들었다. 또 당나라 군사의 위엄을 빌려 백제와 고구려를 평정하고, 그 땅을 얻어서 군현을 설치했다. 가히 성세라 이를 만하다. 그러나 그 후 불법을 숭상하여 이것을 지켜 왔기 때문에, 그 폐단을 알지 못했다. 마을마다 탑과 절이 즐비하게 늘어섰고 백성들은 모두 중이 되어 과역으로부터 벗어나려고 하여, 병졸과 농민이 점점 줄어들어서 나라가 날로 쇠퇴해지는 결과가 되었다. 어찌 문란해지지 않으며 멸망하지 않겠는가. 이때에 경애왕은 더욱 음란하고 놀기에만 바빠 궁녀들과 좌우 근신들과 더불어 포석정에 나가 놀며 술자리를 베풀고 즐기다가 견훤(甄萱)이 오는 것을 알지 못했다. 이 견훤의 움직임은, 진(陣)을 친 금릉의 문 밖의 한금호332)와 닮았으며, 또 후궁들도 한금호에게 잡혀 죽은 장려화333)가, 그럴 줄은 꿈에도 모르고 고루에서 안이하게 지낸 것과 같은 것이다.334) 이에 비하여 경순왕이 태조에게 귀순한 것은, 비록 마지못해 한 일이기는 하나 또한 아름다운 일이라 하겠다. 만일 힘껏 싸워 태조의 군사에게 저항했더라면 힘은 꺾이고 기세는 다해서 반드시 그 가족을 멸망시키고 죄 없는 백성들에게까지 해가 미쳤을 것이다. 이에 고명을 기다리지 않고 부고를 봉하고 군현을 기록하여 귀순했다. 그러한 공적으로든 또 일반 백성에게 베푼 은혜로든, 매우 심대한 것이라고 해야 할 것이다. 옛날 오월(吳越)의 전숙이 그 땅을 송(宋)나라에 바치며 입조했을 때, 소자첨은 충신이라고 했다는 고사(故事)가 있는데, 이제 신라 경순왕의 공덕은 그보다 훨씬 크다고 하겠다. 태조를

---

332) DB. 수나라의 사람으로, 문제 때 500명의 군사를 거느리고 진나라의 수도인 금릉을 점령하고 후주(後主)를 사로잡았다. 여기에서는 한금호를 견훤에 비유하고 있다.

333) DB. 진(陳) 후주(後主)의 왕비로 총애를 한 몸에 받고 정치에 개입하여 정치를 문란하게 함으로써 진의 멸망원인을 만들었다. 수의 장수 한금호가 쳐들어오자 후주와 함께 우물 속에 숨었다가 붙잡혀 죽음을 당했다. 여기에서 장려화는 경애왕의 비빈(妃嬪)에 비유된다.

334) DB. "저 문 밖의 한금호(韓擒虎)와 누각(樓閣) 위의 장려화(張麗華)와 다를 것이 없었다."

모시는 비빈이 많고, 그 자손들도 또한 번성했다. 제8대의 현종은 신라의 외손으로서 왕위에 올랐으며, 그 뒤에 왕통을 계승한 이는 모두 그의 자손이었으니 이것은 경순왕의 음덕이 아니겠는가. 그렇게밖에 생각할 수 없다."

라고 했다. [374]하지만 신라가 이미 땅을 바쳐 나라는 망해 버렸다.

아간 신회는 오랫동안 봉직했던 외서를 그만두고 돌아왔는데, 그 도성이 황폐하여 옛 모습을 잃은 것을 보고 서리리[335]의 탄식을 맛보고 그 감회를 노래로 지었다고 하나, 그것도 지금은 없어져서 알 수가 없다.

 364, 365○ 【金傅大王】 金은 성, 부(傅)는 휘(諱). '나기' 경순왕 전기에는, '文聖大王之裔孫. 孝宗伊湌之子也.'라고 보인다. '유' 왕력·제56 경순왕 조 참조. 김부대왕은, 후당조 명종 천성 2년(927)부터 청태 2년(935)까지 재위하고 935년 고려왕조에 항복했다. 그 후 김부대왕은 고려왕조의 후은을 얻어, 대송조의 흥국 3년(978)까지 살았다. '사'나 '유' 왕력 등에서는 휘를 경순왕이라고 하나, 여기에서는 살아 있는 동안에 왕위를 물려준 것을 중시했던 것인지, 표제를 김부대왕이라 하고 있다.

366○ 【天成二年丁亥九月. 百濟甄(甄)萱 … 我太祖遣使弔祭】 천성은 중국 5대 후당 명종조의 원호로, 천성 2년 정해는 서기 927년에 해당된다. '九月. 百濟甄萱 … 我太祖遣使弔祭.'까지는, '나기' 경애왕 4년 추9월 조, 경애왕 동11월 조 및 경순왕 전기(前紀)로부터의 인용으로 보인다. '나기' 경애왕 4년의 기사는 '秋九月. 甄萱侵我軍於高鬱府. 王請救於太祖. 命將

335) DB. 서리리(黍離離)란 "시경(詩經)" 국풍(國風)의 왕풍(王風)편에 나오는 시를 가리킨다.

出勁兵一萬往救. 甄萱以救兵未至. 以冬十一月. 掩入王京. 王與妃嬪, 宗戚. 遊鮑石亭宴娛. 不覺賊兵至. 倉猝不知所爲. 王與妃奔入後宮. 宗戚及公卿·大夫·士·女四散奔走逃竄. 其爲賊所虜者. 無貴賤皆駭汗匍匐. 乞爲奴僕而不免. 萱又縱其兵. 剽掠公私財物略盡. 入處宮闕. 乃命主右索王. 王與妃妾數人在後宮. 拘致軍中. 逼令王自盡. 强瑤王妃. 縱其下亂其妃妾. 乃立王之族弟. 權知國事. 是爲敬順王.'이며, 경순왕 전기에서는 '爲甄萱所擧即位. 擧前王屍. 殯於西堂. 肇下慟哭. 上謚曰景哀. 葬南山蟹目嶺. 太祖遣使吊祭.'라고 되어 있어, 본문과 거의 같은 글이다. 이 사건은, 신라의 멸망을 상징하는 것으로, 여러 계통의 사료가 남아 있다. 그것을 정리한 것으로는 '유' 권제2·후백제 견훤 조나 '사' 견훤전 조가 있다.

○ 【高鬱府】경상북도, 영천군의 옛 지명이다. 이 지역은 처음에 절야화군이라고 하는 것을, 신라의 경덕왕대(742-765)에 임고군이라고 고쳤다. 고려시대 초기에, 도동·임천 2현(縣)이 더 붙어 영주라고 고쳤다. 이 영주를 고울부라고 했다('승람' 권21·영천군 조). 후백제 조의 주해 411에 상세하게 기록하고 있다. 참조.

○ 【鮑石亭】경주 시내 남산의 서쪽 기슭에 있다. '승람' 권21·경주 고적의 포석정 조에는, '在府南七里. 金鰲山金山(남산의 별칭) 西麓. 鍊石作鮑魚形. 故名焉. 流觴曲水遺跡宛然.'이라고 보이며, 오늘날에도 그 유적이 남아 있다.

367, 368○ 【明年戊子春三月. 太祖率五十餘騎 … 八月 …. 太祖賜羣僚將土有差】明年戊子는, 경순왕 2년 무자년으로, 서기 928년에 해당한다. 이 해 3월 조에는 '사'·"고려사"·"고려사절요" 모두 본문의 기사가 보이지 않는다. 이 3서에는 그 후 3년이 지난 춘2월 조 및 추8월 조에, 관계 기사가 보인다. 다음으로 '나기' 경순왕 5년 조 기사를 인용하니, 본문과 대조하고 싶다. '五年春二月. 太祖率五十餘騎. 至京畿通謁. 王與百官郊迎入宮. 相對曲盡情禮. 置宴於臨海殿. 酒酣. 王言曰. 吾以不天. 寢致禍亂. 甄萱恣行不義. 喪我國家何痛如之. 因泫然涕泣. 左右無不嗚咽. 太祖亦流涕

慰籍. 囚留數旬. 廻駕. 王送至穴城. 以堂弟裕廉爲質隨駕焉. 太祖麾下軍
士肅正. 不犯秋毫. 都人士女相慶曰. 昔甄氏之來也. 如逢豺虎. 今王公之
至也. 如見父母. 秋八月. 太祖遣使. 遺王以錦彩鞍馬. 幷賜羣僚將士布帛
有差.' 아마 본문은 '나기'의 기사를 생략, 인용한 것으로 보인다. 여기에
서 다른 3서와 2년 11개월의 차이가 생긴 이유는 불명하지만, 본문은 천
성 2년 11월에 견훤이 신라 왕도를 점령한 것과 관련된 것으로, 다음 해
3월의 연기(年記)에 들어간 것이 아닐까.

367○ 【臨海殿】 '나기'에서는 임해전의 기사가, 효소왕 6년(697) 9월 조 이
후 8조에 걸쳐서 보인다. 임해전은 왕이 군신과 연회를 여는 곳이다. 왕
이 군신과 연회하는 것은, 귀족연합 체제시대의 국정의 기본방침을 토의
하는 귀족회의의 흔적으로 생각된다. 아마 '나기' 첨해이사금(沾解尼師
今) 3년(247) 7월 조 이후에 보이는 남당(南堂)에서 발전되어 임해전이
된 것으로 보인다. 남당에서의 정치는, 기후 이변이 왕의 정치, 형벌 실패
에 바탕을 두는 것이라고 생각하여, 귀족들에 의해 왕의 실정을 바로잡으
려고 하는 것이다. 이러한 원시신앙에 입각한 귀족, 연합정치의 일면을
보이는 남당기사는, '나기'에서는 진평왕 7년(585) 3월의 기사를 마지막
으로 하고 있다. 이 남당 정치는 아마 7세기 중엽까지 계속되다가, 7세기
후반에 율령제도를 도입했을 때, 명칭을 임해전이라고 고치고, 남당의 성
격의 일부를 계승한 것으로 생각된다. 임해전의 유적은 월성의 동쪽에
있으며, 현재 그 발굴과 복원이 일어나고 있다.

369○ 【淸泰二年乙未十月. 以四方地 … 以終其身】 청태 2년 을미는 서기
935년으로, 신라 경순왕 8년에 해당한다. '나기' 경순왕 9년 동 10월 조
는, 다음에 보이는 것과 같이 본문과 거의 같은 글이며, 본문에 약간의 생
략이 있는 것으로부터, 본문이 '나기'의 기사를 인용한 것이라고 생각한
다. '나기'의 기사는 '九年冬十月. 王以四方土地盡爲他有. 國弱勢孤. 不能
自安. 乃與羣下謀. 擧土降太祖. 羣臣之議 或以爲可. 或以爲不可. 王子曰.
國之存亡. 必有天命. 只合與忠臣・義士. 收合民心自固. 力盡而後已. 豈

宜以一千年社稷. 一旦輕以與人. 王曰. 孤危若此. 勢不能全. 旣不能强. 又
不能弱. 至使無辜之民. 肝腦塗地. 吾所不能忍也. 乃使侍郎金封休. 賣書
請降於太祖. 王子哭泣辭王. 徑歸皆骨山. 倚巖爲屋. 麻衣草食. 以終其身.'
이라고 되어 있다.

○ 【侍郎金封休】시랑은 8세기 중엽의 한때, 신라의 관직명으로서 사용되
었던 것이라고 한다. '사' 직관지(상)에서는, 집사성의 제2등관을 전대등
이라고 하는데, 경덕왕 6년(747) 이후 시랑이라고 고쳤다. 병부와 창부의
2등관도, 경덕왕 18년(759)에 시랑이라고 개명했다. 그러나 혜공왕 12년
(776)경, 각각 옛 이름으로 복구했다고 한다. "고려사" 백관지(1) 상서성
조에는, 2등 관직을 시랑이라고 하며, 그 제도는 태봉국의 것에 의했다고
하고 있다. '사' 직관지(下)의 궁예소제관호에 의하면, 태봉국에는 시랑의
직명이 없고, 고려시대가 되어 부활한 것처럼 전하고 있다. 신라시대의
금석문에 의하면, 진성여왕 4년(890) 건립이라고 추정되는 성주사랑혜화
상백월보광탑비에 집사부 시랑의 관직이 보이며, 9세기 후반에는, 집사
의 관직명이 부활되어 있었다는 것을 알 수 있다. 그러나 이 경우, 시랑이
정식 관직명으로서 사용되었던 것인지, 혹은 단순한 당제(唐制) 모방인
지는 후고(後考)를 기다려야 한다. 시랑 김봉휴에 대해서는 "고려사" 권
2 · 태조 을미 18년 조에 다음과 같이 기록되어 있다. '冬十月壬戌. 新羅
王金博遣侍郎金封休. 請入朝. 王遣攝侍中王鐵 · 侍郎韓憲邕等. 往報.'

○ 【法水 · 海印寺】법수사는 가야산의 남쪽에 있다고 한다('승람' 권28 · 성
주목불우 조). 해인사는 신라 애장왕 3년(802) 8월에 창건되어, 지금도
또한 가야산 서부에 남아 있다. 고려시대의 가야 해인사에는, 고승(高僧)
인 순응 · 이정 · 희명 등이 살았으며, '유'는 승려 일연이 이 절에서 편찬
했다고 한다. 불교가 쇠퇴한 조선왕조시대에도, 왕실의 비호를 받으며
꽃을 피웠고, 지금도 또한 조선의 거찰(巨刹)의 하나로 손꼽힌다.

370, 371○ 【太祖受書 … 謚曰敬順】이 부분은 '나기' 경순왕 9년 11월과 12
월 조에 의한 부분이 많다. 관계되고 있는 '나기'를 인용하면 다음과 같

다. '十一月. 太祖受王書. 送大相王鐵等迎之. 王率百寮. 發自王都. 歸于
太祖. 香車寶馬. 連亘三十餘里. 道路塡咽. 觀者如堵. 太祖出郊迎勞. 賜宮
東甲第一區. 以長女樂浪公主妻之. 十二月. 封爲正承公. 位在太子之上.
給祿一千石. 侍從員將皆錄用之. 改新羅爲慶州. 以爲公之食邑. 初新羅之
降也. 太祖甚喜. 旣待之以厚禮. 使告曰. 今王以國與寡人. 其爲賜大矣. 願
結婚於宗室. 以永甥舅之好. 答曰. 我伯父億廉匝干知大耶郡事. 其女子德
容雙美. 非是無以備內政. 太祖遂取之生子. 是顯宗之考. 追封爲安宗. 至
景宗獻和大王. 聘正承公女. 納爲王妃. 仍封正承公爲尙父令. 公至大宋興
國四年戊寅薨. 諡曰敬順.'

370○ 【太相王鐵(鐵)】 태상의 호칭은 보이지 않는다. "고려사" 권77·문산
계(文散階) 조에, 태조는 태봉의 관제에 따라, 대광·정광·태승·대상
의 관호를 차용했다고 기록하고 있다. '사' 직관지(하)의 궁예소제관호 조
에도 이 관직명이 열기되어 있다. "고려사" 권2·태조 을미 18년 冬10월
조에는, 왕철의 관직명이 섭시중이라고 되어 있다. 섭(攝)은 "고려사" 권
77·백관지(2)의 서반·좌우위 조에 '中郎將以下皆有攝. 並各品之從.'이
라고 되어 있으며, 섭(攝)에는 차(次)·부(副)·종(從) 등의 의미가 있었
던 것으로 보인다. 시중은 신라시대의 관제이나, 고려시대에도 문하부의
장관을 시중이라고 부르고 있다. 섭시중의 구체적 예는 보이지 않으나,
문하부의 장관에 준하는 고관이었던 것으로 추측된다. 그러나 앞서 태
상·대상과의 관계는 명확하지 않다.

○ 【樂浪公主】【神鸞公主】 "고려사" 권91·공주전 조의 첫머리에 기재되어
있다. 그것에 의하면 고려태조의 아홉 번째 딸이며, 신명왕 태후 유씨를
어머니로 하고 있다. 이곳에서는 본명을 낙랑공주라고 하고, 별명을 신
란 궁부인이라고 하고 있다. 본문의 설화와 같이, 구 신라왕 김부에게 시
집을 가서 후에 개명을 했다면, 공주가 아니고 부인이라고 하는 것이 맞
을 것이다.

371○ 【億廉(廉)】 '羅記'·'유' 및 "고려사" 권88·신성 왕태후 김씨 조에 보

인다. 모두 경순왕의 백부이며, 신성왕후의 아버지라고 하고 있는데, '유'의 분주(分注)에만 경순왕의 숙부라고 하고 있다. '나기'에서는 경순왕이 억렴을 소개하기를, '我伯父億廉匝干知大耶郡事'라고 하여, 억렴은 신라의 제삼등관위를 가진 군(郡) 장관이었다. 억렴의 관위·관직으로 보면, 기껏해야 중견귀족이며, 왕의 백부에 걸맞지 않은 지위이다. 혹은 백부를 아버지의 형이라는 호칭이 아니고, 제후가 대부의 존칭으로서 쓴 것일까. 혹은 일반적으로 연장자인 지인을 높여 백부라고 한 것일지도 모른다.

371a○ 【王之考·孝宗角干·追封神興大王之弟也】'나기' 경순왕 즉위전기 및 원년 11월 조에 의하면, 경순왕의 아버지는 문성대왕의 후예로, 이름을 효종이라고 했다. 경순왕이 즉위했을 때는, 이미 아버지 효종이 죽었기 때문에, 신흥대왕의 호칭을 추증했다고 한다. 그러나 이 분주(分注)에서는 억렴을 효종의 동생이라고 하고 있으나, 본문에서는 김부의 백부 즉 효종의 형이라고 하고 있다. '나기'에서도 백부라고 하고 있으므로, 억렴은 효종의 형일 가능성이 높다. 이 분주에서 일부러 효종의 동생이라고 한 것은, 오기(誤記)가 아니고, 다른 계통의 사료에서는 억렴을 효종의 동생이라고 명기하고 있기 때문일 것이다. 또한 검색을 요하는 것은 고려시대의 사료에서, 백부·숙부의 구분을 어느 정도 정확하게 하느냐라는 것이며, 나아가 백부를 엄밀한 혈연관계, 아버지의 형이라는 용법 이외도 생각해야 한다. "고려사" 권88·후비전(1) 신성 왕태후 김씨 조에는, 김씨를 '新羅人匝干億廉之女'라고 하고 있다. 억렴을 신라왕족 내지는 경순왕의 형제라고 명기하고 있지 않다. 이것으로 백부의 다른 의미, 천자가 같은 성의 제후를, 제후가 같은 성의 대부를 존칭하는 말, 혹은 더 나아가 넓게, 연장자인 지인을 가리키는 말로 해석을 해도 좋지 않을까.

371○ 【神成王后金氏】'나기' 경순왕 9년 12월 조에 의하면, 김씨는 잡간지 대야군사 억렴의 딸로서, 경순왕의 천거로, 고려태조 왕건의 곁으로 시집을 갔다. 그 아들인 안종욱은 고려 제8대 왕, 현종 순(재위 1009-1031)의 아버지이다. 현종이 즉위하자, 신성왕태후라는 시호를 받았다("고려사"

권88 · 후비전 · 신성 왕태후 김씨 조).

371b○ 【登仕郎】"고려사" 백관지(2) 문산계에 의하면, 문종조(1046-1083)의 관제개혁에 의해 문산계가 만들어졌다. 이 문산계는 29계급으로, 등사랑은 그 가운데 제27계급이며, 그 관위는 정9품하이었다.

○ 【金寬毅】김관의는 고려 의종조(1146-1070) 때에, 징사랑 · 검교 · 군기감까지 올랐던 사람으로, 하급관료이었다. 그가 편찬한 "편년통록"은 명망이 있는 가문이 보존하고 있던 문서 등을 모아 편찬한 것이다. 고려시대의 사관들은, 김관의가 하급관료이었기 때문에, 그가 편찬한 "편년통록"을 비난하는 일도 적지 않았다. 그러나 그가 모은 사료는 고려초기의 순수 자료가 많고, 그가 주해를 단 것도 적지 않았다. "고려사" 편찬에 있어서도 그의 "편년통록"은 중요한 원전으로서 다루어졌다.

○ 【王代宗錄】미상.

○ 【慶州大尉】미상.

○ 【李正言】미상.

○ 【俠州】협주는 합주(陜州)의 잘못일 것이다. 합주(陜州)는 현재 경상남도 합천군으로 신라시대는 대량주 혹은 대야주라고 했으며, 6세기 후반이후, 가라제국 지배의 거점이 되었다. 8세기 중엽부터 강양군이라고 개명했다. 고려 제8대 현종(재위 1009-1031)의 아명을 대양원군이라고 했다. 그 이유는 현종의 망모(亡母) 효숙왕후의 출신지이었기 때문이라고 한다["고려사" 지리지(2) 합주(陜州) 조]('승람' 권30 · 합천군 건치 연혁 조).

○ 【玄化寺】현화사는 현재의 경기도 개성군 영남면 현화리에 있었던 절이다. "고려사" 권4 · 현종 무오 9년(1018) 6월 무신 조에 '始創大慈恩玄化寺. 以資考妣冥福.'이라고 보이며, 현종이 어릴 때 사별한 부모의 명복을 기도하기 위한 절이다. 고려 왕통은 그 후 현종계로 이어졌기 때문에, 역대의 고려왕실은, 이 현화사를 존숭하여 왕은 자주 참예했다. 현화사 터에는, 현재 또한 7층 석탑이나 비문 등의 유적이 남아 있다고 한다(참조.

關野貞 "朝鮮の建築と藝術"). 또한 현화사의 비문을, "조선금석총람"에 의해서 보면 다음과 같다.

靈鷲山大慈恩玄化寺之碑銘御書篆額(題額)

有宋高麗國靈鷲山新創大慈恩玄化寺碑銘 幷序

崇文輔德功臣翰林學士承 旨金紫興禄大夫左散騎常侍知制誥□史館
事上柱國汝南縣開國子食邑五百戶臣周佇奉 宣撰推忠盡節衛社功臣
興禄大夫□吏部尚書參知政事上柱國濟陽縣開國子食邑五百戶臣蔡忠
順奉 宣書

臣聞有天地己來爲君聖明者唯唐堯與虞舜以其堯至仁而理天下舜大孝而化
域中故□□煥古今光輝史籍其後或 中夏主泊諸侯王凡有位之君孰不思/
繼其踵而闡其風用乎教而理乎國然而修仁者仁不至矣行孝者孝不全矣御衆
興邦□□始終其事例皆中道而廢得非唐虞之理奧乎難繼仁孝之道大乎難
守/ 厥法是道而無中輟者其惟 我聖君乎 聖上豹隱之際竭侍養之心長有寢
門□問 龍飛之後念劬勞之恩每積風樹之歎以爲 追尊之禮行矣/ 附廟之儀
備矣 考彼禮典雖曰已周在朕孝心有所未足飾終追遠既取仲尼之訓修善□
眞宜擧□迦文教思欲營立精舍資薦 亡靈俾夫净業益增道果/ 速證報 二親
之慈愛應諸佛之誓願不其美乎 皇考安宗孝懿大王太祖親子仁□本技札樂
詩書尤勤於志溫良恭儉併集于身 眞王者之才秉 古人之行 成宗文懿大王
之季年也癸巳冬因契丹不道無故興兵侵擾我封疆□亂我民庶鄰兵漸近我
虎用張 成宗大王親領雄師出摧巨敵未行之前/ 先差中樞副使給事中崔肅傳
宣曰今者鄰敵來侵邦家□□□親領衆出摧彼兵所□京都或成離亂 君宜將
家屬暨出南方就彼安居以避斯難繼候邊方寧/ 靜則期命駕迴還遂差內謁者
監高玄爲先□使賜御槽鞍馬衣服匹帛□衾銀器幷□彼田宅奴婢等差使衛
送直至泗州聖上侍行問安尤謹到彼州□忽爾/ 構疹厥疾弗瘳以統和十四年
丙申七月初七日殂落于彼日月不居卜地而葬乃得□於是州焉成宗大王遽
獲班師更期永逸乃思歡好與彼通和因此軍民/ 更無勞動未暇迎復遄聞逝焉

悲季父之將亡實猶子之所痛舉哀之儀成矣女輟朝之□施矣□贈之禮頗越
常規哀悼之情固無暫捨却請　□□□□□本□□諭/　益深後囑頗切　皇妣
孝肅仁惠王太后　戴宗大王愛女　成宗大王□也□自王門族本宗室儉遵大練
奢誚□□鸞鳳□□□□□□□□□/　女功婦道行之有容四德三從守之
無爽不遂偕老先　皇考而亡以淳化四年暮□竟修忽疾　成宗大王親幸問疾且
暮尤專遣□□□□□□□□□□□/　農之妙藥每使煎調復抽御用之珍奇
捨入祇園而祐祝僊齡不永躊之無徵以其年□月十九日崩于大內之寶華宮
成宗大王□□□□□□□□□□□□之限雖獲善終且我月姊之容無由
再見　穆宗大王時在潛龍乃差爲監護移殯□三司庁內仍率宮嬪妃及文虎兩
班舉哀□□□□□□□□□□/　泣淚漣漣傷心切切尋差宰臣等
上冊諡曰　獻貞王后復命大卜監選地□葬果□□地於京城巽方備禮葬焉陵
號曰元陵□□□□□□□□□□□□□/　聖上即位上冊諡曰　皇考爲安
宗憲景孝懿大王　皇妣爲爲孝肅仁惠王太后聖上以　妣陵在近不□□□□
□□□□□□□□□□□□□□/　千里之勞乃命所司備禮改葬所期玄寢將近
王都當開墓也仍遣中樞副使推忠佐□□臣大中大夫守尚書吏部侍郎上□
□□□□□□□□□□□□□□□/　魚袋尹徵古迎護靈柩疊差推忠盡
節衛社功臣金紫興祿大夫內史侍郎同內史門下平章事監修國史上柱國清河
□□□□□□□□□□□□□□□/　靈柩泊至上京嚴備法駕幸東郊
迎奉權殯於歸法寺已親率百寮於京城東北約□□□金身山迁定葬地青鳥
告吉白□□□□□□□□□□□□□□/　山陵日定盡依如初之
儀哀摧而五內分崩感動而二儀悽慘以天德元年丁巳四月葬　妣陵葬禮旣畢
廢不急□□□□□□□□□□□□□□□/　焉群岫之間山勢迴
抱畿甸之外囂塵莫侵　聖上以造作之務繁冗之最儻無威德□濟其事乃差推
忠佐理同德□□□□□□□□□□/　內史門下平章
事判三司事上柱國清河郡開國侯食邑一千戶崔士威爲別監使□□□□威
爲人廉平受性剛直仁□□□□□□□□□□□□□□□□/　後不
宿於家棲息其所籌畫其宜經營制置皆出心計是以木石不取於他山工役只

□□□手日累月積四載而成堂□□□□□□□□□□□□□

□□/ 孤獨園別立殿一座俾安 考妣眞影及 聖容□殿乃備禮加上徽號 皇考

□英文 皇妣曰順聖夫□□□□□□□□□□□□□□□

德冠絶于古今矣洎表秦功畢 鑾駕親臨 龍顔兌□ 重瞳偏覽頗協 □心列辟

同□讚非凡界凌晨至□□□□□□□□□□□□□□□/ 高僧苟

匪其人奚匡大衆遂命　　　　三川寺主 □師都僧□法鏡住持領衆傳法納

田地□□頃奴婢一百人牛馬供具等以充常□□□□□□□□□□

□□/ 大敎宗師了悟眞乘窮通 佛性訓導後學多達玄言于時四方學徒仰之

□日來者□□未至碁年約聚千衆 聖上復曰旣玆勝槩廣集□□□□□

□□/ 詮俾壯峰台之盛事特差專介具錄厥由乘風駕濤浮深涉廣遠朝 中國

□請藏經　天子覽其奏嘉其孝錫漢詔十行以褒之送釋典一□□□□□

□□/ 詔曰卿克奠大邦承先業念蘭陔之失養感風樹以時□梵利載崇誠心内

□恭陳露奏□獲金文況純孝之可嘉且傾輸而是獎俾還進納特命□□□□

□□□/ 宜祇受今特□卿大藏經一藏幷□帕全至可領也雖助善緣□彰孝

感鎰是殿有像内外□香燈之供藏有經旦暮聞演讀之聲植福崇善莫之與京

□□□聖□□/ 行功果於是□彰矣前所謂法是□而無中輟者其在玆乎勝

事畢就思刻貞珉欲立豊碑□□後代特降 綸旨命臣撰詞臣雖愧非才讓不獲

已同固拒 君親/ 之命又乖臣子之誠絶妙好辭旣乏曹娥之碑頌披文相質復虧

陸機之賦言深負厚顔直書□事述而不備廑之以銘其辭曰/ 古之聖君 堯舜

其人 道德理國 仁孝化民 舜理以孝 堯理以仁 上行下效 俗□□淳其一後人

繼嗣 咸思其理 雖用仁孝 罕能終始 初心則行/ 中道而止 是以簡編 不聞褒

美其二惟我明主 爲政師古 繼堯撫俗 法舜御宇 聿修□德 無念爾祖 至孝人

歸 至使天輔其三伊何曰聖 德惟善政/ 安上理民 祖尊親敬 慈攝萬物 孝冠百

行 我后所行 於斯爲盛其四承祧之後 每念□□ 追尊之禮 懿號崇高 改葬之

事 玄寢堅牢 儒典旣奉/ 釋敎敢逃其五靈鷲山下 形勢相□ 風色黯光 連山亘

野 鑒定基址 立成精舍 主得□□ 經來中夏其六頻開虬藏 屢動龍願 傳揚四

象 講貫六時/ 福覃存歿 利動神祇 一人奉孝 萬姓順之其七親之慈愛 報之無

佛之誓願 行之□□ 善或修崇 佛乃讚歎 化被邇遐 事光幽顯_{其八}報答生前

上感皇天 資薦歿後 下及黃泉 佛事大作 祖業永延 德斯厚矣 孝莫大焉_{其九}

植福□□ 此是良田 追往之法 餘非善緣 劫移海竭 谷變陵遷 吾君孝 道萬

代流傳_{其十}

　　皇宋天禧五年歲次重光作噩秋七月甲戌朔二十一日甲午樹　□德賜紫沙

門 臣定眞秘書省祐候臣慧仁臣能會等 奉宣鐫字/ 游擊將軍臣金位奉宣刻

造盖

[裏面]

高麗國靈鷲山大慈恩玄化寺碑陰記

　　　　推忠盡節衛社輔國功臣興祿大夫檢校太尉守內史侍郎同內史門下平章

　　事兼太子少傳上柱國濟陽郡開國侯食邑一千戶臣蔡忠順奉 宣撰幷書

臣聞聖人之至鑒也儒書輻志勤修則政敎是興佛法在心虔敬則福緣克□所

謂雖各□三敎而共在一源眞理內融化門外顯者也所以於儒則無先其仁孝

故/ 先生云孝者德之本歟敎之所由生也是以先王之以孝理天下也其敎不肅

而成其政不□而理天下和平災害不生矣於佛則亦說父母恩重經具如卷中

之旨也更不/ 勞剖宣可謂儒釋二門皆宗於孝孝之至矣德所厚焉又金光明經

云因集業故生於人中□領國土故稱人王處在胎中諸天守護或先守護然後

入胎雖在人中/ 生爲人王是知我當今 聖上諸天守護生爲人王出統靑方乃悼

德尊居萬乘稟四聰三敎至宗一心明炤仁施道著孝理化成百姓樂/ 推八方

忻載既內遵以　佛敎□外化以儒□內外含融古今洞曉所云聖鑒合先王諸佛

之道者即我當今之謂也昨者我 聖上有言曰自從/ 寡人初登大寶已來以 皇

考乾陵在泗州稍遠奈緣向者邦家未靜征戰相仍是致久淹未諸移近以至于擇

定去丁巳年四月內告晨乃得遷就乎因陁利山下勝/ 地備禮而葬矣邃於 陵東

近處有山□繞迴之勢朝揖重重見杉松蒼翠之形崒巖巀關狹稱殿堂之構

高低符塔增砌之排風景引人煙霞逐步隱之曠古現乃于/ 今若神人臧着於多

年必期有待應 聖主要求於此日入用無乖對之可憐望之如盡既官人之嘉也

乃 聖主之忻然便令就此妙境刱置此名藍一所冀欲追薦/ 二親用資冥福者也
果符□鑒以祐日邦得見北朝差人再來請和結好及至戈戟偃藏人民穌息金
地之刱工方畢玉毫之妙相円明仍命於寺內西北地/ 別開 眞殿一座安署 我
皇考安宗憲景英文孝懿大王 皇妣孝肅仁惠順聖大王太后幷 皇姊成穆長公
主 元貞王后眞影以奉良緣冀伸如在必籍佛天之福善亦承靈鑒之儲祥爰庚
申歲十月內於 皇妣聖鄉黃州南面感得有眞身舍利出現光明浮耀兼又於 皇
考山陵之近處有普明寺內更得靈牙出現 聖上乃備儀仗駕出郊外迎來以其
深可虔敬有不可思議之感應逡於當寺刱造石塔一座七層安此靈牙一隻幷舍
利/ 五十粒用伸歸敬續又於辛酉四月□於尚州管內中牟縣復有舍利五百餘
粒出現浮動炤耀仍差近臣中樞副使尚書右丞李可道往彼迎來 聖上亦備禮
郊/ 迎果覿白紅二色各有光明遂令分減五十餘粒來就當寺於主佛中心安置
了乃令捏塑□成供養其餘並將入安置內殿道場 親自供養有又有靈驗奇異
者初從/ 刱立當寺之時剗埋講堂地基之內忽拾得有黑水精珠一顆後又於去
庚申歲內剗修金殿地基之次更拾得紫水精珠一顆乃於主佛毫間安着事符相
應足可/ 歟降兼以昨令差使將紙墨價資去入中華奏告事由欲求大藏經特蒙
許送金文一藏却不收納所將去價資物色仍蒙宣送彩色有二千餘兩俾充隨願
乃得於/ 當寺佛殿法堂眞殿並能如法彩盡裝飾既而金鐘法皷鑄造皆畢乃命
鑾駕君臣備禮行幸爰共撞鐘共之隨喜 聖上捨納租穀二千餘碩群臣兩班
各/ 有施納數如文案別立號爲金鐘寶施行又有諸宮院共遵大孝各施獻田地
助成勝事 聖上又發心立願爲祝邦家鼎盛社稷益安許令每於春四月八日/ 起
首限三日三夜開設彌勒菩薩會又立願爲欲追薦 二親其福亦令每於秋七月
十五日起首限三日三夜修設彌陁佛會加又特命工人彫造大/ 般若經六百卷
幷三本華嚴經金光明經妙法蓮華經等印板着於此寺仍別立號爲般若經寶永
令印施十方 聖上以檢校太傅守門下侍郎□□□門下平章事崔士威昨自別/
藍已來盡乃小心助玆大願不歸私第長在精廬力謹指揮目親句當刱造纏綿有
備裝條邐迤無虧恰應 聖懷固憑腎略乃加爲侍中餘如故其已下成造都監使
禮賓鄉/ 皇甫兪義副使前殿中少監柳僧虔將作少監李英禮賓少卿龍□判官

中樞日直刑部郎中兼御史雜端安鴻漸錄事四人內神虎衛長史李徵佐內史主
書白思孝少府丞崔延哿尚書/ 都事李成子其有道官使左街都僧錄大師光蕭
副使左街副僧錄彦宏左街副僧錄釋眞判官右街僧正成甫并其僧記事二人俗
記事五人并有地理業三重大通鄭雄重大通金得義/ 等各加恩澤有差用念同
心同德貴彰必信必誠□願將周嘉□盡記爰命翰林學士承旨周佇碑之於初
續遣行吏部尚書叅知政事蔡忠順書之于次便發良工刻字畢而臨欲其堅此際
聖上駕幸親覽之日稍符 睿鑒深悅 聖情於是親就刊石之上乃緩筆以 御札碑
之篆額并其/ 御書篆額四字亦 親御札不唯其 御翰揮來若龍盤於雲水抑亦
其 宸襟炤處必龜感於光榮是以隨駕百寮皆就拜覯莫不共呼萬歲仰而嘆之
及至於 眞殿安置 考妣聖影之際 御自修述諡冊而行禮欲以親表丹誠必通玄
鑒并有御製其 眞殿讚則令寫在於殿內東西壁上其詩則令板/ 寫釘着於殿之
門外別有 御製詩則却令板寫釘在於法堂門外並爲永傳宣示斯乃孝感皇天
道光聖日可謂允文之詞藻金地擲金聲堪觀/ 克哲之謨猷世玉京傳玉振遊客
起登山之興高僧添定水之情自古罕聞于今方覩而又宣許群臣各呈眞讚並令
寫在於 眞殿內壁上并有詩亦皆板寫釘着於殿/ 外廊下者遂有宰寮樞密翰苑
綸閣鳳閣宏才駕行逸學凡二十一人復有呈慶讚此寺之詩乃皆寫釘于法堂之
外者亦有四十四人豈非麗句排於簷下好辭列乎楄間/ 錦繡交輝珠璣互暎兼
以方言風俗雖則不同讚事敍陳意皆無異斯盖詩所云嗟歎之不足故詠謌之詠
謌之不足故舞之蹈之之義是也 聖上乃御製依鄕風體歌遂宣許臣下獻/ 慶讚
詩腦歌者亦有十一人并令板寫釘于法堂之外庶使遊觀者各隨所習俱知□
旨之淸致令尋訪者只仰所懸莫識高吟之趣俾以嘉聲通遍致乎達理周旋/ 而
已復以其大臧經記乃命門下侍郎平章事姜邯賛而製以金殿記別遣內史侍郎
平章事崔沆而撰以鐘銘更差中樞使李襲而綴以 眞殿記遂令翰林學士郭/ 元
而述以崇慶殿記爰命中樞直學上金猛而編以慶讚玄化寺詩都序乃敎翰林學
士承旨周佇而錄以 眞殿讚詩都序却使起居舍人崔冲而作以/ 蓬萊殿記亦許
致仕翰林學士承旨孫夢周而紀之矣各陳盛美俱載玄眞演彼佛之化門讚 我皇
之德敎皆如釘掛衆所看觀但以具彼細微早屬色糸/ 之絹搜諸餘剩方容繼組

麻由是乃命臣忠順撰之碑陰奈以臣筆乏如椽學虧鑒壁叩承　□命唯竭虔衷
拾外孫稱著之遺庶全所美儻君子歷觀際/ 敢逞所爲有顓英明無遑悚愧者哉/
太平二年歲次玄黓閹茂秋□月日謹記
　大德賜紫沙門臣釋定眞屬秘書省祜侯臣慧仁祗侯臣能會等奉宣刻字
　(碑身高七尺八寸五分幅四尺三寸前面楷書後面行書字徑竝六分題額
　字徑二寸五分篆書)

371○【景宗伷】고려 제5대 왕이며, 정식 이름은 경종지인성명혜헌화대왕
이라고 한다. 휘(諱)는 주(伷)이며, 자(字)는 장민(長民)이라고 한다. 제4
대 광종의 장남으로, 어머니는 대목왕후보씨이다. 광종 6년(955) 9월에
태어나, 16년(965)에 태자가 되고, 26년(975) 5월, 아버지 광종이 죽자,
곧장 왕위에 올랐다. 재위 7년이며, 981년 7월, 병이 악화되면서 동생인
성종에게 자리를 물려줬다. 다음 달 8월 13일, 경종은 26세로 그 생애를
마감했다. 경종은 원래, 성격이 얌전한 사람이었으나, 말년에는 나라 일
에 염증을 느끼고, 오락에 빠졌고, 특히 바둑을 좋아하며, 현명한 신하를
물리쳤다. 본문에 보이는 정승공 김부(金傅)의 딸을 왕비로 삼은 것은
"고려사"에 보이지 않는다.

○【太平興國三年戊寅】'나기' 경순왕 9년 11월 조 뒤에 이어지는 기사에는,
대송흥국사년무인이라고 되어 있다. "고려사" 권2 · 경종 무인 하4월 '政
丞金傅卒. 諡敬順.'이라고 되어 있으므로, 송(宋)의 태평흥국삼년무인이
옳으며, 이해는 서기 978년이다.

372○【冊尙父誥曰. …爲一萬戶】이 부분은 "고려사" 권2 · 경종전기와 거
의 같은 글로서, 경종전기가 이용했던 같은 자료로부터의 인용이 아닌가
생각된다. 경종전기 관련 기사를, 참고를 위해 다음에 기재한다. '冬十月
甲子. 加政丞金傅爲尙書. 制曰. 姬周啓聖之初, 先封呂望. 劉漢興王之始.
首冊蕭何. 自此大定寶字. 廣開基業. 立龍圖二十代. 蹋鱗趾四百年. 日月
重明. 乾坤交泰. 雖自無爲之主. 關致理之臣. 觀光 · 順化 · 衛國功臣. 上

柱國・樂浪王・政丞・食邑八千戸金傅世處雞林. 官分王爵. 英烈振凌雲
之氣. 文章騰擲地之才. 富有春秋. 貴居茅土. 六韜三略拘入胷襟. 七縱
五申撮歸指掌. 我太祖始修睦隣之好. 早認餘風. 尋頒駙馬之姻. 内酬大
節. 家國既歸於一統. 君臣宛合於三韓. 顯播令名. 光崇懿範. 可加號尚
父・都省令. 仍賜推忠・順義・崇德・守節・功臣號. 如勲封故. 食邑通
前爲一萬戸.'

○【勑. 姬周啓聖之初 … 大匡内議令兼摠翰林臣翮宣奉行. 奉勑如右. 牒到
奉行. …兵部卿無署. 兵部卿署. 告推忠愼義崇德守節功臣尚父都省令上柱
國樂浪都(郡)王食邑一萬戸金傅, 奉勑如右, 符到奉行. … 開寶八年十月
日. 下】이 글은, 김부의 고신(告身)[336] 즉 요즈음 말하는 사령서에 해당
하는 것으로서, 역문에서 보인 것과 같은 서식을 거의 갖추고 있던 것
으로 생각된다. 그 같은 것으로서 건중 원년 8월(780)의 일자를 가진, 안
진경 스스로 적은 고신이 참고가 된다. 안경자서고신과 같은 서식을 가
진 것으로서, 사마광의 고신을 들 수 있다. 이것은 희녕 2년 8월(1069)의
것이다. 모두 "서도전집"(헤본샤)에 수록되어 있으며, 나이토 겐기치의
해설이 들어 있다. 김부에 관한 이 고신을 보면, 서(署), 무서(無署), 무명
(無名) 등으로 되어 있기 때문에, 이 조가 김부의 고신 그 자체로부터 베
낀 것으로 생각되며, 고려초기의 관제를 연구하는 데에, 중요한 사료로
보인다.

○【尚父】특정의 관호는 아니지만, 진통명사를 관호와 같이 사용한 것. 황
제나 왕이 아버지와 같이 존중하는 사람에 대하여, 사용하는 존칭. 당대
에도 칭호적인 존칭으로서 사용되어 있다.

○【誥】원래 위에서 아래로 고한다는 것을 의미하는 글이나, 다음 글의 '勑
以下, 開寶八年十月日下'가, 고신(辭令)의 형식에 따르고 있으며, 또 개보
라는 연호가 송(宋)의 것이라는 점을 생각하면, '송 이후, 일품에서 오품

---

336) 관리에게 주는 신분증명서.

에 이르는 관리를 임명하는 말(辭令)'(모로하시 대한화자전)이라고 해석하는 것이 타당한 것이 아닐까 생각된다.

○【姬周】【呂主】 주(周) 왕실은 희씨이기 때문에, 주나라를 희주(姬周)라고 한다. 주 문왕은 여러 신하로부터 은(殷)의 주왕을 물리치고 천하를 평정하도록 말을 들었지만, 천하의 현명한 선비를 구하여, 용이하게 은과의 전쟁을 일으키지 않았다. 그동안에 백이·숙제·태공망여상 등이 문왕을 따랐다. 문왕은 여상을 재상으로 삼았던 것으로, 천하의 인심이 문왕에 모이고, 그 아들 무왕이 은을 멸망시키고 주(周)를 일으키는 계기가 되었다. 여주(呂主)는 "고려사"에 '여망(呂望)'이라고 되어 있으며, 태공망여상을 말한다.

○【劉漢】【蕭何】 한(漢)의 왕실은 유씨이기 때문에, 한을 유한(劉漢)이라고 한다. 소하는 전한 고조의 제1의 공신으로, 나중에 한의 상국337)이 된 사람이다. 그는 처음에 진(秦)의 하급관료로서, 일찍이 한 고조 유방을 옹호했다. 유방이 군사를 일으키고부터는, 늘 그 참모가 되어 활약했다. 고조가 한왕이 되자, 그는 승상이 되고, 고조가 항우와 싸우고 있을 때, 그는 관중338)을 지배하여 고조의 활약을 배후에서 지지했다. 기원전 202년, 고조가 천하를 평정하자, 성실한 소하의 활약을 높이 평가하여, 공신중공제일로 했다. 소하는 상국이 되어도 그 생활은 검소하여, 덕망을 받았다. 또 병이 깊어졌을 때, 제2대의 혜제가 그를 대신할 사람을 추천하도록 부탁을 받았다. 이때 그는 평소에 사이가 좋지 않은 조참을 추천하여, 그 공평무사한 인사는 후세 오래토록 칭찬받았다.

○【上柱國】 중국에서 전국시대 초(楚)의 관명으로서 시작된다. 초의 제도에서는 전쟁에서 승리를 얻고, 적장을 죽인 자에게 주는 관명으로, 그 위치는 제일 높은 것이었다. 수·당 시대에는 단순히 공로에 보답하기 위

---

337) 영의정, 우의정, 좌의정의 총칭.
338) 정부기관.

한 것으로서, 관직에 오르지 않은 사람에게 주어졌다. 고구려나 신라의 왕이, 당조로부터 받는 관호 가운데에, 이 상주국이 종종 보인다. 고려조에는 국가의 공신에게 주어지는 최고의 훈위(勳位)339)였다.

○ 【六韜三略】 육도는 중국의 병법서로, 전설에 의하면 주(周) 초의 태공망 여상의 저서라고 한다. 육도는 문(文)・무(武)・용(龍)・호(虎)・표(豹)・견(犬)의 육도로서, 문도・무도는 나라를 다스리는 문무의 대법을 말하고, 용도 이하는 병법 전술을 말한다. 그 가운데에는 기마전 등, 전국・진(秦)・한(漢) 시대에 관한 것을 기록하고 있으며, 육도의 편찬은 위진 시대라고 생각된다. 삼략도 중국의 병법서로, 육도삼략을 합쳐, 대표적인 병서로 되어 있다. 삼략은 황석공이 장량에게 전했던 병서라고 하지만, 그 문장은 진한(秦漢) 이후의 것으로, 후세의 위작이라고 한다. 상략・중략・하략의 3권으로 되어 있기 때문에 삼략(三略)이라고 한다.

○ 【七縱五申】 칠종(七縱)은 칠종칠금을 말하는 것으로, 촉한(蜀漢)의 제갈 공명이 남이의 맹획을 일곱 번 풀어 주고 일곱 번 잡아, 마침내 마음을 감복시켰다는 고사를 말한다. 오신은 삼령오신을 의미하며, 3번이나 훈령을 내고, 5번이나 묻는다는 것으로, 정중하게 훈령을 알리는 것이다.

○ 【駙馬之姻】 부마(駙馬)는 부마도위를 줄인 말로, 부마도위는 천자의 부차의 말을 관장하는 관직명으로, 한(漢)의 무제가 만든 것이다. 위진 이후, 천자의 사위가 반드시 이 자리에 올랐던 것으로, 부마가 천자의 사위의 명칭이 되었다.

고려시대 후기, 몽고족의 침입을 받고, 고려왕조는 왕도 개성을 버리고 37년간 강화도로 도읍을 옮겼다. 1270년, 고려왕조는 원(元)에 굴복했다. 원은 고려에 군사를 두어 내정에도 관여했다. 1274년 원의 세조는, 딸인 홀도로게리미실공주를 당시 고려의 태자인 충렬왕에게 시집보냈다. 그 이후 고려시대의 왕이 원(元)의 황제의 딸을 처로 맞이했기 때문

---

339) 훈등(勳等)과 위계(位階).

에, 고려왕은 원제(元帝)의 부마가 되었다.

○ 【三韓】 "삼국사" 동이전 한조(韓條)에, '韓. 有三種. 一曰馬韓. 二曰辰韓. 三曰弁辰'으로 한 것으로부터, 이윽고 한반도를 삼한이라고 부르게 되었다. 가장 이른 시기의 예는, 660년 건립된 '大唐平百濟國碑銘'이다. 이 글은 중국인의 손에 의한 것이나, 아마 당시 조선 삼국에서도 그 총칭으로서, 삼한의 명칭이 사용되었다고 생각된다. 또한 현존의 신라금석문에서 삼한의 문자가 보이는 것은, 818년 건립으로 추정되는 '백률사석당기'이다.

○ 【都省令】 도성령·도성 등, 관직명이나 관직에 대한 규정은 "고려사"에 보이지 않는다. "고려사"에 더러 보이는 도성 관계 기사로부터, 인종조에 상당히 중요한 관직으로, 그 임무는 형벌의 심의나, 기우제를 행하는 것이었던 것으로 보인다.

○ 【開寶八年十月日】 송(宋)의 개보 8년은 고려의 광종 26년, 서기 975년에 해당한다. 이해 5월에 광종이 죽고, 태자 주(伷)가 즉위했다. "고려사"의 기년법으로는, 선왕이 죽은 날에 태자가 즉위하나, 그해를 새 왕의 즉위 년이라고는 기재하지 않고, 새 왕의 선왕이 죽은 다음 해로 한다. 그 때문에 전왕이 죽은 후의 기사는 즉위 전기에 붙어 있다. 개보 8년 10월의 김부(金傅) 승격의 기사는, "고려사"에서는 같은 해 10월 갑자일로 했으며, "삭윤표"에 의하면, 갑자는 26일에 해당한다. 이곳에서는 날짜를 적지 않았으나, 이것은 공식 문서가 되었을 것이다. 또 이 시기에 김부를 승격시킨 것은, 경종의 왕후에 김부의 딸, 헌숙왕후가 책봉되었기 때문이다.

○ 【大匡】 대광(大匡)의 관호는, 태봉국의 관명을 고려조가 이은 것으로, 성종 14년(995) 5월의 관제 개혁으로, 문관인 대광을 개부의동삼사로 했다. 충렬왕 34년(1308)의 관명개혁에서도, 제1등관을 삼중대광, 다음을 중대광으로 하고 있다. 또 향직의 관명에도 1품(一品)을 삼중대광·중대광, 2품을 대광으로 하고 있다. "고려사"의 사용례로 보면, 지방관직 내지는 여진족의 추장에게 주는 관직명이기도 했다.

○ 【內議令】 내의령(內議令)은 내의성의 장관으로, 고려 건국부터 성종 원

년(981)까지 사용되었던 관직명이다. 내의성은 나중에 내사문하성·중서문하성·첨의부 등으로 개칭되었다. 그 직무는 국정 전체를 관장하고, 재판을 행했다. 이 관청명의 변천에 따라, 그 장관명도 내의령에서 내사령·중서령·도첨의령 등이 되었다.

○【摠翰林】이 이름의 관직명은 '사'·"고려사" 등에 보이지 않는다. 혹은 한림학사의 수좌에 있는 자에게, 고려 초기의 어느 시기에 임시로 붙은 관직명, 내지는 속칭이었는지도 모른다. '사'(권46) 설총전에 부기(付記)된 최승우 전에 의하면, 고려태조가 개국했을 때의 관명에, '한림원대학사'의 관직명이 보인다. 아마 같은 직무였다고 생각된다. 한림의 명칭은 '사'(권39) 직관지(중)에 다음과 같이 보인다.

'詳文師. 聖德王十三年(714) 改爲通文博士. 景德王(742-765) 又改爲翰林. 後置學士.' 그러나 신라시대의 사료에 한림, 혹은 한림학사의 사용례가 거의 보이지 않는다. "고려사"(권76) 백관지(1)에는, 한림원·한림원학사에 대하여 다음과 같은 사료가 있다. '藝文館. 掌制撰詞令. 太祖仍泰封之制. 置元鳳省. 後改學士院. 有翰林學士. 顯宗改爲翰林院.'

○【翮】총한림이라는 관직에 있던 사람의 이름으로, 이 사람이 '선봉행'하는 것이다(207면 이하 참조).

○【侍中】신라 집사부 장관명으로서, 경덕왕 6년(747)에 설치된 것이다. 고려시대가 되자, 태조는 태봉국의 제도를 모방하여 관료를 총괄하는 관청으로서, 광평성을 두고, 그 장관을 시중이라고 했다. 문종조(1047-1083)의 관제개혁에 의해, 광평성이 폐지되어 상서성이 되고, 그 장관명도 상서령이 되었다. 이보다 앞서 성종 조에 문하부의 관제개혁이 있었고, 그 장관을 문하시중이라고 개칭했다. 이후 시중의 관직명은 문하성 장관의 관직명으로서 사용되었다. 이 시대의 시중은, 행정관의 꼭대기에 있을 뿐만 아니라, 군정 장관으로서 도평의사사·삼군도총제부의 장관을 겸하는 일도 있었다. 또 국사편찬을 행하는 춘추관의 장관인 수국사는, 시중의 겸무(兼務)가 되었다.

○ 【內奉令】 '사' 직관지(하)에 의하면, 태봉국의 관청명에 '內奉省(今都省)' 이 있다. 도성에 대해서는, 앞서 보인 도령을 참고. 또한 "고려사" 백관지 · 상서성 조의 분주(分注)에, '太祖時. 又有內奉省. 三國史云. 內奉省 卽今都省. 沿革與此不同.'이라고 되어 있다. 내봉성은 태봉국에서 고려조 초기, 특히 태조시대(918-943)에 이 명칭의 관청이 놓이고, 그 장관을 내봉령이라고 불렀다.

○ 【軍部令】 이 관직명을 직접 전하는 사료는 없다. 군부(軍部)의 명칭은 "고려사" 백관지 병조 조에 다음과 같은 분주(分注)가 있다.

'太祖元年(918). 有徇軍部令 · 郎中. 十六年(933). 有兵禁官郎中 · 史. 光宗十一年(960) · 改徇革部爲軍部. 其職掌未詳. 疑皆是掌兵之官. 後並 廢之.' 다음에 보이는 병부령 · 동경 등도 태조 원년부터 설치되어 있었으며, 순군부와 병부와의 관계가 명확하지 않다. 분주(分注)에 보이듯이, 순군부와 병금관이 비슷한 관(官)이라고 가정한다면, "고려사" 병지(1)에 보이는 병금관의 직무는 '이장융사'이며, 직접 전쟁에 관련되는 사무를 본 것 같다. 군부의 폐지시기에 대해서도, 군부관계의 사료가 전혀 보이지 않기 때문에, 추측할 만한 단서조차 없다.

○ 【兵部令】 병부령은 신라가 법흥왕 3년(516)에, 처음으로 두었다고 한다. 초기의 병부령은 귀족의 사병군단을 지휘하는 입장이 아니고, 사병군단 사이의 연락조정을 도모하는 기능밖에 가질 수 없었다. 670년대 이후, 신라왕의 통수권이 강화됨에 따라, 병부령의 모든 군단에 대한 통제 기능도 강화되었다. 고려태조는 신라의 병부령 제도를 그대로 이어, 918년 고려 건국과 함께 병부령 · 경(卿) · 낭중(郎中)을 두었다. 이 관직이 폐지된 시기를 명시한 것은 없으나, 상당히 이른 시기, 성종 14년(995) 이전에 병부어사 · 시랑이라고 고쳤다. 고려조의 병부의 직무는, 무관의 통솔 · 병토의 조달 · 군대의 관리 · 의장의 운영 · 역제와 교통의 확보 등이었다. 이와 별도로 고려조 초기부터 성종 2년(983)까지 지방의 관리 직명에 병부령 · 병부경의 이름이 보이고 있다.

○【廣坪侍郎】광평성(廣評省)의 차관을 말한다. 시랑도 경(卿)도 모두 차관을 나타내는 명칭이다. 광평성은 태봉국의 중앙행정 관청명으로, 그 직무는 백관을 통틀어 다스리는 것이었다. 고려태조는 그 광평성을 계승하여 장관에 시중, 차관에 시랑, 3등관에 낭중, 4등관에 원외랑을 배치했다. 성종 원년(982), 광평성의 명칭을 고쳐 어사도성으로 하고, 14년(995) 또다시 개명이 있어 상서도성이 되고, 문종조에 상서성이 되었다.

○【主事·書令史·孔目】고려 문종조의 관제개혁으로, 중앙의 여러 관청의 관리의 직명이 된 것. 이 가운데 주사가 가장 높고, 영사·서령사·기관 순위로 나오는 예가 많다. 공목(孔目)은 예보사의 하급 관리의 직무 이름에 보이는 정도이다. 주사와 서령부가 놓여 있던 관청명을 보면 다음과 같다. 중서문하성·상서부성·삼사·이부·고공·병부·호부·형부·도관·예부·공부·전중성. 주사뿐이고 서령사가 없는 것은, 비서성. 서령사뿐이고 주사가 없는 것은, 어사대·상식국·상의국·상사국·상승국·액정국.

373 ○【史論曰. 新羅…. 豈非陰德也歟】'나기'(제12) 가장 마지막을 거의 그대로 인용한 것이다. 참고를 위하여 인용해 둔다. '論曰新羅朴氏, 昔氏皆自卵生. 金氏從天入金樻而降. 或云乘金車. 此尤詭怪不信. 然世俗相傳爲之實事. …今但原厥初. 在上者其爲己也, 儉. 其爲人也, 寬. 其設官也, 略. 其行事也, 簡. 以至誠事中國. 梯航朝聘之使. 相續不絶. 常遣子弟. 造朝而宿衛. 入學而講習. 于以襲聖賢之風化. 革鴻荒之俗. 爲禮義之邦. 又憑王師之威靈. 平百濟·高句麗. 取其地郡縣之. 可謂盛矣. 而奉浮屠之法. 不知其獘. 至使閭里比其塔廟. 齊民逃於緇褐. 兵農侵小. 而國家日衰. 則幾何其不亂且亡也哉. 於是時也. 景哀加之以荒樂. 與宮人左右. 出遊鮑石亭. 置酒燕衎. 不知甄萱之至. 與夫門外韓擒虎, 樓頭張麗華. 無以異矣. 若敬順之歸命 太祖. 雖非獲已. 亦可嘉矣. 向若力戰守死以抗王師. 至於力屈勢窮. 則必覆其宗族. 害及於無辜之民. 而乃不待告命. 封府庫籍郡縣以歸之. 其有功於朝延. 有德於生民甚大. 昔錢氏以吳越入宋. 蘇子瞻謂之忠臣. 今

新羅功德過於彼遠矣. 我太祖妃嬪衆多. 其子孫亦繁衍. 而 顯宗自新羅外
孫卽寶位. 此後繼統者. 皆其子孫. 豈非陰德之報者歟.'

○【朴氏昔氏. 皆自夘(卵)生】박씨(朴氏)의 시조전승은 고증(상권)의 기이
제1 신라시조 혁거세왕 조의 역문·주해·참고 참조. 석씨(昔氏)의 시조
전승은 고증(상권)의 기이 제1·제4탈해왕 조의 역문·주해 참조.

○【金氏從天入金樻(櫃)而降, 或云乘金車】금궤(金樻)에 관한 것은 고증(상
권)의 김알지 조 참조. 문무왕비(斷碑)에 '좌금여'라고 있으며, 금차에 의
한 시조 강림설이 신라 궁정에 있었던 것을 알 수 있다. 자세한 것은 '新
羅王の世次と其の名につきて'(京都學文學部國語學國文學硏究室編 "前
間恭作著作集" 하권〈쇼와 49년) 참조.

○【朝聘之使】신라가 중국왕조에 사절을 파견하여 조공한 최초의 예를 진
(晉)의 태원 2년(382)의 일이라고 했다. 그러나 이것은 '나기'에 보이지
않아 의문이 남는다. 다음은 전진(前秦)의 건원 18년(382)으로서, '나기'
에도 이것을 승인하는 기사가 있다. 이 기사가 신라의 중국왕조에 대한
조공기사의 확실한 출발점이라고 할 수 있겠다. 그러나 신라는 그 후 200
년 가까이나 중국왕조와의 국교를 가지고 있지 않다. 계속적인 외교관계
가 수립되는 것은 565년부터의 일이다. 신라가 중국왕조에 적극적으로
접근하려고 하는 것은, 수(隋)·당(唐) 이후의 일이다. 그 이유는 삼국항
쟁기의 말기에 고구려·백제로부터 공격을 받고, 스스로의 힘으로 2국과
대항하기 힘들다고 생각했기 때문일 것이다. 신라는 당과 연합하여 백
제·고구려를 멸망시키나, 당은 한대(漢代)의 4군의 부활을 명목으로, 한
반도 전체를 당의 군현 제도 아래에 두려고 했다. 그 때문에 670년부터
676년까지 신라는 당과 싸워 당의 침략을 배제했다. 그러나 신라는 외교
를 적극적으로 회복하여, 매년 조공사(朝貢使)를 파견하여, 당과의 국교
를 확보하는 것으로, 신라왕조의 권위를 유지하려고 했다. 9세기 중엽 이
후 당의 쇠퇴와 신라왕조의 혼란이 맞물려, 신라와 당과의 국교는 거의
종식된다.

○ 【宿衛】 숙위(宿衛)라는 것은 항상 천자 가까이 있으면서, 천자를 지키는 역할로, 648년 이후, 신라의 왕족이 당의 천자의 곁에서 숙위하는 관례가 생겼다. 신라는 고구려·백제의 공격에 시달리자, 적극적인 대당외교를 전개했다. 그 일환으로서, 이 숙위 정책을 따랐다. 그 처음은 648년 신라의 김춘추(후의 태종무열왕)가, 아들인 문왕을 따라, 당에 조공했을 때이었다. 이때 김춘추는 종래의 정치교섭을 버리고, 오로지 문화공세로 바꿨다. 이들은 당의 조정에서 거동에 유의하면서, 유학의 의례를 배우고, 서적을 수집하며, 당의 예복의 사용을 바라는 일 등을 하였다. 이러한 문화공세를 배경으로, 당군의 신라구원이라는 정치교섭을 전개하였다. 그 결과, 어느 정도의 성공을 거두었으나, 당의 정책이 또한 유동적이었다. 그래서 김춘추는 귀국할 때에, 아들인 문왕을 당 태종의 숙위로서 당에 머물게 하여, 당 조정의 정치동향을 조속히 섭렵하도록 했다. 또 당의 당 태종과 개인적인 접촉을 통하여, 당 태종에게 신라를 보다 호의적으로 이해하게 하려고 했을 것이다. 그 후 숙위제도는 오랫동안 이어져, 신라와 당과의 연합에도 어느 정도 영향을 끼쳐, 670년부터 신라와 당과의 전쟁 때에도 그 화해에 일조(一助)를 하였다.

○ 【於是時. 景哀王加之以荒樂. 與宮人左右出遊鮑石亭. 置酒燕衛(衍) 云云】 경애왕은 국가가 위태로운 당시의 가을에 유락에 젖어 망국에 이르게 한 것처럼 전해지고 있으나, 이에 대하여 미시 나 아키히데는 다음과 같이 말하고 있다. '…그뿐만 아니라, 신라국가의 정치사는 이상하게도 가무하는 장면에서, 그 마감을 하였다. 즉 그 모반의 적도 견훤이 왕경에 난입하였을 때, 경애왕은 그 일족과 포석정에서 춤과 노래를 하였다고 한다. 그 당시에 왕은 한편으로 고려 태조에게 구원을 거듭 구하고 있을 때 였으며, 이러한 국가 비상시에 놀이와 향락을 즐기면서, 적의 습격을 생각하지 않았던 것일까. 포석정은 호국의 신인 남산신을 모시는 곳으로, 국가존망의 가을에 국왕이 그렇게 포석정에서 국망의 직전까지 가무를 즐겼다고 한다면, 그것은 결코 놀이의 가무가 아니었을 것이다. 그것을

유락을 탐했다고 보는 후대 학자의 해석이나 훈계는, 너무나도 가무의 행위를 현대풍으로 생각한 것이며, 또한 너무나도 도학자류의 훈계에 빠졌다고 할 만하며, 모두 경애왕의 심정과 먼 견해는 아닐까.'라고(平凡社刊 "增補日鮮神話傳說の硏究" 三品彰英論文集 · 第四卷, 286면).

○ 【韓檎虎】 한금호(韓檎虎)는 중국 하남 · 동원(河南省新安縣) 출신으로, 6세기에 북주(北周) · 수(隋)의 관료로서 활약을 했다. 아버지 한웅은 북주의 대장군이었다. 그는 자(字)를 자통이라고 하며, 문무에 재능이 있었고, 경사백가에 능통했다. 처음에 북주의 태조를 모시고, 그 공(功)으로 신안태수, 의동삼사 · 신의군공이 되었다. 수(隋)가 북주를 굴복시키자, 수 조정을 모시고 노주총관이 되었다. 수가 진(陳)을 쳤을 때에는 그 선봉을 임명받고, 정예군사 500명을 이끌고 금릉(남경지방)을 치고, 진(陳)의 마지막 왕, 진숙보를 포로로 잡았다. 그는 그 공적에 의해 상주국의 지위를 받아, 수광현공에 올랐다. 후에 양주총관이 되고, 55세에 죽었다.

○ 【張麗華】 장려화(張麗華)는 진(陳)의 마지막 왕. 후주(진숙보)의 비(妃)였다. 그녀는 신체 염려하고, 머리카락의 길이는 7척이나 되었으며, 총명하고 글을 잘 써, 후주의 총애를 한 몸에 받았다. 그녀는 총애에 지나쳐 정치에 개입하여 진의 정치를 문란시켜, 그 멸망의 원인을 만들었다. 수나라 군사가 금릉을 함락하자 그녀는 후주와 함께 궁중의 경양정에 들어갔으나, 수군에 의해 잡혀 죽었다.

○ 【錢氏[340]】 '나기'에 따라 전씨(錢氏)로 고쳐야 할 것이다. 여기에서 말하는 전씨는 전숙을 말하며, 중국 5대 10국의 오월(吳越)의 마지막 왕으로, 재위는 948-978년, 생존 연차는 929-988년이다. 그는 전원관의 아홉 번째 아들로 태어났으나, 제4대왕인 전숙이 추방되었기 때문에, 그가 올라 오월의 제5대 국왕이 되었다. 그는 왕위에 오르자, 조부(租賦)를 면제하고, 황폐한 논밭을 개간(開墾)하게 하여, 인심의 안정에 힘썼다. 그는 송

---

340) 규장각본, 고증. 民(氏).

조(宋朝)에 남해 방면의 금은·진주 등의 진귀한 보물을 많이 보내어 조공을 겸하고 있었다. 978년, 전숙은 스스로 송(宋)의 태종에게 굴복하여, 오월은 멸망했다. 그러나 그 멸망이 평화 가운데에 이루어졌기 때문에, 국왕은 일생동안 송조에게 대우를 받으며, 그 일족이나 가신들도 송조를 모시는 자가 많았다. 특히 망국에 즈음하여 늘 큰 피해를 받는 일반국민에게 있어, 망국의 참사를 초래하지 않았던 것은, 민심을 안도하게 하였다. 교토의 금태사, 후쿠오카현의 대천방에 있는 보협인탑은 전숙이 아육왕탑의 고사에 의해 만든 84000탑의 하나로, 일본과 중국의 교통 역사상 중요한 사료이다.

○ 【蘇子瞻】 중국 북송의 문인이며, 당송(唐宋) 8대가에 꼽히는 문호로, 그 영향은 오랫동안 후세에 미쳤다. 그는 서기 1036년에 미산에 태어나, 이름을 식(軾), 자(字)를 자첨, 동파라 부르고, 1101년에 죽었으나, 남송의 고종으로부터 문충의 시호를 받았다. 그는 경서나 역사에 능통했고, 하루에 수천 어(語)를 적는 뛰어난 문장가이었으며, 게다가 강직한 성격이었다. 그 때문에 예부상서와 같은 고관이 되는가 싶더니, 겨우 사형을 면하고, 지방을 방랑하는 생활을 반복했다. 그는 특히 문장이나 시부에 능하고, 그 문장은 지나가는 구름과 흐르는 물341) 같았고, 부(賦)에서는 적벽부 등이 유명하다.

○ 【顯宗】 고려 제8대의 왕으로, 이름은 순(詢), 자(字)는 안세, 시호로 원문대왕이라고 한다. 아버지는 안종욱이며, 어머니는 헌정왕후 황보씨라고 한다. 황보씨는 처음에 제5대 왕, 경종에게 시집을 갔으나, 경종이 죽자마자 경종의 숙부 안종의 곁으로 달렸다. 이 때문에 안종은 사수현(경상남도 사천군 사천읍)으로 유배되었는데, 이해(서기 992년)에 현종이 태어났다. 이 때문에 현종은 태어나면서부터 고려왕실로부터 미움을 받고, 종종 암살의 위기에 놓였다. 그 후, 고려왕실에는 왕위를 이을 사람이 없

---

341) 고증. 행운유수(行雲流水).

어지자, 1009년 왕위에 올랐다. 현종의 재위기간은 서기 1009년부터 31년으로 그동안, 두 번에 걸쳐 거란이 침입하여, 도읍을 양주(楊州), 한양 등으로 이전했으나, 명장 강감찬 등의 분전(奮戰)으로 거란을 물리칠 수 있었다. 나라 안으로는 관제·세제의 정비, 양전의 실시, 의창수감법의 제정 등, 많은 성과를 올렸다. 본문에서 문제가 된 현종과 신라왕족의 계보를 참고를 위하여 보여 둔다.

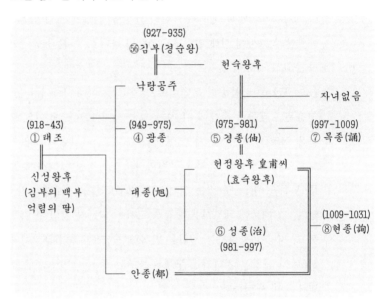

○ 【阿干神會】 아간(阿干)은 신라 제6등의 관위인 아찬을 말한다. 신회는 어떤 인물인지 미상.

○ 【黍離離嘆】 서리리(黍離離)는 "시경" 왕풍의 편명. 이 노래는 주(周)의 대부가 주실의 옛 종묘나 궁실을 지나, 그곳이 모두 서(黍, 기장) 밭으로 바뀌어 버린 것을 한탄하고 슬퍼하여, 중국의 고사를 생각하며 노래를 만들었다는 것을 전했다.

김부(金傅) 고신(告身)에 대하여

고신이라는 것은 사령서(辭令書)이다. 김부대왕 조의 책상부고일 이하의 장문 '勅姬周啓聖之初 … 有司擇日備禮冊命主者施行開寶八年十月日．大匡內議令兼摠翰林臣蕭翮宣奉行．奉勅如右牒到奉行開寶八年十月日．侍中署·開寶八年十月日下．'는 이 고신의 형식을 따르고 있다. 글 가운데 보이는 개보라는 연호는 정승공(金傅)이 죽은 해를 기록한 태평홍국이라는 연호와 함께 북송의 연호이기 때문에, 이 고신의 형식도 또한 송(宋)의 것을 반영했을지도 모른다. 페리에 의해 발견된 돈황 출토의 공식령의 서한에 의해, 제수고신식이나 주수고신식 등의 문서형식이 분명해졌다(內藤乾吉著 "中國法制史考證"〈有斐閣, 昭和 38년〉 참조). 당에서 고신(告身)으로 남은 것, 혹은 원본을 잃어버려도, 저술로 남거나 해서 알게 된 것은, 그수가 20편을 넘고 있다(大庭修 '唐告身の古文書學的研究'〈西域文化研究 第三, 敦煌吐魯番社會經濟資料下〉 참조). 그 가운데에서 현재, 동경의 서도 박물관 소장으로 되어 있는 유명한 '안진경고신'과 김부 고신을 좌우로 대비해 보겠다.

勅國儲爲天下之本師	勅姬周啓聖之初先封
導乃元良之敎將以	呂主劉漢興王之始首
本固必由敎先非求中	開簫何自大定寶區廣
賢何以審諭光錄大	開基業立龍圖三十代
夫行吏部尙書充禮	蹕麟址四百年日月重
儀使上往國魯郡開	明乾坤交泰雖自無爲
國公順眞卿立德	之主乃開致理之臣觀
踐行常四科之有懿	光順化衛國功臣上柱國
文碩學爲百氏之宗	樂浪王政承食邑八千戶
忠謹馨于臣節貞	金傅世雞林官分王爵英
規存手士範逋職中	烈振凌雲之氣文章膽擲
外服勞社稷靜專由	地之才富有春秋貴居茅
其直方動用請之懸	土六韜三略恂入胷襟七
解山公啓事淸彼品	縱五申撮版指掌我太祖
流叔孫制禮光我王	須(始)載(修)接(睦)陸(鄰)之好早認餘風
度惟一有實貞萬	尋時頒駙馬之姻內酬大
國力乃稽古則思其	節家國旣歸於一統君臣
人況　太后崇徽	宛合於三韓顯播令名光
外家聯屬顧先勳	崇懿範可加號尙父

舊方睦親賢俾其　　　　　　　都省令仍賄推忠順

調護以全羽翼一王之　　　　　義崇德守節功臣號

制呑尔兼之可太子　　　　　　勳封如故食邑通前

少師依前充禮儀使　　　　　　爲一萬戶有司擇日

散官勳封如故　　　　　　　　備禮册命主者施行

　建中元年八月廿五日　　　　　開寶八年十月日

　太尉兼中書令汾陽郡王臣使　　大匡內議令摠翰林臣翮宣奉行

　中書侍郎闕　　　　　　　　　　　奉

　銀青光錄大夫中書舍人權知禮部待郎

　臣于邵宣奉行　　　　　勅如右牒到奉行

　　　　奉　　　　　　　開寶八年十月日

勅如右牒到奉行　　　　　待中署

建中元年八月廿六日　　　侍中署

(侍中闕)　　　　　　　　內奉令署

銀青光祿大夫守門下侍郎同平章事上柱國炎　　　軍部令署

朝義大夫守給事中審　　　　軍部令無署

　月日時都事　　　　　　　兵部令無署

　左司郎中　　　　　　　　兵部令署

吏部尚書闕　　　　　　　　廣坪侍郎署

朝議郎權知吏部侍郎賜緋魚袋　廣坪侍郎無署

正議大夫吏部侍郎上柱國呉縣開國公腸紫金魚袋　　內奉侍郎無署

銀青光祿大夫行尚書左丞　　　內奉侍郎署

吿光祿大夫太子少師　　　　　軍部卿無署

充禮儀使上柱國魯　　　　　　軍部卿署

郡開國公顏眞卿奉　　　　　　兵部卿無署

勅如右符到奉行　　　　　　　兵部卿署

　　　　主事　　　　　吿推忠愼(順)崇德守節功臣尚父都省令

　郎中　令史　　　　　上柱國樂浪都(郡)王食邑一萬戶金傅奉

　　　書令史　　　　　勅如右符到奉行

建中元年八月廿八日下　　　　　　　　　主事無名

　　　　　　　　　　　郎中無名　書令史無名

　　　　　　　　　　　　　　　孔目無名

　　　　　　　　　　　開寶八年十月日下

즉 '勅으로 한다. 희주는 계성의 처음, 영명을 나타내어 의범을 광승해야 할 것이다.'라고 김부의 덕행용훈에 대하여 적고, 그런 까닭에 '尚父都省令의 호를 더해야할 것이다. 더불어 추충순의숭덕수절공신의 호를 내린다. 훈봉은 원래와 같이 하라. 식읍은 전과 같이 일만 호로 하라. 유사는 날을 택하여 예를 갖추어 책명하라. 담당자는 시행하라.'가 되며, 그 날짜가 '開寶八年十月日'인 것이다. 당에서는 이상이 중서성에서 초안을 잡아, 이를 천자에게 올려, 천자가 '可'라고 적고, 이것이 끝나면 중서령(중서성의 장관) 이하가 연서하고, 중서령이 결제하고 중서시랑(차관)이 올려, 중서사인(판관)이 행한다는 의미로 선봉행이라는 글을 적어 문하성에 돌리게 된다. 이 기능을 다하는 것이, 이 김부 고신에서는 대광내의령겸총한림의 관직에 있던 신하인 핵(翮)이라는 인물이었다는 것이 된다. 문하성에서는 '칙(勅)을 받들기를 우(右)와 같다. 첩(牒)이 다다르면 봉행하라.'라고 덧붙인다. 다음에 있는 일자는 문하성에서 발신한 날짜로, '첩(牒)'이라는 것은 동격의 역소 사이에 일어나는 통달을 의미한다고 생각된다. 문하성에서도 장관인 시중, 차관인 문하시랑, 판관인 급사중이 연서하여, 이 첩은 상서성의 중앙인 도성에 보내어져, 도성의 하급 서기관인 도사가 받게 된다. 안진경의 고신에 '月日時, 都事'라고 보이는 것은, 그 받았을 때와 도사의 이름을 적고, 그것을 한층 더 '좌사낭중'에 건네고, 좌사낭중이라는 것은, 도사의 관할자이다. 그런데 김부 고신에서는 이 '月日時都事, 佐史郎中'이 보이지 않는다. 이것은 고려 초기의 법제를 감안할 경우, 하나의 착안점으로서 주목을 해야 하는 문제가 아닐까 생각된다. 좌사낭중까지 도달한 첩은, 더 나아가 '이랑'에게 보내어진다. '이부'라는 것은 상서성의 6부, '이부' · '호부' · '예부' · '병부' · '형부' · '공부'의 그 '이부'이며, 문관의 인사를 관장한다. 그래서 이부의 장관인 '이부상서', 차관인 '이부시랑'(정원 2명)과 '상서도성'의 판관인 좌사(위의 이부, 호부, 예부 3부는 좌사에게, 나머지 병부, 형부, 공부 3부는 우사에게 종속되어 있었다) 담당의 상서좌승의 4명이 발신자가 되어 그 서명을 바탕으로 칙을 받는 당사자, 이 경우는 안진경에게 칙의 취지를 전달하고, 그렇게 하라고 하는 집행 명령을 내게 된다. 그 부분이 이부상서 이하가 된다. 김부 고신에 대해서 말하면, 이 이부상서에 해당하는 곳이 명확하지 않으나, '推忠愼(順)崇德守節功臣, 尚父都省令, 上柱國, 樂浪都(郡)王, 食邑一萬戶, 金傅에게 고한다. 칙을 받드니 위와 같다. 부(符) 도달하면 봉행하시오.'라고 보이는 곳이, 그 집행명령의 문(文)이며, 안진경 고신의 '光祿大夫, 太子少師, 充禮儀使, 上柱國, 魯郡開國公顏眞卿에게 고한다. 칙을 받드니 위와 같다. 부(符) 도달하면 봉행하시오.'라는 부분과 대응하고 있는 것은 분명한 일이다. '부(符)'는 상급관으로부터 하급관에 대하여 보내는 통달문서를 말하는 것으로, 안진에 대하여 혹은 김부에 대하여, 천자의 칙은 위와 같으므로, 이 부(符)가 도착하면, 그대로 받들어 행하라고

명령하고 있는 것이다. 임명의 칙을 전달하고 그대로 행하라고 명하는 것은, 그 벼슬에 오르라는 것이다. 그 후에 실제의 문서를 다루는 관리인 '이부원외랑'과 하급의 서기인 '주사'·'영사'·'서령사'가 각각 서명하고, 아래에 추가된 일자를 적고 '내린다.'라는 것이 된다. 또한 고신에 대해서는 大庭修 "親魏倭王"(學生社, 昭和46년)의 제6장 '高階遠成俄が唐からもらった辭令' 가운데의 '唐의 三省'이 참고가 된다.

현종(顯宗)의 출신

고려 제8대 현종왕의 출생담에 대해서는 본서 마지막 부분의 "삼국유사고증(상)" 보유(補遺)에 적었으나, 현종의 아버지인 욱(郁)(추존되어 안종)은 "고려사"(권88·후비전)에서는 태조가 경순왕(김부)의 백부 억렴의 딸(추존되어 신성왕후)와의 사이에 태어난 왕자로 되어 있다. 그래서 현종은 김씨의 계통이 되지만, 이것은 '나기'가장 마지막 부분의 논찬에 '我太祖妃嬪衆多. 其子孫亦繁衍. 而顯宗自新羅外孫卽寶位. 此後繼統者. 皆其子孫. 豈非陰德之報者歟.'에 바탕을 둔 것이다.

그러나 안종(郁)의 어머니인 신성왕후는 김씨가 아니고, 본문 인용의 "왕대실록"의 일문(逸文)에서 협주(大良州)(舊大耶郡)의 이씨의 출신이라는 의문이 짙다. 그러면 왜 이씨가 김씨가 된 것일까. 이것은 현존의 "삼국사기"의 찬술자, 즉 경주 김씨의 한 사람인 김부식이 자신의 집안은 왕실과 동족이라는 것을 주장하기 위하여, 원래 이씨 출신인 신성왕후를 김씨 출신으로 한 것은 아닐까라고. 〈참조〉 萩山秀雄 '三國史記新羅本紀結束の疑義'("東洋學報" 제10권), '高麗顯宗の卽位に關する高麗史の曲筆を論ず'("東洋學報" 제12권).

³⁷⁵남부여 · 전백제

南扶餘 · 前百濟 北扶餘巳(已)見上

³⁷⁶扶餘郡者. 前百濟王都也. 或稱所夫里郡. ³⁷⁷按三國史記, "百濟聖王二
十六年戊午春. 移都於泗㳈.³⁴²⁾ 國號南扶餘." 注曰 "其地名所夫里, 泗㳈
(㳈)수(今)之古省津也. 所夫里者. 扶餘之別號也." 巳(已)上注. ³⁷⁸又按. 量
田帳籍曰 "所夫里郡田丁. 柱貼." 今言扶餘郡者. 復上古之名也. 百濟王
姓扶氏. 故稱(稱)之. ³⁷⁹或稱(稱)餘州者, 郡西資福寺高座之上. 有繡帳焉.
其繡文曰 "統和十五年丁酉(酉)五月日餘州功(功)德大寺繡帳." 又昔者河
南置林州刺史. 其時圖籍之內. 有餘州二字. 林州수(今)佳林郡也. 餘州수
(今)之扶餘郡也. ³⁸⁰百濟地理志曰, 後漢書曰 "三韓几(凡)七十八國, 百濟
是其一國焉." ³⁸¹北史云. "百濟東極新羅, 西南限大海. 北際漢江, 其郡
(都)曰居扶³⁴³⁾城, 又云固麻城. 其外更有五方城." ³⁸²通典云. "百濟南接

342) 파른본, 규장각본. 㳈, 고증. 㳈(㳈), DB. "삼국사기" 권26, 백제본기 성왕 16년 조에는 㳈.
이하 같다.
343) DB. "北史" 列傳 百濟 조에는 拔.

新羅. 北距高麗, 西限大海." **383**舊唐書云. "百濟扶夫344)之別種.345) 東
北新羅, 西渡海346)越州. 南渡海至倭. 北高麗. 其王所居. 有東西兩城."
384新唐書云, "百濟西界越州. 南倭. 皆踰海. 北高麗." **385**史本記云. "百濟
始祖溫祚, 其父雛牟王, 或云朱蒙. 自北扶餘逃難. 至卒本扶餘. 州之王無
子. 只有三女, 見朱蒙知非常人. 以第二女妻之. 未幾扶餘州王薨, 朱蒙嗣
位. 生二子, 長曰沸流, 次曰溫祚. 恐後太子所不容, 遂與烏干・馬黎等臣
南行, 百姓從之者多. 遂至漢山, 登負兒岳. 望(望)可居之地. 沸流欲居於
海濱, 十臣諫曰 惟此河南之地, 北帶漢水. 東據高岳, 南望沃澤, 西阻大
海, 其天險地利. 難得之勢. 作都於斯. 不亦宜乎. 沸流不聽. 分其民(民).
歸弥雛忽居之. 溫祚都河南慰禮城, 以十臣爲輔翼. 國號十濟. 是漢成帝
鴻佳(嘉)三年也. 沸流以弥雛忽土濕水醎. 不得安居. 歸見慰禮, 都邑鼎
(鼎)定. 人民(民)安泰, 遂慙悔而死, 其臣民(民)皆歸於慰礼城. 後以來時百
姓樂悅(悅), 改(改)號百濟. 其世系與高句麗同出扶餘, 故以解(扶餘)爲氏.
後至聖王. 移都於泗沘(沘., 今扶餘郡." **385a**弥雛忽仁州, 慰礼今稷山. **386**
按古典記云. 東明王第三子溫祚. 以前漢鴻佳347)三年癸酉.348) 自卒本扶
餘. 至慰礼城, 立都稱王. 十四年丙辰. 移都漢山 **386a**今廣州 歷三百八十九
年, 至十三世近肖古王. 咸安元年, 取高句麗南平壤. 移都北漢城. **386b**今楊
州 歷一百五年. 至二十二世文周王即位元徵349)三年乙卯, 移都熊川 **386c**今

344) 파른본, 규장각본. 夫, 고증. 夫(餘), DB. 餘의 오기로 보인다.

345) DB, 파른본, 규장각본. 程. 고증. 언급 없다.

346) DB. 海 뒤에 至 자가 누락된 것으로 보인다. 고증, 파른본, 규장각본, 조병순 소장본에는
至가 없다.

347) 파른본, 규장각본. 佳, 고증. 佳(嘉), DB. 嘉의 오기이다.

348) 파른본, 규장각본. 酉, 고증. 癸酉(卯), DB. 前漢 成帝 鴻嘉 3년은 癸卯年이다.

349) 파른본, 규장각본. 徵, 고증. 徵(徽), DB. 宋 後廢帝의 연호는 元徽.

^{公州} 歷六十三年, 至二十六世聖王. 移都所夫里, 國號南扶餘, 至三十一世

義慈王. 歷一百二十年. 至唐顯慶五年, 是義慈王在位二十年, 新羅金庾

信與蘇定方討平之. 百濟國舊有五部. 分統三十七郡二百濟³⁵⁰⁾城七十六

萬户. 唐以地. 分置熊津 · 馬韓 · 東明 · 金漣 · 德安等五都督府. 仍其

酋長爲都督府刺史. 未幾. 新羅盡幷其地, 置熊 · 全 · 武三州及諸郡縣.

³⁸⁷又虎嵓寺有政事嵓. 國家將議宰相. 則書當選者名. 或三四. 函封置嵓

上. 湏(須)臾取看. 名上有印跡者爲相. 故名之. ³⁸⁸又泗泚(沘)河過(邊)有

一嵓, 蘇定方嘗坐此上. 釣魚龍而出. 故嵓上龍跪之跡(跡). 因名龍嵓.

³⁸⁹又郡中有三山. 曰日山 · 吳山 · 浮山. 國家全盛之時. 各有神人居其

上. 飛相徃來. 朝夕不絕. ³⁹⁰又泗泚(沘)崖又有一石. 坐十餘人. 百濟王欲

幸王興寺禮佛, 先於此石望拜佛, 其石自煖. 因名煖石. ³⁹¹又泗泚河兩崖

如畫屏, 百濟王每(每)遊宴歌舞, 故至个(今)秖(稱)爲大王浦. ³⁹²又始祖温

祚乃東明第三子. 體洪大. 性孝友. 善騎射.³⁹³又多婁王寬厚有威望. ³⁹⁴又

沙沸王. ^{394a}一作沙伊王 仇首崩嗣位, 而幼少不能政. 即廢而立古爾王. 或云.

至樂初二年巳(己)未. 乃崩, 古爾方立.

³⁷⁵남부여(南扶餘) 전백제(前百濟)[북부여(北扶餘)는 이미 위에서 나왔다.]

³⁷⁶부여군은 전 백제의 왕도가 있던 곳이다. 부여군이라는 이름은 혹
은 소부리군이라고도 한다. ³⁷⁷삼국사기에 의하면, 백제의 성왕 26년
무오 봄에 도읍을 사비로 옮기고 국호를 남부여라고 했다고 한다. 또
그 주(註)에 사비 혹은 소부리라고 불렀다고 한다. 사비는 지금의 고

---

350) 파른본, 규장각본. (百)濟, 고증. (百)濟(衍字), DB. 衍字이거나 餘의 오기로 보인다.

성진이며 소부리는 부여의 다른 이름이다. 이상은 주(註)이다. **378**또 양전장적을 찾아보면, "소부리군 전정351) 등으로 적혀 있고, 더 나아가 난외(欄外)에는 "지금 부여군이라고 말하는 것은 상고의 옛 이름을 되찾는 것이다. 백제왕의 성(姓)이 부씨였으므로 그렇게 불렀다."라고 보충하고 있다. **379**혹은 여주라고도 말하는 것은, 군(郡)의 서쪽에 있는 자복사 고좌의 위에 수놓은 휘장이 있는데, 그 수놓은 글에 말하기를, "통화 15년 정유 5월 일, 여주 공덕대사 수장"이라고 보이기 때문이며, 또 훨씬 옛날에, 하남에 임주자사가 놓였는데, 그때 도적(토지의 도면과 인민의 금곡의 장부) 중에 '여주'라는 두 글자가 있었다. 임주는 지금의 가림군이다.352) **380**백제지리지에는 "후한서에는 삼한은 대개 78개국인데, 백제는 그 가운데 한 나라이다."라고 인용하고 있다. **381**북사에는 "백제는 동쪽으로 신라와 접하고 서남쪽은 큰 바다에 접하며, 북쪽은 한강을 경계로 했다. 그 군(郡)은 거부(발)성, 또는 고마성이라고도 하며, 이 밖에 더 나아가 오방성이 있다."고 하였다. **382**통전에는 "백제는 남쪽으로 신라와 접하고 북쪽으로는 고구려에 이르며, 서쪽으로는 큰 바다에 막혔다."고 하였다. **383**구당서에는 "백제는 부부(餘)의 별종이며, 동북쪽은 신라이고, 서쪽으로는 바다를 건너서 월주에 이르며, 남쪽은 바다를 건너서 왜국에 이르고, 북쪽은 고구려이다. 그 왕이 거처하는 곳에는, 동서로 두 성이 있다."고 하였다. **384**신당서에는 "백제는 서쪽으로 월주와 접하고, 남쪽으로는 왜국과 경계하는데, 모두 바다를 건너야 하며, 북쪽은 고구려이다."라고 하였다. **385**사본

---

351) DB. "소부리군 전정주첩(所夫里郡 田丁柱貼)."
352) DB. '여주는 지금의 부여군이다.'라고 본문에 덧붙였다.

기(삼국사기의 백제 본기)를 보면, "백제의 시조는 온조이다. 그의 아버지 추모왕은, 혹은 주몽이라고도 하는데, 주몽은 북부여에서 난리를 피하여 졸본부여에 이르렀다. 이때 부여주의 왕에게는 대를 이을 아들이 없고, 다만 딸이 세 명 있었을 뿐인데, 주몽을 보자 보통 사람이 아닌 것을 알고, 둘째 딸을 아내로 주었다. 얼마 안 되어 부여주의 왕이 죽자, 주몽이 왕위를 이어받았고, 주몽은 이윽고 두 아들을 낳았다. 맏이는 비류이고 다음은 온조다. 그러나 (주몽이 북부여에 있었을 때 낳은 아들이 태자가 되었기 때문에) 태자가 자기들을 배척하게 될 것을 두려워하여, 이윽고 오간·마려 등 10여 명 신하들과 함께 남쪽으로 가니, 이때 백성들도 이를 따르는 자가 많았다. 드디어 한산에 이르렀다. 그리고 부아악에 올라가, 사방을 둘러보고, 살 만한 곳을 찾아보았다. 비류는 바닷가에 살기를 바랐으나, 열 명의 신하들은 간하기를,

"여러 가지로 생각해 보건대, 이 하남 땅은 북쪽으로는 한수를 띠며, 동쪽으로는 높은 산에 의지하며, 남쪽으로 비옥한 못을 바라보고, 서쪽으로는 큰 바다가 가로놓여 있어서 천험과 지리가 좀처럼 얻기 어려운 형세입니다. 그러니 여기에 도읍을 정하는 것이 어찌 좋지 않겠습니까.'

라고 했다. 그러나 비류는 듣지 않고 백성을 둘로 나누자, 그 하나를 이끌고, 결국 미추홀까지 가서, 그곳에 살았다. 한편 온조는 하남위례성에 도읍하여, 열 명의 신하를 보필로 삼아 나라 이름을 십제라고 하였다. 이때가 한(漢)나라 성제 홍가 3년이었다. 비류는 미추홀의 땅이 습기가 많고, 게다가 물이 짜서 편안하게 살 수가 없었다. 그래서 위례성에 와 보니, 그곳은 완전히 안정되고 백성들은 편안히 살고 있으므로, 간언을 따르지 않았던 자신을 부끄러워하다가, 이윽고 죽고 말

왔다. 그래서 그의 신하와 백성들은 모두 위례성으로 돌아왔다. 백성들이 위례성에 올 때, 그것을 진심으로 반기고 기뻐하였다고 하여, 후에 나라 이름을 백제라고 고쳤다. 백제의 세계는 고구려와 마찬가지로, 부여에서 나왔으므로 해(解)로써 성씨를 삼았다고 적혀 있다.

그 뒤 성왕 때에 이르러, 도읍을 사비로 옮기니 지금의 부여군이다.
385a미추홀은 인주(仁州)이고, 위례는 지금의 직산(稷山)이다.

386고전기를 살펴보면,

"동명왕의 셋째 아들 온조는 전한(前漢) 홍가 3년 계유(癸酉)(계묘〈癸卯〉의 잘못이다)(기원전 18년)에 졸본부여로부터 위례성에 이르러 도읍을 세우고 왕이라고 칭하였다. 왕은 즉위 14년 병진에 도읍을 한산**386a**지금의 광주(廣州)으로 옮겼다. 그곳에서 389년을 지내다가, 13대 근초고왕 때인 함안 원년(371년)에 이르러 고구려의 남평양을 빼앗아 도읍을 북한성**386b**지금의 양주(楊州)으로 옮겨 105년을 지냈다. 이윽고 22대 문주왕이 즉위하여 원징 3년 을묘(475년)에는 도읍을 웅천**386c**지금의 공주(公州)으로 옮겨 63년을 지냈다. 더 나아가 26대 성왕 때에 도읍을 소부리로 옮기고, 나라 이름을 남부여라 했는데, 이것은 31대 의자왕에 이르기까지 120년이 이어졌다. 즉 당나라 현경 5년, 이것은 왕의 재위 20년이 되던 해인데, 이때 신라 김유신과 당의 소정방이 백제를 쳐서 평정하였다.

백제에는 본래 다섯 부(部)가 있어, 각각 분장(分掌)하여, 도합 37군을 통일하고 있었다. 또 200의 성(城)이 있고, 그 백성은 76만 호에 이르렀다. 당나라는 그 땅을 분할하여 웅진·마한·동명·금련·덕안 등 다섯 도독부를 나누고, 그 추장(酋長)들을 도독부 자사를 삼았는데, 얼마 지나지 않아, 신라가 그 땅을 모두 병합하자, 웅주·전주·무주

등 세 주와, 그것에 어울리는 여러 군현을 두었다."라고 되어 있다.

387또 "호암사에는 정사암이라고 부르는 큰 바위가 있었다. 국가가 장차 재상을 뽑으려고 할 때에는, 지금부터 뽑으려고 하는 사람의 이름을, 세 명, 혹은 네 명까지 이어 적고, 이것을 상자에 넣고 봉하여 바위 위에 두었다가, 얼마 후에 열어 보았다. 그 이름 위에 도장이 찍힌 사람을 재상으로 삼았다. 이러한 일로부터 이 큰 바위는 '정사암'이라고 이름하였다."

388또 "사비의 물가에 하나의 바위가 있었다. 소정방이 일찍이 이 바위 위에 앉아서 어룡353)을 낚고 있을 때, 나타났다고 한다. 그러니까 바위 위에는 용이 꿇어앉았던 자리가 있다고 하여 그 바위를 용암이라고 한다."

389또 "군 안에는 세 개의 산이 있는데, 일산·오산·부산이라고 하는데, 백제가 전성하던 때에는, 각각의 산 위에 살고 있던 신이 날아서 서로 왕래하기를, 아침저녁으로 끊이지 않았다고 한다."

390또 "사비의 절벽에 또 하나의 바위가 있어, 그 크기는 10여 명이 앉을 만했다. 백제왕이 왕흥사에 행차하여 예불하려고 할 때는, 먼저 이 돌에서 강 건너 훨씬 멀리 있는 부처를 바라보고 절을 하는 것이 관례이었다. 그러자 그때 그 돌은 저절로 따뜻해졌다. 이러한 일로부터 이 돌은 돌석이라고 한다."

391또 "사비하의 양쪽 언덕은, 마치 그림 병풍과 같아서, 백제왕이 매양 그곳에서 잔치를 열고 노래하고 춤추었으므로 지금도 대왕포라고 부른다."

---

353) DB. '물고기와 용을 낚았다고 한다.' 어룡(魚龍)은 물고기의 총칭으로 해석.

³⁹²또 "시조 온조왕은, 동명왕의 셋째 아들로서 몸이 크고 성품이 효도와 우애가 있었으며, 말 타기와 활쏘기를 잘하였다."

³⁹³또 "다루왕은 너그럽고 후하여 위엄과 인망이 있었다고 한다."

³⁹⁴또 "사비왕^{394a}혹은 사이왕은, 구수왕이 죽은 뒤에 왕위를 계승했으나, 나이가 어려서 정사를 보살필 수가 없었으므로, 즉시 폐하고 고이왕을 세웠다. 혹은 낙초 2년 기미에 사비왕이 죽자, 고이왕이 왕위에 올랐다고 한다."

등으로 적혀 있다.

주해

375○ 【南扶餘 · 前百濟 · 北扶餘巳(已)見上】 남부여(南夫餘)는 일반적으로 백제의 별명이다. '제기(濟紀)' 성왕 16년 춘 조에, '移都於泗沘(一名所夫里). 國號南扶餘'라고 있으며, 당시부터 남부여의 국호가 사용되었다. 그러나 남부여의 호칭은 그리 알려지지 않았다. 백제를 일부러 남부여라고 하는 것은, 백제왕족이 부여 · 고구려와 같은 계통이라고 하는 시조전승이 있기 때문이다. 이와 같은 시조전승으로, 부여 · 고구려 · 백제의 왕족을, 동일종족이라고 하는 것이 정설(定說)이다. 전 백제는 일반적으로 '前'을 씌우지 않고 백제라고 부른다. 여기에서 일부러 전 백제라고 하는 것은, 서기 10세기 전반의 후백제를 의식했기 때문일 것이다. 북부여는 본서 기이 제1 북부여 조에 자세하게 보인다. 그런 까닭에 '北扶餘巳見上' 이라고 있는 것이다.

376○ 【扶餘郡 · 所夫里郡】 백제의 옛 도읍 사비가 부여군으로 개칭된 시기는, 경덕왕 16년(757)일 것이다. 백제시대에는, 이 지방을 소부리군이라고 했으나, 백제의 왕도가 이 땅에 놓였을 때에도, 소부리군이라고 불렀는지는 불명이다. 다만 일반적으로 하면 왕도가 된 지방이 옛 지명을 개

칭하는 예가 많다. 660년 당이 백제 옛 땅을 지배했을 때의 지명은 분명하지 않다. '나기'에 의하면 671년 신라와 당의 싸움에서 신라군이 웅진도독부의 당 군사를 물리치고, 신라는 이 땅에 소부리주를 설치했다. 그러나 686년에 사비주를 포기하고, 웅천주를 세웠다고 되어 있다. 이 동안에 소부리주가 사비주를 대신했던 것 같다. '사' 지리지에 의하면, 부여군의 이름은 757년에 바꾸었다고 하고 있으나, '나기'에서의 변천과정을 보면 686년이라고도 생각할 수 있다.

377○ 【泗沘(沘)㳇(今)之古省津也】 '승람' 부여현 산천 조에 '古省津(即泗沘河在扶餘山下)'라고 보인다. 사비는 백제왕도의 지명이나, 원래는 금강 중류 부소산 주변을 다른 이름으로 사비하라고 하며, 그 유래는 강 언덕의 사비 지명에 의한 것으로 보인다. 여기에서 말하는 사비가 지금의 고성진이라는 것은, 사비의 지명이 발생한 곳을 가리킬 것이다.

378○ 【量田帳籍…】 백제·신라의 장적 종류는 발견되고 있지 않으나, 이것에 의해서 보면, 소부리군시대 장적이 있었으며, 고려중기까지 보존되었다는 것을 알 수 있다. 백제·신라에서 이 지방을 소부리군이라고 부르고 있었던 시기는 명확하지 않다. 백제의 소부리군은 백제왕도가 이 땅에 옮겨 온 538년 이전일 것이다. 신라시대라면, 소부리주(사비주)가 폐지되는 686년 이후 757년 이전의 일일 것이다. 이 양전장적의 작성시기를 동대사 정창원에서 발견된 신라 촌락 문서의 예로 추측을 하면, 8세기 중엽(?)의 것으로 보인다.

○ 【㳇(今)言扶餘郡者. 復上古名也】 부여군이 상고(上古)의 지명이었다고 하는 증거는 없는데, 백제왕의 성 부여씨로부터 왕도의 지명에 부여가 쓰였을 가능성은 있다.

379○ 【資福寺】 미상

○ 【統和十五年丁酉】 통화는 거란 성종의 연호로, 통화 15년은 997년에 해당하며, 간지는 정유이다.

○ 【林州今佳林郡】 임주(林州)는 고려 성종(재위 982-997)이, 현재의 충청

남도 임천군에 둔 것이다. 이 땅은 백제시대에 가림군(加林郡)이라고 하고, 신라 경덕왕 16년(757)에, 가림군(嘉林郡)으로 바꾸었다. 고려 성종이 임주를 둔 후, 현종(재위 1010-1031)이 가림현(加林縣)으로 고쳤다. 가림군으로 개칭, 승격한 시기는 불명이다. 가림(佳林)은 아마 가림(嘉林)의 속칭일 것이다.

380○ 【百濟地理志】 이 백제지리지의 기사로서 전해지는 것은, '사' 지리지 백제 조 머리 부분에 해당한다. 백제지리지는 현존하지 않는 서적으로, 혹은 '사' 지리지(4) 백제 조를 말한 것일지도 모른다. 백제지리지가 독립된 문헌이었다면, "당서"(1060년) 후, '사'(1145년) 사이에 편찬되었던 것으로 보인다. 이하 중국사료의 출처와 기사내용을 비교, 검토해 두고 싶다.

○ 【後漢書曰 "三韓几(凡)七十八國, 百濟是其一國焉】 '사' 지리지와 똑같은 글이다. 출처인 "후한서"는 권85 동이열전 제75 한 조와 유사한 글이 보인다. 삼한의 문자는 직접 보이지 않으나, '有三種. 一曰馬韓. 二曰辰韓. 三曰弁韓.'이라고 되어 있는 것을 생략했을 것이다. 삼한의 용자는 이 '후한서' 한전에 시작되어, '馬韓最大共立其種爲辰王. 都目支國. 盡王三韓之地.'라고 보인다. 그 아래에는 '凡七十八國. 伯濟是其一國焉.'이라고 되어 있으며, 백제(百濟)가 백제(伯濟)로 바뀌어 있다. '후한서', 편찬시(424 이후 수년간)에는, 백제의 활약이 중국인 사이에 알려지게 되었기 때문에, 백제(伯濟)의 이름이 이곳에 나타난 것으로 보인다. 그러나 백제(伯濟)국은 후세의 백제국(百濟國)이, 당시 백제(伯濟)라고 불렀는지, 혹은 이미 백제(百濟)라고 부르고 있었는데, '삼국지' 한전에 의해서 백제(伯濟)라고 했을지도 모른다.

381○ 【北史云…】 이 부분의 기사는 다음과 같다. '史云. 百濟東極新羅. 西南限大海. 北際漢江. 其郡(都)曰居扶(拔)城. 又云固麻城. 其外更有五方城.' 우선 이것을 '사' 지리지의 기사와 비교하고 싶다. 그 기사는 다음과 같다. '北史云. 百濟東極新羅. 西南俱限大海. 北際漢江. 其郡(都)曰居扶(拔)城. 又云固麻城. 其外更有五方城.' 이 두 가지는 전체적으로는 거의

같은 글이다. 중요한 점은 '유'의 기사가 잘못 옮기고 있다. 즉 '其都曰居拔城'이, '其郡曰居扶城'으로 되어 있다. 이 부분은 "북사"에서는 "史"와 같은 글이기 때문에, '유'가 '사'를 잘못 옮긴 것이라고 보아도 좋다. 또 그 내용으로 보더라도 '유'와 같이 백제의 군명(郡名)이 기재될 만한 곳이 아니기 때문이다. '사'의 기사는 "북사"의 기사를 요약하고 있다. "북사"의 관계기사를 들면 다음과 같다. '其國東極新羅. 北接高句麗. 西南俱限大海. 處小海南 東西四百五十里. 南北九百餘里. 其都曰居拔城. 亦曰固麻城. 其外更有五方. 中方曰古沙城. 東方曰得安城. 南方曰久知下城. 西方曰刀先城. 北方曰熊津城.'으로 글 뜻이 통하기 힘들다. 고구려와의 국경 기사는, "태평어람" 소재의 "북사"에 의해서 간신히 읽을 수 있다. 그 때문에 '사'는 고구려와의 관계를 적지 않고, 한강을 그 북쪽 경계로 하고 있다. 또 "북사"에서는 오방(五方)이라고 되어 있으며, 오방의 중심이 되는 성(城)을 들고 있다. '사'는 이것을 요약하여, 오방성이라고 하고 있다. "북사"는 왕도 내의 5부와 지방행정의 오방에 큰 관심을 가지고 있었기 때문에, 백제기사의 첫머리에 오방에 관한 것을 소개하고 있다. '사'는 오방에 대하여 특별한 관심이 없었기 때문에, 이것을 요약만 했을 것이다.

382○ 【通典云. 百濟南接新羅. 北距高麗, 西限大海】 '사' 지리지의 관련기사와 완전히 같은 글이다. "통전"에서는 권185 변방1 동이조 백제 조와 관련된 기사가 보인다. 그 기사는 '(其國) 南接新羅. 北拒高麗千餘里. 西限大海. 處小海之南. 國西南海中有三國.'인데, '사'·'유'에서는 그 네 가지만 취하고 있다.

383○ 【舊唐書云…】 이 기사는 '사' 지리지(4)와 같은 글이나, 명백하게 잘못 옮긴 곳이 두 곳 보인다. 우선 '사'의 글을 들면 다음과 같다. '舊唐書云. 百濟扶餘之別種. 東北新羅. 西渡海至越州. 南渡海至倭. 北高麗. 其王所居有東西兩城.', '유'의 '百濟扶夫之別種'의 부부(扶夫)는 '부여(夫餘)'의 오기(誤記)이다. 또 '西渡海越州'는 이대로는 의미가 통하지 않고, 월주(越州) 앞에 지(至)를 넣어야 할 것이다. 원전의 "구당서" 권199·열전 제

149 동이 백제국 조에는 '사'의 기사와 거의 같은 글이 보인다.

384○ 【新唐書云, 百濟西界越州. 南倭. 皆踰海. 北高麗】 '사' 지리지의 관련
기사는, 이 기사와 완전히 같은 글이다. 이 기사의 원전에 해당하는 것은,
"당서" 220 동이열전 제145 백제 조이다. 관련 기사는 (百濟)浜海之陽.
西界越州. 南倭. 北高麗. 皆踰海乃至. 其東新羅也.'이다. 인용한 부분은
극히 정확한 것임에도 불구하고, 동방의 신라가 탈락한 것은, '사' 편찬자
의 과오이다.

385○ 【史本記云…】 사본기의 기사내용은, '사' 권제23 백제본기 제1 시조
온조왕의 첫머리 기사이다. 이것을 다음에 든다. '百濟始祖溫祚至[王].
其父鄒(雛)牟囯. 或云朱蒙. 自北扶餘逃難. 至卒本扶餘囲. [扶餘]囲之王
無子. 只有三女[子]. 見朱蒙. 知非常人. 以第二女妻之. 未幾扶餘囲王薧.
朱蒙嗣位. 生二子. 長曰沸流. 次曰溫祚. [及朱蒙在北扶餘所生子來爲太
子. 沸汎. 溫祚]·恐爲(後) 太子所不容. 遂與烏干. 馬黎等[十]臣南行. 百
姓從之者多. 遂至漢山. 登負兒嶽(岳). 望可居之地. 沸流欲居於海浜. 十
臣諫曰. 惟此河. 南之地. 北帶漢水. 東據高岳. 南望沃澤. 西阻大海. 其天
險地利. 難得之勢. 作都於斯. 不亦宜乎. 沸流不聽. 分其民. 歸彌鄒(雛)
忽[以]·居之. 溫祚都河南慰禮城. 以十臣爲輔翼. 國號十濟. 是[前]漢成帝
鴻嘉(佳)三年也. 沸流以彌鄒(雛忽) 土濕水鹹. 不得安居. 歸見慰禮. 都邑
鼎定. 人民安泰. 遂慙悔而死. 其臣民皆歸於慰禮城. 後以來時百姓樂從
(悅). 改號百濟. 其世系與禮高句麗同出扶餘. 故以扶餘(解)爲氏.', '유'와
'사'에서는 '유'의 기사에 탈락이나 다른 글자가 많다. '유'가 '사'를 베꼈다
는 것을 알 수 있으며, 특히 '유'의 기사가 오리지널 사료에 의했다고는
말할 수 없다. 또한 '사' 인용문 가운데 ( ) 안은 '유'의 이체자(異體字), [ ]
는 '유'의 탈락, □는 '유'가 덧붙인 글이다. 여기에서 역사상 문제가 되는
것은, 백제왕비에 대한 것이다. '유'에서는 왕의 성(姓)을 해씨(解氏)라고
하고, '사'에서는 이것을 부여씨라고 하고 있다. "송서" 이후의 중국사료
에 의하면, 왕의 성(姓)은 여씨(餘氏)로, 부여씨(扶餘氏)의 생략으로 보인

다. "통전"에서는 백제왕의 성씨를 부여씨라고 하고 있다. 고구려 왕의 성씨가 해씨라고 보이기 때문에(주해 88. [本姓解也] 참조), 백제왕실이 이 성을 계승한 입장이었을 것이다. 해씨는 왕비족이라고도 하며 4세기 이후의 백제의 이름난 귀족으로, 왕비를 많이 배출하고 있다.

○ 【雛牟王】추모는 주해 86[謂善射爲朱蒙] 참조. 추모(雛牟)는 추모(鄒牟) 와 이자동음(同音)이다.

○ 【卒本扶餘】졸본부여는 주해 88[卒本・沸流水] 참조.

○ 【漢山】현재 경기도 광주군에 남한산이 있으며, 한강을 끼고 서울시 북 부에 북한산성이 있다. 이 신화의 표현으로 보면, 남한산성에 대는 것이 좋을 것이다.

○ 【彌雛忽】'승람' 권9 인천도호부 고적 조에, 미추홀이 있으며, 그 분주(分 注)에 이 설화를 인용하고 있다. 또 같은 군명 조에서는 '彌趨忽(趨一作 鄒)'이라고 되어 있으며, 雛도 鄒나 趨와 같은 음으로, 현재의 경기도 인 천시를 가리키는 것이라고 할 수 있다.

○ 【河南慰禮城】위례성에는 두 가지 설이 있으며, 하나는 '유' 왕력과 '승람' 의 직산현 설이고, 다른 하나는 원래 광주군, 현재 서울시내 풍납리설이 있다. '승람' 권16・직산현 고적 조에 '慰禮城(在聖居山. 土築周一千六百 九十尺. 高 八尺. 内有一井. 今半頹圯.)'이라고 되어 있으며, 이 현의 건 치 연혁 조에도, '本慰禮城. 百濟溫祚王. 自卒本扶餘. 南奔開國. 建都于 此.'라고 되어 있다. 직산현은 지금의 경기도 직산군으로, 이 설은 백제시 조 신화의 지리적 위치로 보아, 지지하는 사람은 적다. 오늘 날은 거의 풍 납리 설이 정설화되어 있고, 이곳에는 성벽의 터 등도 발견되어, 주로 고 고학적 입장에서 지지받고 있다.

○ 【漢成帝鴻佳(嘉)三年】'사' 연표, '유' 왕력 모두 전한(前漢) 성제의 홍가 3 년(기원전 18년)의 일이다.

○ 【以解(扶餘)爲氏】백제왕가 출신이 고구려와 같은 부여에 있었기 때문 에, 중국사료나 '사'에서는 왕의 성을 부여(扶餘)씨 혹은 여씨(餘氏)라고

하고 있다. 백제왕의 성을 해씨라고 하는 예는 달리 없으나, 고구려왕의 성이 해씨(解氏)라고 생각되는 것이 있으며, 이곳에서는 백제 왕가와 고구려 왕가가 같은 계통이라는 것을 주장하여, 백제왕의 성도 해씨로 했던 것일까. 고구려 왕가의 성을 해씨로 하는 것은 주해 88[本姓解也] 참조. 백제의 해씨에 대해서는, 앞서 보인 주해 385[史本記云] 참조.

386○ 【按古典記云. …】 이곳에서는 백제 천도의 연차와 기사를 나열하고 있다. 그 가운데 연차에 약간의 문제가 있어, 이것을 다루어 둔다. 우선 위례성의 입도를 전한 홍가 3년으로 하는 점에서는, 다른 사료와 일치하지만, 그 간지가 계유로 되어 있는 것은 잘못일 것이다. 홍가 3년(기원전 18)은 계묘로, 계유와는 30년의 차이가 있다. 이어서 한산 천도는 '제기'에서는 온조왕 14년 정월의 일이라고 하고 있어, 이 기사와 일치한다. 또 '유' 왕력에서는 '丙辰, 移都漢山今廣州'라고 보이며, 이 기사와 같은 글이다.

○ 【百濟國舊有五部. 分統三十七郡二百濟(衍字)城七十六萬戶. …】 이 문장은 "구당서" 권4 본기 제4 고종 조와 거의 같은 글로, 5도독부까지의 글은 이것에 의하고 있다. 더 나아가 "구당서" 권199 상 열전 제149 동이의 백제 조에는, '其國舊分爲五部. 統郡三十七. 城二百. 戶七十六萬. 至是乃以其地. 分置熊津·馬韓·東明等五都督府. 各統州縣. 立其酋渠爲都督·刺史及縣令.'이라고 되어 있다. 본문이 이 백제전 계통의 사료인 것은 맞다. 그러나 이 양자에는 약간의 문자나 어구(語句)의 차이가 보이는데, 二百濟城의 濟의 글자를 제외하면, '사' 지리지(4)·백제 조의 기사와 완전히 같은 글이다. 또 이전의 천도에 관한 기사도 같은 조의 기사와 완전히 같다. '유'의 같은 곳에도 '按古典記'라고 되어 있는 것으로 보면, '사'를 편찬할 때에 사용된 고전기가, 그대로 '유'에서도 사용했던 것을 알 수 있다.

○ 【熊津·馬韓·東明·金漣·德安等五都督府】 이 오도독부의 위치에 대해서는, 웅진을 충청남도 공주읍, 마한을 충청남도 익산읍, 덕안을 충청남도 은진읍으로 비정하고 있으나, 동명과 금련은 미상. 주해 246 참조.

387○ 【虎嵓寺】 '승람' 권18, 부여현 불우 조에 '虎岩寺(在虎岩山天政臺下,

有一岩, 其上有虎跡, 故名)'라고 보인다. 호암산의 위치는 분명하지 않은 데, 부여현 고적 조 천정대에 다음과 같은 기사가 보인다. '縣北十里許. 江北絶巘. 有巖如臺. 下臨江水. 諺云. 百濟時. 欲拜宰相. 則書當選者名. 函封置岩上. 須臾取看. 名上有印迹者爲相. 故名或稱政事岩.' 이 기사가 거의 일치하기 때문에, 천정대와 호암사(虎巖寺)는 인접 내지는 같은 땅 이라고 볼 수 있다.

388○【龍嵓】'승람' 권18 · 부여현 고적 조에, 본문과 유사한 설화를 전하는 것이, 다음과 같이 보인다. '釣龍臺. (自虎巖順流而南. 至于扶蘇山下. 有 一怪石. 誇于江渚. 石上有龍攫之跡. 諺傳. 蘇定方伐百濟. 臨江欲渡. 忽風 雨大作. 以白馬爲餌. 而釣得一龍. 須臾開霽, 遂渡師伐之. 故江曰白馬. 巖 曰釣龍臺.)' 이 기사는 '유' 용암의 전승에 의해, 한층 더 정비되고, 또한 역사적인 현상과 연결시키려고 하고 있다. 이 점에서 전승의 문헌상의 발전을 보이는 것으로서도 주목된다.

389○【日山 · 吳山 · 浮山】일산 · 오산은 미상. 부산은 '승람' 권18 · 부여 현 산천조에 '浮山(在古省律北岸)'이라고 보인다.

390○【王興寺】주해 241 참조.

○【煗石】'승람' 부여현 고적 조에 '自溫臺. (在縣西五里. 自落花巖順流而 西. 有怪巖誇于水渚. 可坐十餘人. 諺傳. 百濟王遊于此巖, 則巖自溫. 故 名.)'이라고 보인다. 돌석은 별명, 내지는 후세의 호칭을 자온대라고 했다.

391○【大王浦】'승람' 권18 · 부여현 산천 조에 '大王浦. 在縣南七里. 源出 烏山. 西入白馬江. ○百濟武王. 每率群臣. 遊泗泚河北浦. 宴飲以樂. 酔 必皷琴自歌. 令從者起舞. 時人因此稱爲大王浦.'이라고 되어 있다.

392○【溫祚】'유' 권필1, 변한 · 백제 조 참조.

393○【多婁王】백제 제2대 왕으로, 재위는 서기 28-77년의 50년간에 이르 나, 신화시대로 '사'의 기술에는, 믿기 힘든 것이 많다. 본문에 보인 다루 왕의 성격에 대한 기사는 '사'로부터의 인용이라고 생각된다. '제기' 다루 왕 전기(前紀)에는, '器宇寬厚有威望.'이라고 되어 있다.

394○【沙沸王】사비왕을 '제기'에서는 사반(沙伴), '유' 왕력에서는 사반(沙泮)으로 하고 있다. '제기'에 의하면, 사반(沙伴)은 구수왕의 맏이로, 서기 234년에 일단 즉위하나, 곧 폐위되었다고 하고 있다. 이 시대는 아직 역사시대에 들지 못하고, 사비왕의 존재조차 의문시되고 있다. 혹은 제15대 침류왕이나 제22대 주문왕, 제23대 삼근왕 등, 재위 수가 짧은 왕이 있었던 것으로부터 유추되었을지도 모른다. 왕명의 이동(異同)이나 즉위 기사 등에 대해서는, '유' 왕력의 백제, 제7 사반왕 조 참조. 또한 '사' 연표에는, 같은 연표에 다른 기사와 차이가 나는 기록이 있어, 참고를 위해 다음에 보인다. '二十一. 仇首王薨. 長子沙伴王嗣位. 而幼少見廢. 古尒王即位元年.'

○【仇首】이 왕대는 아직 역사시대에 들지 않는다고 생각하는 설이 많다. 특히 제14대에 근구수왕의 이름이 보이며, 이 왕의 이름을 따온 것이라고 하는 설이 유력하다. 구수왕은 재위가 서기 214년부터 234년까지 21년간이며, 아버지 초고왕은 제5대 왕으로, 재위가 서기 166년부터 214년까지 49년간이다. 이것에 대하여 근구수왕은 제14대의 왕으로, 그 재위는 서기 375년부터 384년까지의 10년간으로, 아버지 근초고왕은 제15왕으로, 그 재위는 서기 346년부터 375년까지 30년간이다. 이 양자의 왕명, 계보, 재위 기간 등에는 상당히 유사한 점이 보인다. '제기'에 전하는 이 왕대의 기사는 말갈·신라와의 전투기사가 많다.

○【古爾王】백제 제8대의 왕으로, 그 재위는 234년부터 286년까지 53년간이다. 이 왕대는 아직 역사시대에 들어가 있지 않다는 설이 유력하다. 이 왕대에 관한 '제기'의 기사는, 문무의 관제가 정비되었다는 것에 특색이 보인다. 특히 육좌평의 창설, 16계급의 관위의 제정, 색복의 설정 등은, 기원전승으로서 후세에 부가되었다는 명백한 기사이다. 대외관계 기사에는, 전대(前代)의 전투기사 중심이 바뀌어 외교기사가 중심이 되어 있다. 그 외에 이 왕대에서는, 제사 관계기사가 많은 것도 주목된다. 또한 '유' 왕력, 제8 고이왕조 참조.

○ 【樂初二年巳(己)未】 경초 3년 기미, 사기 239년일까. 이해에 죽은 왕을 구수왕이라고 해야 할지, 사비왕이라고 해야 할지 두 가지 설이 있다. '제기'의 기사에 의하면, 구수왕은 이해에 죽은 것이 된다. 사비왕의 죽음에 대해서는 어떤 문헌에도 명기되어 있지 않으므로, 이해를 사비왕이 죽은 해로 보는 것이 좋을 것이다.

³⁹⁵무 왕

^{395a}武王 _{古本作武康, 非也. 百濟無武康.}

³⁹⁶第三十武王. 名璋. 母寡居. 築室於京師南池邊, 池龍文³⁵⁴⁾通而生. 小名薯童. 器量難測. 常掘薯蕷. 賣爲浩業. 國人因以爲名. ³⁹⁷聞新羅眞平王第三公主善花^{397a}_{一作善化}美艷無雙, 剃髮來京師. 以薯蕷餉閭里羣童, 羣童親附之. 乃作謠. 誘羣童而唱之云. 善化公主主隱, 他密只嫁良置古, 薯童房乙夜矣夘(夗)乙抱遣去如. 童謠滿京. 達於宮禁, 百官極諫. 竄(竄)流公主於遠方. 將行, 王后以純金一斗贈行. 公主將至竄(竄)所, 薯童出拜途中. 將欲侍衛而行. 公主雖不識其從來, 偶爾信悅. 因此隨行. 潛通焉. 然後知薯童名. 乃信童謠之驗. ³⁹⁸同至百濟, 出母后所贈金. 將謀計活, 薯童大笑曰. 此何物也. 主曰 此是黃金. 可致百年之富. 薯童曰. 吾自小掘薯之地. 委積如泥土. 主聞大驚曰. 此是天下至寶. 君今知金之所在. 則此寶輸送父母宮殿何如. 薯童曰. 可. 於是聚金. 積如丘陵. 詣龍華山師子寺知

---

354) DB, 규장각본. 文, 고증. 文(交), DB, 만송문고본에는 交, 파른본. 交.

命法師所. 問輸金之計, 師曰. 吾以神力可輸. 將金來矣. 主作書. 幷盒置
於師子前. 師以神力. 一夜輸置新羅宮中. 眞平王異其神變, 尊敬尤甚(甚),
常馳書問安否. 薯童由此得人心. 即王位. ³⁹⁹一日王與夫人欲幸師子寺.
至龍華山下大池邊. 彌勒三尊出現池中. 留駕致敬. 夫人謂王曰. 湏(須)創
大伽藍於此地. 固所願也. 王許之. 詣知命所. 問預池事, 以神力一夜頹山
塡池爲平地. 乃法像彌勒三會殿·塔廊廡各三所創之. 額曰彌勒寺. ^{399a}國
史云王興寺. 眞平王遣百工助之. 至今存其寺. ^{399b}三國史云是法王之子, 而此傳之獨女
之子, 未詳.

³⁹⁵무왕(武王) ^{395a}고본(古本)에는 무강이라고 했으나 잘못이다. 백제에 무강이라는 왕은 보
이지 않는다.

    ³⁹⁶제30대 무왕은 그 이름을 장(璋)이라고 했다. 그 어머니는 과부
가 되어 도읍의 남쪽 못가에 집을 짓고 살고 있었는데, 못의 용(龍)과
정을 통하여 장이 태어났다고 한다. 장은 어릴 때 이름을 서동(薯童)
이라고 하였다. 재능과 도량이 커서 헤아리기 어려울 정도였다. 항상
마를 캐어 팔아서 생업(生業)을 삼았으므로 나라 사람들이 그 때문에
서동이라고 이름하였다. ³⁹⁷신라 진평왕의 셋째 딸(공주)였던 선화(善
花)^{397a}혹은 선화(善化)가 아름답기 짝이 없다는 말을 듣고 머리를 깎고 [신
라의] 도읍으로 가서, 가지고 온 마를 동네 아이들에게 나누어 줬다.
이 때문에 아이들은 친해져 그를 따르게 되었다. 이에 유행가를 지어
여러 아이들에게 부르게 했다. 그 가사는

    선화공주님은

남몰래 사귀니

밤이 되면

마를 캐는 남자를 껴안고 잔다.

라는 것이었다. 이 동요는 금방 도읍 전체에 가득 퍼지고, 이윽고 대궐 안에까지 들리게 되었다. 궁중의 백관들은 누구라고 할 것 없이 모두 공주를 엄하게 꾸짖었으나, 결국 공주는 멀리 떨어진 섬에 귀양 보내게 되었다. 공주가 떠날 날이 가까워 오자, 왕후는 순금 한 말을 주어 노자로 쓰게 했다. 그렇게 하여 공주가 이윽고 먼 섬을 향하여 출발하려고 하는데, 홀연히 모습을 나타낸 서동은, 공주의 일행을 호위하면서 모시고 가겠다고 말했다. 공주는 왜 그가 그런 말을 하는지, 이유를 알지 못했지만 이것도 우연이라고 생각하고, 그다지 깊이 의심을 하지 않고, 기꺼이 수행을 허락했다. 이렇게 일행을 따라간 서동은, 어느 사이에 공주와 남몰래 정을 통하는 사이가 되었다. 그런 뒤에야 비로소 서동의 이름을 알았고, 동요의 영험을 믿었다. [398]둘이 함께 백제에 이르러 어머니가 준 금을 내어 장차 살아 나갈 계획을 의논하니 서동이 크게 웃으면서,

"이것이 도대체 무엇이오?"

라고 물었더니,

"이것은 황금이옵니다. 이 정도만 있어도 백년의 부를 누릴 것입니다."

라고 하였다. 그러나 서동이 말하기를,

"그런 것이라면 나는 어릴 때부터 마를 캐던 곳에 황금을 흙처럼 많이 쌓아 두었소."

라고 하였다. 공주는 이 말을 듣고 크게 놀라면서

"이것은 천하에서 가장 지극한 보물입니다. 만일 그대가 지금 그 금이 있는 곳을 아시면, 부모님이 계신 궁전으로 보내는 것이 어떻겠습니까?"

라고 부탁했다.

"좋다."

라고 말한 서동은 모아 둔 황금을 보니, 그것은 작은 산 같았다. 그래서 서동은 용화산에 있는 사자사의 지명법사에게 가서 금을 실어 보낼 방법을 물었다. 그러자 법사는,

"내가 신통력으로 보낼 터이니 금을 이리로 가져오시오."

라고 하였다. 공주는 편지를 써서 금과 함께 사자사 앞에 가져다 놓았더니, 법사는 신통한 힘으로 하룻밤 사이에 신라 궁중으로 보내어 버렸다. 진평왕은 그 신비스러운 변화를 이상히 여겨 더욱 서동을 존경해서 항상 안부를 묻는 편지를 서동에게 보냈다. 서동은 이로부터 신뢰를 얻어서 왕위에 올랐다.

어느 날 무왕이 부인과 함께 사자사에 가려고 용화산 밑의 큰 못가에 이르니, 미륵삼존이 못 가운데서 나타나므로 수레를 멈추고 절을 올렸다. 그때 부인이 왕에게 말하기를

"반드시 이곳에 큰 절을 지어야 한다고 생각합니다. 이 소원은 이전부터 마음에 품고 있던 것입니다."

라고 하였다. 왕은 이 소원을 듣고, 즉시 지명법사에게 가서, 못을 메울 일을 물으니 신비스러운 힘으로 하룻밤 사이에 산을 깎아, 그 흙으로 못을 메우고 평지를 만들었다. 이에 미륵 삼회를 법상으로 하여, 전(殿)과 탑(塔)과 낭무를 각각 세 곳에 세웠다. 편액에는 미륵사[399a]^국

사(國史)에서는 왕흥사라고 했다.라고 하였다. 진평왕도 여러 공인(工人)들을
보내서 이를 도왔다. 그 절은 지금도 남아 있다. **399b**삼국사는 이를 법왕(法
王)의 아들이라고 하고 있다. 그러나 여기에서는 홀몸의 여자가 낳은 아들이라고 전하고 있다. 자
세한 것은 알 수 없다.

395○ 【武王】 백제 제30대의 왕으로, 서기 600년에 즉위하여, 641년에 죽기
까지, 42년간 왕위에 올랐다. 이 점에서는 여러 문헌이 일치하는데, 무왕
의 이름이나 계보에서는 이설(異說)이 많다. 이곳에서는 부모의 이름도
보이지 않고, 아버지를 지룡이라고 하고, 서동 전설이 전해지는 등, 시조
전승적인 요소가 많다. 무왕의 계보에서는, 이 서동전설 외에 '제기'에서
는 제29대 법왕의 아들이라고 하며, "북사" 백제전에서는 제27대 위덕왕
의 아들이라고 하고 있다. 또 그 이름도 이 분주(分注)에서는 고본에서
말하는 무강을 부정하고 있는데, '유' 왕력에서는 다른 이름을 무강 및 헌
병이라고 하고 있다. 이 왕대의 백제는, 수(隋)의 고구려 출병을 이용하
여, 빈번하게 신라를 공격하여, 영토를 확장했다. 또 왕흥사의 건립, 및
그 공양 등, 치세 후반에는 문화적인 사업이 성하게 보인다.

397○ 【眞平王】 '유' 왕력, 신라 제26 진평왕 및 천사옥대(天賜玉帶) 조 참
조.

397, 397a○ 【善花一作善化】 미상.

○ 【善化公主·主隱】 선화공주syŏn-hwa-koṅ-cu 선화공주(善化公主)(의).
主隱 nim-ăn 님은.

○ 【他密只·嫁良置古】 他密只 năm-kŭsŭ-ki 남몰래. 嫁良置古 ŏr-ŏ-tu-ko
따라와서.

○ 【薯童房乙·夜矣·夘(卯)乙·抱遣·去如】 薯童房乙 ma-toṅ-paṅ-ŭr 서
동 남편을. 夜矣 pam-ăe 밤에. 夘乙 mo-r 몰래. 抱遣 an-ko 안고. 去如

ka-ta 가다.

398○【龍華山師子寺】'나기' 제12, 효공왕 16년 조에, '夏四月. 王薨, 謚曰
孝恭. 葬于師子寺北.'이라고 되어 있다. 신라의 왕릉은 경주지방에 있기
때문에, 이 사자사도 경주지방의 것으로 보여, 서동이 들렀던 사자사가
아닐까. '승람' 권22 · 함안 불우 조에 '獅子寺(在龍華山)'라고 되어 있으
며, 그 산 이름, 절 이름이 가장 비슷하다. 그러나 '승람'에서는 권 33 · 익
산 불우 조의 미륵사 · 사자암으로 추정하고 있는 것 같다. 참고를 위하
여 '승람'의 기사를 다음에 보인다. '彌勒寺. (在龍華山. 世傳. 武康王旣得
人心. 立國馬韓. 一日王與善花夫人. 欲幸獅子寺. 至山下大池邊. 三彌勒
出現池中. 夫人謂王曰. 願建伽藍於此地. 王許之. 詣知命法師. 問塡池術.
師以神力. 一夜頹山塡地. 乃創佛殿. 又作三彌勒像. 新羅眞平王遣百工.
助之. 有石塔. 極大. 高數丈. 東方石塔之最)獅子庵(在龍華山上. 兩岩如
壁. 俯臨無地. 石逕勾連攀緣. 而升. 乃知命所住處.)'

○【知命法師】'승람'에 의하면 지명이 있는 절을, 전라도 익산군 사자암이
라고 하고 있다. '나기'에서는 동음이자로 보이는 지명대덕의 기사가 있
다. '眞平七年(五八五) 秋七月. 高僧智明入陳求法.', '同二十四年(六○二)
九月. 高僧智明隨入朝使上軍還. 王尊敬明公戒行, 爲大德.'

399○【彌勒三會】두솔천 안에 있는 미륵보살이 56억 7천만 년 후, 이 세계
에 내려와, 화림원의 용화 나무 아래에서 설법의 법회를 연다고 한다. 이
법회는 3번 및 상 · 중 · 하계의 사람들을 빠짐없이 구제한다고 한다. 이
것을 미륵삼회 또는 용화삼회라고 한다.

○【彌勒寺】앞에서 적은 용화산 사자사의 항목을 참조. 이 절터는 현재 전
라북도 익산군 금마면 익산에 있다. 절은 이미 폐허가 되어, 주춧돌만을
남기고 있을 뿐이다. 지금은 겨우 큰 석탑의 밑 부분뿐이지만, 일찍이 번
영했던 시절을 그리워하기에는 충분하다.

399a○【王興寺】'사'에서는 백제의 큰 절로서 왕흥사를 들고 있으나, 미륵
사와의 관계를 보여 주는 기사는 보이지 않는다. 왕흥사 관계의 기사를

간추린다면 다음과 같다. '나기' 권제5 '太宗武烈王七年(660) 七月十八日. 義慈率太子及熊津方領軍等. 自熊津城來降. … 十一月五日. 王行渡鷄灘. 攻王興寺岺城.' '제기' 권제5 '法王二年(600) 春正月. 創王興寺. 度僧三十人.' 同 '武王三十五年(634) 春二月. 王興寺成. 其寺臨水. 彩飾壯麗. 王每乘舟. 入寺行香.' 同 권제6 '義慈王二十年(660) 六月. 王興寺衆僧皆見. 若有船楫隨大水. 入寺門.'

400 후백제 견훤

後百濟 甄萱

401三國史本傳云, “甄[355]萱尙州加恩縣人也, 咸通八年丁亥生. 本姓李, 後以甄爲氏. 父阿慈个以農自活, 光啓中. 擄沙弗城. **401a**今尙州 自稱將軍. 有四子. 皆知名於世. 萱號傑出. 多智略.” **402**李碑(磾)家記云, “眞興大王妃思刀謚曰白䴏夫人. 第三子仇[356]輪公之子波珍干善品之子角干酌珍妻王咬巴里生角干元善. 是爲阿慈个也. 慈之弟一妻上院夫人, 第二妻南院夫人, 生五子一女. 其長子是尙父萱, 二子將軍能哀, 三子將軍龍盖, 四子寶盖, 五子將軍小盖, 一女大主刀金. **403**又古記云. 昔一富人居光州北村. 有一女子. 姿容端正. 謂父曰, ‘每[357]有一紫衣男到寢交婚.’ 父謂曰, 汝以長絲貫針刺其衣. 從之. 至明尋絲於北墻下, 針刺於大蚯蚓之腰. 後因姙生一男, 年十五自稱[358]甄萱. 至景福元年壬子稱王. 立都於完山郡. 理四

355) 파른본, 규장각본. 甄, 고증. 甄(甄). 이하 같다.
356) 파른본, 규장각본. 仇, 고증. 仇(仇).
357) 파른본, 규장각본. 毎, 고증. 毎(每).

十三年. 以淸泰元年甲午. 萱之三子簒359)逆. 萱投太祖. 子金剛即位. 天
福元年丙申. 與高麗兵會戰於一善郡. 百濟敗績. 國亡云(亡). **404**初萱生孺
褓時. 父耕于野. 母餉之. 以兒置于林下. 虎來乳之, 鄕黨聞者異焉. 及壯
壯體皃雄奇. 志氣360)倜儻不凡. 從軍入王京, 赴西南海防戍, 枕戈待敵.
其氣恒爲士卒先, 以勞爲裨(稗)將. **405**唐昭宗景福元年, 是新羅眞聖王在
位六年. 嬖竪在側. 竊弄國權. 綱紀紊弛(弛). 加之以飢饉. 百姓流移. 群
盜蜂起. 於是萱竊有叛(?)心, 嘯聚徒侶. 行擊京西南州縣. 所至響應. 旬月
之間. 衆至五千. 遂襲武珍州自王. 猶不敢公然稱王. 自署爲新羅西南(面)
都統行全州刺史兼361)御史中承上柱國漢南國(郡)開國公. 龍化(紀)元年巳
(己)酉362)也. 一云. 景福元年壬子. **406**是時北原賊良吉雄强, 弓裔自投爲
麾下. 萱聞之. 遙授良吉職爲裨363)將. 萱西巡至皃山州,364) 州民迎365)勞.
喜得人心謂左右曰. 百濟開國六百餘年, 唐高宗以新羅之請. 遣將軍蘇定
方. 以舡兵十三萬越海, 新羅金庾信卷土歷黃山, 與唐兵合. 攻百濟滅之.
予今敢不立都. 以雪宿憤乎. 遂自稱後百濟王, 設官分職, 是唐光化三年,
新羅孝恭王四年也. **407**貞明四年戊寅, 鐵原京衆心忽變, 推戴我太祖即位.
萱聞之遣使稱賀, 遂獻孔雀扇地理山竹箭等. 萱與我太祖. 陽和陰尅. 獻
驄馬於太祖. **408**三年冬十月. 萱率三千騎至曹物城 **408a**今未詳. 太祖亦以精
兵來與之角. 萱兵銳. 366) 未決(決)勝負. 太祖欲權和以老其師. 移書乞和.

---

358) 파른본, 규장각본. 稱, 고증. 稱(稱).
359) 파른본, 규장각본. 簒, 고증. 簒(簒).
360) DB. '氣' 누락.
361) 파른본, 규장각본. 兼, 고증. 兼(兼).
362) 고증. 龍化(紀)元年巳(己). 파른본, 규장각본, 고증. 酉(酉).
363) 파른본. 裨, 규장각본. 裨, 고증. 裨(裨).
364) DB. 完山州의 오기로 보인다. 고증. 皃(完)山州.
365) 파른본, 규장각본. 迎, 고증. 迎(迎).

以堂弟王信爲質. 萱亦以外甥眞虎交質. **409**十二月. 攻取居西(昌) **409a**今未

詳等二十餘城. 遣使入後唐稱藩.367) 唐策授撿校太尉兼侍中判百濟軍事.

依前都督行全州刺史海東四面都統指揮兵馬判(制)置等事百濟王食邑二千

五百戶. **410**四年. 眞虎暴卒. 疑故殺. 卽囚王信, 使人請還前年所送驄馬.

太祖笑還之. **411**天成二年丁亥九月, 萱攻取近品(嵒)城. **411a**今山陽縣. 燒之,

新羅王求救於太祖. 太祖將出帥(師), 萱襲取高鬱府 **411b**今蔚州非也. 進軍族

(於)始林. **411c**一云雞林西郊. 卒入新羅王都. 新羅王與夫人. 出遊鮑石亭時.

由是甚敗. 萱强引夫人亂之, 以王之族弟金傅(傳)嗣位. 然後虜王弟孝廉.

宰相英景, 又取國珍寶. 兵仗, 子女, 百工之巧者, 自隨以歸. **412**太祖以精

騎五千. 要萱於公山下大戰. 太祖之將金樂, 崇謙死之. 諸軍敗北. 太祖僅

以身免. 而不與相抵. 使盈其貫. 萱乘勝轉掠大木城, **412a**今若木 京山府, 康

州. 攻缶368)谷城. 又義成府之守洪述. 拒戰而死. 太祖聞之曰, 吾失右手

矣. **413**四十二年庚寅. 萱欲攻古昌郡. **413a**今安東大擧而石山營寨. 太祖隔

百步. 而郡北瓶山營寨. 累戰. 萱敗. 獲侍郎金渷(渥). 翌日萱收卒. 襲破

順城. 城主元逢. 不能禦. 棄城宵(宵)遁. 太祖赫怒. 貶爲下枝縣. **413b**今豊山

縣. 元逢本順城人故也. **414**新羅君臣. 以衰369)季難以復興. 謀引我太祖. 結好爲

援. 萱聞之. 又欲入王都作惡. 恐太祖先之. 寄書于太祖曰. 昨者國相金雄

廉370)等. 將召足下入京. 有同鼈應黿聲. 是欲鷃披准(準)翼. 必使生靈塗

炭. 宗社丘墟. 僕是以先著祖鞭. 獨揮韓鉞. 誓百寮如皎日. 諭六部以義

---

366) 파른본, 규장각본, 고증. 銚(銳).

367) 파른본. 藩, 규장각본. 藩, 각각 改書, 고증. 潘(藩).

368) 파른본. 缶, 규장각본, 고증. 崔(缶).

369) 파른본, 규장각본, 고증. 衰(衰).

370) 파른본, 규장각본, 고증. 廉(廉).

風. 不意姧臣遁逃. 邦君薨變. 遂奉景明王表弟. 獻(憲)康王之外孫. 勸即尊位. 再造危邦. 喪君有君於是乎在. 足下勿(不)詳忠告. 徒聽流言. 百計窺覦. 多方侵擾. 尚不能見僕馬首. 拔僕牛毛. 冬初. 都頭索湘. 束手星山陣下. 月內左將金樂曝骸美(羡)利(理)寺前. 殺獲居多. 追禽不小. 强羸若此. 勝敗可知. 所期者. 掛弓於平壤之樓. 飯馬於浿[371]江之水. 然以前月七日. 吳越國使班尚書至. 傳王詔旨. 知卿與高麗. 久通和好. 共契隣盟. 比因質子之兩亡. 遂失和親之舊好. 互侵疆境. 不戢干戈. 今專發使臣. 赴卿本遺(道). 又移文高麗. 冝各相親比. 永孚于休. 僕[372]義篤尊王. 情深事大. 及聞詔諭. 即欲祇承. 但慮足下欲罷不能. 困而猶鬪. 今錄詔書寄呈. 請留心詳悉. 且免(兎)獹迭憊.[373] 終必貽譏. 蚌[374]鷸相持. 亦爲所笑. 宜迷復之爲誡. 無後悔之自貽. **415**□□二(三)年正月. 太祖荅(答)曰. 伏奉吳越國通使班尚書所傳詔旨書一道. 兼蒙足下辱示長書敘事者. 伏以華軺膚使. 爰到(致)制書. 尺素好音. 兼蒙教誨. 捧芝檢而雖增感激. 闢華牋而難遣嫌疑. 今托迴軒. 輒敷危衽. 僕仰承天假. 俯迫人推. 過叨將帥之權. 獲赴經綸之會. 項(頃)以三韓厄會. 九土凶荒. 黔黎多屬於黃巾. 田野無非其赤土. 庶幾弭風塵之警. 有以救邦國之災. 爰自善隣. 於爲結好. 果見數千里農桑樂業. 七八年. 士卒閑眠. 及至癸酉年. 維時陽月. 忽焉生事. 至乃交兵. 足下始輕敵以直前. 若螳蜋之拒轍. 終知難而勇退. 如蚊子之負山. 拱手陳辭(舜). 指天作誓. 今日之後. 永世歡和. 苟或渝盟. 神其殛矣. 僕尔(亦)尚止戈之正(武). 期不殺之仁. 遂解重圍. 以體(休)瘦[375]卒. 不辭(舜)

---

371) 파른본, 규장각본, 浿, 고증. 浿(浿).

372) 파른본, 규장각본, 僕, 고증. 儀(僕).

373) 파른본, 규장각본, 憊, DB. 憊, 고증. 儹(憊).

374) 파른본, 규장각본. 蚌, 고증. 鮮(蚌).

質子. 但欲安民(民). 此即我有大德於南人也. 豈期猷376)血未軋(乾). 凶威
復作. 蜂蠆之毒. 侵害於生民(民). 狼虎之狂. 爲梗於畿甸. 金城窘忽(迫).
黃屋震驚. 仗義尊周. 誰似桓・文之霸. 乘間謀漢. 唯看莽・卓之奸. 致使
王之至尊. 枉稱子於足下. 尊卑失序. 上下同憂. 以爲非有元輔之忠純. 豈
得再安社稷. 以僕(僕)心無匿惡. 志切尊王. 將援置於朝廷377)使扶危於邦
國. 足下見毫釐之小利. 慈378)天地之厚恩. 斬戮君主(王). 焚燒宮闕. 葅醢
卿佐. 處(虜)劉士民(民). 姬姜(妾)則取以同車. 珍寶則奪之相(緗)載. 元惡
浮於桀紂. 不仁甚於獍梟. 僕惡379)極崩天. 誠深却日. 約效鷹鸇之逐以申
犬馬之抱(勤). 再擧干戈. 兩更槐柳. 陸擊380)則雷馳電激. 水攻則虎博(搏)
龍騰. 動必成功. 擧無虛發. 逐尹卿於海岸. 積甲如山. 禽雛造於城邊. 伏
尸蔽野. 燕山郡畔. 斬吉奐於軍前. 馬利 **415a** 疑伊山郡城. 戮隨晤於纛下. 拔
任存 **415b** 今大興郡之日. 刑積等數百人捐軀. 破清川縣 **415c** 尙州領內縣名之時.
□(直)□(心)等四五輩381)授首. 桐藪 **415d** 今桐華寺望旗而潰散. 京山銜璧以
投降. 康州則自南而來. 羅府則自西移屬. 侵攻若此. 收復寧遙. 必期泚水
營中. 雪382)張耳千般之恨. 烏江岸上. 成漢王一捷之心. 竟息風波. 永清
寰海. 天之所助. 命欲何歸. 況承吳越王殿下. 德洽包荒. 仁深字小. 特出
綸於舟(丹)禁. 諭戢難於靑丘. 旣奉訓謀(謨). 敢不尊奉. 若足下祗承383)睿

---

375) 파른본, DB. '疲'.
376) 파른본, 규장각본. 猷, 고증. 猷(猷).
377) 파른본, 규장각본, 고증. 迁(廷).
378) 파른본. 忢(忘), DB. '忘'.
379) 파른본, 규장각본. 惡, 고증. 惡(惡). DB. '怨'.
380) 파른본, 규장각본. 擊, 고증. 墼(擊).
381) 파른본, 규장각본, 고증. 軰(輩).
382) 파른본, 규장각본. 雩, 고증. 雪(雪).
383) 파른본, 규장각본, 고증. 氶(承).

旹. 悉戡凶(凶)機. 不唯副上國之仁恩. 抑可紹東海之絶緒. 若不過而能改
(改). 其如悔不可追." **415e**書乃崔致遠作也. **416**長興三年. 甄萱臣龔直勇而有智
略. 來降太祖. 萱捉龔直二子一女. 烙斷股筋. **417**秋九月. 萱遣一吉. 以舡兵
入高麗禮城江. 留三日. 取鹽·白·眞(貞)三州. 船一百艘. 焚之而去云云.
418清泰元年甲午. 萱聞太祖屯(屯)運州. **418a**未詳. 遂簡甲士. 蓐食而至. 末
(未)及營壘. 將軍黔弼. 以勁騎擊之. 斬獲三千餘級. 熊津以北三十餘城.
聞風自降. 萱麾下術士宗訓, 醫者之謙,[384] 勇將尚逢(達), 雀(崔)弼等降於
太祖. **419**丙申正月. 萱胃(謂)子曰. 老夫新羅之季. 立後百濟. 名有年于今
矣.[385] 兵倍於北軍. 尚爾不利. 殆天假手爲高麗. 盖(盍)歸順於北王. 保首
領矣. 其子神劍, 龍劍, 良劍等三人皆不應. **420**李磾家記云. 萱有九子. 長
曰神劍 **420a**一云甄成. 二子太師謙腦. 三子佐承龍述. 四子太(大)師聰智. 五
子大阿干宗祐. 六子闕. 七子佐承位興. 八子太師青丘. 一女國大夫人. 皆
上院夫人所生也. 萱多妻妾. 有子十餘人. 第四子金剛. 身長而多智. 萱特
愛之. 意欲傳位. 其兄神劍, 良劍, 龍劍. 知之憂憫. 時良劍爲康州都督.
龍劍爲正(武)[386]州都督. 獨神劍在側. 伊殄(飡)能奐使人徃康, 武[387]二州.
與良劍等謀. 至淸泰二年乙未春三月. 與英順等勸神劍. 幽萱於金山佛宇.
遣人殺金剛. 神劍自稱大王. 赦境内 云云. **421**初萱寢[388]未起. 遥聞宮
廷[389]呼哅(喊)聲. 問是何聲歟. 告父曰. 王[390]年老暗於軍國政要. 長子神

---

384) 파른본, 규장각본. 鶼, 고증. 謙(謙).
385) DB. '立後百濟名. 有年于今矣.'
386) DB. '正'.
387) 고증. 赶(武), DB. '正'.
388) 파른본, 규장각본, 고증. 寢(寢).
389) 파른본, 규장각본, 고증. 迋(廷), DB. '庭'으로 보고 있다.
390) DB. '五'.

劍攝父王位. 而諸將歡賀聲也. 俄移父於金山佛宇. 以巴達等壯士三十人
守之. 童謠曰. 可憐完山兒. 失父涕連洒. 萱與後宮年少男女二人, 侍婢古
比女. 內人能乂(又)男等囚繫. 至四月. 釀酒而飮醉守卒三十人. 而與小元
甫香文,391) 吳琰, 忠質等. 以海路迎之. 旣至. 以萱爲十年之長. 尊號爲尙
父. 安置于南宮. 賜楊州食邑·田庄.392) 奴婢四十口. 馬九匹. 以其國先
來降者信康爲衙前. **422**甄萱壻將軍英規(規)密語其妻曰. 大王勤勞四十餘
年. 功(功)業垂成. 一旦以家人之禍失地. 從於高麗. 夫貞女不可(事)二夫.
忠臣不事二主. 若捨已(己)君. 以事逆子. 耶393)(則). 何顔以見天下之義士
乎. 況聞高麗王公仁厚勤儉. 以得民(民)心. 殆天啓也. 必爲三韓之主. 盍
致書以安慰我王. 兼慇懃於王公.394) 以圖後來之福乎. 妻曰. 子之言是吾
意也. 於是天福元年丙申二月. 遣人致意於太祖. 曰. 君擧義旗. 請爲內
應. 以迎王師. 太祖喜. 厚賜其使者遣之. 謝英規(規)曰. 若蒙恩一合. 無
道路之梗. 即先致謁於將軍. 然後升堂拜夫人. 兄事而姊尊之. 必終有以
厚報之. 天下(地)鬼神皆聞此語. **423**六月. 萱告太祖. 老臣所以投身於殿下
者. 願仗殿下威稜. 以誅逆子耳. 伏望大人借以神兵. 殲其賊亂. 臣雖死無
憾. 太祖曰非不欲討之. 待其時也. 先遣太子及正(武)將軍述希. 領步騎十
(一)萬. 趣天安府. **424**秋九月. 太祖率三軍至天安. 合兵進次一善. 神劍以
兵逆之. 甲午. 隔395)一利川相對. 王師背艮向坤而陳(陣). 太祖與萱觀兵.
忽白雲狀如劍戟起. 我師向彼行焉. 乃皷(鼓)行而進. 百濟將軍孝奉, 德述,

391) 고증. 乂(文), DB. '乂', 파른본. 乂.
392) 파른본, 규장각본. 庄, 고증. 庒(庄). DB. '庄'
393) 파른본. 即, 고증. 耶(則), DB. 조병순소장본에는 即.
394) 파른본, 규장각본, 고증. 公(公).
395) 파른본, 규장각본, 고증. 隔(隔).

哀述, 明吉等. 望兵勢大而整. 棄甲降於陣前. 太祖勞慰之. 問將帥所在.
孝奉等曰. 元帥神劍在中軍. 太祖命將軍公萱等. 三軍齊進挾擊. 百濟軍
潰北至黃山炭峴. 神劍與二弟將軍富達, 能奐等四十餘人生降. **425** 太祖受
降. 餘皆勞之. 許令與妻子上京. 問能奐曰. 始與良劍等密謀. 囚大王立其
子者. 汝之謀也. 爲臣之義. 當如是乎. 能奐俛首不能言. 遂命誅之. 以神
劍僣位爲人所脅. 非其本心. 又且歸命乞罪. 特原其死. 甄(甄)萱憂懣(懣)
發疽. 數日卒於黃山佛舍. 九月八日也. 壽七十. **426** 大(太)祖軍令嚴明. 士
卒不犯秋毫. 州縣安396)堵. 老幼皆呼萬歲. 謂英規(規)曰. 前王失國後. 其
臣子無一人慰之者. 獨卿夫妻千里嗣音. 以致誠意. 兼397)歸美(美)於寡人.
其義不可忘.398) 許職左承. 賜田一千頃(頃). 許借驛馬三十五匹以迎家人.
賜其二子以官. 甄萱起唐景福元年. 至晉天福元年. 共四十五年. 丙申滅.
427 史論曰. 新羅數窮道喪. 天無所助. 民無所歸. 於是羣盜投隙而作. 若
猬毛然. 其劇者弓裔, 甄萱二人而巳(已). 弓裔本新羅王子. 而反以家(宗)
國爲讎. 至斬先祖之畫像. 其爲不仁甚矣. 甄萱起自新羅之民. 食新羅之
祿. 包藏禍心. 幸國之危. 侵軼都邑. 虔劉399)君臣若禽獸. 實天下之元惡.
故弓裔見棄於其臣. 甄萱産禍於其子. 皆自取之也. 又誰咎也. 雖項羽·
李密之雄(雄)才. 不能敵漢唐之興. 而況裔, 萱之凶(凶)人. 豈可與我太祖
相抗(抗)歟.

---

396) 파른본, 규장각본. 安, 고증. 峇(安).
397) 파른본, 규장각본, 고증. 蒹(兼).
398) 파른본, 규장각본. 忘, 고증. 㤀(忘).
399) 파른본, 규장각본, 고증. 劖(劉).

400 후백제(後百濟) 견훤(甄萱)

401 "삼국사" 본전을 보면,

　"견훤은 상주 가은현 사람으로. 함통 8년 정해에 태어났다. 본래의 성은 이(李)씨였는데, 뒤에 견(甄)으로 씨(氏)를 삼았다. 아버지 아자개는 농사지어 생활했는데, 광계 연간에 사불성, 지금의 상주에 웅거하여 스스로 장군이라고 일컬었다. 아들이 네 명이었는데, 모두 세상에 이름이 알려졌다. 견훤은 스스로 걸출이라고 이름을 짓고, 뛰어난 업적을 쌓아, 남보다 뛰어나고 지략이 많았다."라고 적혀 있다.

　402 "이비가기"에는, "진흥대왕의 왕비 사도의 시호는 백융부인이다. 그 셋째 아들인 구륜공의 아들이 파진간 선품이고, 각간 작진이 왕교파리를 아내로 맞아 각간 원선을 낳으니 이가 바로 아자개이다.400) 아자개의 첫째 부인은 상원부인이요. 둘째 부인은 남원부인이었다. 이 남원부인은 아들 다섯과 딸 하나를 낳았다. 그 맏아들이 바로 후백제의 아버지라고 칭송을 받는 견훤 그 사람이었다. 둘째 아들은 장군 능애, 셋째 아들은 장군 용개, 넷째 아들은 보개, 다섯째 아들이 장군 소개이며. 딸은 대주의 도금이다."라고 하였다.

　또 **403** "고기(古記)"를 보면, "옛날에 부자 한 사람이 광주 북촌에 살았다. 그곳에 용모와 자태가 고운 한 여자가 있었다.401) 어느 날 그 여자가 아버지께 말하기를, '매번 자줏빛 옷을 입은 남자가 제 침실에 와서 자고 갑니다.'402)라고 하자. 아버지가 '너는 긴 실을 바늘에 꿰

---

400) DB. "진흥대왕의 왕비 사도(思刀)의 시호는 백융부인이다. 그 셋째 아들 구륜공(仇輪公)의 아들 파진간(波珍干) 선품(善品)의 아들 각간(角干) 작진(酌珍)이 왕교파리(王咬巴里)를 아내로 맞아 각간(角干) 원선(元善)을 낳으니 이가 바로 아자개이다."

401) DB. "옛날에 부자 한 사람이 광주(光州) 북촌(北村)에 살았다. 딸 하나가 있었는데 자태와 용모가 단정했다."

어, 그 남자의 옷에 꽂아 두어라.'라고 하니 그대로 따랐다.

날이 밝자 실을 따라, 집터 북쪽 담 밑에 이르러 보니, 바늘이 큰 지렁이의 허리에 꽂혀 있었다. 그러고 얼마 지나지 않아, 여자는 아기를 배어 한 사내아이를 낳았다. 이 아이가 나이 15세가 되자 스스로 견훤(甄萱)이라 일컬었다.

경복 원년 임자년에는, 천하를 다루어 왕이라 일컫고, 도읍을 완산군에 정하였다. 나라를 다스린 것은 43년에 이른다. 그러나 청태 원년 갑오(934년)에 견훤의 세 아들이 반역하여, 그 자리를 빼앗으므로, 견훤은 도망쳐 태조에게 갔다. 그리하여 아들인 금강이 즉위하여 천복 원년 병신(936년)에 고려 군사와 일선군에서 싸웠으나, 백제가 크게 패배하고, 나라도 망하였다.”고 하였다.

404이전에 견훤이 태어나서 포대기에 싸였을 때. 아버지가 들에 밭을 갈고 있었는데, 어머니가 아버지에게 밥을 가져다주려고 아이를 수풀 아래 놓아두었더니, 호랑이가 와서 젖을 먹이고 갔다. 이것을 들은 마을 사람들은 이 말을 듣고 이상한 일이라며 소문이 퍼졌다. 아이가 장성하자 몸과 모양이 웅장하고 기이했으며, 어떤 일이 닥치든, 지기가 크고 기개가 있어 범상치 않았다. 드디어 군인이 되어 서울로 들어갔다가, 서남 해변에 가서 변경을 지키는데 창을 베개 삼아 적을 대비하였으니 그의 기상은 항상 사졸에 앞섰으며 그 공로로 비장403)이되었다.

405당나라 소종 경복 원년은 신라 진성왕의 재위 6년이다. 이때 왕

---

402) DB. "매번 자줏빛 옷을 입은 남자가 침실에 와서 관계하고 갑니다.”
403) 대장(隊長).

의 총애를 받는 신하가, 곁에 있으면서 국권을 농간하니 기강이 어지럽고 해이하였으며, 게다가 기근이 더해지니 백성들은 떠돌아다니고, 도둑들이 벌떼처럼 일어났다. 이것을 본 견훤은 남몰래 반역할 마음을 품고, 무리를 불러 모아 서울의 서남 주현(州縣)들을 공격하니, 가는 곳마다 백성들이 호응하여 한 달 남짓 하는 동안에 부하는 5천 명이나 되었다. 드디어 무진주를 습격하여 스스로 왕이 되었으나, 공공연하게 왕이라 일컫지는 않고, 스스로 서명할 때에는, "신라서남도통행전주자사 겸 어사중승, 상주국, 한남국개국공"이라고 하였다. 이상은 용기 원년 기유(889년)의 일이라고 하는데, 한편으로는 경복 원년 임자(892년)의 일이라고도 한다.

406이때 북원에는 양길이라는 용감하고 강한 도적이 있었는데, 궁예는 스스로 그의 부하가 되었다. 견훤이 이 소식을 듣고 멀리 있지만, 양길에게 직책을 주어 그쪽의 비장으로 삼았다. 견훤은 또 서쪽으로 순행하여 완산주에 이르니, 이곳 주(州)의 백성들도 반가이 영접하면서 위로하였다. 견훤은 이와 같이 민심을 얻은 것을 기뻐하여 좌우 사람들에게

"백제가 나라를 연 지 6백여 년에, 당나라 고종은 백제를 치고 싶다는 신라의 요청으로 소정방을 보내어, 13만 명의 수군과 함께 바다를 건너게 하고, 한편 신라의 김유신도 회오리 바람을 이는 기세로 황산을 거쳐, 그곳에서 당나라 군사와 합세하여 백제를 쳐서 멸망시켰다. 이것을 생각하면 지금이야말로 도읍을 세우고, 예전의 원한을 씻지 않고 있을 수 있겠는가."

라고 하며 그의 심경을 말했다. 드디어 스스로 후백제왕이라고 일컫고 관직을 설치했으니 이때가 당나라 광화 3년(900년)이요. 신라 효공

왕 4년이었다.

407정명 4년 무인에 철원경의 민심이 졸지에 변하여 우리 태조를 추대하여 왕위에 오르게 하였다. 견훤은 이 소식을 듣고 사신을 보내서 축하하고 마침내 공작선과 지리산의 죽전 등을 바쳤다. 이와 같이 견훤은 우리 태조와 겉으로는 화친을 꾀하는 것처럼 보였으나, 속으로는 그렇지 않았다. 그는 태조에게 총마를 바치기도 했다.

408동광 3년 겨울 10월(925년)에는 기병 3천 명을 거느리고 조물성 **408a**지금은 자세히 알 수 없다.까지 이르렀다. 태조도 역시 정예병을 거느리고 와서 그와 대적하였으나, 견훤의 군사가 날래어 승부를 결정할 수가 없었다. 태조는 일시적으로 화친하여 견훤의 군사들이 피로하기를 기다리려고, 글을 보내서 화친할 것을 구했다. 태조는 종제인 왕신을 인질로 보내니, 견훤도 역시 외생질 진호를 인질로 보내어, 화친은 이루어졌다. **409**그러나 12월이 되자, 견훤은 거서**409a**지금은 자세히 알 수 없다. 등 20여 성을 쳐서 빼앗고, 사신을 후당에 보내서 복종할 것을 맹세하고, 스스로 번신(藩臣)이라 일컬었다. 후당에서는 그에게 검교태위 겸시중 판백제군사로 임명하는 동시에, 전과 같이 도독행전주자사 해동서면도통지휘병마판치등사 백제왕을 허락하고, 식읍(食邑) 2천 5백 호로 하였다.

410그런데 4년이 되어, 진호가 갑자기 죽자 일부러 죽인 것이라고 의심한 견훤은, 즉시 왕신을 가두고 또 사람을 보내서 전년에 보낸 총마를 돌려보내라고 요청했다. 태조는 웃으면서 돌려보냈다.

411천성 2년 정해 9월에 견훤은 근품성**411a**지금의 산양현(山陽縣)을 쳐서 빼앗아 불사르니. 신라왕은 태조에게 구원을 청하였다. 그래서 태조는 곧장 장차 군사를 내려고 했는데, 그보다 한발 앞서 견훤은 고울부

411b지금의 울주(蔚州)라고 하는 것은 잘못이다.404)를 습격하여 빼앗고, 더 나아가 시림 **411c**혹은 계림(鷄林)의 서쪽이었다고도 전하고 있다. 교외로 진군하여, 결국 신라 왕도에 들어갔다. 신라왕은 부인과 함께 마침 포석정에 나가 놀고 있을 때여서 이로 말미암아 더욱 쉽게 패하였다. 견훤은 왕의 부인을 억지로 끌어내어 욕보이고, 왕의 족제 김부(金傅)로 왕위를 잇게 하였다. 그런 후에 왕의 아우 효렴과 재상 영경을 포로로 하고, 더 나아가 나라의 귀한 보물과 무기와 미인들이며 여러 공인 중에 우수한 자들을 빼앗아 친히 데리고 갔다.

412태조는 정예 기병 5천을 거느리고 공산 아래에서 견훤을 맞아서 크게 싸웠다. 태조의 장수 김락과 신숭겸은 죽고 모든 군사가 패했으며, 태조는 겨우 죽음을 면하였다. 분명히 견훤의 생각대로 되어 버렸다.405) 전쟁에 이긴 기세를 타서 견훤은, 대목성(大木城)**412a**지금의 약목현(若木縣)과 경산부, 강주 등을 빼앗고, 나아가 부곡성을 공격하였다. 게다가 의성부 태수 홍술이 대항해 싸우다가 죽었다. 이 소식을 들은 태조는, "나는 오른 팔을 잃었구나."라고 슬퍼하였다.

41342년 경인에 견훤은 고창군**413a**지금의 안동부을 치려고 군사를 크게 일으키고 돌로 산성을 쌓아 요새를 만들고 대비했다.406) 한편 태조는 견훤의 성에서 백 보 가량을 떨어진 고을 북쪽 병산이라는 곳에 진을 쳤다. 양쪽은 싸우기를 거듭했으나, 견훤은 패하여 시랑 김악도 사로잡혔다. 다음날 견훤이 군사를 모아 순주성을 습격하여 이것을 탈취했다. 성주(城主) 원봉은 제대로 막지 못하고 성을 버리고 야밤에 도

---

404) DB. '지금의 울주(蔚州)'라고 했다.
405) DB. '그래서 견훤에게 대항하지 못했기 때문에 많은 죄악을 짓게 내버려 두었다.'
406) DB. '석산(石山)에 진을 치니.'

주했기 때문에, 태조는 몹시 노하여 그의 죄를 물어 그가 태어나고 자란 순성의 격을 낮추어[407] 하지현으로 해 버렸다.[413b] 지금의 풍산현이다. 원봉이 본래 순주성 사람이기 때문이다.

[414]신라에서는 임금이나 신하들이나, 신라가 이미 쇠망해 가는 시기에 다시 일어나기가 어려우므로 우리 태조를 끌어들여 우호를 맺어서 자기들을 후원해 주도록 도모했다. 견훤은 이 소식을 듣고 또 다시 신라 왕도에 들어가 나쁜 짓을 하려 했는데. 어쩌면 태조가 먼저 들어갈까 두려워해서 태조에게 편지를 보내어 말하였다.

"지난번에 국상 김웅렴 등이 장차 그대를 서울로 불러들이려 한 적이 있다. 그 소행은 작은 자라가 큰 자라의 소리에 호응하는 것과 같으며, 이는 종달새가 작은 몸집의 자신을 생각하지 않고, 매와 같은 큰 날개를 펼치려고 바라는 것과 같다. 이것은 반드시 백성들을 도탄에 빠뜨리고 종묘와 사직도 무덤만 남기는 폐허가 될 것이 틀림없다. 나는 그 맹장 조적과 같이 남보다 앞서 일을 처리하고, 진(陳)을 평정한 수(隋)의 장군 한금호처럼, 큰 도끼를 휘둘러 나라의 안정을 기하고, 차가운 달과 같은 심경으로, 백관들에게 맹세하기를 육부(신라를 말한다)를 알리고, 절의를 아는 것이 무엇보다도 중요한 기풍으로 해왔다. 그런데 뜻밖에 간신은 도망하고 우리 임금은 세상을 떠났다. 이에 경명왕의 표제이며, 헌강왕의 외손을 받들어 왕위에 오르게 했으나, 또다시 국가가 위태로운 사태에 이르게 되었다. 일이 이 지경에 이르러, 임금을 폐하는 것도, 지금처럼 하는 것도 멋대로이다.

그대는 나의 충고를 자세히 살피지 않고 한갓 흘러 다니는 말만을

---

407) DB. '그 고을의 격을 낮추어.'

들고 온갖 계책으로 왕위를 엿보고 여러 방면으로 나라를 침노했으나 오히려 내가 탄 말의 머리도 보지 못했고 내 쇠털처럼 작은 성조차도 함락을 못 하고 있다.[408] 이 겨울 초순에는 도두 색상이 성산의 진(陣) 근처에서 반항하던 창을 제압하고,[409] 그달 안에 좌장 김락도 미리사 앞에서 전사했으며, 그 밖에 많은 자가 죽거나 잡혀 목숨을 잃은 자도 적지 않았다. 이와 같이 이쪽이 너무 강하기 때문에 그 승패의 결과는 분명하다. 지금 자기들이 바라는 것은, 자기 활을 평양성의 성루에 걸어 두고 자기 말에게 패강의 물을 먹이는 일이다.

그런데 지난 달 7일에 오월국의 사신 반상서가 와서 국왕의 조서를 전했다. 그 요지는 '경(卿)은 고려와 오랫동안 좋은 화의를 통하고 함께 선린의 맹약을 맺은 줄 알았는데 근래에 양편의 볼모가 죽은 것으로 말미암아[410] 마침내 화친하던 옛 뜻을 잃어버리고 서로 국경을 침범하여 전쟁이 끊이지 않게 되었다. 그러한 사정에 대해서는 잘 알고 있는 바이나, 그 일이 마음에 걸려 사신을 경에게 보냈다. 사신이 가지고 있는 서찰을 고려에도 보내도록 하라. 그 결과 서로 친목을 회복하고 길이 평화롭게 지내도록 하라.'고 하는 것이었다.

나는 왕실을 높이는 의에 돈독하고 큰 나라를 섬기고 삼가 그 뜻을 받아들이고 싶다. 다만 걱정이 되는 것은 부하가 싸움을 멈추려고 바라는데 실제로 그만두고 싶어도 그만둘 수가 없고 곤경에 처해 있으면서도 싸우려는 것을 걱정하는 바이다. 이제 조서를 베껴서 보내는 터이니 청컨대 유의해서 자세히 살피기를 바란다. 토끼와 사냥개가

---

408) DB. '내 쇠털 하나도 뽑지 못하였다.'
409) DB. '성산(星山)의 진(陣) 밑에서 손을 묶어 항복했고.'
410) DB. '근래에 양편의 볼모가 죽은 것으로 말미암아.'

다 함께 지치고 보면 마침내는 반드시 남의 조롱을 받는 법이요. 조개와 황새의 이야기와 같이 서로 자기의 입장만을 고집하면, 결국 어부가 이익을 얻게 된다. 이것도 역시 남의 웃음거리가 되는 것이다. 그러나 방황했던 지금까지의 길을 되돌리고, 지금까지의 일은 교훈으로서 자기가 뿌린 씨앗 때문에 후회하는 일을 나중에 스스로 남기지 않으시는 것이 당연한 일이다."라고.

(⁴¹⁵천성) 2년(3년의 잘못) 정월에 태조는 견훤에게 답서를 보내어 다음과 같이 말하였다. 즉

"삼가 오월국의 통화사 반상서가 전한 조서 한 통을 받들었고. 겸하여 그대가 요즈음의 정황에 대하여 상세하게 적은 긴 편지도 받아 보았다. 경건한 태도로 잘 생각해 보기로 했다. 화초(華軺)(아름답고 화려한 수레)에 올라탄 사신이 조서를 가지고 왔고. 그대의 편지에서도 아울러 가르침도 받았다. 오월로부터의 조서를 받들어 읽고, 감격을 더했으나 그대의 훌륭한 편지를 펴 보고는, 의심스러운 마음을 없애기 어렵다. 이제 돌아가는 사신에게 부쳐 나의 심중을 말하려 한다. 나는 위로 하늘의 명령을 받들어 백성을 바라보는데, 백성들의 추대에 못 이겨서 결국 장수의 직권을 맡아서 천하를 경륜할 기회를 얻었다. 생각하건대 저번에 삼한이 액운을 당하고 모든 국토에 흉년이 들어 황폐해져서 많은 백성들은 모두 황건이라도 되는 것처럼 질서를 어지럽히고,⁴¹¹⁾ 논밭은 적토가 아닌 땅이 없었다. 난리의 시끄러움을 그치게 하고 나라의 재앙을 구하려고 한다. 이에 스스로 선린의 우호를 맺으니 그 방침을 따르도록 가까운 여러 나라들과 화평을 맺는 정

---

411) DB. '모두 황건(黃巾)에 속하게 되고.'

책을 맺고부터는, 과연 수천 리 되는 국토가 농상으로 생업을 즐기고. 사졸(士卒)은 7.8년 동안 한가롭게 쉬었다. 그런 세상이 다가올 것이라고 보았다.

그런데 계유(913)년이 되자, 이해의 10월(913년)에 이르러 갑자기 사건을 일으키니 곧 싸움에까지 이르렀다. 그대가 처음에는 적을 가볍게 여겨 곧장 달려드는 것이 마치 사마귀(螳螂)가 수레바퀴를 막는 것같이 하더니. 마침내 어려움을 알고 용감히 물러갔다. 그 모습은 마치 모기가 산을 짊어진 것과 같아, 너무 미약한 힘이었다.

두 손을 모아 그대는 공손한 말로 하늘을 가리켜 굳게 맹세하기를. '오늘 이후로는 길이 화목을 지키고 싶다. 혹시라도 이 맹세를 어긴다면 신이 벌을 줄 것이다.'라고 하였다. 나도 또한 창을 거두는 것이 무(武)를 숭상하고 더 이상 싸움으로 사람을 죽이지 않는 인(仁)을 기약하여 드디어 여러 겹 포위했던 것을 풀어 피로한 군사들을 쉬게 했으며 그대로부터의 볼모를 보내는 것도 거절하지 않고 다만 백성만을 편안하게 하려 하였다. 이것은 곧 내가 남쪽 사람들에게 큰 덕을 베푼 것이었다.

그것을 어떻게 믿었든, 맹약을 맺었는데도, 그 피가 아직 채 마르기도 전에 흉악한 세력이 다시 일어나 벌과 전갈과 같은 독기는 생민을 침해하고 이리와 호랑이와 같은 난폭함은 기전을 가로막아 금성이 군급(窘急)해지고 황옥(왕실)을 몹시 놀라는 상황이 되었다. 대의에 의거해서 주(周)나라 왕실을 높였으니(즉 신라 왕조를 존중하여 구원한다)[412] 그 누가 환공·문공(주 왕조를 숭상한다고 말하면서)의 패권을 잡아 버렸

412) DB. '주(周)나라 왕실을 높였으니.'

다니, 무슨 영문일까. 또 기회를 타서 한(漢) 왕조를 노리는 것(즉 신라 왕조를 노린다)[413]은 오직 왕망과 동탁의 간악함을 볼 뿐이오. 지극히 존귀한 왕으로 하여금 몸을 굽혀 그대에게 자(子)라고 하게 하여 높고 낮은 질서를 잃게 하였으니 상하가 모두 근심하였다. 이에 원보의 충순이 아니면 어찌 다시 사직을 편안케 할 수 있었을 것인가.

나의 마음에는 악한 것이 없고 뜻은 왕실을 높이는 데 간절하여 장차 조정을 구원하여 나라를 위태로움에서 구하려고 하였다. 그대는 터럭만 한 작은 이익을 보고 천지와 같은 두터운 은혜를 저버려 임금을 목 베어 죽이고 궁궐을 불사르며 대신들을 죽이고 사민을 도륙하였다. 궁녀들은 잡아서 수레에 싣고 보물은 빼앗아서 짐 속에 실었으니 그 흉악함은 왕망이나 동탁과 같이, 결국은 간신이라는 오명을 입을 뿐이다. 왕이라는 임금의 지위를 그대가 어린아이 취급을 하여, 귀천의 질서를 잃어버렸기 때문에, 모든 신하가 걱정하며, '생각하건대 원보같이 순수한 충신이 없으면, 한번 더 사직을 화평하게 맺을 수 있을까.'라고 하고 있다.

나는 은근히 흉계를 도모하는 일은 전혀 없고, 오직 신라의 왕실을 소중하게 생각하여, 앞으로도 조정을 구원하여 그 나라의 위급을 돕고자 한다. 그대는 아주 작은 일이라도 자기에게 이익이 된다면, 천하의 어떤 두터운 은혜마저도 잊어버린다. 그러니 군주(경애왕)을 베어 죽이고, 궁정을 태워 버리고, 왕을 보좌했던 중신들을 죽이자마자, 그 뼈나 살을 소금에 절이는, 너무나 가혹한 형벌에 처하고, 가신이나 백성들을 살해하고, 공주나 궁중의 부인들은 자기 차에 태워 남치하고,

---

413) DB. '한(漢)나라를 도모하니.'

빼앗은 보물도 함께 싣고 사라졌다. 이 악당의 장본인은, 하(夏)의 걸왕, 은(殷)의 주왕 못지않고, 인(仁)을 저버린 흉악하고 은혜를 모르는 행동은, 아버지를 물어 죽인다는 경(獍)[414]이나 어머니를 물어 죽인다는 효(梟)[415] 못지않다. 이것은 잘못된 것이라고 생각한 나는 이제 극에 달하여 하늘조차 두려워하지 않을 정도이며, 또 정성을 다하려는 깊은 마음은, 햇빛도 막을 정도로 강하다. 간사한 세력을 없애려고 맹세하고 노력을 거듭하여, 견마와 같이 신하로서의 임무를 다하기를 다독거리며, 다시 군사를 일으킨 지 2년이 지났다.[416] 육지를 진격하면 천둥과 번개처럼 빨리 달렸고. 수전에서는 범이 먹이를 낚아채고 용이 하늘을 오를 때의 기세였다. 군사를 움직이면 반드시 공을 이루었고 간계로 당하는 일은 없었다. 대신(大臣)급인 고관들을 바닷가까지 밀어붙였을 때에는, 벗긴 갑옷이 산더미 같았고. 추조(雛造)를 성 밖에서 잡았을 때에는 엎드린 시체가 들을 덮었다. 연산군 부근에서는 길환을 군문 앞에서 목 베었고 마리성[415a]이산군으로 생각된다. 밖에서는 수오를 우리 군의 깃발 아래서 죽였다. 임존성[415b]지금의 대흥군(大興郡)을 함락시키던 날에는 형적 등 수백 명이 목숨을 잃었고. 청천현[415c]상주 영내(領內)의 현 이름을 쳐부술 때에는 직심 등 4,5명이 머리를 바쳤다. 동수[415d]지금의 동화사에서는 깃발만 보고도 뿔뿔이 흩어져 도망을 쳤고. 경산에서는 구슬을 입에 머금는 항복의 예를 하고 투항을 하였다. 강주는 남쪽으로부터 귀순해 왔고. 나부는 서쪽에서 와서 귀속되었다. 우리 고려군의 기세도 접하지 않은 공략일까. 이와 같이 빼앗

---

414) 범 종류.

415) 올빼미.

416) DB. '매가 참새를 쫓는 듯한 힘으로 견마(犬馬)의 수고로움을 다하려 하였다.'

겼던 땅을 모두 수복될 날이 어찌 멀다 하겠는가. 나는 반드시 장이가 한(漢)의 한신과 함께 진여를 저수의 군영에서 목을 베어 원한을 풀었던 것처럼, 한(漢)의 유방이 오강의 물가에서 초(楚)의 항우가 스스로 목을 베어, 이것에 의해 통일의 위업을 이룬 것처럼, 나도 이런 고사(故事)에 의해 어지러운 세상의 풍파(風波)를 잠재워 오래도록 천하를 평화롭게 하려고 굳게 마음을 먹고 있다.417) 하늘이 도우니 내 목숨이 어떻든 그것은 상관없다.418) 하물며 오월왕 전하의 덕이 혼탁의 세상에 먼 지역에 이르도록 높고 또 인(仁)은 작은 나라에 이를 만큼 깊다. 이번에는 자기에게 조서를 내려 신라에서의 전란을 그치도록 타일렀다. 이같이 이미 교계를 받았으니 감히 크게 받들지 않을 수 없다. 만약 그대도 이 조서를 받들어 전쟁을 그친다면 상국(上國)의 어진 은혜에 보답할 뿐만 아니라 또한 동방의 끊어진 우호를 이을 수 있을 것이다.419) 그러나 만일 허물을 능히 고치지 않는다면 나중에 후회해도 소용이 없을 것이다." **415e**이 글은 최치원이 지었다.

416장흥 3년에 견훤의 신하인 공직이 용맹스럽고 지략이 있었는데 태조에게로 와서 항복하니 견훤은 공직의 두 아들과 딸 하나를 잡아서 다리 힘줄을 지져서 끊었다. **417**9월에 견훤은 일길을 보내어 수군을 이끌고 고려 예성강으로 침입하여 사흘 동안 머물면서 염주·백주·진주 등 세 주(州)의 배 100여 척을 빼앗아 불사르고 돌아갔다고

---

417) DB. '반드시 저수(泜水)의 군영에서, 장이(張耳)의 첩첩이 쌓인 원한을 씻고, 오강(烏江)의 기슭에서, 한왕(漢王)의 일전 승리의 소원을 이룩하여, 마침내 바람과 물결을 그치게 하여, 길이 천하를 맑게 할 것이다.'

418) DB. '하늘이 돕는 것이니 천명(天命)이 어디로 돌아가겠는가.'

419) DB. '또한 동방의 끊어진 대도 이을 수 있을 것이다.'

말한다. [418]청태 원년 갑오(934년)에 견훤은 태조가 운주(運州)[418a]미상
에 주둔해 있다는 말을 들은 견훤은 갑옷으로 마장한 정예병을 뽑아
이른 아침에 식사를 끝내게 할 정도로 재촉하여 그 자리에 가게 했다.
그러나 일행은 아직 태조의 진영에 다다르기 전에 장군 금필이 날랜
기병으로 이를 쳐서 3천여 명을 목을 베거나 잡아버렸다. 웅진 이북
의 30여 성은 이 소문을 듣고 자진해서 항복하였으며. 견훤의 부하였
던 술사(術士) 종훈과 의원 지겸. 용장 상봉·최필 등도 모두 태조에
게 항복했다.

　[419]병신년 정월에 견훤은 그 아들에게 말하기를, "내가 신라가 쇠퇴
하기 시작할 무렵 새롭게 나라를 세워 그 이름을 후백제라고 했는데,
그리고 나서 벌써 여러 해가 되었다. 그 군사력은 북쪽의 고려 군사보
다 갑절이나 많으면서 오히려 이기지 못하니 필경 하늘이 고려를 도
우는 것 같다. 어찌 북쪽 고려왕에게 귀순해서 생명을 보전하지 않을
수 있겠느냐."라는 것이었다. 그 아들 신검·용검·양검 등 세 사람
은 모두 응하지 않았다.

　"[420]이제가기"는 다음과 같이 전하고 있다.

　"견훤에게는 아들 아홉이 있으니. 맏이는 신검 [420a]혹은 견성(甄成)이라고
도 한다. 둘째는 태사 겸뇌, 셋째는 좌승 용술, 넷째는 태사 총지, 다섯
째는 대아간 종우, 여섯째는 기록이 없고, 일곱째는 좌승 위흥, 여덟
째는 태사 청구이며, 나머지 하나는 딸로서 국대부인이니, 이 9명은
모두 상원부인이 낳은 것이다. 견훤은 처첩이 많아서 아들 10여 명이
나 두었다. 그 가운데 넷째 아들 금강은 키가 크고 지혜가 많은데다가
기지도 뛰어나서 견훤은 특히 그를 사랑하여 왕위를 전하려 했다. 그
러나 그의 형 신검·양검·용검 등이 알고 몹시 시기하며 고민하였

다. 이때 양검은 강주도독. 용검은 무주도독으로 있어서 홀로 신검만 이 견훤의 곁에 있었다. 이것을 지켜본 이찬 능환이 사람을 강주와 무주에 보내서 양검 등과 모의하였다. (능환은) 청태 2년 을미 봄 3월 (925년)[420]을 기다려, 영순 등과 함께 신검을 권해서 견훤을 금산의 불당에 가두고, 한편으로는 사람을 보내서 금강을 죽였다. 신검이 자칭 대왕이라 하고 나라 안의 모든 죄수들을 사면해 주었다. 운운(云云)"이라고.

[421]견훤이 아직 잠자리에서 일어나기 전에 멀리 대궐 뜰에서 고함치는 소리가 들리는 것이 시작이었다. 견훤은 "저 소란은 도대체 무엇이냐."고 묻자 신검이 아버지에게 아뢰었다. "왕께서는 늙으시어 군국의 정사에 어두우시므로 맏아들 신검이 부왕의 자리를 대신하게 되었다고 해서 여러 장수들이 기뻐하는 소리입니다."라고 보고하자, 이내 아버지를 금산의 불당으로 옮기고 파달 등 30명의 장사를 시켜서 지키게 하니. 동요(童謠)에 이렇게 말했다.

가엾다. 완산의 아이들은 아비를 잃어버렸다.

하염없이 눈물이 흐른다.

라고 되어 있다.

견훤은 후궁과 나이 어린 남녀 두 명. 시비 고비녀. 나인 능예남 등과 함께 갇혀 있었다. 4월에 이르러 술을 빚어서 지키는 장사 30명에게 먹여 충분히 취하게 되기를 기다렸다가, [태조는] 소원보 향예ㆍ오염ㆍ충질 등을 보내서 바닷길로 맞아 오게 하였다. 고려에 이르자 태조는 견훤의 나이가 10년 위라고 하여 높여서 상부(尚父)[421]라고 하고

---

420) DB. '935년.'

삼국유사 권제2

남궁에 편안히 지내게 하였으며 양주의 식읍·전장과 노비 40명, 말 아홉 필을 주고. 먼저 항복해 와 있는 신강을 아전으로 삼아, 견훤을 예우했다.

422견훤의 사위 장군 영규가 비밀리에 그 아내에게

"대왕께서 나라를 위해서 애쓰신 지 40여 년이나 되는데, 그 위업이 거의 이루어지려 하는데. 하루아침에 집안사람의 화(禍)로 나라를 잃고 고려로 투항해 버렸다. 대체로 정조가 있는 여자는 두 남편을 모시지 않고 충신은 두 임금을 섬기지 않는 법이오. 만약 내 임금을 버리고 반역한 아들을 섬긴다면 무슨 낯으로 천하의 의사들을 본단 말이오. 더구나 고려왕인 태조나 제후(諸侯)는 모두 어질고 후덕하며 부지런하고 검소하여 민심을 얻었다 하니. 이는 아마 하늘의 계시한 것인가 하오. 필경 삼한의 임금이 될 것이니 어찌 글을 올려 우리 임금을 위안하고. 겸해서 왕공에게 은근히 하여 뒷날의 복을 도모하지 않겠소."

그 아내가 말하기를, "당신의 말씀이 바로 저의 뜻입니다."라고 하였다. 이에 영규는 천복 원년 병신 2월에 사람을 보내서, "만일 왕께서 의기를 드시면 저는 내응하여 고려 군사를 맞이하겠습니다."라고 말했다.

태조는 크게 기뻐하여 사자에게도 예물을 후히 주어 보내고 영규에게 사례하여 말하기를, "만일 그대의 은혜를 입어 양쪽 군사가 하나로 합해져서 길에서 막히는 일이 없게 된다면. 곧 먼저 장군을 뵙고 다음에 댁에 들러 부인을 만나겠습니다. 그 후에 장군을 형으로 섬기

421) DB. '상보(尙父).'

고 부인을 누님으로 받들어 예를 다하여 섬기겠습니다. 그 가운데에도 이 호의를 후하게 보답하는 날이 반드시 올 것입니다. 천지와 귀신은 모두 이 말을 들을 것이오."라고.

4236월에 견훤이 태조에게, "노신이 전하께 항복해 온 것은 전하의 위엄을 빌려 반역한 자식을 죽이기 위한 것이니 엎드려 바라건대. 대왕은 신병이라고 할 만한 정예를 빌려주시어 적자와 난신을 죽이게 해 주시면 신이 비록 죽어도 유감이 없겠습니다."

태조가 말했다. "그들을 치지 않으려는 것이 아니라 다만 그 때를 기다리는 것이오."라고 대답했다. 이에 태조는 먼저 태자 무(武)와 장군 술희에게 보병과 기병 1만⁴²²⁾을 거느려 천안부로 나가게 했다.

424가을 9월(936년)에 태조는 삼군을 거느리고 천안에 이르러 앞선 군사와 합류하여 진격해서 일선군에 주둔했다. 신검도 군사를 모아 방어전에 애썼다. 갑옷⁴²³⁾을 입고 방패를 든 양쪽 군사가 일리천을 사이에 두고 서로 대치했다. 고려 군사는 동북방을 등지고 서남쪽을 향해 진을 쳤다. 태조는 견훤과 함께 군대를 사열하는데. 갑자기 흰 구름이 난리를 치고 그곳에는 일전이 벌어지는 모양이었다.⁴²⁴⁾ 고려 군은 적군을 향해 갔다. 이에 북을 치고 나아가니 후백제의 장군 효봉·덕술·애술·명길 등은 고려 군사의 형세가 크고 정돈된 것을 바라보고 갑옷과 투구를 버리고 진 앞에 나와 항복했다. 태조는 이를 위로하고 총대장인 신검이 어디에 있는지 물었다. 효봉 등이, "원수(元帥) 신검은 본진에 있습니다."라고 하였다.

---

422) DB. '보병(步兵)과 기병(騎兵) 10만.'
423) DB. '갑오일에.'
424) DB. '칼과 창 같은 흰 구름이 일어나 적군을 향해 갔다.'

태조는 장군 공훤 등에게 명하여, 삼군을 일시에 진군시켜 협공하니, 백제군은 달아났다. 황산의 탄현에 이르자, 신검은 두 아우와 장군 부달·능환 등 40여 명과 함께 진영을 버리고 항복했다.

425 태조는 항복을 받고, 그를 따르는 나머지는 모두 위로하여 죄를 용서하고, 처자를 데리고 고려의 도읍으로 올라가도록 허락했다. 태조가 능환에게 묻기를, "처음에 양검 등과 비밀히 모의하여 대왕을 가두고 그 아들을 세운 것은 네 꾀이니. 신하된 의리로서 의당 그럴 수가 있느냐."라고 하니 능환은 머리를 숙이고 말을 하지 못하였다. 드디어 그를 목 베어 죽이게 하였다.

신검에 대해서는 왕위를 빼앗은 것425)은 남의 위협으로, 그의 본심이 아니었으며 또 항복하여 죄를 빌므로, 특별히 그 사형을 용서하였다. 견훤은 분하게 여겨 등창이 나서 수일 만에 황산의 불당에서 죽으니, 때는 9월 8일(936년)이고 나이는 70이었다.

426 태조의 군령은 매우 엄하고 분명해서 군사들이 조금도 범하지 않았다. 주(州)나 현(縣)이 편안하여 늙은이와 어린이가 모두 만세를 불렀다. 태조는 영규에게 말하기를, "전왕(견훤)이 나라를 잃은 후에 그의 신하된 사람으로서 한 사람도 위로해 주는 이가 없었는데, 오직 경(卿)의 내외만이 천리 밖에서 글을 보내서 성의를 보였고 겸해서 아름다운 명예를 나에게 돌렸으니 그 의리를 잊을 수 없소."라고 하였다. 좌승이란 벼슬과 밭 1천 경(頃)을 내리고. 역마 35필을 빌려 주어 가족들을 맞게 했으며, 그 두 아들에게도 벼슬을 주었다. 견훤은 당나라 경복 원년(892년)에 나라를 세워 진(晉)나라 천복 원년(936년)에 이

___

425) DB. '신검이 참람되이 왕위를 빼앗은 것.'

르니. 45년 만인 병신년에 망했다.

427'사론'에 이렇게 말했다. "신라는 운이 다하여 올바른 도를 잃어 버렸다. 하늘이 돕지 않고 백성이 의탁할 데가 없게 되었다. 이에 뭇 도둑이 틈을 타서 일어나 마치 고슴도치의 털이 일제히 서는 것과 같았다. 그중에서도 강한 도둑은 궁예와 견훤 두 사람이었다. 궁예는 본래 신라의 왕자로서 도리어 제 나라를 원수로 삼아 심지어는 선조의 화상을 칼로 베었으니 그 어질지 못한 것이 너무 심하였다. 견훤은 신라의 백성으로 일어나서 신라의 녹을 먹으면서 모반의 마음을 은밀하게 품다가 나라의 위태로움을 다행으로 여겨 신라의 도읍을 쳐서 임금과 신하를 죽인 것은 완전히 짐승과도 학살이었으니 참으로 천하의 원흉이다.426) 때문에 궁예는 그 신하에게서 버림을 당했고. 견훤은 그 아들에게서 화(禍)가 생겼으니 모두 자업자득인 것으로 누구를 원망한단 말인가. 비록 항우·이밀의 뛰어난 재주로도 한(漢)과 당(唐)이 일어나는 것을 대적하지 못했다. 하물며 궁예와 견훤 같은 흉한 자들이 어찌 우리 태조를 대항할 수 있었으랴."

주해 **400**○ 【後百濟·甄萱】後百濟 Hu-baek-je 후백제, 후백제는 신라 말에 견훤에 의해서 세워진 나라. 한반도에서는 신라 말에 정치가 문란하여, 백성은 이탈하고 도적이 벌떼처럼 일어나는 상황이 되었다. 이때 상주의 한 농민의 자식인 견훤은 군인이 되어 무공을 세웠는데, 세상의 혼란을 틈타, 군웅이 할거하는 것을 보고, 자신도 부하를 모아 892년에 무주(광주)를, 나아가 주위의 군현을 점령하고, 900년에 완산주(전주)에 들어가

---

426) DB. '임금과 신하를 마치 짐승처럼 죽였으니 참으로 천하의 원흉(元兇)이다.'

도읍으로 하여, 백제 의자왕의 한을 푼다고 하며 스스로 후백제 왕이라고 하였다. 이후 견훤은 국가조직을 정비하는 것과 함께 한층 더 영역을 넓혀 한반도의 서남부, 즉 옛 백제국의 영토에 가까운 것을 확보하였다. 또 중국의 오월과 통교하고, 일본과도 922년과 929년에 두 번에 걸쳐 사신을 보냈다. 한편 한반도의 북부에서는 신라왕족(헌안왕의 서자, 혹은 경문왕의 아들이라고도 한다) 출신인 궁예가 901년에 고구려의 부흥을 외치면서 정식으로 왕이라고 하며 송악(개성)이나 철원에 도읍을 정하고 할거했기 때문에, 한반도는 신라, 후백제, 후고구려(후에 마진·태봉)의 삼국으로 분열되었다. 그래서 이때부터 후삼국시대라고 부르는 시대가 되었다. 신라는 이미 쇠퇴가 심하여 사실은 후백제와 태봉(918년부터는 이를 이어 고려)와의 패권 다툼이 된 것이다. 신라·백제, 신라·고려의 관계나 고려·백제의 패권 다툼의 추이는 중국과의 관계 등에 대해서는 이 조의 후문(後文)으로 미루며 생략하나, 후백제에서는 나중에 왕위계승의 문제로 내분이 일어나, 935년에 견훤은 장남 신검 일당에 의해 유배되었다. 그러나 견훤은 탈출하여 고려에 구원을 청하기에, 고려 태조(왕건)은 견훤을 도읍으로 맞이하여 대우했다. 고려 태조는 같은 해에 신라를 병합한 뒤, 다음 해 926년에 견훤의 원한을 갚는다는 명분으로 1만의 군사를 이끌고 남하하여 일리수에서 후백제군과 맞싸워 후백제를 멸망시키고 한반도를 통일했다. 후백제에 대해서는 '유' 본문 외에 '사' 견훤전, '나기, 池內宏 '高麗太祖の經略', "滿鮮硏究報告(七)" 1918년("滿鮮史の硏究" 中世 第二 所收), 津田左右吉 '後百濟彊域考', "朝鮮歷史地理硏究(二)'·1918년("津田左右吉全集" 제11권, 수록) 등을 참고.

401○ 【三國史本傳】 '사'(권50·열전 제10) 견훤전을 가리키고 있는 것처럼 보이나, 이 조의 '光啓中. 攄沙弗城(今尙州) 自稱將軍. 有四子. 皆知名於世. 萱號傑出. 多智略.'에 보이는 26문자는 '사' 견훤전에 없으므로 '구삼국사'의 것으로 보인다. 그래서 여기에서 말하는 '삼국사'는 '구삼국사'이며, '本傳'은 견훤전을 말하는 것이니, '구삼국사'에도 열전이 있고, '구삼

국사'도 기전체의 역사서이었다고 추측된다.

○ 【尙州】 '사' 지리지(1)에 '尙州. 沾解王時取沙伐國爲州. 法興王十一年. 梁 普通六年(525). 初置軍主爲上州. 眞興王十八年(五五七) 州廢. 神文王七 年·唐垂供三年(六八七) 復置. 築城周一千一百步. 景德王十六年(七五 七)改名尙州. 今因之. 云云.'이라고 되어 있는데, 신라경덕왕대의 주군현 (州郡縣) 개편 후의 상주관할 경계는 현재의 경상북도 서북부(낙동강 상 류지역)과 충천북도의 보은, 옥천 등의 지역(금강 상류 지역)을 포함하 고, 관할은 지금의 경북 상주이었다.

○ 【加恩縣】 '승람' 권29·문경현 조에 '加恩縣. 在縣南四十一里. 本新羅加 害縣. 景德王改名嘉善. 爲古寧郡領縣. 高麗改今名. 顯宗屬尙州. 恭讓王 時來屬.'이라고 되어 있는 것처럼 가은현은 고려 말에 문경현 소속이었으 므로 지금의 경북 문경 근방에 있었다는 것을 알 수 있는데, 신라시대에 는 상주관할의 고녕군에 속했다. 즉 '사' 지리지(1)에 '古寧郡. 本古寧加 耶國. 新羅取之. 爲古冬攬郡(一云古陸縣). 景德王改名. 今咸寧郡. 領縣 三. 嘉善縣. 景德王改名. 今加恩縣. 冠山縣. 本冠縣(一云冠文縣). 景德王 改名. 今聞慶縣. …'이라고. 그런 까닭에 가은현은 지금의 경상북도 함창 에 있었던 고녕군의 소속이기도 했으므로, 또 상주, 함창 근방으로 추정 되는 것이다.

○ 【咸通八年丁亥生】 함통은 당 의종의 원호. 함통 8년 정해는 서기 867년 에 해당한다. '사' 견훤전에는 그의 생년에 관한 기사는 보이지 않는다. '유'의 이 기사는 아마 후문에 보이는 '이제가기'에 의한 것으로 보인다.

○ 【本姓李. 後以甄爲氏】 '사' 견훤전에도 같은 기록이다. 원래 서민(농민) 출신이었던 견훤에게는 성이 없었다고 생각된다. 그의 이름은 견훤(甄 萱)이었으나, 출세해서 성을 필요로 했기 때문에, 2자의 이름을 나누어 견(甄)을 성으로 하고 훤(萱)을 이름으로 했을 것이다.

○ 【阿慈个】 '사' 견훤전에는 아자개(阿慈介)라고 적었다.

○ 【光啓中】서기 885-887년. 광계는 당 희종의 원호의 하나이다.

401, 40la○ 【沙弗城. 州今尙】 사불(沙弗)은 沙伐·尙伐·尙火라고도 적는다. 지금의 경상북도 상주 지역이다.

401○ 【將軍】 원래는 신라 최고 군관으로, 대체로 진골 혹은 상급귀족의 신분이 아니면 오를 수 없는 것이었으나, 신라 말의 난세가 되자 지방의 유력자가 주제넘게 불렀다.

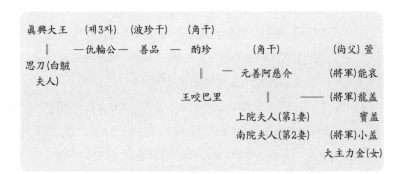

402○ 【李碑(碑)家記】 견훤의 족보에 관한 것으로 보인다. 지금 이것을 바탕으로 견훤의 족보를 보이면 앞 도표와 같다.

○ 【謚曰白䐆夫人】 사도(思刀)부인의 시호로 白䐆夫人이라고 한 것은 '나기'나 '유사' 외에는 보이지 않는다.

○ 【仇輪公】 '나기'에는 진흥왕 첫째 아들은 동륜, 둘째 아들은 금륜이라고 되어 있는데, 셋째 아들 구륜은 보이지 않는다.

○ 【波珍干善品】 문무왕비 자의(慈儀)왕후에 대해서, '나기' 문무왕 열전에는 '妃慈儀王后. 波珍湌善品之女也.'라고 있으며, 또 '유' 왕력에는 '妃慈義(一作納)王后. 善品海干之女.'라고 있는데, 이 문무왕비의 아버지인 선품이 본문의 선품인지는 분명하지 않다. 파진찬은 파진간, 해간이라고도 적으며, 신라 제3등의 관위(京位)이다.

○ 【角干酌珍】 작진(酌珍)에 대해서는 달리 보이지 않는다.

○ 【慈之第(一)妻上院夫人】 자(慈)는 아자개를 가리키는데, 다음의 제2처 남원부인의 예로 보아 제(第)와 처(妻) 사이에 일(一)이 빠져 있다. 그러

므로 상원부인은 제1부인이었다. 그러나 뒤의 '이제가기'에서는 상원부
인은 견훤의 처로 되어 있다. 동명이인인지, 혹은 기사의 혼란인지. 주해
420 참조.

403○ 【古記云】 이 전승은 '사' 견훤전에는 보이지 않는다. 또 '유'에는 본문
을 포함하여 10곳에, 이 '고기'를 인용하고 있다(末松保和 '三國遺事の經
籍關係記事'·"靑丘史草" 제2).

○ 【光州】 지금의 전라남도 광주시. 신라 문무왕대에 백제 옛 땅을 병합하
자, 이 땅에 무진주를 두었는데, 경덕왕대에는 무주로 바꾸고, 나아가 고
려조에 들어 광주로 바뀌어 현재에 이른다.

○ 【每有一紫衣男到寢交婚. 每有一紫衣男到寢交婚.' 父謂曰, 汝以長絲貫針
刺其衣. 從之. 至明尋絲於北墙下, 針刺於大蚯蚓之腰. 後因姙生一男】 일
본의 미와야마 설화('고지기' 수진천황 조)와 비슷한 것으로, 이런 설화는
세계적으로 분포가 보인다. 여자 곁에 다가오는 남성의 정체를 알기 위
하여, 한밤중에 오는 남자의 옷에 실을 꿴 바늘을 꽂아, 그 실을 따라 그
집을 찾아내어, 그것이 신·정령·요괴·동물인지 알아낸다는 유형의
설화가 있다.

○ 【蚯蚓】 구인(蚯蚓)(지렁이).

○ 【景福元年壬子】 서기 892년. 경복은 당 소종의 원호의 하나이다.

○ 【完山郡】 이 장(章)의 뒷부분이나 '사' 견훤전에 보이듯이, 완산주로 고쳐
야 할 것이다. 신라는 문무왕대에 백제 옛 땅을 병합하자, 지금의 전라북
도 전주 땅에 완산주를 두었는데, 경덕왕대에 이르러 완산주를 전주로 고
쳤다.

○ 【理四十三年】 견훤이 자립한 892년부터, 셋째에게 왕위를 빼앗긴 934년
까지를 합하면 43년이 된다.

○ 【淸泰元年甲午】 서기 934년에 해당한다. 청태는 중국오대 후당왕조의
말제(廢帝) 대의 원호이다.

○ 【萱之三子簒(簒)逆. 萱投太祖. 子金剛即位】 견훤은 넷째 금강이 거구이

며 지혜가 많아, 특히 그를 왕위를 물려주려고 마음을 먹고 있었다. 그래서 금강의 형 신검·양검·용검 들은 이것을 알고 고민하다가, 935년(청태 2년) 3월에 모반하여 아버지를 금산의 불자에 가두고, 금강을 죽였다. 그러나 금산에 있던 견훤은 같은 해 6월에 남쪽의 금성(나주)로 도망가서, 사람을 시켜 고려태조에 투항하였다. 이것은 '사' 견훤전 및 이 글의 뒤에 보이는 대로이다. 이 사건의 연차에 대해서는 이곳과 1년의 차이가 보인다. 또 '금강즉위'는 신검즉위라고 고쳐야 할 것이다.

○ 【天福元年丙申】 서기 936년. 천복은 중국 오대, 후진 태조 조의 원호.

○ 【一善郡】 지금의 경상북도 선산군 지역이다. 신라 진평왕 36년(614)에 감문(甘文, 지금의 김천)에서 주(州)가 이곳으로 옮겨 일선주가 되었는데, 삼국통일 후 신문왕 7년(687)에 주가 없어지고 상벌로 옮겼기 때문에, 원래의 일선군으로 돌아갔다. 나아가 경덕왕대에는 숭선군이라고 고쳤는데, 고려시대에 선주가 되고 이조시대 초에 선산이 되어 지금에 이른다. '사' 지리지(1), "고려사" 지리지(2)(경상도·尙州牧)의 일선현 조 '승람' 권29 경상도·선산도호부의 건치연혁 조 등 참조.

○ 【百濟敗績】 이것에 대해서는 뒷글 참조.

○ 【國王云】 운(云)은 망(亡)의 잘못으로 보인다.

404○ 【初萱生孺褓時 云云】 '사' 견훤전과 거의 같은 글이다.

○ 【其氣】 '사' 견훤전에는 '其勇氣'라고 있다. 이 글과 같이 '其氣'만으로는 의미가 통하지 않으므로 용(勇) 자를 보충해야 할 것이다.

405○ 【唐昭宗景福元年, 是新羅眞聖王在位六年】 이해는 임자로 서기 892년에 해당한다. 소종(867-904년)은 당 제19대 황제(재위 888-904년)로 성명은 이걸. 경복은 소종 조의 원호. 진덕왕에 대해서는 '유' 권제2의 진덕여왕·거타지 조 참조. 또 이 당 소종 원년 이하 자서위에 이르기까지의 글은 '사' 견훤전과 거의 같은 글이다.

○ 【嬖堅在側. 竊弄國權. 綱紀紊弛(弛)】 폐(嬖)는 총애를 받는 여자를 말한다. 두루 마음에 든다는 뜻. 수(堅)는 수(豎)의 속자. 수(豎)는 아이, 궁궐

의 소신을 가리킨다. '나기 진덕여왕 2년(888) 조에는 '王素與角干魏弘通. 至是常入內用事. …及魂弘卒. 追諡爲惠成大王. 此後潛引少年美丈夫兩三人淫亂. 仍援其人以要職. 委以國政. 由是佞倖肆志. 貨賂公行. 賞罰不公. 紀網壞弛.'라고 보인다.

○ 【加之以飢饉. 百姓流移. 群盜蜂起】'나기' 진덕여왕 3년(889) 조에는 '國內諸州郡不輸貢賦. 府庫虎竭. 國用窮乏. 王發使督促. 由是所在盜賊蜂起. 於是元宗・哀奴等. 據沙伐州叛云云.'이라고 있다. 또 일본 '후소랴구기427)'에는 간표 6년(진덕여왕)(894)에 신라 배 45척이 대마도에 왔을 때에 잡힌 신라인의 말로 '年穀不登. 人民飢苦. 倉庫悉空. 王城不安. 怨王仰爲取絹. 飛帆參來.'라고 있다.

○ 【武珍州】'유' 권제2・문호왕 법민 조 주해(275) 참조. '왕력'에는 '壬子始都光州'라고 있다. 임자는 서기 892년(당 경복 원년)으로, 광주는 신라의 무진주를 가리킨다.

○ 【新羅西南(面)都統行全州刺史兼御史中承上柱國漢南國(郡)開國公】'사' 견훤전에는 '新羅西面都統指揮兵馬制置持節都督全武公等州軍事行全州刺史兼御史中丞上柱國漢南郡・開國公食邑二千戶.'라고 있다.

○ 【龍化(紀)元年巳(己)酉也. 一云. 景福元年壬子】용화(龍化)는 용기의 잘못. 용기는 당 소종 조 원호의 하나로, 그 원년(己酉)은 서기 889년이다. 석귀은(釋歸隱) 편찬 "불국사역대기"에 의하면, 같은 해에 신라 불국사가 다시 새롭게 세워졌다. '나기' 진덕여왕 6년(892) 조에 '完山賊甄萱遽州. 自稱後百濟. 武州東南郡縣降屬'이라고 있으므로, 견훤이 무주를 습격하고 스스로 '新羅 … 開國公'이 되었던('나기'에는 보이지 않는다.) 것은, 889년에 해당하는 용기 원년(진덕여왕 3년)으로 하는 것이 적당할까. 그러나 '나기'에 의하면 견훤에 관한 것은 경복 원년(진성여왕 6년)에 해당

---

427) 헤이안시대 개인 역사서. 1094년 이후 比叡山功德院의 승려 皇円이 편찬했다고 하는데, 이설도 있다.

하는 892년까지는 아무것도 보이지 않고, 갑자기 이해에 '完山賊甄萱遽
州. 自稱後百濟'라고 보이며, 그 결과로서 '武州(武珍州) 東南郡縣降屬'이
된 것처럼 보이기 때문에, '一云景福元年壬子'라고 하는 것도 이유가 있는
것으로 생각된다. 견훤의 업적에 대해서는 분란이 있는 것처럼 보인다.

406○ 【是時…. 謂左右曰】 이 글은 '사' 견훤전과 거의 같은 글.

○ 【北原】 현재의 강원도 원주 지역. '유' 권제2·문호왕 법민 조(주해 275)
참조.

○ 【良吉】 '사' 궁예전 등에는 양길(梁吉)로 보인다. 梁吉(良吉)의 출신은 알
수 없으나, '나기' 진덕여왕 5년(891) 조에는 '冬十月. 北原賊帥梁吉. 遺其
佐弓裔. 領百餘騎. 襲北原東部落及溟洲管內酒泉等十餘郡縣.'이라고 보
인다.

○ 【裔自投爲麾下】 '사' 궁예전에는 '景福元年壬子. 投北原賊梁吉. 吉善遇
之. 委任以事. 遂分兵使東略地. 云云.'이라고 있다.

○ 【弓裔】 '사' 궁예전(권제50, 열전제10)에는 우선 '弓裔. 新羅人. 姓金氏.
考第四十七憲安王誼靖. 母憲安王嬪御. 失其姓名. 或云. 四十八景文王膺
廉之子. 以五月五日生於外家. 其時室上有素光. 若長虹. 上屬天. 日官奏
曰. 此兒以重午日生. 生而有齒. 且光焰異常. 恐將來不利於國家. 宜勿養
之. 王勅中使. 抵其家殺之. 使者取於襁褓中. 投之樓下. 乳婢竊捧之. 誤以
手觸. 眇其一目. 抱而逃竄. 劬勞養育. 年十餘歲. 遊戲不止. 其婢告之曰.
子之生也. 見棄於國. 予不忍. 竊養以至今日. 而子之狂如此. 必爲人所知.
則予與子俱不免. 爲之奈何. 弓裔曰. 若然則吾逝矣. 無爲母憂. 便去世達
寺. 今之興敎寺是也. 祝髮爲僧. 自號善宗.'이라며 궁예의 출신, 출생, 성
장, 소년시절에 절에 들어가 승려가 되어 선종이라고 불렀다는 것을 적고
있는데, 더 나아가 궁예전에는 선종은 장사이며, 승려의 규율에 얽매이지
않고 또 대담했는데, '新羅哀季. 政荒民散. 王畿外州縣叛附相半. 遠近群
盜蜂起蟻聚.'라는 모양을 보고, 891년(진덕여왕 5년)에 죽주의 적의 괴수
견훤에게 투항했다. 그러나 견훤이 게으르고 거만하며 예의가 없었기 때

문에, 선종은 동료들과 더불어 북원의 양길에게 투항했다는 것. 이후의 선종 즉 궁예에 대해서는 '궁예전' 및 '유' 왕력 참조.

○ 【兒山州】이 모산주는 완산주로 고쳐야 할 것이다. 완산주는 지금의 전주 지역에 해당한다. 완산주는 555년에 지금의 창녕(경상남도)에 놓인 것이다. 완산・모산에 대해서는 '유' 권제1・5가야 조의 주해 73(비화・창녕 항목) 참조.

○ 【謂左右曰. 百濟開國六百餘年】'사' 견훤전에는 '謂左右曰. 吾原三國之始. 馬韓先起. 後赫世勃興. 故辰卞從之而興. 於是百濟開國金馬山. 六百餘季.'라고 있다.

○ 【唐高宗以新羅之請 … 攻百濟滅之】'사' 견훤전에는 '摠章中. 唐高宗以新羅之請. 遣將軍蘇定方. 以船兵十三萬越海. 新羅金庾信卷土歷黃山至泗沘. 與唐兵合. 攻百濟滅之'라고 있다. 이 백제 토벌에 대해서는 '유' 권제1, 태종 춘추공 조, 및 권제2, 문호왕 법민 조에 상세하므로 참조.

○ 【予今敢不立都. 以雪宿憤乎】'사' 견훤전에는 '今予敢不立都於完山. 以雪義慈宿憤乎'라고 보이고 있다.

○ 【後百濟】이상의 기사로 보아도 견훤이 백제국의 부흥을 외치면서, 후백제를 외쳤다는 것은 분명할 것이다.

○ 【是唐光化三年. 新羅孝恭王四年也】서기 900년에 해당한다. 광화는 당 소종 조의 원호. 효공왕[휘는 요(嶢)](헌강왕의 서자)은 895년에 진성여왕의 태자가 되었으나, 897년에 진성여왕이 '近年以來. 百姓困窮. 盜賊峰起. 此孤之不德也'로서 자리를 물러났기 때문에 신라 제52대 왕이 되었다. 또한 '유' 권제2・효공왕 조 참조.

407○ 【貞明四年戊寅】서기 918년. 정명은 중국 5대의 후량(後梁)의 말제 조의 원호.

○ 【鐵(鐵)原京】고구려 철원군. 신라 경덕왕대에는 철성군으로 고쳤으나, 신라 말에 궁예가 일어나 고구려 옛 땅을 병합하고, 고구려 복구를 외치면서 901년(신유년)에는 자립하여 왕이 되었으나, 더 나아가 904년(갑자

년)에는 나라를 마진이라고 하고, 연호를 무태라고 하며 관제 등을 정했는데, 마침내 철원성에 들어가 이 땅을 도읍으로 했다. 신라의 5경(小京) 가운데에 철원은 들어가 있지 않으나, 경(京)이라고 한 것은 궁예가 도읍이라고 했던 이유 때문일 것이다. 고려 태조가 도읍을 송악으로 옮기자 이 땅을 동주라고 했다. 그러나 이 땅이 바뀌어 철원이 되었던 것은, 충선왕 2년(1310)의 일인데, 지금은 강원도에 속한다. 또한 '유' 왕력의 후고려 조도 참조.

○ 【衆心忽變云云】 그 후 궁예는 새 도읍에 궁실을 꾸미고, 연호를 성책이라고 하고(905), 더 나아가 국호를 태봉이라고 고치고 연호를 수덕만세(911), 정개(914) 등으로 했는데, 호사스러운 생활과 스스로 미륵불이라고 부르며 비정상적인 행동이 많고, 충신의 말도 듣지 않을 정도로 흉악해져 인심을 잃기에 이르렀다. 그래서 918년 6월, 여러 장수가 모의하여 왕건을 추대하여 왕으로 삼았다. 상세한 것은 '사'(권 50 · 열전 제10) 궁예전 참조.

○ 【我太祖】 고려 태조 왕건(877-943)을 말한다. 왕건은 송악군(개성) 출신으로, 그 출신에 대해서는 조선 서남부 해안에 있었던 무역업자의 자손이라는 말도 있는데, 그 선조의 계보는 전설에 쌓여 있다. 아버지는 개성지방에 세력을 떨치고, 신라 말의 대혼란 가운데에서 태봉국 궁예에게 복종했다. 왕건은 아버지와 함께 궁예의 부하가 되어 송악의 성주로 임명받았다. 그 후 왕건은 궁예의 부장으로서 동분서주하며 많은 공을 세워, 그 최고 간부가 되어 군중의 존경을 받았다. 이윽고 궁예가 포악해지고 인심을 잃기에 이르자, 918년에 왕건은 여러 장수들에게 추대를 받아 왕이 되어 고려 왕조를 창건했다.

○ 【遣使稱(稱)賀】 '사' 견훤전에는 '秋八月. 遣一吉湌闶卻稱賀'라고 있다.

○ 【孔雀】 공작의 산지는 인도 및 인도차이나 반도의 산간인데, 중국에는 교역으로 서역 및 남방 여러 나라로부터 들어왔다. '서기' 수이코(推古)기 6년(598) 조에는, 신라로부터 일본에 처음으로 공작 1쌍이 헌상되었다고

전하고 있는데, 신라에는 밀접한 관계에 있던 수당 시대에 중국으로부터 남방의 공작이 전해진 것이다. 후백제도 뒤에 말하지만, 강남지방에 흥했던 오월국과 교섭을 긴밀히 하면서, 남방의 물자도 신라를 통해 전해졌다고 생각된다.

○ 【地理山】 지리산(智異山)을 말한다. 지리산(智異山)을 地理山이라고 하는 것은 음 상통에 의한다. 경상남도 서쪽에 있는 명산으로 표고 1915m. '사' 제사지에 '中祠. 五岳. 東吐含山(大城郡). 南地理山(菁州) 云云.'이라는 것으로 통일 후, 신라 5악의 하나였던 것을 알 수 있다. 또 '승람'(권 31. 경상도) 함양군 산천 조에는, '智異山. 在郡南四十里. 山之北面. 郡專據焉. 天王峰與晋州分界. 山中有古城. 一稱楸城. 一稱朴回城. 去義呑所五六里. 牛馬所不能到. 倉庫遺基宛然猶在. 世傳新羅防百濟之地.'라고 있다.

○ 【萱與我太祖. 陽和陰尅】 '사' 견훤전에는 '六年(920). 萱率步騎一萬攻陷大耶城. 移軍於進禮城. 新羅王遣阿飡金律求援於太祖. 太祖出師. 萱聞之引退. 萱與我太祖陽和剋'이라고 있다. '유' 본문은 정명 4년과 연결되어 있는데, '사' 문장이 생략되어 있다. 또 '사' 문장 중의 '六年'는 정명 6년을 의미하는데, 개원되어 용덕 원년으로 되어 있다.

○ 【獻聰馬於太祖】 이것은 '사' 견훤전에는 '同光二年(924) 秋七月. 遣子須弥强. 發大耶·聞韶二城卒. 攻曹物城. 城人爲太祖固守且戰. 須弥强夫利而歸. 八月遣使獻聰馬於太祖.'라고 보인다.

408○ 【三年冬十月】 3년은 오대 후당 장종 조의 동광 3년(925)이다. '사' 견훤전도 '三年冬十月 云云'과 이하 '交質'까지 거의 같은 글이다.

408, 408a○ 【曹物城. 今未詳】 "고려사"(태조세가)에는 조물군이라고 보이는데 상세한 것은 모른다. 津田左右吉은 "조물성(曹物城)의 소재는 분명하지 않으나, 이때의 고려 남방 경계가 상주·안동·진보를 연결하는 선이 있는 것으로 생각해 보면, 또 고려 태조가 이 지역에서 견훤과 대치했던 것으로 보면, 의성부의 서북쪽, 상주 및 안동과 멀지 않은 지점에 있었을 것이다."라고 말하고 있다('後百濟彊域考', "朝鮮歷史地理" 수록). 이 조

물성의 전투는, 앞서 말한 사료로도 알 수 있듯이 그 전년에도 있었다. 이 두 번째의 조물성의 전투 직전 9월에는, 발해국 도읍이 거란에게 함락되어 망하고, 발해국 사람들은 대부분 고려로 왔으나, 10월이 되자 신라왕도와 가까운 고울부의 장군 능문이 고려에 투항('나기')하고, 또 고려의 정서 대장군 유검필에 의해 후백제 연산진이 공격을 받아 장군 길환이 죽고, 또 임존군이 공격을 받아 삼천여 명이 죽는("고려사") 등 당시에는 급변하는 정세에 놓여 있었다.

○ 【堂弟】아버지의 조카.

409○ 【十二月 云云】이 기사는 '사' 견훤전과 같다.

○ 【居西】'사' 견훤전에는 거창(居昌)이라고 되어 있다. 거창은 원래 거열군(居烈郡)[일명 거타(居陀)]라고 했는데, 경덕왕대에 거창으로 고쳤다. 지금은 경상남도에 속한다.

○ 【遣使入後唐稱(稱)潘(藩)】반(潘)은 번(藩)의 잘못. 이 사신 파견에 관한 것은 중국사에 보이지 않는다.

○ 【後唐】중국오대의 제2번째 왕조(923-936). 이 왕조의 개척자 이존욱의 선조는 돌궐 사타부의 주사였는데, 주사적심 때, 당 조정으로부터 이국창이라는 이름을 받았다. 그 아들 극용은 당말에 북변의 호족으로 옹립되어, 황소의 난 때 당 조정으로부터 하동절도사가 되고, 895년에는 진왕(晉王)으로 봉해졌다. 극용은 주전충(後梁의 태조)과 패권을 다투었으나 싸움에 지고 말년에는 그다지 활약을 하지 않았으나, 908년에 그 아들 존욱이 진왕을 잇자, 914년에 연(燕)을 멸망시키고, 923년에는 위주에서 황제에 올라 나라를 당(唐)이라고 부르고, 같은 해 후량(後梁)을 멸망시키고 낙양을 도읍으로 했다. 이것이 장종이다. 후당은 2대 명종 때에 황제권력을 키웠으나 말년에는 후계자 싸움이 일어나고 내란이 반복되는 동안에, 명종의 사위 석경당(후진 고조)이, 거란과 연합하여 태원에서 군사를 일으키기에 이르는 등으로 후당은 이내 쓰러졌다.

○ 【策授】후당의 천자로부터 작위를 받았다는 것을 말한다.

410○ 【四年云云】 이 기사는 '사' 견훤전과 대략 같다. 4년은 동광 4년(926)을 말한다.

411○ 【天成二年丁亥】 서기 927년. 천성은 후당 명종 조의 원호.

○ 【九月云云】 '사' 견훤전에는 '九月. 萱攻取近品城燒之. 進襲新羅高欝府. 逼新羅郊圻. 新羅王求於太祖.'라고 있다.

411, 411a○ 【近品(品) 城. 今山陽縣】 '사' 지리지(1) 상주 조에는 예천군 소속 가유현에 대하여 '本近品縣, 景德王改名, 今山陽縣'이라고 적혀 있다.

411○ 【新羅王】 제55대 경애왕(924-927 재위)을 가리킨다. 이 왕에 대해서는 '유' 권제2 · 경애왕 조(주해 362) 참조.

○ 【太祖將出帥(師)云云】 이곳부터 '萱乘勝轉掠大木城今若木'까지를 '사' 견훤전에는 동10월의 일이라고 하고 있다.

○ 【高欝府】 지금의 영천(경상북도) 지역이다. 이 땅이 영천이라고 부르게 된 것은 이조 태종 13년(1413) 이후의 일인데, 그전에는 영주(永州)라고 했다. 그 연혁을 보면 '사' 지리지(1) (양주)에 '臨皐郡. 本切也火郡. 景德王改名. 今永州. 領縣五. (中略) 臨川縣. 助賁王時. 伐得骨火小國置縣. 景德王改名. 今合屬永州. 道同縣. 本刀冬火縣. 景德王改名. 今合屬永州. 云云.'이라고 적고 있다. 더 나아가 "고려사" 지리지(2) · 동경유수관 경주 소속현 영주(永州) 조에는 '永州. 高麗初. 合屬新羅臨皐郡 · 道同 · 臨川二縣置之. 一云高欝府. 成宗十四年. 爲永州刺史.'라고 있으며, '승람' 권22 · 경상도 영천군의 건치연혁 조에는 '本新羅切也火郡. 景德王改臨皐. 高麗初. 以道同 · 臨川二縣來合. 改永川(或云高欝府) 成宗置刺史. 本朝太宗十三年. 例改今名爲郡'. 또 '세종실록지리지' 경상도 안동대도호부 영천군 조에는, '永川. 景德王改切也火郡爲臨皐部. 又改冬火縣爲道同縣. 骨火縣爲臨川縣. 皆爲臨皐郡領縣. 至高麗時. 合三縣爲永州. …高麗太祖本紀云. 高欝府今永州.' 등과 같이 신라시대의 임고군과 그 관할하의 도동 · 임천 2현이 고려 초에 병합되어 영주가 되고, 또 영주는 고울부라고 불렀다는 것을 알 수 있다. 영천과 고울부의 두 가지 명칭 전후에는 위의 자료에서

는 불명하지만, "고려사" 태조 세가 8년 冬10월 기사, 같은 해 9월의 각 조 및 '나기' 경애왕 2년(고려 태조 8년) 冬10월, 4년 추9월의 각 조에도 고울부라는 지명이 보인다. 그리고 영주라는 지명은 "고려사" 세가 및 '나기'의 어디에도 보이지 않는다. 따라서 태조 초년(즉 신라말기)의 명칭은 고울부이었다고 추측된다. (영천은 아마도 성종 14년에 영주자사를 설치하고 난 후의 명칭일 것이다.) 또한 신라 말·고려초기에 임고군과 소속 5현이 개편되어 고울부가 설치된 것은, 이 변혁기의 해당지역의 호족, 즉 고보 씨의 대두가 있었던 것에 의한다. 참고: 旗田巍 '高麗王朝成立期の府と豪族'("朝鮮中世社會史の研究").

411b○ 【今蔚州】'이마니시본(今西本)'에는 '今蔚州非也'라고 있다. 그러나 '非也' 2자는 후인이 보탠 것 같다. 위 주해에서 분명하듯이, 고울부에 今蔚州라고 주를 다는 것은 잘못이다. 그러므로 여기에서는 '今永州'라고 주를 달아야 한다. 또 칸 바깥의 위에 '今氷川'이라고 묵서하고 있다. 묵서한 사람의 메모라고 본다면 문제는 없으나, '今蔚州'를 정정하려는 글로서 적었다면 적당하지 않다. 그것은 '유'가 편찬된 시대는 영천이 아니라 영주였기 때문이다. 다음으로 울주에 대해서 보겠다. 울주는 지금의 울산(경상남도) 지역인데, '승람' 권22·(경상도)울산군의 건치연혁 조에 '本新羅屈阿火村 新羅地名. 多稱火. 火乃弗之轉. 弗又伐之轉. 婆娑王. 始置縣. 景德王改名河曲. 或作河西. 爲臨關郡領縣. 高麗太祖以縣人朴允雄有功. 乃以東津·虞風二縣來合. 陞爲興麗府. 後降爲恭化縣. 又改知蔚州事. 顯宗置防禦使. 本朝太祖六年. 置鎭. 以兵馬使兼知州事. 太宗十三年. 罷鎭. 改今名爲知郡事. 云云.'이라고 있다. 또한 '사' 지리지(1), "고려사" 지리지, "세종실록지리지" 등을 참조하면, 고려 초(신라 말)에 지금의 울산 방면에 박윤웅이라는 호족이 나타났는데, 이 방면의 동안군 소속 우풍현(옛 우화현) 및 임관군 소속 동진현(옛 율포현)·하곡현(옛 굴아화현)이 합쳐서 흥려부가 된 것 같다. 이것이 현종시대쯤부터 울주가 되고, 더 나아가 이조 태종 13년에 울산으로 이름이 바뀌어 오늘날에 이른 것이다. 참고: 旗

田氏, 전게논문.

411○【進軍族】 족(族)은 어(於)의 잘못인가.

411, 411c○【始林. 一云雞林西郊】 '유' 권제1의 김알지(金閼智)·탈해왕대 조 참조.

411○【新羅王都】 지금의 경주.

○【新羅王與夫人. 出遊鮑石亭時】 '사' 견훤전에는 '時王與夫人嬪御. 出遊鮑 石亭. 置酒娛樂.'이라는 글의 첫머리에 시(時) 글자를 넣는 것이 뜻이 잘 통한다. 다음으로 부인의 이름은 '사'에 없다. 포석정은 '유' 권제2·김부 대왕 조에 보인다. 주해 366 참조.

○【由是甚敗. 萱强引夫人亂之】 이 글에 해당하는 곳에 '사' 견훤전에는 '賊 至. 狼狽不知所爲. 與夫人歸 城南離宮. 諸侍從臣僚及宮女伶官. 皆陷没於 亂兵. 萱縱兵大掠. 使人捉王. 至前狀之. 便入居宮中. 强引夫人亂之.'라고 적고 있다. 또한 '유' 권제2·김부대왕 조 참조.

○【以王之族弟金傅(傳)嗣位. ⋯百工之巧者, 自隨以歸】 '사' 견훤전과 거의 같은 글.

○【金傅(傳)嗣位】 제56대 경순왕. '유' 권제2·김부대왕 조 참조.

○【孝廉(兼)】 '사' 견훤전에는 보이나, '나기'에는 보이지 않는다.

○【宰相英景】 '사' 견훤전에는 보이나, '나기'에는 보이지 않는다.

412○【太祖以精騎五千. ⋯太祖僅以身免】 '사' 견훤전과 같은 글.

○【公山】 지금의 대구 북쪽. 영천의 서북쪽 지역으로 추정된다.

○【金樂】 "고려사"(권58) 지리지(3), 서경유수관평양부, 중화현 조에 '中和 縣. 本高句麗加火押. 新羅憲康王改爲唐岳縣. 至高麗爲西京屬村. 仁宗十 四. 分京畿爲六縣. 以荒谷唐岳松串等九村. 合爲本縣置令. 仍爲屬縣. 忠 肅王九年. 以太祖統合功臣金樂·金哲内郷. 陞爲郡置令. 如故. 恭愍王二 十年. 又陞爲知郡事.'라고 보이는 것 외 세가(1)·선거지(3) 등에도 그 이 름이 나오는데, 그 전승은 밝히고 있지 않다. 또한 뒷글 참조.

○【崇謙】 "고려사" 태조 세가에는 신숭겸이라고 적고 있는데, 같은 문헌(권

92) 홍유전에는 '崇謙. 初名能山. 光州人. 長大有武勇. 十年(927) 太祖與
甄萱戰於公山・桐藪不利. 萱兵圍太祖甚急. 崇謙時爲大將. 與元甫・金
樂. 力戰死之. 太祖甚哀之. 諡壯節. 以其弟能吉. 子甫樂. 弟鐵並爲元尹.
創智妙寺. 以資冥福.'이라고 보인다.

○【而不與相抵. 使盈其貫】이 글은 '사' 견훤전에는 없다.

412, 412a○【萱乘勝轉掠大木城, 今若木】'사' 견훤전에는, '萱乘勝取大木郡'
이라고 있다. 또 대목에 대해서는 '사' 지리지(1) 강주관하의 성산군 조에
'星山郡. 本一利郡. 一云里山郡. 景德王改名. 今加利縣. 領縣四. …谿子縣.
本大木縣. 景德王改名. 今若木縣. 新安縣. 本本彼縣. 景德王改名. 今京山
府. …'라고 있다. 신라 대목현이 고려시대에는 약목현이 되었다가 경산
부 소속 현이 되었다["고려사" 지리지(2), '승람' 권27・경상도 인동현 소
속 현, 약목현 조 등을 참조].

412○【京山府】연혁에 대해서는, 앞서 말한 '사' 지리지(1)의 성주 조에 보
이는 대로인데, '나기' 경명왕 7년(923) 조에는 '京山府將軍良文. 遣其甥
圭奐來投. 拜圭奐爲元尹'이라고 있고, 경산부는 "고려사" 지리지(2)(경상
도 경산부)에 말하는 태조 23년(940)의 개명 이전부터 존재했던 것을 살
필 수 있다. 또 "고려사" 태조세가 11년(928) 춘정월 조에 '京山含璧次投
降. 康州則自南而來歸. 羅府則自西而移屬'이라고 있으므로, 경산이 견훤
에게 공략당한 것은, 928년 정월 이후, 강주가 견훤의 손에 들어간 5월
(다음 항목에서 보인다) 사이의 일일 것이다. 더 나아가 앞서 보인 "고려
사" 지리지(2)(경상도 경산부)에 의하면, 경산부는 원래 신라의 신안현
(나중에 벽진군)인데, 그 신안현은 성산군 소속 현의 하나에 지나지 않
아, 신라시대 역사에 보이지 않는 곳이고, 벽진군은 신라시대에는 존재조
차도 알려지지 않은 지역이었다. 그 벽지가 고려시대가 되자 경산부라는
부(府)로 승격하고, 소속 군(郡) 1, 소속 현(縣) 14를 지배하는 요충으로
바뀌어 고려・조선시대를 통하여 이 방면의 요지로서 번영을 누렸다. 이
처럼 큰 변화를 일으킨 것은 이 지역의 호족의 대두에 의한 지배관계의

큰 변화에 의한 것인데, 이것은 앞서 말한 '나기' 경명왕 7년 조 및 "고려사" 태조세가 6년 8월 임신 조에 보이는 장군 양문의 투항에 의해 경산부가 설립되었다고 보인다. 참고: 旗田巍氏 전게논문("朝鮮中世社會史の硏究" 수록). 이 양문은 신라 말에 이 방면에 대두한 신흥 호족인데, "고려사"(권92) 열전(5)에 보이는 출신 불명의 장군 이총언은 같은 인물로 보이는데, 이 경산부 지역은 지금의 성주(경상북도) 지역에 해당한다. 또한 '유' 권제1·오가야 조도 참고하라.

○【康州】 강주 공략에 대해서는 '사' 견훤전에는 '(天成三年)(928) 夏五月. 萱潛師襲康州. 殺三百餘人. 將軍有文生降.'이라고 적고 있다. 강주에 대해서는 '사' 지리지(1)에, '康州. 神文王五年·唐垂拱元年(685). 分居陁州 置菁州. 景德王改名. 今晉州. 領縣二. 云云.'이라고 있다. 진주는 지금의 경상남도에 있는데, 이 강주 관할에는 11군이 있었다.

○【攻㽵(缶)谷城】 㽵은 㲶의 잘못으로 보인다. 㲶는 缶(부)의 속자. 쓰다 소기치(津田左右吉)는 '소재가 분명하지 않지만, 이 성은 먼 옛날 신라의 서쪽 경계로서 백제 공격을 받은 적이 있다면, 그 땅은 보은(충천북도) 방면에 있어야 할 것이다.'("朝鮮歷史地理")와 부곡성(缶谷城)의 위치를 추정했다. 부곡성 공략에 대하여 '사' 견훤전에는 '(928년) 秋八月. 萱命將軍官昕. 領衆築陽山. 太祖命命旨城將軍王忠擊之. 退保大耶城.'에 이어서 '冬十一月. 萱選勁卒攻拔缶谷城. 殺守卒一千餘人. 將軍楊志·明式等生降.'이라고 적고 있다.

○【又義成府之守洪述. 拒戰而死. 太祖聞之曰, 吾失右手矣】 '사' 견훤전에는 '(天成) 四年(929) 秋七月. 萱以甲兵五千人攻義城府. 城主將軍洪術戰死. 太祖哭之慟曰. 吾失左右手矣.'라고 적고 있다. 또한 "고려사" 태조세가 12년(929) 7월 신사 조, "고려사절요" 등에도 같은 기사가 있다.

○【義成府】 의성(義成)과 의성(義城)은 음 상통인가. 지금의 의성(義城)(경상북도) 지역. '사' 지리지(1) 상주 관할하의 문소군 조에 '聞詔郡. 本召文國. 景德王改名. 今義城府. 云云' 또 "고려사" 지리지(2)·경상도 안동부 소

속 현인 의성현 조에 '義城縣. 本召文國. 新羅取之. 景德王改爲聞韶郡. 高麗初. 陞爲義城府. 顯宗九年來屬.' 더 나아가 "세종실록지리지" 경상도 의성현 조의 주(注)에 '三國史云. 景德王改仇火縣. 爲高丘縣. 或云高近縣. 今合屬義城.'이라고 적고 있는 것으로, 의성부는 문소군의 후신인 것과 동시에 고구현을 흡수한 것이다. 의성부의 설립은 홍술의 이주(후술)에 의해서 일어났다고 보이며, 그 연대는 태조 6년부터 12년 사이라고 추정된다(旗田巍氏, 전게논문 참조).

○ 【洪述】 "고려사" 태조세가 5년(922) 冬11월 신사 조에 '眞寶城主洪術. 遣使請降. 遣元尹王儒卿·含弼等. 慰論之.' 또 6년 동11월 무신 조에 '眞寶城主洪術. 遣其子王立. 獻鎧三十. 拜王立元尹.'(이 두 기사는 "고려사절요"에도 보인다)이라고 있으며, 또 '나기' 경명왕 6년 정월 조에 '是月. 眞寶將軍洪述. 降於太祖.'라고 있다. 이 '나기'의 기사는 앞서 태조세가 5년 冬 11월 신사 조의 기사에 상당하는데, 홍술은 신라 말 진보현(지금의 경상도 의성 근방)에 대두한 신흥 호족으로 성주 혹은 장군이라 불렸으며, 태조 5년에 고려와 결속했다. 그러나 그 후 견훤 세력의 진출에 의해 홍술은 진보성을 유지할 수 없어 의성으로 옮겨 견훤 군을 막았던 것일까(旗田巍氏, 전게논문 참조). 그가 전사하자 태조는 '吾失左右手矣'라고 하며 통곡한 것으로 보아, 그와 태조의 관계는 긴밀했고 또한 태조로부터 큰 기대와 신뢰를 받았던 것을 알 수 있다. "고려사" 권92(열전5)의 홍술전의 '洪儒. 初名術. 義城府.'라고 하는 홍유는 지금까지 말했던 홍술이라고는 생각할 수 없다. 그러나 의문을 남겨 둔다.

413○ 【四十二年庚寅】 42년은 무엇이 잘못되었는지 분명하지 않으나, 문장의 전후로 보아 '長興元年庚寅'이라고 고쳐야 할 것이다. 장흥원년 경인(930)은 신라 경순왕 4년에 해당한다. 그러나 42년을 굳이 고집해서 생각한다면 진성여왕 3년 군도봉기 때부터 헤아린 연수일까.

○ 【萱欲攻古昌郡. …獲侍郎金渷(渥)】 이 동안의 일을 '사' 견훤전에는 천성 4년(929) 추 7월 의성부의 전투에 이어서 '萱大擧兵. 次古昌郡甁山之下.

與太祖戰不克. 死者八千餘人'이라고 적고 있다. 또 "고려사" 태조세가 12년(929) 조에 '十二月. 甄萱圍古昌郡. 王自將救之.'라고 있으므로, 고창 전쟁의 개시를 929년으로 하는 것이 맞겠지만, 결전 연차는 "고려사" 태조세가 13년(930) 춘정월 병술 조에 '王自將軍古昌郡甁山. 甄萱軍石山. 相去五百步許. 遂與戰. 至暮. 甄敗走. 獲侍郎金渥. 死者八千餘人.'이라는 것으로 보아 930년으로 해야 할 것이다. 또한 고창 전투에 대해서는, "고려사"(권93) 유검필 전 "고려사절요" 등 참조.

○【古昌郡】 지금의 안동(경상북도) 지역에 해당한다.

413a○【今安東】 '사' 지리지(1)・상주관할하의 고창군 조에 '古昌郡. 本古陁郡. 景德王改名. 今安東府. 云云', "고려사" 지리지(2)・경상도 안동부 조에 '安東府. 本新羅古陁耶郡. 景德王改爲古昌郡. 太祖十三年. 與後. 百濟甄萱戰於郡地敗之. 郡人金萱平・權幸・張吉. 佐太祖有功. 拜宣平爲大匡. 幸・吉各爲大相. 陞郡爲安東府. 云云.'이라고 있다. 또한 "세종실록지리지"(경상도 안동대도호부) 및 '승람'(권25・경상도 안동대도호부)에도, 위의 "고려사" 지리지(2)와 같은 기사가 있는데, 이 사료에 의해 안동부는 신라 고창군의 후신이며, 그것이 그곳 김훤평・권행・장길 들의 전공의 결과, 태조 13년(930)에 안동부가 되었다. 이 당시 태조는 이 지역에서 후백제와 격전을 계속하여 승패를 예측할 수 없는 형세이었다. 그러나 태조 13년 정월 정묘에 재암성 장군 선필의 투항에 의해, 형세가 유리하게 전개될 가능성이 생긴 직후에 고창 전투가 일어난 것이다. 이 승리로 태조의 위엄은 일본해안 일대에 미치게 되었다. 이 고창 전투는 이 방면의 고려태조의 지배권 신장에 있어 획기적 의의를 가지게 되었는데, 고창군 사람 김훤평 들이 태조를 편들어서 전공을 세운 것에 보답하여, 태조가 훤평 들에게 벼슬을 내리고, 또 고창군을 안동부로 승격시킨 것이다. 또한 旗田巍, 전게논문 참조.

413○【甁山】 '승람' 권42. (경상도) 안동대도호부 산천 조에 '在府北十里. 高麗太祖. 與甄萱戰. 萱敗走. 獲侍郎金渥. 死者八千餘人.'이라고 보인다.

○【金渜(渥)】'도다이본', '조선사학회본' 국서간행회본 "고려사" 등은 김악(金渥)이라고 하고 있다. 김악의 이름은 이곳과, 앞서 보인 "고려사" 태조세가 13년 정월 병술 조에만 보일 뿐이다.

○【翌日甄萱卒. 襲破順城】위에서 말한 것과 같이, "고려사" 태조세가는 고창 전투의 결전 일을, 13년(930) 춘정월 병술일(21일)로 하고 있어, 그다음 날은 정해(22일)가 된다. 이 조에 대해서 '사' 견훤전에는 '翌日. 萱聚殘兵襲破順州城. 云云.'이라고 하지만, 견훤전의 기사는 929년이 누락되어 있다.

○【順城】위의 '사' 견훤전이나 "고려사"로 보아 순주성이라고 해야 할 것이다. 해설은 하지현 항목으로 미룬다.

○【城主元逢. 不能禦. 棄城霄(宵)遁】'사' 견훤전에는 '將軍元逢. 不能禦. 棄城夜遁. 萱虜百姓. 移入全州'라고 하는데, '나기' 경순왕 3년(929) 추7월 조에는 의성부성 전투에 이어서 '又侵順州. 將軍元逢遁'이라고 적고 있다.

○【元逢】'나기', '사' 견훤전 및 "고려사" 지리지에는 원봉, 고조세가에는 원봉(元奉)이라고 적고 있다. 원봉(元逢)전은 "고려사"에 보이지 않아 자세한 것은 알 수 없는데, 신라 말에 하지현(경상북도) 방면에 새롭게 일어난 토호로서, 인접 지역을 병합하여 성주 혹은 장군이라고 했는데, 922년에 고려에 투항했다. 그래서 다음 해 태조는 원봉을 원윤이라고 하고, 그 현(縣)을 승격하여 순주라고 했다. 그러나 929년에 견훤에게 공격을 당해 성을 버리고 도망쳤기 때문에 태조는 노하고 원봉은 이제까지의 공적으로 죄를 면했으나, 순주는 하지현으로 강등했다고 한다.

413, 413b○【太祖赫怒. 貶爲下枝縣. 今豊山縣.】'사' 견훤전에 '太祖以元逢前有功宥之. 改順州號下枝縣', '나기' 경순왕 4년(927) 조에 '順州將軍元逢降於甄萱. 太祖聞之怒. 然以元逢前功宥之. 但改順州爲縣' 또 "고려사" 세종세가 13년(930) 춘정월 병술 조에 '是日. 古昌郡奏. 萱遣將攻陷順州. 掠人戶而去. 王即幸順州. 修其城. 罪將軍元奉.' 등이 보인다. 또 순주·하지현에 대해서는 "고려사" 지리지(1)·경상도 안동부의 소속 현, 풍산현

조에 '豊山縣. 本新羅下枝縣(有下枝山. 一名豊山) 景德王改名永安. 爲醴泉郡領縣. 太祖六年縣人元逢. 有歸順之功. 陞爲順州. 十三年陷於甄萱. 復降爲下枝縣. 後更今名. 顯宗九年來屬. 明宗二年置監務.'라고 있는데, '승람'(권24. 안동도호부 소속 현 조)도 거의 같다. 하지현은 나중에 풍산현이 되어 지금에 이르는데, '승람'에 '豊山縣. 在府西三十五里'라고 현의 위치를 보이고 있는데, 풍산은 지금의 경상북도 안동과 예천의 중간에 위치한다.

413b○ 【豊山縣】 위와 같다.

○ 【元逢本順城人故也】 위와 같다.

414○ 【新羅君臣. 以衰季難以復興. 謀引我太祖. 結好爲援】 '사' 견훤전에는 천성 2년(927) 공산 전투, 대목군 전투에 이어서 '時新羅君臣以衰季. 云云'과 거의 같은 글이다.

○ 【萱聞之. 又欲入王都作惡. 恐太祖先之】 '사' 견훤전에는 '甄萱自有盜國心. 恐太祖先之. 是故引兵. 入王都作惡.'이라고 적고 있다. 이 '入王都作惡.'은 견훤이 왕도에 침입하여 약탈을 하고 김부를 왕으로 세운 것을 가리킨다.

○ 【寄書于太祖曰. 云云】 이것을 '유' 본문은 장흥 원년(930) 경인의 일이라고 하는데, 위와 같이 '사'는 천성 2년(929) 12월의 일이라고 하므로, '유' 기사는 앞뒤가 맞지 않는 것 같다. 또한 견훤이 태조에게 보낸 이 글은 '유' 본문 외에 '사' 견훤전, "고려사" 태조세가 10년(927) 12월 조, "고려사절요" 태조 10년 12월 조에 보인다.

○ 【金雄廉(廉)】 위 문헌에 그저 당시 신라의 국상이라고만 보여, 상세한 것은 모른다.

○ 【黿】 "설문(說文)"에는 '黿. 大鼈也 云云.' 이 문헌의 '단주(段注)'에는 '黿. 與鼈同形. 而但分大小之別'이라고 보이며, 더 나아가 "이아익"에는 '黿. 鼈之大者. 闊至一二丈, 介蟲之元也. 以鼈爲雌. 黿鳴則鼈應.'이라고 있다.

○ 【鷃】 鴳(안)과 같다. 세 가락 메추라기이다.

○ 【准翼】 준(准)은 隼(준)일 것이다. 음 상통.

○ 【宗社】 종묘와 사직을 말한다.

○ 【祖鞭】 남보다 앞서 착수한다. 즉 선착(先着)한다는 것. 조(祖)에도 처음이라는 의미는 있는데, 조편은 조생지편을 생략한 말이다. 진(晉)의 유곤이 조적이 임용되었다는 것을 듣고, 조생에게 선점을 당했다는 고사 '常恐祖生先吾著鞭'("진서" 유곤 전)에 근거한다.

○ 【韓越】 한월(韓鉞)을 말한다. 越과 鉞은 음 상통. 韓은 크다의 뜻인가. (음 상통). 월(鉞)은 옛날 천자가 장군에게 정벌을 명할 때에 그 부신[428]으로 주었던 큰 도끼.

○ 【百寮】 여기에서는 백관을 의미하는 백료를 가리킨다.

○ 【皎日】 교(皎)는 교(皦)와 같은 글자. 밝은 햇빛.

○ 【六部】 '유' 권제1 신라 시조 · 혁거세왕 조, 및 노례왕 조에 보이는 신라 6부가 아니고 중국 관제 6부를 가리킨다.

○ 【景明王】 신라 제54대 왕. '유' 권제1 · 경명왕 조 참조.

○ 【表弟】 아래 계보(系譜)에 보이듯이 김부(경순왕)는 헌강왕의 외계이며, 경명왕과는 어머니 쪽의 사촌에 해당한다.

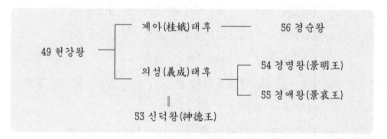

○ 【獻康王】 헌강왕(憲康王)을 말한다. 헌(獻)과 헌(憲)은 음 상통. 헌강왕은 신라 제49대 왕인데, 이 왕에 대해서는 '유' 권제1의 처용랑 · 망해사

---

428) 옛날, 나뭇조각이나 두꺼운 종잇조각에 글자를 쓰고 인증(도장)을 찍은 뒤에 그것을 두 조각으로 쪼개어, 한 조각은 상대편에게 주고 한 조각은 보관하였다가, 훗날에 그것을 서로 맞추는 것으로써, 어떤 약속된 일의 증거로 삼던 일이나, 그 물건을 이르던 말.

조 참조.

○ 【冬初. 都頭索湘. 束手星山陣下】 '사' 견훤전, "고려사" 태조세가 10년 12월 조 견훤의 글과도 같은 것인데, 도두(都頭)는 도통(都統)(頭와 統은 음 상통)일까. 성산(星山)은 지금의 성주(星州)(경상북도). "고려사" 태조세가 11월 조에는 '(萱) 燒碧珍郡稻穀. 正朝索湘戰死之'라고 색상이 보이는데, 색상의 전승은 분명하지 않다. 벽진군은 지금의 성주 지역이다.

○ 【月內】 여기에서는 11월이다.

○ 【左將】 좌장군(左將軍)을 말하는 것일까. 그러나 "고려사"에서 인용한 견훤 편지에는, 좌상이라고 적고 있다. 김악은 앞에서 다루었다(주해 412).

○ 【羑(美)利寺】 '사' 견훤전에는 미리사(美理寺)라고 한다. 理(리)와 利(리)는 음 상통. '승람' 권26 · 대구도호부 고적 조에 미리사(美理寺) 이름이 보이며, '在解顔縣. 或云解顔一名美理云云'이라고 있다. 더 나아가 미리사가 있던 해안현은 '在府十七里. 本雉省火縣. 一云美理. 景德王改今名. 爲獐山郡領縣. 云云.'이라고 소속 현 조에 보인다.

○ 【禽】 금(擒)의 뜻. 禽(금)과 擒(금)은 음 상통.

○ 【小】 소(少)의 뜻. 小(소)와 少(소)는 음 상통.

○ 【浿江】 대동강을 가리킨다.

○ 【前月七日 云云】 오월국사 반상서가 와서, 왕의 조서를 전하는 것은, 이곳에서만 전해진다.

○ 【吳越國】 907년에 당이 멸망하고 나서 960년에 송이 일어나 979년에 전국을 통일하기 까지, 중국은 많은 국가로 분열되었다. 이 시대를 오대 또는 오대십국이라고 부르는데, 당 말에 진해 · 진동 양군절도사가 된 전유가 당의 멸망과 함께 자립하여 항주를 중심으로 건국한 것이 오월국이다. 이 나라의 영역은 현재의 강소성 남부와 절강성에 걸쳐 강남의 요지를 차지했다. 오월은 경제 · 문화 등에 뛰어났는데, 작은 나라이었기 때문에 원교근공책을 취하여 거란, 고려와도 통하고 일본과도 그 무역선이

다녔다. 그러나 978년에 충의왕 전숙은, 일족을 이끌고 송의 태종에게 투항했기 때문에, 5주(五主) 72년으로서 멸망했다. 또한 전씨 일족은, 대개 시문을 즐기고 불교를 숭상하여, 오월왕 팔만사천탑이나 보협인다라니 등은 유명하다.

○ 【尙書】진대(秦代)에 작은 관청에서, 관리 4명을 궁중으로 파견하여 문서를 보내는 것을, 주 업무로 하는 것으로, 상서(尙書)라 부르게 된 것에서 비롯된 주서(主書)의 뜻이었다. 한(漢)도 또 진(秦)의 제도에 의해 소부에 상서 관리를 설치했는데, 성제는 그 관직을 정비하여 인원을 5명으로 정하고, 상서복사에게 상서 4명을 두고, 도서・비기・장주를 통괄하고, 또 세분하여 상시조・이천석조・민조・객조 4조로 하여 그 업무에 임하게 하고, 그 후 또 삼공조를 늘려 5조가 되었다. 또 소제 이후 때로는 필요에 따라 중신을 상서 업무를 총괄하게 하는 영상서사가 있고, 점점 요직인 지위에 올랐다. 후한도 상서는 소부에 속하고, 그 장관인 상서령과 일천 석 차이로 삼공의 소속 관리인 장사와 비등했는데, 그 임무는 왕명을 관리하고 시기를 조율하는 것이었다. 그리고 상서는 상서령・복사・좌승・우승 외에 6인이 되어, 삼공조・이조・이천석조・객조・민조의 5조(혹은 6조)로 나누어 임명했다. 후한에서는 이것을 총칭하여 상서태 혹은 중태라고 부르고, 국사는 일일이 여기에 맡겼다. 즉 삼공은 행정사무를 통괄하고, 상서가 업무를 결재하였다. 위(魏)는 열조상서를 이부・좌민・객조・오병・탁지의 5로 나누고, 더 나아가 그 아래에 25의 낭조를 두어 각각 행정사무를 분담, 관장했는데, 위(魏)는 중서로서 상서의 주 업무를 맡겼기 때문에, 이곳에서 주요 권리는 점점 중서(中書)에 이르게 되었다. 참고: "통전" 직관4・"후한서" 백관지, "진서" 직관지, "東洋歷史大辭典"(平凡社).

○ 【傳王詔旨 云云】'사' 견훤전에는 '傳王詔旨. "知卿與高麗久通歡好. 共契鄰盟. 比因質子之兩亡. 遂失孚于休". 僕義篤尊王. 情深事大. 及聞詔諭. 即欲祗承. 恒慮足下欲罷不能. 困而猶鬪. 今錄詔書寄呈. 請留心詳悉. 且

夔爐迭憊. 終必貽譏. 蚌鷸相持. 亦爲所笑. 宜迷復之爲戒. 無後悔之自胎.', 또 "고려사" 권1・태종세가 10년(927) 12월 조에는 '前王詔旨. "知卿與高麗久通歡好. 共契隣盟. 比因質子之兩亡. 遂失和親之舊好. 互侵彊境. 不戢干戈. 今專發使臣. 赴京(卿)本道. 又移文高麗. 宜相親比. 永孚于休." 僕義篤尊王. 情深事大. 及聞詔諭. 即欲祇承. 但慮足下欲罷不能. 困而猶鬪. 今錄詔書寄呈. 請留心詳悉. 且夔獹迭憊. 終必貽譏. 蚌鷸相持. 亦爲所笑. 宜迷復之爲戒. 無後悔之自胎.'라고 있다. 더 나아가 "고려사절요"도 "고려사"와 거의 같은 글인데, 이 말은 최승우가 만든 것이다.

○ 【困】 질려서 지치다는 뜻.

○ 【免(兔)獹迭憊】 준족(駿足)의 토끼와 개(獹)가 서로 지치는 것. 면(免)은 토(兔)의 잘못일 것이다. '사' 견훤전 및 "고려사"에는 준(夔)[429]이라고 적고 있다. 노(獹)는 중국시대 한(韓)의 준견이라는 이름으로 또한 한로라고 한다. "전국책" 진책에 '秦卒의 용기와 수레가 많음을 가지고, 제후에 맞서면 비유한다면 한로를 달리게 하여 건토[430]를 쫓는 것과 같다. 패왕의 업적으로 해야 할 것이다.'라고 있다.

○ 【蚌鷸相持】 '휼방지쟁(鷸蚌之爭)'과 같다. 방(蚌)은 민물조개. 휼(鷸)은 도요새(물총새). 이 말은 민물조개와 도요새와의 싸움인데, 둘이 서로 다투어 물러가지 않는 사이에 제3자가 그 이익을 가로챈다는 비유. "전국책"(燕語)에 휼방지쟁 및 어부지리라는 두 개의 고사성어의 출전이 되는 이야기가 기재되어 있다.

415○ 【□□二(三)年】 '사' 견훤전에 바탕을 두어 글자가 누락된 곳에는, 천성(天成)이라는 2자를 보충하고, 2년은 3년으로 고쳐야 할 것이다. 천성은 이미 말한 것과 같이, 중국 오대・후당의 명종 조의 원호로, 그 3년은 서기 928년에 해당한다.

---

429) 교활한 토끼.
430) 다리 저는 토끼.

○【太祖荅(答)曰】이 글은 '사' 견훤전, "고려사" 태조세가 11년 정월 조, "고려사절요"권1 · 태조 11년 정월 조 등에도 실려 있다.

○【通使】【詔旨書】'사' 견훤전 등에는 '통화사', '조서'라고 있다.

○【一道】일통(一通)으로 고쳐야 할 것인가.

○【華軺膚使】軺(초)는 수레, 膚(부)는 아름다운 것. 부사(膚使)는 군주의 명령을 더럽히지 않는 선량한 사신. 이 말은 편지를 받은 경우를 칭찬하는 말이다.

○【到】"고려사"에는 치(致)라고 적고 있다.

○【尺素】서간(書簡). 척소호음(尺素好音)은 받을 때의 상용어.

○【蒙】'사' 견훤전 및 "고려사"에는 승(承)이라고 적고 있다.

○【芝檢】芝(지)는 상서로운 징조라는 신초(神草) 이름. 검(檢)은 문상(文箱). 따라서 지검은 훌륭한 문상이라는 뜻.

○【華牋】훌륭한 편지. 문서라는 뜻. 전(牋)은 목판, 종이, 문서, 상서 등을 가리킨다. 천자에게 바치는 문서, 상주, 상표 종류를 전주(牋奏)라고 한다.

○【托迴軒】'사' 견훤전에는 탁회헌(託廻軒)이라고 적고 있다.

○【九土】구주(九州). 아홉 가지 지세. 본문에서는 많은 토지라는 뜻.

○【黔黎】(검려). 黔도 黎도 모두 검다는 뜻. 여민은 인민이라는 뜻. 검수, 검서도 같다.

○【黃巾】후한 영제 때, 거녹(하남성) 사람 장각은 태평도(中黃太一道)라는 종교를 창시했는데, 태평도는 바로 빈민이나 토호의 마음을 사로잡아, 10여 년에 신도수 10만을 얻었으며, 그 유포범위는 하남 · 하북 · 산동은 물론 멀리 양자강 유역이나 사천까지 이르렀다. 이 신도집단의 발전은 정부의 큰 위협이 되었기 때문에, 정부는 자주 탄압을 하고, 또 해산을 명했다. 그러나 이것은 한층 더 신도의 단결이나 교단을 강화시켜 반권력적 성격을 강하게 했다. 장각은 이윽고 천공 장군이라고 하고, 한(漢)의 화덕을 대신하여 황제에 오를 만한 인물이라는 의미로, 토덕삼육방[이 교단을 방(方)이라고 불렀다]이 1일에 봉기하여, 곧 대반란이 되었다. 당시

후한의 내정은 어지럽고 민중의 피폐는 심했기 때문에 이 종교의 발전을 촉진시켰던 것인데, 이 황건에 호응하여 각지에서 반란이 일어나, 지방의 정치는 완전히 마비되어, 후한왕조 멸망의 원인을 이루었다. 본문의 '黔黎多屬於黃巾'은 삼한의 백성이 대거 도적이 되었다는 의미이다.

○【田野無非其赤土】'사' 견훤전에는 其(기)는 於(어)라고 적고 있다. 즉 '田野는 赤土 아닌 것이 없다.'가 된다.

○【風塵之警】풍진지회(風塵之會)와 같다. 병란(兵亂)을 말한다.

○【癸酉】'국역일체경본'의 주(注)에도 보이듯이, 후백제왕 견훤과 고려태조의 대립 항쟁한 시대에 계유년은 없다. 이 전후의 계유는 서기 913년(신라 신덕왕 2년, 궁예의 수덕만재 3년, 후양 말제의 건화 3년)과 서기 973년(고려 광종 24년, 송 태조의 개보 6년)이므로 해당하지 않는다. 그래서 이 계유년은 을유년의 잘못일까. 을유년(서기 925년, 신라 경애왕 2년, 고려 태조 8년)이라면 앞뒤 기사와 부합된다.

○【陽月】음력 10월의 다른 말.

○【至乃交兵】'사' 견훤전 및 "고려사" 세가에는 '至於交兵'이라고 적고 있다.

○【若螳蜋之拒轍】당랑(螳蜋)은 사마귀. 이것은 약소한 자가 자신의 역량을 생각하지 않고, 강적에게 반항을 한다는 비유로, "장자"(천지편)의 '猶螳蜋之怒臂. 以當車轍. 則必不勝任矣'에 바탕을 둔다. 당랑의 도끼도 같다.

○【如蚊子之負山】"장자"에 '走猶使蚊負山. 商距馳河.'를 바탕으로 한다. 미약한 역량으로 중임을 견디지 못한다는 비유. '蚊蚋負山'(蚋도 蚊이다), '蚊負'도 같다.

○【陳辭(辝)】거절을 늘어놓는 것. 辭(사)는 辝(사)와 같은 글자로, 거절하여 받지 않는다는 뜻. 후세 辭(사)와 혼용한다. 辭의 약자는 아니다.

○【殛】(극) 벌하다. 형벌에 처하여 죽이는 것.

○【卜僕尔(亦)尙止戈之㸒(武)】尔(니)는 '사' 견훤전에는 亦(적)이라고 되어 있는 것처럼 亦으로 고쳐야 할 것이다. 㸒는 이미 말한 것과 같이, 피휘하여 무(武)를 이렇게 적은 것이다.

○ 【南人】 후백제는 고려 남쪽에 있기 때문에, 여기에서는 견훤을 가리킨다고 생각된다. 중국 원대에는 송나라 사람을 남인이라고 불렀다.

○ 【豈期】 '사' 견훤전, "고려사" 등에는 개위(豈謂)라고 적고 있다.

○ 【未軏(乾)】 '사' 견훤전, "고려사" 등에는 未乾이라고 있다. 알(軏)은 건(乾)으로 고쳐야 할 것이다.

○ 【蜂蠆】 (봉채.) 峰(봉)은 벌, 蠆(채)는 전갈. 모두 독을 가지고 사람을 찌른다. '蜂蠆有毒'이라고 할 때에는, 작은 나라든 아니든 가볍게 여기지 말라는 비유.

○ 【生民】 "고려사"에는 생령(生靈)이라고 적고 있다. 생민(生民), 생령(生靈)은 인민을 가리킨다.

○ 【畿甸】 왕기(王畿) 혹은 기내(畿內)라는 뜻. 하(夏)의 제도라고 전하는 오복 제도에서는 왕성의 주위 500리 땅을 나누어, 이것을 전복이라고 이름 지었다. 또 주(周)의 제도라고 전하는 구복 제도에서는 왕성 주위의 천리 땅을 왕기(국기)라고 하여 직할지를 이루었다고.

○ 【窘忽(迫)】 '사' 견훤전, "고려사"에는 홀(忽)을 박(迫)이라고 한다. 그래서 군박이라고 고쳐야 할 것이다.

○ 【黃屋】 천자의 수레 덮개. 천자의 수레는 황색 비단을 덮개로 한다. 황옥차. 천자의 경칭.

○ 【桓文之覇】 환문은 춘추시대에 패자(霸者)가 되어 존왕양이를 외치며 제후에게 호령한 제(齊) 환공과 진(晉) 문공을 가리키는데, 본문의 주(周)는 신라를, 환문은 고려 태조와 후백제 견훤을 가리키는 것으로 보인다.

○ 【莽·卓之姧】 姧은 奸·姦(간)과 같다. 망(莽)은 왕망, 탁(卓)은 동탁을 말한다. 왕망은 전한 말에 왕위를 찬탈하고 새로운 조정을 열었다. 그러나 겨우 15년에 망했다(서기 23년). 동탁은 후한 말 군웅의 한 사람으로 농서임조한 사람. 헌제를 옹립하여 하태후를 죽이고 스스로 상국이 되어 정권을 유린했다. 그러나 그와 그 군대가 포악의 한계를 넘었기 때문에, 원소 등의 동맹군이 각지에서 군사를 일으켰다. 동탁은 마지막에 192년

에 참살당하는데, 그야말로 황건의 난에 이어 한 조정에 직접적 대타격을
주어, 사실상 그것을 멸망시키는 것과 동시에 군웅할거 시대를 열었다고
할 수 있다. 또한 왕망, 동탁에 대해서는 "한서" 왕망전, "후한서" 및 "삼
국지"의 동탁전 참조. 그러나 '乘間謀漢. 看莽卓之奸'은, 견훤이 천하를
합치려고 한다면, 망탁과 같은 나쁜 소업을 볼 뿐이라는 것을 적고 있다.

○【致使王之至尊, 枉稱子於足下】 견훤이 신라 왕경에 침입하여 경애왕을
죽이고, 그 후 김부(경순왕)를 즉위시켰을 때를 가리킨다. 즉 견훤에 대
하여 김부가 스스로 아들이라고 부르게 했다는 것이다.

○【朝迁(廷)】 迁는 廷(정)의 잘못이다.

○【毫釐】 (호리). 조금뿐이라는 뜻.

○【斬戮君主】 견훤이 경애왕을 포석정에서 죽였다는 것을 말한다. '사' 견
훤전, "고려사"(고조세가)에는 군주를 군왕(君王)이라고 한다.

○【菹醢】 저(菹)는 저(菹). 절인 나물. 해(醢)는 젓갈. 저해(菹醢)는 살육이
라는 뜻.

○【卿(卿)佐】 군주를 보좌하는 대신이란 뜻.

○【姬姜(姜)】 대국의 공주. 궁중 부인을 의미한다.

○【相載】 '사' 견훤전, "고려사"에는 곤재라고 한다.

○【浮於桀紂】 부(浮)는 지나가는 것. 걸(桀)은 하(夏)의 걸왕. 주(紂)는 은
(殷)의 주왕. 모두 악왕(惡王)의 예가 된다.

○【獍梟】 獍(경)은 호랑이를 닮은 작은 맹수로, 사람을 잡아먹고 자기 아버
지를 잡아먹는다고 한다. 효(梟)는 올빼미로 커서, 어머니를 잡아먹는다
고 한다. 그런 까닭에 불효의 비유라고 적고 잇다.

○【僕惡(惡)】 '사' 견훤전에는 악(惡)을 원(怨)이라고 적고 있다.

○【約效】 '사' 견훤전에는 약(約)을 서(誓)라고 하고, '다할 것을 맹세한다.'
라고 읽고 있다.

○【鷹鸇之逐】 鷹(응), 鸇(전) 모두 매. 매가 오작(烏鵲)을 쫓듯이 맹렬하게
간사(奸邪)를 주벌한다는 것의 비유.

○【犬馬之抱(勤)】 '사' 견훤전에는 견마지근이다.

○【槐柳】 槐(괴)는 회나무[재질이 단단하고 촘촘한 일종의 교목(喬木)]. 주대(周代)에 조정에 심은 괴목을 보고 삼공이 앉았다는 것에서, 삼공의 위계의 의미를 나타낸다. 또 유(柳, 버드나무)는 여기에서는 유영(막부의 다른 말)을 가리킨다. 이것은 한(漢)의 장군 주발이, 세류에 진(陣)을 치고 오랑캐를 대비했다는 고사에 바탕을 둔다.

○【陸鑾】 '사' 견훤전에 있듯이 육격(陸擊)으로 해야 할 것이다. 또한 "고려사"에는 육전(陸戰)이라고 있다.

○【尹卿】 '사' 견훤전 및 "고려사"에는 윤빈이라고 한다. 윤빈은 인명처럼 보이기 때문에, 윤경(尹卿)은 윤(尹)이라는 성의 귀인(대신 등의 유력한 조정의 신하)일까.

○【禽雛造於城邊】 '사' 견훤전에는 '擒鄒造於城邊'이라고 있다. 또 "고려사"(태조세가 11년 조)에는 '擒鄒造於邊城'이라고 있다.

○【燕山郡】 '사' 지리지(3) · 웅주 조에 '燕山郡. 本百濟一牛山郡. 景德王改名. 今因之'라고 있는데, 당시 연산군은 지금의 충주(충청북도) 근처이었다.

○【吉奐】 '사'에서는 견훤전에만 보일 뿐이며, 그 내용은 분명하지 않다.

○【馬利城】 신라 마리현은 천령군 소속 현으로, 경덕왕 때에 이안현으로 고쳤다. 그 후 곡절을 거쳐 이조 태종대에 안음현이 되었다. 지금의 함양(경상남도) 근방에 해당한다. '사' 견훤전에는 '馬利城邊'이라고 적고 있다.

415a○【伊山郡】 '사' 지리지(3)에 '伊山郡. 本百濟馬只山郡. 景德王改名. 今因之.'라고 있다. 이 이산군은 고려 현종대에는, 홍주에 속하여 이산현이 되었는데, 이조 태종대에 풍덕현과 합쳐 덕산현이 되었다. 그래서 당시의 이산군은 지금의 충천남도 덕산 근처인가 생각한다. 그런 까닭에 마리성과 이산군은 일치하지 않는다.

415○【隨晤】 '사'에서는 견훤전에만 보이며, 그 내용은 분명하지 않다.

○【纛下】 纛(독)은 모우(旄牛)의 꼬리 혹은 꿩 꼬리(鴟尾)로 장식한 큰 깃발. 옛날에는 장례와 운구를 지휘하는 의미로 다루어졌고 또는 우무에

춤을 춘 사람이 쓴 것. 나중에 군에 사용하여 진한 이후는 천자의 마차 장식에 다루어졌다.

415, 415b○ 【任存 今大興郡】 서기 660년에 백제가 나당 연합군[431]에 의해서 망했는데, 이것에 대하여 귀실복신과 흑치상지 등이, 백제의 부흥을 꾀하여 임존성에서 거병했다. 이것을 '서기' 사이메이(齊明)천황 6년(660) 조에는 임사지산이라고 적고 있다. 또 '사' 지리지(3) 웅주 조에는, '任存郡. 本百濟任存城. 景德王改名. 今大興郡'이라고 있다.

415○ 【青川縣】 '사' 견훤전에는 단지 청천(淸川)이라고만 적고 있는데, "고려사"에는 청주(青州)라고 하고 있어 청천은 청주라고 해야 할 것인가. 청주(青州) 지역은 지금의 김천(金泉)(경상남도) 지역이다. 이 땅은 옛날에는 감문소국이었는데, 신라에 병합되고, 진흥왕 18년(557)에는 주(州)가 놓여 청주(青州)가 되고, 군주(州의 장관)가 주재했는데, 진평왕 36년(614)에 없어지고 주(州)가 지금의 선산으로 옮겼다. 그 후 문무왕 원년(661)에 감문군이 놓였는데, 경덕왕대에 개녕으로 고치고 상주관할 내에 들어갔다.

○ 【□(直)□(心)等四五輩】 빠진 부분은 문자가 분명하지 않는데, '사' 견훤전에는 직심이라고 있다. 직심은 이름인데 그에 대해서는 '나기'에도 보이지 않고, 그 내용은 모른다.

○ 【桐藪 今桐華寺】 '승람' 권26 · 대구도호부, 불우 조에 '桐華寺. 在公山. 有高麗金晅所撰僧弘眞碑銘'이라고 있다. 또 이 문헌 권40(전라도) 낙안군 불우 조, 및 권46(강원도) 원주목 불우 조에도 동화사 이름이 보이는데, 본문의 동화사(桐花寺)는 전후 사정으로 보아, 공산(公山)의 것이 적당하다고 생각된다. 공산에 대해서는 이미 설명한 대로이다. 그래서 동수(桐藪)는 공산의 동화사(桐花寺) 소재의 지명으로 보인다.

415○ 【京山】 이미 주(注)를 보였다.

---

431) 원저자는 聯合郡이라고 적었다.

○ 【銜璧以投降】함벽은 벽(璧)을 입에 문다는 것인데, 이것은 항복의 예식이다. 이 함벽은 銜璧輿櫬(함벽여친)[즉 손을 뒤로 하고, 옥(璧)을 입에 물어 바치는 것으로, 죽을죄에 처해져도 할 말이 없다는 마음을 표현하기 위하여 관(棺)에 들어가는 것]("좌전"에 의한다)의 생략이다.

○ 【康州則自南而來】"고려사"에는 '康州 … 來歸'라고 있다. 강주에 대해서는 이미 주(注)를 보였기 때문에 생략하는데, 강주가 고려에 귀속된 것은 고려태조 3년(경명왕 4년·서기 920)에 '正月. 康川將軍閏雄遣其子一康爲質. …遣郞中春讓於康州. 慰諭歸附.'("고려사" 고조세가). 10년(서기 927)에 '夏四月壬戌遣海軍將軍 … 率舟師. 往擊康州. 下轉伊山·老浦·平西山·突山等四鄉. 虜人物而還'("고려사" 세가). '康州所管突山等西鄉. 歸於太祖'('나기' 경애왕 4년 조), '八月丙戌. 王徇康州. 高思葛伊城城主興達歸順. 於是百濟諸城守. 皆降附.'("고려사" 세가) 등이 있었는데, 이 태조의 답서 전후에는, 또 강주가 후백제에 귀속했다. 즉 다음과 같다. 고려태조 11년(서기 928)에 '春正月乙亥. 元尹金相 … 等將往救康州. 經草八城. 爲城主興宗所敗. 金相死之', '夏五月. 康州將軍有文. 降於甄萱'('나기' 경순왕 2년 조), '五月庚申. 元甫·珍景等運粮于古子郡. 甄萱潛師襲康州. 珍景等還戰敗. 死者三百餘人. 將軍有文降于萱'("고려사" 세가).

○ 【羅府則自西移屬】나부는 나주(전라남도)를 가리킨다. 이 땅은 원래 백제 발라군이었는데, 신라에 병합되고, 경덕왕대에는 금산군으로 고쳐졌다. 나중에 견훤이 일어나서 후백제를 칭하자, 이 땅도 그 영토에 들어갔는데 911년(궁예의 태봉국 수덕만재 원년)에 궁예의 부장이었던 왕건(고려태조)가 수군을 이끌고 와서 점령하여 나주로 바뀌었다.

○ 【泜水營中. 罣(雪)張耳千般之恨】罣은 '사' 견훤전에 의해 설(雪)로 고쳐야 할 것이다. 장이(~前202년)는 위(魏) 대양 출신. 진말(秦末)·한초(漢初)의 군웅의 한 사람. 그의 이야기는 "사기", "한서"에 있으며, 장이와 진여는 원래 둘도 없는 친구였으나, 나중에 틈이 생겼다. 진(秦) 멸망 후, 장이는 항우에 의해 조(趙) 땅에서 상산왕에 오르고 양국을 도읍으로 했

는데, 그 후 진여가 군사를 몰아 장이를 공격하여 조(趙) 땅을 침략했기 때문에, 장이는 달려서 고조에게 돌아가고, 기원전 204년에 한신과 군사를 합하여 정경구에서 진여를 물리치고 저수 물가에서 참수했다. 이 고사를 말한다. 천반은 백반, 여러 가지, 다양하다 등을 뜻한다.

○ 【烏江岸上. 成漢王一捷之心】 심(心)은 '사' 견훤전에 있듯이 공(功)으로 고쳐야 할 것이다. 진(秦) 멸망 후, 항우와 한의 유방(고조)은 천하를 이 등분하여 다투었는데, 항우는 기원전 202년에 해하 전투에서 패하여 도망갔으나, 양자강 서쪽 오강에서 자살했다. 본문은 이 고사를 적은 것이다. 다음으로 한왕이라는 것은, 기원전 206년에 시황제 손자의 아들인 자영이 투항하여 진(秦)이 망하자, 항우는 홍문의 모임 이후 자립하여 서초의 패왕이라고 부르고, 패공 유방을 한왕에 봉한 것에 의한다. 한왕 유방은 항우가 죽은 후, 황제 자리에 오른 것은 모두 아는 대로이다.

○ 【寰海】 (환해) 천하. 세계. 육지와 바다를 아울러 말한다.

○ 【欲何歸】 '사' 견훤전도 같은 글인데, "고려사"는 욕(欲)을 장(將)이라고 적고 있다.

○ 【包荒】 더럽혀진 것을 인용(認容)하다, 남의 말을 들어주는 기량이 있는 것, 결점을 덮어 감추다 등으로 쓰는데, '德洽包荒'으로 보아 황(荒)은 팔황(팔극, 다른 표현으로 전 세계를 말한다)을 감싸다는 뜻으로 하면 어떠할까.

○ 【字小】 (자소) 소국(小國)을 감싼다. 작은 것에 대한 배려와 사랑을 베푸는 것.

○ 【出綸於舟(丹)禁】 주(舟)는 '사' 견훤전 및 "고려사"에 의해 단(丹)'으로 고쳐야 할 것이다. 윤(綸)은 윤지(綸旨)(천자 말씀을 담은 글). 단금(丹禁)은 붉은 칠을 한 아름다운 궁전. 임금이 있는 곳. 단어와 같다.

○ 【謕戡難於靑丘】 청구(靑丘)는 ① 신선이 있는 곳. 즉 장주(바다에 있는 10주의 하나로 남해 가운데에 있다), ② 동방에 있는 땅 이름. ③ 별 이름 등의 뜻. 조선의 별호(아명)으로서 청구가 쓰인 것은, 별 이름을 빗댄 것

이다. "진서" 천문지(天文志)(上)에는 '靑丘七星在軫東南. 蠻夷之國號也'라고 있다.

○ 【訓謨】"고려사"에는 훈모(訓謨)라고 있다. 사물의 도리를 알 수 있게 말하다.

○ 【悉戢囟(凶)機】'사' 견훤전에는 '悉戢兇機', "고려사" 권1·태조세가 11년 정월 조에는 '悉戢凶機'라고 적혀 있다.

○ 【不唯副上國之仁恩】유(唯)는 '사' 견훤전 및 "고려사"에는 유(惟)라고 적혀 있다. 상국은 오월국을 말한다.

○ 【抑可紹東海之絶緒】"고려사"에는 가(可)를 적(赤)이라고 적었고, '조선사학회본'은 적가(亦可)라고 한다.

415e○ 【崔致遠】'유' 권제1·마한 조 및 '변한·백제' 조 참조.

416○ 【長興三年】서기 932년(신라 경순왕 6년)에 해당한다. 장흥(長興)은 후당 명종 조의 원호.

○ 【甄(甄)萱臣龔直勇而有智略. 來降太祖】'사' 견훤전과 같은 글. "고려사" 세가. 태조 15년(932) 조에는 '六月丙寅. 百濟將軍龔直來降'이라고 잇다.

○ 【萱捉龔直二子一女. 烙斷股(股)筋】'사' 견훤전에는 착(捉)을 수(收)라고 적고 있다.

417○ 【秋九月】이하의 글은 '사' 견훤전에는 '萱遣一吉湌相貴·以船兵入高麗禮成江. 留三日. 取鹽·白·貞·三州船一百艘焚之. 捉猪山島牧馬三百匹而歸'라고 있다("고려사" 세가. 태조 15년 조와 거의 같은 글). 밑줄 친 부분은 생략하고 있다.

○ 【一吉】위 '사'의 글에서 일길찬(一吉湌)의 찬(湌)과 상귀라는 이름이 탈락되어 있는 것을 알 수 있다. 일길찬은 신라의 관위 17등의 제7계로 을길간·일길간·일길찬·일고지라고도 적는다.

○ 【鹽州】【白州】'사' 지리지(2) 한주(漢州) 조에 '海皐郡. 本高句麗冬彡(一作音) 忽郡. 景德王改名. 今鹽川. 領縣一. 雊澤縣. 本高句麗刀臘縣. 景德王改名. 今白州'라고 있다. 또 '승람' 권43·황해도 연안도호부 건치연혁

조에 '本高句麗冬音忽. (注略) 新羅改海皐郡. 高麗初稱鹽州. 成宗置防禦

使. 顯宗初. 廢防禦使屬海州. 後置監務. 高宗以禦丹兵有功. 陞永膺縣今.

後又以縣人車松祐. 有衛社功. 陞知復州事. 元宗又以李汾禧. 有衛社功.

改碩州. 忠烈王又陞溫州牧. 忠宣王汰諸牧. 降爲府改今名[이상은 "고려

사" 지리지(3) 염주 조와 거의 같은 글]. 本朝太家十三年. 例爲都護府. 自

京畿還隷本道'라고 있듯이, 지금의 연안(황해도) 지역에 해당한다. 더 나

아가 백주는 지금의 백천(황해도)에 해당하며 연안의 동쪽, 예성강과 한

강 하구에 가까운 지점에 있다. '승람' 권43 · 황해도 백천군, 건치연혁 조

에는 '本高句麗刀臘縣.(一云雉嶽城) 新羅改名雊澤. 爲皐郡領縣. 高麗初

稱白州. 顯宗屬平州. 毅宗創兎山重興闕. 陞知開興府事. 後復舊名. 高宗

以衛社功臣李仁植之鄕. 陞忠翊縣令. 元宗以衛社功臣趙璈之鄕. 陞復興

郡. 恭愍王避侍中慶復興之名. 復稱白州[이상은 "고려사" 지리지(3) 백주

조와 거의 같은 글]. 本朝太宗十三年. 列改今名爲郡. 自京畿還隷本道.'라

고 있다.

○【眞(貞)州】 '사' 견훤전, "고려사"(태종세가)에는 정주(貞州)라고 적고 있

다. 정주는 한강과 임진강 하구에 가까이 위치하고 있는데, '승람'(권13)

경기도 · 풍덕군 건치연혁 조에는 '本高句麗貞州. 高麗顯宗九年. 屬開城

縣. 爲尙書都省所掌. 文宗十七年. 直隷開城府. 睿宗十三年. 改爲昇天府.

置知府事. 忠宣王二年降知海豐郡事. 本朝太宗十三年. 省郡屬開城留後

司. 十八年復爲郡.'이라고 있다.

418○【清泰元年甲午】 서기 934년(신라 경순왕 8년 · 고려태조 17년)에 해

당한다. 이미 말한 것과 같이 청태는 후당 말제의 원호.

○【萱聞太祖屯(屯)運州…. 萱麾下 … 等降於太祖】 이에 관한 것을 '사' 견훤

전에는 정월의 일이라고 하고, "고려사" 태조세가 17년 조에는 9월의 일

이라고 하고 있다.

418, 418a○【連州未詳】 미상(未詳)이라고 하고 있는데, "고려사" 지리지(1)

의 홍주(洪州) 조에는 '成宗十四年 · 置運州都團練使. 顯宗三年改知州事.

後改今名.(注略) 恭愍王五年. 以王師普愚内鄉. 陞爲牧. 十七年降知州事.
二十年復爲牧. 別號安平又海豊. (皆成廟所定) 又號海興. 屬郡三縣十一.'
이라고 있으며, 또 '승람'(권19) 충청도·홍주목의 건치 연혁 조에도 '本
高句麗運州. 成宗十四年. 置都團練使. 顯宗三年改知州事. 後改今名. 恭
愍王七年. 以王師普愚之鄉. 陞爲牧. 十七年降知州事. 二十年復爲牧. 本
朝因之. 世祖時置鎭'이라고 있듯이, 운주는 나중에 홍주로 이름이 바뀌었
다. 홍성(충청남도) 지역에 해당한다.

418○【遂簡甲士. 蓐食而至】'사' 견훤전의 '逐簡甲士五千至'의 기사와 비교
하면 본문의 욕식이(蓐食而) 3글자는 보이지 않고, '사'의 오천(五千)은
이 글에서 빠져 있다.

○【末(未)及營壘. 將軍黔弼. 以勁騎擊之 云云】'사' 견훤전에는, '將軍黔弼.
及其未陣. 以頸騎數千. 突擊之. 云云.'이라고 있다.

○【熊津以北三十餘城. 聞風自降】'사' 견훤전. "고려사" 세가·태종 17년 9
월 정사(丁巳) 조도 같은 글. 또한 '나기' 경순왕 8년 조에는, '秋九月. 老
人星見. 運州界三十餘郡縣降於太祖'라고 적고 있다.

○【醫者之譩(謙)】'사' 견훤전에는 '醫者訓謙'이라고 적고 있다.

○【勇將尚逢(達)·雀(崔)弼】'사' 견훤전에는, '勇將尚達·崔弼'이라고 적고
있다. 작필(雀弼)은 최필(崔弼)로 적어야 할 것이다.

419○【丙申】서기 936년을 말한다. 주해 403에 적었듯이 후진(後晉) 태조
의 천복(天福) 원년에 해당한다.

○【正月. 萱胃(謂)子曰. …三人皆不應】'사' 견훤전 등에는 보이지 않는다.

420○【李磾家記云. 萱有九子. …皆上院夫人所生也.】이 글은 '사'에는 보
이지 않는다. 또 이제가기는 이미 주해 402에서 다루었다. '사'에는 견훤
의 아들은, 맏아들이 신검, 둘째가 용검, 셋째가 양검, 넷째가 금강이라고
하고 있는데, 이곳에 이전(異傳)을 실은 것이다. 이제가기에 보이는 여러
아들을 보이면 다음 표와 같다.

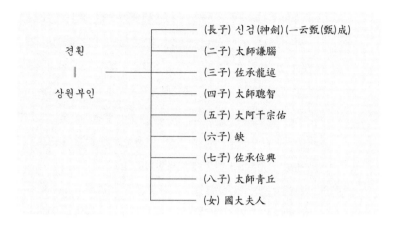

```
                          ┌─────── (長子) 신검(神劍)(一云甄(甄)成)
         견훤              ├─────── (二子) 太師謙腦
          ‖                ├─────── (三子) 佐承龍述
        상원부인           ├─────── (四子) 太師聰智
                          ├─────── (五子) 大阿干宗佑
                          ├─────── (六子) 缺
                          ├─────── (七子) 佐承位興
                          ├─────── (八子) 太師青丘
                          └─────── (女) 國大夫人
```

○ 【萱多妻妾. 有子十餘人…. 與良劒等謀】 '사' 견훤전과 같은 글. "고려사" 세가・태종 18년(935) 3월 조에도 같은 기사가 있다.

○ 【康州】 주해 412 참조.

○ 【都督】 신라에서는 주(州) 장관은 군주(軍主)라고 부르는데, 반도(半島)[432] 통일 전후부터 당풍으로 도독이라고 고쳤다. 더 나아가 군주는 군정을 주로 하는데, 도독은 그 권한이 확대되어 종래의 군정에 대하여 민정도 겸해서 다루게 되고, 이것을 주조(민정)와 장사(군사)가 보좌했다. 또 도독에게 내린 관위(위계)는, 급찬(제9품)에서 이찬(제2품)에 이르렀다. 또한 '사' 직관지(下)에 '智證王六年(505). 以異斯夫爲悉直軍主. 文武王元年(661). 改爲惣管. 元聖王元年(785). 稱都督'이라고 연혁을 적고 있는데, 비판, 검토를 요한다. 村上四男, '新羅の惣管と都督'("山崎先生退官記念東洋史學論集" 1967년).

○ 【也(武)州都督】 '사' 견훤전에는 무주도독(武州都督)이라고 적고 있다. '유'에서는 고려 혜종(惠宗)의 휘(諱)[433]인 무(武)를 피하고, 무(武)에 호(虎)・무(茂) 등의 글자를 대고 있는데, 또 무(武) 글자를 일부 빼고 也로

────────

432) 반도(半島)는 일본적 표현. 삼한(三韓) 통일이 적절할 것이다.
433) 원저서에는 위(緯)라고 있다.

하고 있다. 이 征는 武가 결격(缺格)된 것이라고 보아야 할 것이다.

○ 【康, 征二州】 강무이주(康武二州)를 말한다. 征는 武가 일부 결격된 것.

○ 【淸泰二年乙未】 서기 935년, 신라경순왕 9년, 고려태조 18년에 해당한다.

○ 【春三月. 與英順等 … 赦境內 云云】 '사' 견훤전에는 우선 '春三月. 與波珍飡新德·英順等'이라고 있고, 이하 '大赦境內'까지는 같은 글. '云云'이라는 곳은 '사' 견훤1전에는 '其敎曰. 如意特蒙寵愛. 惠帝得以爲君. 建成濫處元良. 太宗作而卽位. 天命不易. 神器有歸. 恭惟大王神武超倫. 英謀冠古. 生丁衰季. 自任經綸. 徇地三韓. 復邦百濟. 廓淸塗炭. 而黎元安集. 鼓舞風雷. 而邇遐駿奔. 功業幾於重興. 智慮忽其一失. 幼子鍾愛. 姦臣弄權. 導大君於晉惠之昏. 陷慈父於獻公之惑. 擬以大寶授之頑童. 所幸者上帝降衷. 君子改過. 命我元子. 尹玆一邦. 顧非震長之才. 豈有臨君之智. 兢兢慄慄. 若蹈冰淵. 宜推不次之恩. 以示維新之政. 可大赦境內. 限淸泰二年十月十七日昧爽以前. 已發覺. 未發覺. 已結正. 未結正大辟已下罪. 咸赦除之. 主者施行.'이라고 있다.

○ 【金山佛宇】 금산사는 전라북도 김제군(수류면 금산리)에 현존하고 있다. '승람' 권34(전라도) 금구현 불우 조에 '金山寺. 在母岳山. 後百濟甄萱所創.'이라고 있다. 또 같은 문헌 금구현의 건치연혁 조에는 '本百濟仇知只山縣. 新羅改今名. 爲全州領縣. 高麗毅宗二十四年. 以李義方外鄕. 陞爲縣令. 李朝因之'라고 있다. 현재의 김제군은 옛날 김제·금구·만경 3군을 합친 것으로, 전북 평야의 중앙부를 차지하고 있다. 그리고 금산사는 옛 금구군의 지방으로, 표고 793m의 모악산 서쪽 기슭에 있다. 다음으로 금산사는 견훤에 의해 창건되었던 것처럼 '승람'은 적고 있는데, 이절의 창건은 한층 더 오래전이었다. "金山寺寺蹟記"에는 백제 법왕이 수(隋) 개황 20년(600)에 왕흥사와 같은 해에 개창했다고 기록하고 있는데, 이것은 절의 전통에 지나지 않는 것 같다. '유' 권제4(의해 제5) 진표전간조 및 관동풍악체연수석기 조에 의하면, 진표율사가 백산사를 창건하고 광덕 2년 갑진(신라 경덕왕 23년) 6월 9일에 장육상을 주성하고, 이어서

대력 원년 병오(혜공왕 2년)(766)에 금당에 안치했다는 등의 일이 기록되어 있다. 이것에 의하면 금산사는 견훤의 창립이 아니고, 옛날 진표율사가 건립했고, 또한 이전에 금산수라는 절이 있었던 것이다. 참고: 今西龍 ‘全羅北道西部地方旅行雜記’(第一章金堤郡, 其一·金山寺)(“百濟史研究”수록).

421○【初萱寢未起. …童謠曰. 可憐完山兒. 失父涕連洏】‘사’ 견훤전에는 보이지 않는다.

○【萱與後宮年少男女二人, 侍婢(婢)古比女. 内人能又(父)男等囚繫. 至四月. 釀酒而飲醉守卒三十人. 而與小元甫香又(文),[434] 吳琰, 忠質等. 以海路迎之】‘사’ 견훤전에는 ‘萱在金山三朔. 六月. 與季男能乂. 女子哀福. 嬖妾姑比等逃奔錦城. 遣人請見於太祖. 太祖喜遣将軍黔弼·萬歲等. 申水路勞來之. 及至待以厚禮.’라고 있고, 본문은 이것과 다소 이동(異同)이 있다.

○【以海路迎之】위의 ‘사’ 기사에 의하면 견훤은, 금산사로부터 이미 고려 영토가 되어 있었던 금성(전라남도 나주)으로 도망쳐, 그곳에서 태조에게 투항했기 때문에, 태조는 기뻐하며 그 청(請)을 받아들이고, 고려 장군을 보내 바닷길로 왕도(개성)로 맞이했던 것이다. “고려사”(세가2) 태조 18년(935) 조에는 ‘夏六月. 甄萱與季男能乂·女哀福·嬖辛姑比等. 奔羅州. 請入朝遣将軍庚黔弼·大匡萬歲. 元甫·香又·兵淡·能宣·忠質等. 領軍船四十餘艘. 由海路迎之.’라고 있다.

○【既至. 以萱爲十年之長. …馬九匹】‘사’ 견훤전에는 ‘乃至待以厚禮. 以萱十年之長. 尊爲尚父. 授館以南宮. 位百官之上. 賜揚州爲食邑. 兼賜金帛蕃縟. 奴婢各四十口. 内廐馬十匹.’이라고 있다. “고려사”(세가2) 태조 18년 6월 조도 ‘사’와 같은 글.

○【以其國先來降者信康衙爲前】이 글은 ‘사’에는 보이지 않는데, “고려사”(세가2) 태조 18년 6월조에는, 위 글에 이어 ‘以先降人信康爲衙前’이라고

---

434) DB. ‘又’.

보인다. 아전은 향리를 말한다.

422○【英規(規)】規는 규(規)로 해야 할 것이다. 견훤의 사위(壻) 영규(英規)의 이야기에 대해서는 "고려사"(권92, 열전5) 박영규(朴英規)에 대하여 참조.

○【從於高麗】 '사' 견훤전에는, 종(從)을 투(投)라고 적고 있다.

○【夫貞女不可(事)二夫】 '사' 견훤전에는, 가(可)를 사(事)라고 적고 있다.

○【若捨巳(己)君. 以事逆子. 耶(則). 何顔以見天下之義士乎】 '사' 견훤전에는 야(耶)를 칙(則)이라고 적고, '…以事逆子則何顔以見天下之義士乎.'라고 읽고 있다.

○【高麗王슾(公)】 슾은 공(公)의 잘못. 이 고려 왕공(王公)은 태조를 가리킨다.

○【必爲三韓之主】 한반도 통일의 군주가 될 것이라는 뜻인데, 이 삼한(三韓)은 조선 전체를 가리키는 말이다.

○【以圖後來之福乎】 '사' 견훤전에는 후(後)는 장(將)으로 적고 있다.

○【天福元年丙申】 서기 936년(고려태조 19년). 천복(天福)은 오대 후진(後晉)·고조 조 원호. 그러나 석경당이 거란 지원으로, 진조(晉朝)를 세운 것은 11월이므로, 본문의 2월, 6월의 기사는 청태 3년으로 하는 것이 맞다.

○【遣人致意於太祖. 曰】 '사' 견훤전에는 '遣人致意. 遂告太祖曰'이라고 적고 있다.

○【君擧義旗】 '사' 견훤전에는 '若擧義旗'라고 적고 있다.

○【謝英規(規)曰】 '사' 견훤전에는 '兼謝英規曰'이라고 적고 있다.

○【天下(地)鬼(鬼)神】 '사' 견훤전에는 '天地鬼神'이라고 적고 있다.

423○【六月. 萱告太祖. 云云】 '사' 견훤전에는 '夏六月. 萱告曰. 云云'이라고 적고 있다.

○【…殲其賊亂. 臣雖死無憾】 '사' 견훤전에는 '…其殲賊亂. 則臣雖死無憾'이라고 적고 있다.

○【太祖曰 非不欲討之. 待其時也】 '사' 견훤전에는 '太祖從之'만 적고, 이 글

과 같은 기사는 보이지 않는다.

○ 【先遣太子及正(武)將軍述希. 領步騎十(一)萬. 云云】 '사' 견훤전에는 '先遣太子武‧將軍述希. 領步騎一萬云云'이라고 적고 있다. 이 글 가운데 及正는 본래 '太子正級將軍述希'라고 적으려고 한 것을 착각했을 것이다. 正는 武의 생획(避諱를 위하여). '步騎十萬'은 '사', "고려사" 모두 '步騎一萬'이라고 적고 있다. 덧붙여 "고려사" 세가(권2) 태조 19년 조에는 '夏六月. 甄萱請曰. 老臣遠涉滄波. 來投聖化. 願仗威靈. 以誅賊子耳. 王初欲待時而動. 憐其固請. 乃從之. 先遣正胤武‧將軍述希. 領步騎一萬. 趣天安府.'라고 있다.

○ 【太子正】 "고려사" 세가(권2) 의 혜종 전기(前紀)에는, '惠宗仁德明孝宣顯義恭大王. 諱武. 字承休. 太祖長子. 母曰莊和王后吳氏. 後梁乾化二年壬申生. 太祖四年立爲王胤. 從討百濟奪勇先登. 功爲第一. 二十六年五月丙午. 太祖薨. 奉遺命即位. 六月壬申葬太祖于顯陵.'이라고 있는데, 고려 태조의 서자인 장자 무(武)는, 태조가 궁예의 부장으로서 나주 원정 중에 목포 오씨(吳氏)의 여자와 낳은 것이다. 태조는 오씨 집안이 가난했음에도 불구하고, 장자 상속의 법을 존중하여 무(武)를 정윤(태자)으로 하고, 죽을 때에는 용장 박술희에게 보좌해 줄 것을 유언했다. 그리고 태조가 죽자, 무(武)는 고려 제2대 왕위에 올랐다. 이것이 혜종(惠宗)인데 혜종은 즉위 후, 불과 2년여 만에 왕위계승의 싸움으로 비명에 쓰러졌다. '유'에서는 '武' 글자를, 종종 호(虎)‧무(茂) 등으로 혹은 武에서 획을 빼고 적는 것은, 이 혜종의 휘(諱)인 武를 피하려고 한 것에 의한다.

○ 【天安府】 지금의 충청남도 천안군 지역에 해당한다. '승람'(권15) 충청도 천안군의 건치연혁 조에는 '本東西兜率之地. 高麗太祖十三年. 合爲天安府. 置都督. (注略) 成宗改歡州都團鍊使. 穆宗廢之. 顯宗復稱天安. 爲知府事. 高宗四十三年. 避蒙兵入仙藏島. 後還舊地. 忠宣王改寧州. 恭愍王時. 復爲天安府. 本朝太宗十三年. 改寧山郡. 十六年. 改今名.'이라고 있다.

424○ 【一善】 "고려사" 세가 태조 19년 가을 9월 조에는 '일선군'이라고 적

고 있다. 일선군에 대해서는 주해 403 참조.

○ 【甲午】이 갑오(甲午)일은 8일(서기 936년 9월)에 해당한다.

○ 【隔(隔) … 相對. 王師背艮向坤而陳(陣)】'사' 견훤전에는 '隔 … 相對布
陣'이라고 적었을 뿐이다. 또 이 왕사(王師)는 고려 태조의 군을 가리킨
다. 신라는 전년 11월에 고려에 투항하고 국토는 고려에 병합되었다. 다
음으로 간(艮)은 동쪽, 坤은 서남 방향을 말한다. 진(陳)은 진(陣)과 음이
통하므로, 이렇게 적었을까 생각되는데, 진(陣)으로 고쳐야 할 것이다.

○ 【一利川】'사' 지리지(1) (강주관할 하) 성산군 조에 '星山郡. 本一利郡.
(一云 里山郡) 景德王改名. 今加利縣. 云云'이라고 있다. 지금의 경상북
도[435] 성주군 지역은 신라시대에는 일리군·성산군이라고 불렀다. 그러
면 일리천은 성주 근처를 흐르는 강인가. 쓰다 소기치는 '신검이 고려군
에게 패한 일리천은, 성산군(성주 가리현)의 옛 이름을 일리군이라고 하
는 것으로 보아, 성주부근의 낙동강을 가리킬 수 있다고 생각하지만 분명
하지 않다. 신검이 패배한 후, 도주한 곳은 그 도성, 전주가 될 것이나, 도
중에 황산(連山) 방면을 지난 것을 보면, 추풍령을 넘어 황간·수동에서
서쪽으로 달렸던 것 같다. 그렇다면 전장(戰場)은 금산 부근이 될 것이
다. 史에 고려군 일선에 집합했다고 말할 수 있는 것도, 그 적의 전진기지
였던 까닭이다. 그렇다면 과연 일리천은 지금의 감천인가. 이것도 또한
억측(臆測)에 지나지 않는다.'['後百濟彊域考', "朝鮮歷史地理(上)"―"津田
左右吉全集" 第十一卷 '滿鮮歷史地理研究(1)' 수록]라고 적고 있다. 또 위
쓰다의 글 가운데 보이는 금산은, 지금의 김천(경상북도) 지역인 신라 개
령군 소속 현인 금산현['사' 지리지(1) 참조]이라고 하는데, 쓰다는 견훤이
유배된 곳도 이 금산이라고 정한 것은 타당하지 않다고 한다(앞서 주해
421 참조). 이것에 대해 이계우치는 '일리천은 경상북도 선산 지역을 흐
르는 낙동강의 그 부분에 대한 당시의 호칭이다.'라고 하고 있다(뒤에 보

---

435) 원저서에는 慶州北道.

이는 논문 참조).

○ 【忽白雲狀如劒戟起. 我師向彼行焉. 乃皷(鼓)行而進】'사' 견훤전에는 '乃皷(鼓)行而進'의 앞에는 '以大相堅權·述希·金山·將軍龍吉·奇彦等. 領步騎三萬爲左翼. 大相金鐵·供儒·守鄕·將軍王順·俊良等. 領步騎三萬爲右翼. 大匡順式·大相兢俊·王謙·王乂·黔弼·將軍貞順·宗熙等. 以鐵騎二萬, 步卒三千及黑水鐵利諸道頸騎九千五百爲中軍. 大將軍公萱·將軍王舍允以兵一萬五千爲先鋒.'이라고 적고 있다. "고려사"[세가(2) 태조 19년 9월 조]에는 '사'의 윗글보다도 한층 더 상세한 글에 이어서 '皷行而前. 忽有白雲狀和劍戟. 起我師上. 向賊陣行.'이라고 보인다. 이 글이 진의(眞意)를 표현하고 있다.

○ 【百濟將軍孝奉, 德述, 哀述, 明吉等. …降於陣前】'사' 견훤전과 같은 글.

○ 【太祖勞慰之. …孝奉等曰. 元帥神劍在中軍】'사' 견훤전과 같은 글. "고려사"[세가(2) 태조 19년 9월 조]에는 이 글에 이어서 '左右夾擊破之必矣'라고 있어 글의 뜻을 알기 쉽다.

○ 【太祖命將軍㒰(公)萱等. 三軍齊進挾擊】'사' 견훤전에는 '太祖命將軍公萱直擣中軍. 一軍齊進挾擊'이라고. "고려사"[세가(2) 태조 19년 9월 조]에는 '王命大將軍公萱. 直擣中軍. 三軍齊進奪擊'이라고 보인다.

○ 【三軍】 "주례" 하관 조에 '凡制軍, 萬有二千五百人爲軍, 王六軍. 大國三軍. 次國二軍. 小國一軍.'이라고 있다. 고려왕의 군대를 주(周) 대국의 군대(37,500명)에 견주어 3군(三軍)이라고 불렀으나, 앞서 인용한 '사'나 "고려사" 글에도 보이는 것처럼, 이 전쟁에서 고려군의 편성이 우익, 중군, 좌익 등의 3군으로 되었던 것에서 유래한다고 생각한다.

○ 【百濟軍潰北】'사' 견훤전과 같은 글. "고려사" 세가(2) 태조 19년 9월 갑오(甲午) 조에는 '敵兵大潰. 虜將軍昕康·見達·段述·殷述·今式·又奉等三千二百人. 斬五千七百餘級.'이라고 있다.

○ 【至黃山炭峴】'사' 견훤전에는 보이지 않는데, "고려사"에는 위의 글에 이어서 '賊倒戈相攻. 我師追至黃山郡. 踰炭嶺. 駐營馬場.'이라고 적고 있다.

황산(黃山)은 지금의 충청남도 연산(連山) 지역이다(주해 244 참조). 다음으로 탄현(炭峴)에 대해서인데, 옛 백제 멸망 당시의 전투에 있어서의 탄현에 대해서는 이미 주(注)(240)를 했는데, 이 글에 보이는 탄현은 어디일까. '승람'(권18) 충청도 부여현 산천 조에 '炭峴. 在縣東十四里. 公州境.' 또 같은 문헌(권34) 전라도 고산현(연산의 남쪽. 전주의 북쪽에 있다)의 산천 조에도 '炭峴. 在縣東五十里. 距珍山郡梨峴二十里.' 등으로 보인다. 그러나 이게우치는 '일리천 전투에 대해서는 '일리천 전투에 이어 고려군의 추격에 대해서는, "고려사" 태조세가(2)(19년 9월 조)에, '我師追至黃山郡, 踰炭嶺駐營馬城. 神劍 … 來降'이라고 하고, 같은 사실을 전한 삼국유사(권2) 글에도 '三軍齊進挾擊, 百濟軍潰北, 至黃山, 炭峴神劍 … 生降'이라고 있고, 이곳에 또 다시 백제멸망의 전쟁과 같은 지명이 보인다. 후백제 도읍은 지금의 전주인 완산주이기 때문에, 신검은 추풍령을 동쪽으로 넘어오고, 태조는 같은 길을 반대로 나아가 추격을 했을 것이다. 전주 서북쪽의 익산은 백제시대의 금마저이었고, 신라 신문왕 때, 금마군이 놓인 땅이다. 그래서 이곳에 미륵산성 일명 기준성이라고 부르는 큰 산성이 있는데, 태조가 주둔했다는 마성은 이것 같다. 그렇다면 후백제 멸망의 전투에 있어서 탄령(탄현)은, 현경 5년의 전투에 있어서의 탄현과는 다르며, 별도로 황산(연산)과 마성(익산) 사이에 같은 이름의 고개가 있었던 것일까. 아마 그렇지 않고 황산·탄현에 관한 고려사 및 삼국유사의 기재는, 그 순서가 잘못된 것은 아닐까라고 생각한다'('白江及び炭峴について', "滿鮮史硏究"上世·第二冊).

○ 【將軍富達, 能奐】'사' 견훤전에는 '將軍富達. 小達. 能奐'이라고 있다.

425○ 【太祖受降. 餘皆勞之】'사' 견훤전에는 '太祖受降. 除能奐. 餘皆慰勞之.'라고 되어 있는데, 이처럼 '除能奐'이라는 말을 넣지 않으면 '餘皆勞之'의 뜻이 통하지 않는다.

○ 【以神劍 … 特原其死】원래는 그 죄를 용서하고 사형을 면하게 했다는 뜻. '사' 견훤도 '유'와 같은 글인데, 이 글에 이어서 '一云三兄弟皆伏誅' 이

설(異說)을 주기(注記)하고 있다(三兄弟라는 것은 神劍, 良劍, 龍劍을 말한다). 또 "고려사"(세가2) 태조 19년 가을 9월 갑오 조에는 '流良劍. 龍劍于眞州. 尋殺之. 以神劍僣位爲人所脅. 罪輕二弟. 又且歸命. 特免死. 賜官.'이라고 적고 있다.

○【疽】(저) 악성 종양을 말한다.

○【九月八日也. 壽七十】이 글은 '사'에도 "고려사"에도 보이지 않는다. 견훤이 태어난 해는 867년(주해 401 참조)이므로 나이 70에 죽은 것이다.

426○【大(太)祖軍令嚴明. …老幻皆呼萬歲】"고려사"(위와 같은 조)에는 '軍令嚴明' 앞에 '王入百濟都城. 令曰. 渠魁旣已納款. 無犯我赤子. 存問將士. 量才任用.'이라고 적고 있다. 또 '사' 견훤전에는 '老幼皆萬歲'에 이어서 '於是存問將士. 量材任用. 小民各安其所業. 謂神劍之罪如前所言. 乃賜官位. 其二弟與能奐罪同. 遂流於眞州. 尋殺之.'라고 적고 있다.

○【前王】견훤을 말한다.

○【寡人】고려 태조의 자칭.

○【甄(甄)萱起唐景福元年. 至晉天福元年. 共四十五年. 丙申滅】'사' 견훤전과 같은 글. 후백제는 서기 892년[임자(壬子)]부터 936년(병신)까지 45년간 있었던 것이다.

427○【史論曰】'사' 견훤전에는 '論曰'이라고 하고 있다. 그 뒷글은 거의 '사'를 답습하고 있다.

○【弓裔】주해 406 및 본서 상권, 왕력편 후고려 조의 주해 참조.

○【以家(宗)國爲讎】'사' 견훤전에는 가국(家國)을 종국(宗國)이라고 하고 있다.

○【斬先祖之畫像】궁예는 신라 왕자이면서 태어나서 곧 민간에 버린 것에 대해 원한을 가지고 있었기 때문에, 일찍이 남쪽을 돌아다녔을 때에 흥주(경상북도·영주)의 부석사에 이르러, 벽화 속의 신라왕상을 보자 이것을 칼로 쳤고, 그 혼적은 지금도 전한다고 '사' 견훤전에 적고 있다. 관련 기사를 인용해 둔다. '天復元季辛酉(901). 善宗(궁예의 법명) 自稱王. 謂

人曰. 往者新羅. 請兵於唐. 以破高句麗. 故平壤舊都鞠爲茂草. 吾必報其
讎. 蓋怨生時見棄. 故有此言. 嘗南巡至興州浮石寺. 見壁畵新羅王像. 發
劍擊之. 其刃迹猶在.'

○【侵軼】침(侵)도 철(軼)도 범한다는 것.

○【虔劉(劉)】 虔劉(건류)는 죽여 없애는 것. 이미 주해 415에서 보였다.

○【若禽獸】 '사' 견훤전에는 '若禽獼而草薙之'라고 있다.

○【元惡(惡)】 '사' 견훤전에는 '元惡大憝'라고 있다.

○【項羽】 기원전 232-202년. 진말한초(秦末漢初)의 영웅. 항우에 대해서는
주해 415 '烏江岸上 云云'에도 다루었는데, '유' 권제1의 나물왕 · 김제상
조(주해 183)에 상세하게 있으니 참조.

○【李密】 582-618. 수말당초(隋末唐初)의 군웅의 한 사람. 그 이야기는 "수
서" 및 신구 양 당서에 있으며, 요동, 양평 사람. 서위(西魏) · 북주에 있
으면서 태사, 위국공이 된다. 아버지 관(寬)은, 수(隋)의 상주국 보산군공
이 되어 장안에 부임했다. 밀(密)은 어려서 재주가 뛰어나고, 아버지가
죽은 후에는 재산을 풀어 선비를 모아, 양현감과 친교를 돈독하게 했다.
대업 9년(613)에 수 양제가 거듭 고구려 원정군을 일으키자, 후방 담당의
양현감은 국내에서 반란을 꾀했다. 그때 이밀은 부름을 받고, 현감의 군
사가 되어 3가지 전략을 바쳤는데 받아들여지지 않고, 2월 남짓하여 현
감이 패배하자, 도망에 도망을 거듭하여 쓴맛을 본 끝에, 동군(東郡)의
도적 적양으로 옹립되어, 수의 토벌군을 격파하고 하남북부에 세력을 넓
히고, 617년에 여러 장군에게 추대되어 위공(魏公)이 되고 영평이라고
연호를 정했다. 낙양의 왕세충 군대와 격렬한 전투를 거듭하여 이것을
능히 격퇴하고 한때는 산동에서 강회에 이르는 반란 세력을 누르고 병합
했는데, 618년에 수군에게 패하여, 당 고조(이연)에게 들어가 광록경을
받고 형국공에 봉해졌다. 그러나 재차 모반을 도모하다가 잡혀 죽었다.

○【不能敵漢唐之興】 결국, 항우는 한 고조(유비)에게, 이밀은 당 고조(이
연)에 패했다는 것을 말한다.

가락국기(1)
駕洛國記(1)

⁴²⁸駕洛國記 ^{428a}文庙(廟)朝大康年間, 金官知州事文人所撰也, 今略而載之.

　⁴²⁹開闢之後, 此地未有邦國之號, 亦無君臣之稱. 436) ⁴³⁰越有我刀干·
汝刀干·彼刀干·五刀干·留水干·留天干·神天干·五天干·神鬼干
等九干者, 是酋長領總百姓. 几(凡)一百(萬?)户. 七萬五千人. 多以自都山
野. 鑿井而飲. 耕田而食. ⁴³¹屬後漢世祖光正帝建正十八年壬寅三月禊洛
(浴)之日, 所居北龜⁴³⁷⁾旨 ^{431a}是峯巒之稱, 若十明伏之狀, 故云也. 有殊常聲氣. 呼喚
衆庶. 二三百人集會於此, 有如人音. 隱其形. 而發其音曰 "此有人否."
九于(干)等云 "吾徒在." 又曰 "吾所在爲何." 對云 "龜旨也." 又曰 皇天所
以命我者. 御是處. 惟新家邦. 爲君后, 爲玆故降矣, 你等湏掘峯頂撮土.
歌之云. 龜何龜何, 首其現也. 若不現也, 燔灼而喫也. 以之踏舞. 則是迎
大王歡喜踴躍之也. 九干等如其言咸忻而歌舞. ⁴³²未幾. 仰而觀之, 唯紫

436) 규장각본, 조병순소장본. **稱**, 고증. 稱(稱), 파른본. 稱.
437) 규장각본, 조병순소장본, 고증. 龜(龜).

繩自天垂而着地. 尋繩之下乃見紅幅褁(裹)金合子開而視之, 有黃金卵六圓如日者. 衆人悉皆驚喜俱伸百拜, 尋還. 褁(裹)著抱持. 而歸我刀家. 寘榻上, 其衆各散. 過浹辰. 翌日平明, 衆庶復相聚集開合. 而六卵[438]化爲童子, 容皃甚偉. 仍坐於床. 衆庶拜賀. 盡恭敬止. 日日而大. 踰十餘晨昏, 身長九尺. 則殷之天乙, 顔如龍焉. 則漢之高祖. 眉之八彩. 則有唐之高, 眼之重瞳. 則有虞之舜. 其於月望日即位也. 始現故諱首露. 或云首陵. **432a**首陵是崩後謚也. 國稱大駕洛. 又稱伽耶國, 即六伽耶之一也. **433**餘五人各歸爲五伽耶主, 東以黃山江西. 南以滄海,[439] 西北以地理山東. 北以伽耶山南. 而爲國尾.[440] **434**俾創假宮而入. 御但要質儉. 茅茨不剪,[441] 土階三尺. **435**二年癸夘(卯)春正月. 王若曰, "朕欲定置京都." 仍駕幸假宮之南新畓坪. **435a**是古來閑田, 新耕作故云也. 畓乃俗文也. 四望山嶽, 顧左右曰. "此地狹小如蓼葉. 然而秀異. 可爲十六羅漢住地. 何况自一成三, 自三成七, 七聖住地. 固合于是. 托土開疆. 終然允臧歟." 築置一千五百步周迴羅城, 官禁殿宇. 及諸有司屋宇. 虎(武)庫倉廩之地. 事訖還宮, 徧徵國內丁壯·人夫·工匠, 以其月二十日資始. 金陽塈三月十日役[442]畢. 其宮闕屋舍. 俟農隙而作之, 經始于厥年十月. 逮甲辰二月而成. 涓吉辰御新宮, 理萬機而懃庶務. **436**忽有琓夏國含達王之夫人妊娠, 旀月生卵, 卵化爲人名曰脫[443]解. 從海而來. 身長三尺. 頭圓一尺. 悅(脫)焉詣闕. 語於王云, "我欲

---

438) 고증에는 전부 夘(卯). 규장각본, 조병순소장본, 파른본. 夘(卯). (卩와 卪의 차이.) 이하 모두 같다.

439) DB. '東以黃山江, 西南以滄海.'

440) DB. '西北以地理山, 東北以伽耶山, 南而爲國尾.'

441) DB. '俾創假宮而入御, 但要質儉茅茨不剪.'

442) 파른본, 규장각본, 조병순소장본, 고증. 伇(役).

443) 규장각본, 조병순소장본, 고증, 파른본. 脕(脫).

奪王之位. 故來耳." 王荅(答)曰. "天命我俾即于位. 將令安中國. 而綏下
民, 不敢違天之命. 以與之位, 又不敢以吾國吾民付囑於汝." 解云 "若爾可
爭其術." 王曰. "可也." 俄頃之間. 解化爲鷹, 王化爲鷲. 又解化爲雀. 王
化爲鸇. 于此際也. 寸陰未移. 解还(還)本身. 王亦復然. 解乃伏膺曰, "僕
也適於角術之場. 鷹之鷲, 雀之於鸇. 獲免焉, 此盖聖人惡444)殺之仁而然
乎. 僕之與王. 爭位良難." 便拜辭(辭)而出, 到麟郊外渡頭. 將中朝來泊之
水道而行. 王竊恐滯留謀亂, 急發舟師五百艘而追之, 解奔入雞林地界, 舟
師盡還. 事記所載多異與新羅.

풀이

428가락국기(駕洛國記)**428a**고려 문종대(文宗代)445) 대강(大康)446) 연간에 금관(金官) 지주
사(知州事)의 문인(文人)이 지은 것이다. 이제 그것을 줄여서 싣는다.

429개벽 이후로 이 가라지방에는, 아직 나라의 이름이 없었고, 또한
군신의 칭호도 아직 정해져 있지 않았다. **430**이때에 아도간·여도
간·피도간·오도간·유수간·유천간·신천간·오천간·신귀간 등
아홉 간(干)447)이라는 자가 있었는데, 이는 추장으로 백성들을 통솔했
으니, 대략 100호, 인구 7만 5000명 정도를 지배하고 있었다. 당시 대
부분은 산과 들에 스스로 모여서, 우물을 파서 물을 마시고 밭을 갈아

---

444) 규장각본, 조병순소장본, 고증, 파른본. 惡(惡).
445) DB. 고려 제11대 왕으로 생몰년은 1019~1083년, 재위 기간은 1046~1083년.
446) DB. 요(遼) 도종(道宗)의 연호로 1075~1085년.
447) DB. 구간(九干)에 대하여 ≪삼국사기≫ 열전 김유신 상에 인용되어 있는 김유신비문(金庾
信碑文)에 김유신의 출자를 설명하는 가운데 '수로왕이 구지봉에 올라 가락구촌(駕洛九村)
을 바라보았다.'라고 보임으로써 수로왕의 출현 이전의 가락구촌이 있었다는 전승이 비교적
오래전에 형성되어 있었음을 보여 주고 있다.

곡식을 먹었다. [431]후한의 세조 광무제 건무 18년 임인 3월 낙수로 계(禊)를 행하던 날[448]의 일이다. 장소는 부락의 북쪽 구지 [431a]이것은 산봉우리를 일컫는 것으로 십붕이 엎드린 모양과도 같기 때문에 그렇게 말한 것이다.에서 평소와는 다른 이상한 소리가 들리는 것이었다. 백성 2,3백 명이 여기에 모였는데, 사람의 소리 같기는 하지만, 그 모습을 숨기고 소리만 내서 말하였다.

신: "여기에 사람이 있느냐."
아홉 간: "우리들이 있습니다."
신: "내가 있는 곳이 어디인가."
아홉 간: "구지입니다."
신: "황천이 나에게 명하기를, 이곳에 가서 나라를 새로 세우고 임금이 되라고 하여, 이런 이유로 여기에 내려왔으니, 너희들은 모름지기 산봉우리 꼭대기의 흙을 파면서 노래를 부르기를 '거북아, 거북아, 머리를 내밀어라. 만일 내밀지 않으면 구워 먹으리.'라고 하고, 뛰면서 춤을 추어라. 그러면 곧 대왕을 맞이하여 기뻐 뛰게 될 것이다."

구간들은 이 말을 따라, 모두 기뻐하면서 노래하고 춤을 추었다.
[432]얼마 지나지 않아 우러러 쳐다보니, 다만 자줏빛 줄이 하늘에서 드리워져서 땅에 닿았다. 그 줄이 내려온 곳을 따라가, 붉은 보자기에

---

448) DB. 계욕(禊浴)이란 계욕(禊浴), 계음연(禊飲宴)이라고 한다. 계는 불계(祓禊)란 말이다. 불계는 제계목욕하여 심신을 맑게 하고 천지신명에게 양재구복(禳災求福)의 치성을 드리는 제의를 말한다.

싸인 금합(金合)을 발견하고 열어 보니, 해처럼 둥근 황금알 여섯 개가 있었다.

여러 사람들은 모두 놀라고 기뻐하여, 함께 백 번 절하고 얼마 있다가 다시 싸서 안고 아도간의 집으로 돌아와 책상 위에 놓아두었다. 구경 나온 그 무리들은 각기 흩어졌다. 12일이 지난 그다음 날 아침에, 무리들이 다시 서로 모여서 그 상자를 열어 보니, 여섯 알은 화해서 어린아이가 되어 있었는데, 용모가 매우 훤칠하였다. 이에 이들을 평상 위에 앉히고, 여러 사람들이 절하고 하례하면서 극진히 공경하고 그날은 끝났다. 이 신의 아이들은 나날이 자라, 15,6일이 지나자[449] 신장은 아홉 자나 되었으니, 은(殷)의 천을[450]과 같고, 얼굴은 용처럼 생겼으니 한(漢)의 고조와 같고, 눈썹에는 팔채가 있으니 당(唐)의 요와 같고, 눈동자가 겹으로 되어 있으니 우(虞)의 순제와 같았다. 그래서 15일 보름달 뜨는 날을 골라 왕위에 올랐다. 세상에 처음 나타났다고 해서 이름을 수로라고 하였다. 혹은 수릉(首陵)**432a**수릉은 죽은 후의 시호이다.이라고도 했다. 나라 이름을 대가락이라 하고 또한 가야국이라고도 하니, 곧 여섯 가야 중의 하나이다. **433**나머지 다섯 사람도 각각 가서 다섯 가야의 임금이 되니, 동쪽은 황산강의 서쪽에 접하고, 남쪽은 창해를 바라보고, 서북쪽은 지리산의 동에 이르고, 북쪽은 가야산의 남쪽을 끝으로 하니, 이것이 여러 가락국의 경계가 되었다.[451] 즉시 임시 대궐을 세워 왕에게 옮겨 살기를 원했는데, 왕은 만

---

449) DB. '10여 일이 지나자'.
450) DB. 은(殷)의 탕왕(湯王)을 가리킨다.
451) DB. '동쪽은 황산강(黃山江), 서남쪽은 창해(滄海), 서북쪽은 지리산(地理山), 동북쪽은 가야산(伽耶山)이며 남쪽은 나라의 끝이었다.'

사 질박하고 검소하니 지붕에 이은 이엉을 자르지 않고, 흙으로 쌓은 계단은 3척이었다.

[435]즉위 2년 계묘 정월(43년)에 왕이 말하기를,

"내가 서울을 정하려 한다."

라고 하고 이내 임시 궁궐의 남쪽 신답평[435a]이는 옛날부터 묵은 밭인데 새로 경작했기 때문에 이렇게 불렸다. 답자(畓字)는 속자(俗字)이다.에 나가 사방의 산악을 바라보고 좌우 사람을 돌아보고 말하였다.

"이 땅은 협소하기가 여뀌 잎과 같지만, 수려하고 기이하여 16나한이 살 만한 곳이라 할 수 있다. 더구나 1에서 3을 이루고 3에서 7을 이루니 7성(聖)이 살 곳은 여기가 가장 적합하다. 이곳에 의탁하여 강토를 개척해 나가면 반드시 곡창을 가득 채울 정도의 풍족한 땅이 될 것이다."라고 하고 주위 1,500보 지역을 나누어 성의 외곽을 쌓고, 궁궐과 전우 및 여러 관청의 청사와 무기고와 곡식 창고터를 만들어 두었다. 일을 마치고 궁으로 돌아왔다. 그리고 나라 안의 장정, 인부, 장인들을 불러 모아서, 그달 20일에 성 쌓는 일을 시작하여 3월 10일에 공사를 끝냈다. 그 궁궐과 옥사는 농사일에 바쁘지 않은 때를 기다려 이용하니, 그해 10월에 비로소 시작해서 갑진 2월(44년)에 완성되었다. 왕은 좋은 날을 가려서 새 궁으로 거동하여, 모든 정사를 다스리고 여러 일도 부지런히 보살폈다.

[436]이때 갑자기 완하국 함달왕의 부인이, 임신을 하여 달이 차서 알을 낳았고, 그 알이 화하여 사람이 되어 이름을 탈해라고 하였다. 이 탈해가 바다를 따라 가락국에 왔다. 키가 3척이고 머리 둘레가 1척이었다. 기꺼이 대궐로 나가서 왕에게 말하기를, "나는 왕의 자리를 빼앗고자 왔다."라고 하니 왕이 대답하였다.

"하늘이 나에게 명해서 왕위에 오르게 한 것은 장차 나라를 안정시키고 백성들을 편안하게 하려 함이니, 감히 하늘의 명을 어기고 왕위를 남에게 줄 수도 없고, 또한 우리나라와 백성을 너에게 맡길 수도 없다."

탈해가 말하기를, "그러면 술법으로 겨루어 보겠는가."라고 하니 왕도 "좋다. 해보자."고 하였다. 잠깐 사이에 탈해가 변해서 매가 되니 왕은 변해서 독수리가 되었고, 또 탈해가 변해서 참새가 되니 왕은 변해서 새매가 되었다. 이때에 조금도 시간이 걸리지 않았다. 탈해가 원래 모습으로 돌아오자, 왕도 역시 전 모양이 되었다. 탈해가 이에 엎드려 항복하고 말하기를

"내가 술법을 겨루는 곳에서 매가 독수리에게, 참새가 새매에게 잡히기를 면하였는데, 이는 대개 성인이 죽이기를 미워하는 어진 마음을 가져서 그러한 것입니다. 내가 왕과 더불어 왕위를 다툼은 진실로 어렵습니다."

곧 왕에게 절을 하고 하직하고 나가서 이웃 교외의 나루에 이르러 중국에서 온 배가 와서 정박하는 곳을 통해 나갔다. 왕은 마음속으로 머물러 있으면서 난을 꾀할까 염려하여 급히 수군(水軍) 500척을 보내서 쫓게 하니, 탈해가 계림의 국경으로 달아나므로 수군은 모두 돌아왔다. 여기에 실린 기사는 신라의 것과는 많이 다르다.

주해 **428**○ 【駕洛國記】 금관가라의 전승을 기록한 것으로, '가락기'라 한다(5가야 조 참조). 본문 중에 '自建安四年己卯始造逮今上御國三十一才大庚二年丙辰凡八百七十八年'이라고 있고, 대경 2년(1076)에 편찬된 문헌이라

는 것을 알 수 있다. "삼국사기"에 앞서기를 69년, 조선 사적 가운데 가장 오래된 것이다. 찬술자는 당시 지금주사이다. 그 성이 빠져 있으나, 이조 말 고종 21년(1884)에 건립한 김해 '駕洛國太祖. 陸崇善殿碑'("조선금석총람" 하권 514) 글에 의해 그것이 지금주사 김양익이라는 것을 알 수 있다. 스에마쓰는 그 원문은 수로왕의 능원을 담고, 인사를 갖춘 차례를 적은 비문이라고 하는데(末松保和 "任那興亡史"), '승람'에 의하면 능(陵)의 명문(銘文)은 찬가에 제한된 것 같다.

428a○ 【文庙(廟)朝】고려 문종왕조를 말한다. 문종장성 인효대왕의 휘(諱)는 휘(徽). 현종의 제3자. 어머니는 원혜 태후 김씨. 현종 10년(1019)에 태어나 13년에 낙랑군으로 봉해지고 정종 3년(1037)에 내사령이 되고, 12년(1046) 5월에 형 정종이 죽자 즉위하여 제11대 왕이 된다. "고려사"에는 왕은 어려서 총명하고 자라면서 배움을 좋아하고 활쏘기에 능하였다. 지략이 뛰어나고 관용과 인덕이 많아 민중이 좋아했다. 유언은 하지 않았다고 한다. 1082년 65세 재위 37년으로서 죽자, 인효라고 시호를 하고 묘호를 문종이라고 했다. 이 문종대는 고려조의 전성기이어서 제도의 혁신도 매우 많았다. 예를 들면 원년 시중 최충에게 명하여 법률을 다시 정하게 하고, 3년 5월에는 양반의 공음전시법, 4년 11월에는 손재면역법, 16년 2월에는 삼원심인법, 17년에는 국자제생의 고교법을 정했다. 또 23년 7월에는 양전보수법, 30년 12월에는 녹봉제, 31년에는 향리 자제를 골라 도읍에 인질로 보내고 동시에 선상기인법을 정했다. 한편 동 여진이 종종 북방을 침입했기 때문에, 이것을 물리치거나 혹은 복속시키기도 했다.

○ 【大康年間】서기 1075-1085년간. 대강(大康)은 요(거란) 도종대의 원호.

○ 【金官知州事】고려 지방제도는 복잡했다. 이것에 대해서는 다른 원고로 미룬다. 구금관가라 땅은 고려시대에는 금관주라고 불렀던 적은 없고, 그 중기에 오랫동안 금주라고 불렀다. 그래서 장관인 지주사의 정식 호칭은 지(知) 금주사이다. 금관 지주사라는 것은 속칭으로, 역사적으로도 양식으로도 옳지 않다. 구금관가라의 변천은 뒤의 금관경 · 임해현 · 임

해군·김해부 항목으로 미루는데, "고려사" 지리지나 '승람' 등에는 성종 14년(995) 이후는 금주안동도호부, 현종 3년(1013)에 강등하여 금주방어사, 원종 11년(1270)에 강등하여 금녕도호부가 된 것은 보이는데, 지주사를 두었다는 것은 아무것도 적혀 있지 않다. 그러나 적어도 문종시대에 도호부에서 강등하여 지주사가 놓였다고 한다면, "가락국기"는 고려 지방제도에 관한 1사료를 제공하는 것이다.

430○【我刀干·汝刀干·彼刀干·五刀干·留水干·留天干·神天干·五天干·神鬼干】 이 9인을 총칭하여 구간(九干)이라고 한다. 이 구간에 대한 기사는 "가락국기" 이외에는 보이지 않고, 수로왕 강림 이전부터의 토착호족의 존재라고도 생각할 수 있는데, 과연 어느 정도의 사실성을 가지는지는 문제이다. 아도간(我刀干)은 하늘에서 내려온 6개의 황금 알을 그 집으로 가져갔다고 하여, 아(我)는 뜻이 '나'(나라의 훈과도 통한다)라고 하며, 도(刀)는 존칭 내지는 계사인 s, t라고 볼 수도 있으므로, 가락의 구 호족의 칭호를 전승한 것으로, 그 대표자이었다고 보아도 좋다. 유천간(留天干), 신귀간(神鬼干)은 수로왕비 황옥이 올 때 맞이하고 있으므로, 혹은 수로 묘(廟)의 제의에 봉사했던 구 신관의 이름을 전한 것일지도 모른다. 그러나 그 외는 거의 구체적인 것을 전하지 않을 뿐만 아니라, 나중에 개정된 명칭으로 보아도 사회적 기능을 보이는 것은 없으므로, 중국의 9관(官) 내지는 9경(卿)으로부터 조작된 것이라고도 생각된다. 구관(九官)은 "상서"나 "한서"에 의하면 순(舜) 시대, 국정을 다루는 9개관으로 사공(총리)·후직(農政)·사도(교육)·사(訴獄)·공공(百工)·우(虞)(山林沼澤)·질종(제사)·典樂(音樂舞踏)·납언(上言下達, 下言上達)이다. 구경(九卿)은 주(周) 이후의 관제로, 삼공 아래에 있는 9인의 대신이다. 시대에 따라 구사, 구품, 구빈 등 명칭을 달리하는데, 거의 구관과 유사한 관직이다.

○【一百戸. 七萬五千人】일백호(一百戸)는 일만호(一萬戸)의 잘못일 것이다. 칠만오천인(七萬五千人)은 그 인구이다. 그러나 호수, 인원수를 정확

한 사실(史實)로 할 필요는 없을 것이다.

431○ 【後漢世祖光武帝】 세조(世祖)는 후한 광무제의 묘호. 광무제(기원전 5-기원후 57)는 후한의 시조. 이름은 수(秀), 자(字)는 문숙, 남양군 사람. 전한 경제의 5세손 유흠의 제3자로 고조의 9세손에 해당한다. 9세에 아 버지를 잃다. 왕망의 말년에 천하가 어지러워 군웅봉기하기에 이르러, 지황 4년(22) 형 연(演)과 함께 춘릉에서 병사를 일으켰다. 그 후 곡절을 거쳐 마침내 건무 원년(25) 제위(帝位)에 올라 낙양을 함락하여 도읍으로 하고, 이윽고 장안을 점령했다. 더 나아가 건무 12년(36)에 온 천하를 평 정했다. 제(帝)는 통일 후 굳게 무(武)를 물리치고 오로지 뜻을 내치에 두 었다. 전한의 패망을 거울로 삼아, 친히 정사를 돌보고 외척을 물리치고 내정에 마음을 기울이고, 예악을 닦으며 학문을 장려하여, 전한 말의 사 풍을 교정하려고 하며 명예와 절의를 격려했다. 재위 33년, 중원 2년(57) 에 죽다. 나이 62.

○ 【建武十八年壬寅】 서기 42년. 이것은 모두 조작된 연차일 것인데, 이해 를 가락국 건국의 해라고 정한 이유는 분명하지 않다.

○ 【三月禊洛(浴)之日】 계락은 낙수를 마시는 것으로, 중국에서는 3월 상사 일의 춘계와 7월 14일의 추계가 있으며, 낙양 동천의 강가에서 악을 털어 내려고 먹고 마시는 것이다. 이 어구는 한문식인데, 이것에 의해서 당시 원시적인 계음 의식이 있었다는 것을 알 수 있다. 계(禊) 의식은 남방 민 속에 많은 의례로, 일본에서도 신에 대한 행사의 준비로서 빠질 수 없는 의례이다. 조선에서도 사제자가 강물로 몸을 깨끗하게 하고 신의 의례를 행하는 것이다. 계(禊) 의식은 원래 개별적인 신에 대한 의례이었는데, 점차 연중행사가 되어, 신라시대 말경부터 6월 15일을 유두일로 하고, 두 발이나 몸을 경주 북천 물로 씻어 불상사를 제거하고, 그 후 유두연으로 회식하게 되었다. 이와 같이 신에 대한 행사는 계(禊) 의식과 함께 회식 이 반드시 행해졌고, 그 비용을 모으는 것에서 뇌모자강과 같은 금융조합 인 계(禊, 契452))가 조선 민간에서 매우 발달했다. 또 여기에서 말하는 3

월에 대해서는 중국의 계음(禊飮)이 일어난 3월 상사를 그대로 가져온 것인지. 현실에 정말 있었던 것인지 결정하기 힘들다. 신라 혁거세나 김알지의 강림은 3월, 4월, 8월 등이라고 전하고 있고, 대개 봄에서 여름에 걸쳐 중요한 행사였던 것 같다. 긴메기(欽明紀) 5년 3월 조에 의하면, 임나(安羅地方)의 축제는 3월에 있었던 것 같다(三品彰英, '古代朝鮮に於ける王者出現の神話と儀禮に就て', "史林"18·1, 2, 3).

○ 【龜(龜)旨】 구지(龜旨)는 이 주(注)에 의하면 '봉밀지칭'으로, 지(旨)의 훈이 산(山)(mö, mo-ri)이기 때문에, "삼국사기" 김유신 전에 보이는 구봉과 뜻이 같다고 봐도 좋다. 또 마찬가지로 주(注)에 '若十朋伏之狀'이라고 있으며, 이 십붕은 "역서"에 보이는 십붕지구를 생략한 것으로, 이 작은 언덕 모양이 거북을 닮은 것에서 구지라고 불렀다는 것이라고 일연 등 고려 초기 사람들은 해석하고 있다. 그러나 거북은 원래 영적인 것. 특히 물의 영(靈) 혹은 땅의 영이라고 생각하고 있었다. 즉 이것에 이어서 신령에게 말을 걸 때에 '유' 권제2 '수로부인'(291)의 경우에도 영적 존재를 부르는 말로서 거북이 쓰이고 있다. 그 외 '사', '유'에서 백제 멸망직전의 징조로 거북이 나타나고 있다. 이처럼 조선에서 거북을 영적 존재로 보게 된 것은, 원시신앙이었던 까닭인지 모르지만, 중국의 복점의 한 형식인 거북 복법이 수입되었기 때문일 것이다. 위지왜인전에 의하면, 이 거북복점이 서기 3세기에 일본에서 성행했다고 전하므로 조선으로의 전래는 한층 더 이르다고 봐도 좋다. 그러하면 조선에서 거북을 영적 존재로 생각한 것은 매우 오래전부터이며, 원시신앙과도 결합했다고 보아도 좋을 것이다. '승람' 권32, 김해도호부 산천 조에는 구지봉이 있으며 김해의 북쪽 약 1km에 있다고 한다(三品, 전게논문).

○ 【有殊常聖氣. 呼喚】 기(氣)라는 것은 만물생성의 근원을 의미하는 말로,

---

452) 삼품은 설(楔)이다. 계(契), 계(禊)로 고쳐야 할 것이다. 상부상조를 목적으로 만든 자치 조직. 한자로 '계(禊)' 또는 드물게는 '계(禊)'라고도 쓰인다.

수로신화의 개막으로서, 구지봉에서의 신령출현(혹은 영신제의에 있어서)의 이상한 분위기를 전하는 한 소절이다.

○【有如人音. 隱其形. 而發其音曰】 소위 '신령의 목소리'를 이야기하는 것으로, 신의 뜻을 전달하는 방법으로서 널리 샤머니즘 세계에서 행하는 공창의 무의를 표현한 한 소절이다. 조선에서의 공창무 존재는 이미 "세종실록", "용재총화" 등의 문헌에도 보이는데, 오늘날의 무의 가운데에도 점점 그 사례를 볼 수 있다. 아가마쓰지죠 및 아기바다가시에 의한 현행 무속의 조사에 의하면, 공창을 행하는 무(巫)는 '태자'라고 부르며 또한 그녀에게 빙의하는 영(靈)은 '태자귀' 혹은 '태주'라고 부르는 어린 무당의 망령이다(赤松・秋葉 "朝鮮巫俗の研究 下"). 천신수로 강림의 예고를 보이는 이 1절이 이렇게 어린아이 영(靈)과 밀착한 가운데에서 이야기가 나온다는 것은, 이곳에서 특히 일본에서의 니니기노미코토[453]에 실린 이야기를 다루지 않는다고 해도 이웃나라 신라의 시조 알지 거서간이 어린아이 모습으로 강림한다는 신화적 이야기를 생각나게 해 흥미 깊은 것이다. 또한 '태자귀'를 받은 공창이 마찬가지로 '태자'라고 호칭되는 것은 ―이것은 이미 "용제총화"에 보인다.― '제(祭)를 지내는 자'에서 제(祭)를 받는 자'로의 승화를 말하는 것이며, 사령자로서의 왕자가 신격으로까지 추앙받는 고대 왕권의 특질을 이곳에서 볼 수 있겠다.

○【九于(干)等云】 이하 '則是迎大王, 歡喜踊躍之也.'까지는 구간과 구지 산신과의 문답을 적은 것이며, 신령에 과한 지식을 신령으로부터 받은, 한 번 그것을 이해한 인간은 자기 요구대로 신을 따르게 할 수 있다는 신앙에 바탕을 문답이다. 추장(酋長)인 구간은 이곳에서는 신명을 받은 자로서 민중에게 신의 뜻을 전달하는 역할을 맺고 있다.

○【皇天所以命我者. 御是處. 惟新家邦. 爲君后, 爲玆故降矣】 수로왕의 강

---

453) (일본신화) 천신의 아들로 아버지를 대신하여 땅에 내려와 지상을 지배한 신. 아마데라스 오미가미(天照大神)의 손자라고 한다.

림이 황천의 명에 유래한다는 것을 이야기하는 1절인데, 그 신화적 의도가 현실에 있어서의 가라 역대의 국토통치의 근원을 설명하는 것에 있다는 것은 두말할 것도 없다. 이것과 유사한 신칙(神勅)은, 일본신화의 니니기노미코토 강림 조에도 보여, 참고할 만한 점이 많으므로 그 1절을 아래 적어 둔다. '이 곡식과 물이 풍족한 나라는 네가 다스리는 나라라고 말을 듣다. 그런 까닭에 하늘은 때로 강림할 것이다'("古事記"). 즉 내용적으로도 형식적으로도 매우 가까운 전승으로, 일본 고대 '천칙(天勅)'의 원초 형태를 시사하는 것과 같다.

○ 【你等須掘峯頂撮土】 신성한 산 정상의 흙이 산의 신령 ─하늘의 옥─ 그 자체라고 생각하여, 제례의 대상이 된 예는, 신화의 1유형으로서 보편적으로 존재한다. 예를 들면 "일본서기"에 진무천황이 천신의 가르침에 의해 천향산의 진흙을 가져와 팔십 평창을 만들고 여러 신에게 야마토 평정을 기원한 이야기 등은 이것과 같은 종교적 관념에 바탕을 두는 것이다.

○ 【龜何龜何, 首其現也. 若不現也, 燔灼而喫也】 구지봉 신령의 출현을 청하는 진혼적 내용을 가진 주문이다. 예부터 산신은 토지의 신인 것과 함께 비의 신이라고도 여겨 왔기 때문에, 산신의 신의발동의 전제로서, 흙의 영(靈)·물의 영인 거북을 땅속에서 불러내는 내용의 주술을 불렀을 것이다. 거북이가 물의 영, 흙의 영이라고 여긴 신화는 널리 중국·인도·미국 인디언 사이에까지 분포되어 있는데, 이 책의 수로부인 조에 물의 신인 거북의 출현의 전제로서 같은 주문형식에 의해 거북을 부르고 있고, 또 일본의 류규노오도히메[454] 전설의 원조가 가메히메 전설[455]이었거나 혹은 사기(史記)가 전하는 백제멸망의 전조를 전한 거북을 땅속에서 꺼낸 기사 등은, 거북의 기는 성질을 전하는 가장 쉬운 예이다. 또한 '龜何龜何, …燔灼而喫'와 비슷한 형식의 주문에 대해서는 '수로부인' 조

454) 거북이로 변해 모모타로를 용궁으로 안내했다는, 용궁에 사는 공주.
455) 도쿠가와 이에야스의 장녀. 요괴 이름.

참조.

432○ 【紫繩自天垂而着地】 천신강림의 양상을 전하는 한 소절로서, 이러한 종류의 신화에 널리 보이는 표현형식이다. 이하 두셋의 예를 보인다. 참고: '異氣如電光垂地'('유' 권제1, 신라시조·혁거세왕 조)·'以細繩繫著火火出見尊'('書紀' 神代卷).

○ 【紅幅裏(裏)金合子】 황금 함에 머무르면서 신령이 강하한다는 신화적 발상은 조선·대만 등에 널리 분포하는 항아리·박·함(櫃)을 신의 용기(容器)라고 생각하는 그것과 공통된 유형이다. 그리고 이들 용기에 대한 그러한 신화적 생각은 오늘날 이들 지방에 남아 있어 신을 맞이하는 의례의 성스러운 기구로서 존중받고 있다. 황금 함을 감싸는 홍폭을 가지고 한다는 이야기는 '以帛裏卵幷寶物. 置於櫝中浮海.'('사')라고 하는 탈해신화, 더 나아가서는 '于時. 高皇産靈尊以眞床追衾, 覆於皇孫天津彦彦火瓊瓊杵尊. 使降之.'('書紀')라고 있는 일본 천손 강림신화와 매우 비슷한 것이 있으며, 진상추금이 여러 선학이 말하는 것과 같이 빛을 피하고 새로운 천자 탄생을 위한 부활의식에 중요한 역할을 맺는 성스러운 기구라고 한다면, 홍폭이 가지는 신화적·의례적 의의도 자연히 유추될 것이다. 보다 넓은 개념으로 이해한다면 신령을 맞이하는 영험한 베(布)라고 생각해도 좋을 것이다.

○ 【裏(裏)著抱持. 而歸我刀家. 寘榻上, 其衆各散. 過浹辰. 翌日平明, 衆庶復相聚集開合. 而六夘(卵)[456]化爲童子】 구체적으로 말하기는 어려운데, '하늘의 자손'인 알 탄생의 의례를 신화로 한 한 소절이다. 홍폭과 같은 신성한 보자기에 의해 바깥의 빛과 차단된 신령이 엄숙한 재계 후, 강림한다는 신화는 일본을 비롯해, 널리 조선주변의 여러 민족에 보이는데, 이 유형에 속하는 신화가, 항상 왕의 부활의식과 연결되는 것이 주목을 이끈다(431 참조). 황금 알을 책상 위에 모시고, 12일 동안 몸과 마음을

---

456) 알 란(卵)으로 봐야 할 것이다.

깨끗하게 하고 부정을 피하는 것은, 황금 알 모습으로 부활함으로써 영적
자격을 얻는다고 한다. 말하자면 왕 부활의 제식 실천을 말하는 것이며,
그것은 6가야국 왕이 '하늘의 자손'으로서 재탄생하는 것을 의미했다(본
서 상권 '조선의 시조 전설' 참조).

○ 【身長九尺. 則殷之天乙, 顔如龍焉. 則漢之高祖. 眉之八彩. 則有唐之高,
眼之重瞳. 則有虞之舜】 이것은 수로왕이 중국 성현군주가 가지고 있었던
신체적 특징을 아울러 가지고 있었던 것을 알리고, 그러면서 수로왕의 성
현, 위대함을 표현하려는 하나의 글이다. 천을은 은(殷) 왕조를 연 탕왕
이다. 한(漢) 고조 유방은 "사기" 고조본기에 의하면 '高祖爲人. 隆準而龍
顔. 美須髥.'이라고 있으며, 그가 용의 얼굴과 같은 용모는 어머니가 이무
기와 통하여 낳았기 때문이라고 한다. 색은은 이 "사기" 기술에 대해 '高
祖感龍而生. 故其顔貌似龍頸順而高鼻.'라고 해설하고 있다. 유당지고는
도당씨요제를 말하며, 순(舜)의 눈썹은 "신론 명상에 의하면 8색으로 빛
났다고 한다. 유우지순은 유우씨순제로, 순(舜)은 눈동자가 두 개였다고
전한다. 순의 이름은 중화("사기" 오제본기)인데, 그것은 정의의 해석에
의하면, '目重瞳子. 故曰重華.'라고 한다.

○ 【首露】 수로(首露)는 su-ri, sur로 봉(峯)의 옛 말. 따라서 천신 수로의 본
질은 구지 산신령으로서 이해해야 할 것이다. 원래 산신은 비를 내리는
자로서 논경사회에서는 최고로 숭배를 받는 신인데, 그것은 산신과 동시
에 논의 신이며 또한 땅의 신·마을의 신이기도 했다. 따라서 수로를 금
관가라 초대 국왕으로 하고, 이것을 역사적 존재로서 보기보다도 금관가
라국의 국혼(國魂)으로서 신화적 세계로서 이해하는 것이, 고대 사유(思
惟)에 맞는 생각일 것이다.

○ 【大駕洛】 주해 72 참조.

○ 【六伽耶】 주해 71 참조.

433○ 【五伽耶】 주해 71 참조.

○ 【東以黃山江西. 南以滄海, 西北以地理山東. 北以伽耶山南. 而爲國尾】 6

가야의 경계를 보인 것인데, 금관 중심의 이 방향은 실제보다 모두 45도씩 치우쳐 있다. 예를 들면 북(北)은 서북으로, 서북은 서(西)로, 남(南)은 동남으로, 동(東)은 동북으로 보면 대개 지금의 방향과 일치한다. 다음으로 '황산강'이라는 것은 낙동강의 하류를 말한다. 본래 '창해'는 일본해를 가리킨다고 생각된다. 본문의 방위로 말하면 조선해협을 가리킨다고 생각할 수 있지만, '유'(남대방 조)에서는 "위지" 왜인전과 마찬가지로 이 바다를 한해라고 이름 짓고 있다. 금관국에서 보아 동남방에는 일본해가 있고, 조선해협 동부도 일본해 일부라고 말할 수 있겠다. '지리산(地理山)'은 지이산(智異山)으로, 경상남도 서쪽에 있는 명산의 하나이다. '가야산'도 예부터 영산(靈山)으로 낙동강의 서쪽, 경상남도 합천군에 있으며, 그 인접 군(郡)은 경상북도 고령군 즉 대가야의 옛 땅이고, 성주군 즉 성산가야의 옛 땅이다. 산기슭의 해인사(합천군 가야면, 신라 애장왕대에 열렸다고 한다)는 한국의 명찰 가운데 하나인데, 신라 말에 이름난 선비 최치원이 물러나 은거하면서 저술에 빠진 곳으로 한층 더 이름이 알려지는 등 신선적 전설도 소개되었다. 고려시대에 들어와서는 세계적 보물로서 알려진 대장경판이 강화도에서 옮겨져 이 절의 명성은 한층 더 높아졌다. 또 6가야 경계의 방위를 보인 동·남·서북·북은, "산해경"의 대황동경·남경·서경·동경에 풍신에 대한 것을 적고, 바람이 불어오는 방위가 동·남·서북·북으로 되어 있는 것과 묘하게도 들어맞는다. 반도에서도 눈에 띄게 신선적 사상이 유행했기 때문일까. 국미(國尾)는 사방 경계의 끝이라는 말.

435[457] ○ 【新畓坪】 현재 지역 불확실하다. 문자 의미는 주(注)에 보이듯이, 새로운 논밭이 개발된 촌락, 즉 신전촌이다. 그러나 畓에 대하여 아유가이(鮎貝)[458]는 조선의 조자(造字)로 수전(水田)의 의미를 보이며, 음 tap,

---

457) 원저서에는 주(注) 434 번호 누락.
458) 아유가이 후사노신(鮎貝房之進). 1864년 2월 11일-1946년 2월 24일. 일본 언어학자. 역사

의미 non으로 畓의 사용례는 "大安寺寂忍禪師碑頌"(871)이 가장 오래된 것이라고 하는데('俗字攷', "雜攷" 第三輯 所收), 신라진흥왕순수비인 창녕비(561)이나 쇼소인(正倉院)에서 새로 발견된 '신라촌적'(805)에 이미 보인다. 금관가라국의 수전(水田) 개발은 김해패총에서 탄화된 쌀알이 나온 것이나 "위지" 왜인전 등으로 보아, 서기 1,2세기로 되어 있다. 5,6세기에 이르러서도 신라, 백제에서는 쌀은 귀족의 식량이고, 금관가라국에서도 같은 상태라고 생각된다(籌方貞亮, '朝鮮における稻栽培の起源', "朝鮮學報" 一八). 수전(水田)의 속자 畓이 생긴 것은 아마 논(水田)이 어느 정도 발전된 뒤일 것이다. 아무리 빨리 보아도 금관가라국 건국 당시의 것이라고 할 수는 없다. 다음으로 평(坪)은 뜻을 tŭl이라고 하며 원래 백제어에서 촌락을 의미하는 珍, 等良, 月等 등의 변형이다. 5세기 후반에 백제가 전라남도에 진출할 때 쯤, 坪의 글자를 쓰게 되었다. 이것은 백제어를 단순히 음차하는 것에서 한자의 의미에 맞추려고 한 것이다(井上秀雄, '古代朝鮮の文化境域', "朝鮮學報" 二四). 이 백제어가 금관가라국에 들어온 것은 아무리 빨리 보아도 5세기 후반으로, 여러 가라국과 백제의 정치관계로 말하면 6세기로 하지 않으면 안 된다. 이와 같이 보면 新畓坪이라는 지명은 상당히 새롭고 통일신라 이후의 것이라고 생각된다.

○ 【十六羅漢住地】 16 대아라한으로 영원토록 세상에 살면서, 부처의 정법을 보호한다고 불전은 말하고 있다. 그들은 각각 16국에 살면서 일체개삼갑육통팔해탈의 무량의 공덕을 갖추어, 삼계 염(染)을 떠나 삼장을 외우고 널리 외전에 통한다. 부처님의 칙(勅)을 받는 까닭에, 신통력을 가지고 스스로 수명을 늘리고, 세존의 정법에 살아야 하는 것은 항상 따르면서 보호하고, 시주를 위하여 진정한 복전을 만들어 그의 사자로서 큰 과보를 얻을 것이라고 믿고 있다. 중국에서는 오대에서 송대에 걸쳐 나한국의 유행과, 소동파 등의 문인의 그림에 의해 널리 사람에게 회자(膾

학자.

炙)되기에 이르렀다.

○ 【七聖住地】 칠성(七聲)의 전승은 전설에도 있고, 중국의 도유(道儒) 2교에도 있는데, 이곳에서는 불전에 의한 것으로 보이는 "구사론" 제25에 '학무학위에 칠성(七聖)이 있고, 일체의 성자를 모두 이 안에 포섭한다. 1에 수신행, 2에 수법행, 3에 신해, 4에 견지, 5에 신증, 6에 혜해탈, 7에 구해탈이다.'라고 있다. 칠성의 사는 곳에 대한 구체적 규정은 불확실하다. '自一成三云云'은 '道生一, 一生二, 二生三'(노자) '數始於一, 終於十, 成於三'["사기(史記)" 율서(律書)], '七者, 天地四時人之始也'("한서" 율력지) 등의 몇 가지 관념과 연결된 설일 것이다.

436 ○ 【晼夏國 · 舍(含)達王 · 脫(脫)解】 '유' 권제1. 기이 제1의 '제4 탈해왕' 조의 해설 참조.

○ 【身長三尺, 頭圓一尺】 '제4 탈해왕' 조에는 탈해 모습에 대하여 '端正男子'라고 있고, 또 '나기(羅紀)' 제1 탈해 이사금 조에는 '有一小兒', '及壯身長九尺'이라고 되어 있는데, 이곳에서는 신장 3자, 머리 둘레 1자라고 설명하고, 거두 소인이라는 기형으로서 말하고 있는데, 바다에서 온 신령의 형상으로서는, 이러한 기형이 오히려 오랜 관념이었는지도 모른다.

○ 【爭其術云云】 유사한 이야기는 이규보 '동명왕편'이 말하는 "삼국사" 일문(逸文)의 주몽 전설 가운데에, 하늘에서 내려온 해모수가 하백과 술법을 다투는 이야기가 있어, 이것과 완전히 같은 모양이다. 불전 전설에 의한 윤색 느낌이 강하다.

참고

○ 【卵生神話】 세계 여러 곳에서는 조상의 탄생에 대하여 다양한 신화를 전하고 있는데, 난자(卵子)를 성스러운 용기(容器)(依代)로서 신령인 시조의 탄생을 말하는 난생(卵生) 신화는, 본래 남방 해양민족 사이에 분포하고 있는 신화로, 동 · 동남아시아 해양지대에 널리 분포하고 있다. 그러한 난생신화는 4가지 유형으로 구분할 수 있다. ① 강림형은 난자가 해의 자손으로서 강림하는 형식으로, 한반도 남부, 타이완, 미얀마459) 등지에 분포하고 있다. ② 조란형은 난자가 새에게 산란되는 형식

으로 필리핀 남부, 파라오(?), 수마트라섬, 피지, 인도 중부 등지에서 등장하고 있다. ③ 화생형은 다른 물체로부터 난자가 화생하는 형식으로, 타이완, 셀레베스, 보르네오 등지에 보인다. ④ 인응적 출산형은 난자가 인응적 여성에 의해 출산되는 형식으로 한반도 남부, 만주경계지방, 옛 황하 하구 부근, 베트남, 미얀마, 인도의 아삼, 티베트지역 등지에서 나타난다. 수로왕 탄생은 강림형에 해당한다. 이러한 난생신화의 배후에는 난자가 생명을 낳는 생성력에 대한 경외 관념이 움직인 것이라고 생각된다(三品彰英, "神話と文化境域").

---

459) 고증 원저서에는 '버마'. 이하 같다.

가락국기(2)
駕洛國記(2)

437屬建正(武)二十四年戊申七月二十七日, 九干等朝謁之次. 獻言曰, "大王降靈已來. 好仇未得, 請臣等所有處女絶好者. 選入宮闈. 俾爲伉儷." 王曰"朕降于兹. 天命也, 配朕而作后. 亦⁴⁶⁰⁾天之命, 卿⁴⁶¹⁾等無慮." 遂命留天干押輕舟. 持駿馬. 到望山島立待, 申命神鬼干. 就乘岾 **437a**_{望山島京南島嶼也, 乘岾輦下國也.} 忽自海之西南隅. 掛緋帆. 張茜旗. 而指乎北. 留天等先擧火於島上, 則競渡下陸. 爭奔而來. 神鬼望之. 走入闕羡(奏)之. 上聞欣欣, 尋遣九干等. 整蘭橈. 揚桂楫而迎之. 旋欲陪入內, 王后乃曰"我與[卿]等素昧平生. 焉敢輕忽相隨而去." 留天等返達后之語, 王然之. 率有司動蹕, 從闕下西南六十步許地. 山邊設幔殿祗候. 王后於山外別浦津頭. 維舟登陸. 憩於高嶠,⁴⁶²⁾ 解所著綾袴.⁴⁶³⁾ 爲贄. 遺于山靈也.⁴⁶⁴⁾ 其地(他)侍

---

460) 규장각본. 亦, 파른본의 䒠는 일본 대안사 緣起文(747)에도 보인다.

461) 파른본, 규장각본, 고증. 卿(卿).

462) DB. '王后於山外別浦津頭維舟. 登陸憩於高嶠'.

463) 규장각본, 파른본, 고증. 袴(袴).

從媵臣二貟. 名曰申輔・趙匡, 其妻二人. 號慕貞・慕良,465) 或臧獲并計
二十餘口. 所賣錦繡綾羅・衣裳疋段・金銀珠玉・瓊玖服玩噐. 不可勝
記.466) 王后漸近行在, 上出迎之. 同入帷宮. 媵臣已下衆人. 就階下而見
之即退. 上命有司. 引媵臣夫妻曰. 人各以一房安置," 已下臧獲各一房
五・六人安置. 給之以蘭液蕙醑, 寢之以文茵彩薦, 至於衣服疋段寶貨之
類, 多以軍夫遴集而護之. **438**於是王與后共在御國寢, 從容語王曰. "妾是
阿踰阤國公主也, 姓許名黃玉, 年二八矣. 在本國時. 今年五月中,467)父
王與皇后顧妾而語曰, 爺孃一昨夢. 中同見皇天上帝, 謂曰. 駕洛國元君
首露者. 天所降而俾御大寶. 乃神乃聖. 惟其人乎. 且以新花(苻)家邦. 未
定匹偶, 卿等湏遣公主而配之. 言訖升天. 形開之後, 上帝之言. 其猶在
耳,468)你於此而忽辭(辭)親向彼乎. 徃矣. 妾也. 浮海遐尋於蒸棗, 移天
敻. 赴於蟠桃, 螓首敢叨. 龍顔是近." 王荅(答)曰. "朕生而頗聖, 先知公主
自遠而屆, 下臣有納妃之請. 不敢從焉. 今也淑質自臻. 眇躬多幸." 遂以
合歡. 兩過淸宵. 一經白晝. **439**於是遂還來船, 篙工楫師共十有五人, 各賜
粮粳米十碩・布三十疋. 令歸本國. 八月一日迴鑾. 與后同輦, 媵臣夫妻
齊鑣(轡)並駕, 其漢肆雜物. 感(咸)使乘載. 徐徐入闕, 時銅壺欲午. 王后爰
處中宮, 勑賜媵臣夫妻. 私屬空閑二室分入, 餘外從者. 以賓舘一坐二十
餘間, 酌定人數. 區別安置. 日給豊羨, 其所載珍物. 藏於內庫, 以爲王后
四時之費. **440**一日上語臣下曰. "九干等俱爲庶僚之長, 其位與名. 皆是宵

464) DB. '爲贅遺于山靈也'.
465) DB. '名曰申輔・趙匡, 其妻二人號慕貞・慕良'.
466) DB. '所賣錦繡綾羅・衣裳疋段・金銀珠玉・瓊玖服玩噐不可勝記'.
467) DB. '在本國時今年五月中'.
468) DB. '上帝之言其猶在耳'.

人野夫之號, 頓非簪履職位之稱. 儻化外傳聞. 必有嗤笑之恥." 遂改我刀
爲我躬, 汝刀爲汝諧, 彼刀爲彼藏, 五方爲五常, 留水・留天之名. 不動上
字. 改下字. 留功・留德, [神天]改爲神道, 五天改爲五能, 神鬼之音不易.
改訓爲臣貴. 取雞林職儀. 置角干・阿叱干・級干之秩, 其下官僚. 以周
判漢儀而分定之, 斯所以革古鼎新. 設官分職之道歟.469) 於是乎理國齊
家. 愛民如子, 其教不肅(肅)而威, 其政不嚴而理. 況與王后而居也. 此(此)
如天之有地,470) 日之有月, 陽之有陰, 其功也. 塗山翼夏,471) 唐媛(媛)興
嬌. 頻年有夢得熊羆之兆, 誕生太子居登公. **441**靈帝中平六年己巳三月一
日后崩, 壽一百五十七. 國人如嘆坤崩, 葬於龜旨東北塢. 遂欲[不]忘子愛
下民之惠, 因號初來下纜渡頭村曰主浦村, 解綾袴(袴)高岡曰綾峴, 茜旗行
入海涯曰旗出邊. 媵臣泉府卿申輔・宗正監趙匡等. 到國三十年後. 各産
二女焉, 夫與婦踰一二年而皆抛信也. 其餘臧獲之輩. 自來七八年間. 未
有玆子生, 唯抱懷土之悲. 皆首丘而没, 所舍賓舘. 圓其無人. **442**元君乃
每472)歌鰥枕. 悲嘆良多, 隔473)二五歲. 以獻帝立安四年己卯三月二十三日
而殂落, 壽一百五十八歲矣. 國中之人若亡天. 只悲慟. 甚於后崩之日. 遂
於闕之艮方平地. 造立殯宮, 高一丈・周三百步, 而葬之. 號首陵王廟也.

> **437**건무 24년 무신 7월 27일에 구간(九干) 등이 수로왕을 배알할 때,

---

469) DB. '斯所以革古鼎, 新設官分職之道歟'.
470) DB. '況與王后而居也此如天之有地'.
471) DB. '其功也塗山翼夏'.
472) 규장각본, 고증. 盦(每).
473) 규장각본, 고증. 隔(隔).

"대왕이 강령하신 이래로 아직 좋은 배필을 얻지 못하셨으니, 청컨대 신들의 집에 있는 처녀 중에서 가장 예쁜 사람을 골라서, 궁중에 들여보내어 부부의 언약을 해 주십시오.474)"라고 하였다.

그런데 왕이 말하기를, "짐이 여기에 내려온 것은 하늘의 명이니 짐에게 짝을 지어 왕후(王后)를 삼게 하는 것도 역시 하늘의 명일 것이니 경들은 염려 말라."라고 대답했다. 그때 왕은 유천간에게 명하여 가벼운 배와 준마를 이끌고475) 망산도에 가서 서서 기다리게 하고, 신귀간에게 명하여 승점**437a**망산도는 서울 남쪽의 섬이고 승점은 왕도 아래에 있다.476)으로 가게 하였다. 그러자 갑자기 바다의 서남쪽에서, 붉은색의 돛을 단 배가, 붉은 기를 매달고 북쪽을 향해 오고 있었다. 유천간 등은 먼저 망산도 위에서 횃불을 올리니, 곧 사람들이 다투어 육지로 내려 뛰어왔다. 신귀간은 이것을 보고, 대궐로 달려와서 그것을 아뢰었다. 왕이 그 말을 듣고, 무척 기뻐하여, 즉시 구간(九干) 등을 찾아 보내어, 목련으로 만든 키를 바로잡고, 계수나무로 만든 노를 저어, 그들을 맞이하게 하였다. 곧 모시고 대궐로 들어가려 하자 왕후가 이에 말하기를, "나는 너희들과 본래 모르는데 어찌 감히 경솔하게 서로 따라가겠는가."라고 하였다.

유천간 등이 돌아가서 왕후의 말을 전달하니 왕은 그렇다고 여겨 유사(有司)를 이끌고 행차하여, 대궐 아래로부터 서남쪽으로 60보쯤 되는 곳의 산 주변에 장막을 쳐서 임시 궁전을 설치하고, 더 나아가 왕후를 마중하기 위해,477) 산 건너편의 별포 나루터의 바다까지 나갔

---

474) DB. '항려가 되게 하겠습니다.'
475) DB. '경주(輕舟)를 이끌고 준마(駿馬)를 가지고'.
476) DB. '승점은 연하(輦下)의 국(國)이다.'

다. 왕후가 탄 배는 이윽고 나루터에 배를 대고 땅으로 올라와 높은 언덕의 경치가 좋은 곳에서 쉬고,[478] 입고 있는 비단바지를 벗어 폐백으로 삼아 산신령에게 바쳤다. 그 밖에 시종 잉신(媵臣) 두 사람의 이름은 신보·조광이고, 그들의 아내 두 사람의 이름은 모정·모량이라고 했으며, 노비까지 합해서 20여 명이었다. 그들은 가지고 온 금수능라와 의상필단·금은주옥과 구슬로 된 장신구들은 이루 기록할 수 없을 만큼 많았다.

이윽고 왕후가 점점 왕이 있는 곳에 가까이 오니, 왕은 나아가 그를 맞아서 함께 유궁으로 들어왔다. 잉신 이하 여러 사람들은 섬돌 아래에서 이 모습을 보고 곧 물러갔다.[479] 왕은 유사에게 명하여, 잉신 내외들을 불러들여,[480] "그대들에게는 방 하나씩 하사하고, 노비들에게는 5,6명에게 방 하나를 주어라."라고 말하고, 또 난초로 만든 음료와 혜초로 만든 술을 주고, 침구로서 무늬와 채색이 있는 자리에서 자게 했다. 그 밖에도 옷과 비단과 보화까지 하나하나 세자니, 그 수가 너무 많아 이것을 한곳에 모아 두고, 군인들에게 호위하게 하였다.[481]

438그 후 왕은 왕후와 함께 침전에 들어갔다. 왕후는 조용히 왕에게 말하였다. "저는 아유타국의 공주입니다. 성은 허(許)이고 이름은 황옥이며 나이는 16살입니다. 본국에 있을 때 금년 5월에 부왕과 모후께서 저에게 말씀하시기를, 우리가 어젯밤 꿈에 함께 황천(皇天)을 뵈

---

477) DB. '대궐 아래로부터 서남쪽으로 60보쯤 되는 곳의 산 주변에 장막을 쳐서 임시 궁전을 설치하고 기다렸다.'
478) DB. '왕후는 산 밖의 별포(別浦) 나루에 배를 대고 땅으로 올라와 높은 언덕에서 쉬고'.
479) DB. '섬돌 아래에 나아가 뵙고 곧 물러갔다.'
480) DB. '잉신 내외들을 인도하게 하고 말하였다.'
481) DB. '군인들을 많이 모아서 그들을 보호하게 하였다.'

었는데, 황천은 가락국의 왕 수로라는 자는 하늘이 내려보낸 사람으로서 지금은 천자의 지위에 올라 있다. 수로는 신령스럽고 성스러운 자로서 보통 사람은 아니다.482) 또 나라를 새로 다스림에 있어 아직 배필을 정하지 못했다. 경들은 공주를 보내서 그 배필을 삼게 하라 하고, 말을 마치자 하늘로 올라갔는데, 꿈을 깬 뒤에도 황천의 말이 아직도 귓가에 그대로 남아 있었다. 너는 이 자리에서 곧 부모를 작별하고 그곳을 향해 떠나라고 하였습니다. 저는 배를 타고 아주 멀리 증조를 찾아, 천형으로 뱃길을 움직여 이윽고 반도에 와서, 이제 아름다운 모습으로 용안을 가까이하게 되었습니다.483)"

왕이 대답하기를, "나는 태어나면서부터 멀리 내다보는 지덕이 뛰어나, 공주가 멀리에서 올 것을 미리 알고 있었다. 신하들이 왕비를 맞으라는 청을 하였으나 따르지 않았다. 이제 이렇게 훌륭한 사람을 맞이하게 되어 나는 정말 행복하다.484)"

라고 하였다. 두 사람은 기뻐하며 혼인해서, 함께 하룻밤을 지내고, 다음 날을 맞이했다.485) 439왕비는 일단 배로 돌아가, 뱃사공 15명에게 각각 쌀 10석과 베 30필씩을 주어, 본국으로 돌아가게 하였다. 8월 1일에 왕은 왕후와 함께 수레를 타고, 잉신 내외도 함께했다. 또 중국 전래의 여러 가지 물건도 모두 수레에 싣고 천천히 대궐로 들어오니, 이때 시간은 오정(午正)이 되려고 했는데, 이때 마침 왕후는 중궁에 있

---

482) DB. '하늘이 내려보내서 왕위에 오르게 하였으니 곧 신령스럽고 성스러운 것이 이 사람이다.'

483) DB.와는 취지가 다르다. 본문 전체적 경향.

484) DB. '이제 현숙한 공주가 스스로 왔으니 이 사람에게는 매우 다행한 일이다.'

485) DB. '함께 이틀 밤을 지내고 또 하루 낮을 지냈다.'

었다. 그래서 왕은 잉신 두 사람에게는 비어 있는 두 개의 방을 사실(私室)로 주고, 그 외 동행한 자들에게도 20여 칸이나 되는 궁전을 할당하여, 이것을 사람 수에 맞게 구분해서 살게 하고, 매일 진수성찬을 내었다. 이때 가져온 진귀한 물건들은 내고(內庫)에 두고, 왕후의 사시(四時) 비용으로 쓰게 하였다.

440어느 날 왕이 신하들에게, "구간(九干)들은 모두 여러 관리의 으뜸이다. 그런데[486] 그 직위와 명칭이 모두 소인·농부들의 칭호이고, 고관 직위의 칭호가 아니다. 만약 외국에 전해진다면 반드시 웃음거리가 될 것이다."

그래서 아도를 아궁이라 하고, 여도를 여해, 피도를 피장, 오방을 오상이라 하고, 유수와 유천의 이름은 윗 글자는 그대로 두고 아래 글자만 고쳐서 유공·유덕이라 하였다. 나아가 신천을 신도, 오천을 오능이라 했고, 신귀의 음은 바꾸지 않고 그 뜻을 고쳐 신귀(臣貴)라고 하였다. 또 계림의 직제를 취해서, 각간·아질간·급간의 3관직을 두고, 그 아래의 관료는 주(周)나라 법과 한(漢)나라 제도를 가지고 나누어 정했다.

이러한 개혁을 한 까닭은, 옛것을 고쳐서 새것을 취하여 관직을 설치하여 직무를 나누어 관장하게 하고 그렇게 함으로써 백성이 지켜야 할 올바른 도리를 따르는 것이라고 할 수 있을까. 이렇게 해서 나라도 다스리고 사람들의 집도 정돈되게 되었다.

왕은 백성들을 자식처럼 사랑하기 위하여, 그 교화는 엄숙하지 않아도 위엄이 있고, 그 정치는 엄하지 않아도 다스려졌다. 더욱이 왕후

---

486) 원저서 'それだのに'.

와 함께 살게 되자 왕후의 내조의 공은 훌륭했고, 그것은 마치 하늘에 대하여 땅이 있고, 해에 대하여 달이 있고, 양(陽)에 대하여 음(陰)이 있는 것과 같아[487] 그 공적은 고사에 비유한다면, 도산이 하(夏)를 돕고, 요(堯)의 여자가 순(舜)을 도와 교씨를 일으킨 것과 같다고 할 수 있겠다.

왕후는 꿈속에서 커다란 곰을 얻을 것이라는 상서로운 징조를 보았는데, 얼마 후 태자 거등공을 낳았다.

441후한 영제 중평 6년 기사 3월 1일에 왕후는 157세 수명을 다하고 죽었다. 이때 온 나라 사람들은 땅이 꺼진 듯이 슬퍼하며, 구지봉 동북 언덕에 장사하였다. 드디어 왕후가 백성들을 자식처럼 사랑하던 은혜를 잊지 않고자, 처음 와서 닻줄을 내린 도두촌을 주포촌이라 하고, 비단바지를 벗은 높은 언덕을 능현이라 하고, 붉은 기가 들어온 바닷가를 기출변이라고 하였다. 왕후를 따라 온 천부경 신보와 종정감 조광 등은, 나라에 온 지 30년 후에 각각 두 딸을 낳았는데 부부는 1,2년을 지나 모두 죽었다. 그 밖의 노비들도 이 나라에 온 지 7,8년 사이에 자식을 낳지 못하고, 오직 고향을 그리워하는 슬픔을 품고, 고향을 생각하다가 모두 죽어서 거처하던 빈관은 텅 비고 아무도 없게 되었다.

442왕은 이에 매양 외로운 베개를 의지하여 몹시 슬퍼하다가, 왕후가 죽은 뒤 10년째[488] 후한 헌제 입안 4년 기묘 3월 23일(199년)에 죽었다. 나이는 158세였다. 나라 사람들은 부모를 잃은 것처럼 슬퍼하

---

487) DB. '왕후와 함께 사는 것은 마치 하늘에게 땅이 있고, 해에게 달이 있고, 양(陽)에게 음(陰)이 있는 것과 같았고'.
488) DB. '외로운 베개를 의지하여 몹시 슬퍼하다가 10년을 지내고'.

는 것이 왕후가 죽은 날보다 더하였다. 마침내 대궐 동북쪽 평지에 높이가 1장이고 둘레가 300보 되는 빈궁을 세워, 거기에서 장사 지내고 수릉왕묘라고 하였다.[489]

437○ 【屬建正(武)二十四年戊申】 서기 48년.

○ 【乘岾】 현재 지역 미상. 岾(점)은 조선 조자(造字)로 고개라는 뜻. 영(嶺)・치(峙)・현(峴) 등과 같은 뜻이다. 음 cyŏm 훈(訓) cae. 경상도 강원도에 많이 쓰이는 듯하다(鮎貝房之進 "雜攷" 第三輯, 俗字攷).

437a○ 【望山島】 미상.

437○ 【整蘭橈. 揚桂楫】 왕비를 바다 위에서 맞이하는 배의 정황을 그린 것으로 "초사" 상군이 상부인(남자 무당, 여자 무당이 분장)을 영접할 때에도 '薜荔柏兮蕙綢, 蓀橈兮蘭旌 ~ 붓꽃 등의 귀한 꽃으로 배를 물들이고, 난초(蕙)로 치장하고, 창포 기를 세우고', '桂櫂兮蘭枻 ~ 월계수 나무로 만든 노, 목란 키 등의 글이 보인다. 이것을 참고한 듯하다. 또한 중국고대에서는 혜란 등의 풀은 구혼할 때 쓰는 풍습이 있었다.

○ 【解所著綾袴(袴). 爲贄. 遺于山靈也】 袴는 고(袴)의 잘못이다. 산령은 땅을 지키는 신적 존재로 생각하여, 외부인은 우선 그곳에 공물을 바치는 풍습에 유래한다는 전승이다. 옷의 일부를 바치는 것은, 가장 귀중한 공물이며 자기 몸의 일부를 의미한다. 쓰시마(對馬)의 쓰쓰(豆酘)[490]에 있는 天童地(무서운 곳)에 대해 곁을 지나는 사람들은 한쪽 옷소매를 찢어 공물로 하는 풍습이 있었다.

○ 【媵臣】 잉(媵)의 뜻은 시집가는 정부인을 따라가는 여자인데, 기원적으

---

489) DB. '대궐 동북쪽 평지에 빈궁(殯宮)을 세웠는데 높이가 1장이고 둘레가 300보였고, 거기에 장사 지내고 수릉왕묘(首陵王廟)라고 하였다.'
490) 대마도 남서쪽에 있는 마을.

로는 중국 상고 시대에 있었던 배상 혼인으로 정부인에게 자식이 없거나, 병으로 죽었을 때, 그 배상(賠償)으로서 시집가는 동성 여자를 말하는 것 같다. 그러나 춘추시대가 되자 이미 그 본래 의미를 잃고 정부인을 따르는 첩과 동일시한 것 같다(加藤常賢 "支那古代家族制度研究"). 이러한 것으로 후세에는 여성을 따르는 부처(副妻), 하녀를 잉(媵), 잉녀라고 하고, 소사, 하복을 잉, 잉신이라고 부르게 되었다고 생각한다. 중국 사적에 잉신이 처음 보이는 곳은 "사기" 은(殷)본기 '阿衡欲奸湯而無由, 乃爲有莘氏媵臣'의 아형 즉 이윤인데("초사", "여씨춘추", "묵자", "한비자" 등에도 같은 말이 보인다.), 이것은 잉(媵)의 본래 의미를 잃은 후세의 설화로, 비천한 이윤을 등용하여 은(殷) 조정을 세운 탕왕의 덕망을 칭송한 설화일 것이라고 풀이된다(出石誠彦 "支郡神話傳說の研究"). 이곳의 잉신도 부처(夫妻491))이며 시종과 나란히 적혀 있으니 허(許) 왕후를 따르는 종신일 것이다.

438○【阿踰陁國】 범어 명 Ayodhy. 유아도 · 아비타 · 아비도 · 아유태야 등으로 쓰고, 난승무투 등으로도 옮긴다. 중인도에 있었던 고대왕국으로 "대당서역기" 제5에 '아수타국(阿輸陀國)492)은 주변 오천여 리 남짓, 나라의 큰 도성은 주변 20여 리 되고, 곡창이 넘치며(穀稼豊盛) 꽃과 과일이 무성(華菓繁茂)하고, 밝은 성격(氣序和暢)이며 풍속이 순하다. 영복(榮福)을 좋아하고 학예(學藝)에 힘쓴다. 가람이 백여 개 있고(伽藍百有餘所), 승려가 삼천여 명(僧徒三千餘) 되고, 대승소승을 함께 익히고 배운다.'라고 하여, 실리라다 · 무저 · 세친 등 저명 불조사들이 있었던 옛 땅이다. 이 아유타국의 이름이 어떠한 이유로 수로전설에 채용되었는지는 분명하지 않다. 서역기 기사 가운데에는 수로전설과 연결지을 만한 요소는 전혀 보이지 않는다. 어쩌면 이 땅은 아유가왕(아육왕)의 옛터인

---

491) 고증 원저서 그대로. 위에서는 부처(副妻)라고 했다.
492) 고증 원저서 그대로. 아유(阿踰)인가. 수(輸)는 일본어로는 유(ゆ).

도성이며, 따라서 불교 동점(東漸)의 신앙이 가락국 전설과 이어지는 인
연이 되었는지도 모른다.

○【妾也. 浮海遐尋於蒸棗, 移天夐. 赴於蟠桃】조(棗)·형(夐)·도(桃) 모두
주술적 상징이며, 그것으로 나타나는 나라들을 방문했다는 것을 의미하
는 듯하다. 이것은 무조성모전설, 예를 들면 바리공주 즉 버린 공주의 전
설에 왕녀가 돌 상자에 넣어 바다로 버려, 천상천하를 순행하여 무술(巫
術)을 배우고 부모 나라로 돌아오는 이야기와 공통되는 설화 요소를 가
지고 있다.

439○【銅壺】물시계.

440○【取雞林職儀. 置角干·阿叱干·級干之秩】신라 관위는 17등인데, 이
것이 확정된 것은 아마 진흥왕대(540-575) 후반일 것이다. 그러나 이 관
위는 차례로 정비된 것이며, 특히 531년 이전에는 관위와 관직이 분화되
지 않았다고 생각된다. 지증왕 이전의 "삼국사기" 기사는 전설적인 것이
많으며 그 제도가 명확하게 전하고 있지 않으나, 그것에 의하면 최고관위
이벌찬(각간)이나 이찬은 군사·행정의 최고관직명으로 사용되었고, 아
찬은 중앙의 장군직·행정사무관 직명이며, 급찬이나 일길찬·사찬 등
은 성주 즉 지방호족에게 주어진 관위 같다. 5세기 신라 관위 명을 정확
하게 보일 수는 없으나, 3단계로 되었던 것만은 알 수 있다. 이곳에 보인
각간[이벌찬-왕족 내지 제1 한기(旱岐)]·아질간(아찬-옛 소국왕)·급간
(급찬-옛 촌락의 한기)이라는 3관위를 5세기 신라관위명이라고 보아도
좋을 것이다(今西龍 "新屬史研究" 所収 '新羅官位號考', 末松保和 "新羅史
の諸問題" 참조). 임나 여러 나라의 관위를 전하는 사료는 '서기(書紀)' 이
외는 없다. 수진(崇神) 2년 분주(分注)에 보이는 '意富加羅國王子, 名都怒
我鵜羅斯等'의 도노아를 각간이라고 볼 수 있다. 하지만 각간이라는 문자
는 아마 신라통일 전후일 것이다. 각간 문자는 어쨌든 이것에 상당하는
관위가 대가라국에 있었다는 것은 인정해도 좋을 것이다. 긴메이(欽明)
2년(541)과 5년의 기사에서 대가라국·아라국·다라국 등 임나국에서는

상수위·하(下)(次) 한기 등의 관위가 있었던 것을 알 수 있고, 금관가라 국뿐 아니고 이들 나라에서도 신라의 옛 관위와 비슷한 3단계 관위제도가 있었던 것을 전하고 있다. "위지(魏志)" 변진전에는 '弁辰. 與辰韓雜居. 亦有城郭. 衣服居處與辰韓同. 言語法俗相似 云云'이라고 있어, 신라 전신인 진한과 가라 여러 나라를 포함하는 변한과는 3세기경 이미 풍속이 상당히 일치했다는 것을 알 수 있다. 아마 신라와 가라 여러 나라는 사회조직도 비슷했을 것이고, 이러한 사회조직 위에 생긴 관위제도도 비슷한 것이 되었다고 생각한다.

○ 【周判漢儀】 주판(周判)이라는 말은 없으나, 대구(對句)인 "한의"나, 판(判)과 관(官)의 음이 비슷한 것 등으로부터 "주관" 즉 "주례"라고 생각된다. "주례"는 서주 주공이 제정한 예제를 적은 경서라고 하는데, 아마 전한(前漢) 내지 왕망 시대에 완성되었을 것이다. 그 내용은 여러 관직을 6분야로 나누고, 대개 궁중관계 관직을 천관(天官), 지방행정·교육관계를 지관, 신직관계를 춘관, 군정관계를 하관, 사법관계를 추관, 및 거복·궁시 등의 제작관계를 동관이라고 하고 있다. 나아가 그 직제와 관원 수 및 각각의 직무내용을 분명히 하고 있고, 고대왕국의 이상적 행정조직을 규정한 것이다. "한의"는 전한의 손숙통이 지은 것이다. 이 책을 바탕으로 후한 조포가 칙명을 받들어 한층 더 세밀하게 행정조직을 적은 같은 이름의 책도 있다(津田左右吉, '周官の研究', "滿鮮地理歷史研究報告" 第一五冊 所収).

○ 【塗山翼夏, 唐媛(媛)興嬌】 중국 상고의 성현군주인 순(舜)·우(禹)에게 시집을 가서, 부도(婦道)의 거울이라고 칭송받는 도산씨 딸이나, 요(堯)의 2녀에 비유해서 허황후의 부덕을 칭찬한 글이다. 도산이라는 것은 중국 하대(夏代)의 하나의 씨족으로, 그 거주지는 "한서" 지리지 응소주에 의하면, 현재의 안휘성 회원현 동쪽에 있다. 이 도산씨 여자는 우(禹)에게 시집가서 계(啓)를 낳고, 중국 최초로 혈통왕조인 하 왕조의 근본을 이루었다. "오월춘추"에서는 이 여성의 자(字)를 여교라고 전하며, 또 상

문가를 전하고 있다. 당난은 당원을 잘못 적은 것으로 도당씨 제요 딸·
아황과 여영을 말한다. 두 딸은 순(舜)에 시집가서 아버지·계모·이모
제상의 계략에 괴로워하는 순을 구하여 부도(婦道)를 다하고, 순(舜)이
황제 자리에 오르자 아황이 황후·여영이 비(妃)가 되어 순(舜)의 후예
교씨를 일으켰다고 전한다.

○【有夢得熊羆之兆】중국에서는 예부터 웅비를 꿈꾸는 것은 남자의 탄생
을 알리는 것이라고 생각하고 있다. 웅(熊)과 비(羆)는 산에 살며 양(陽)
의 징조이므로 이것을 꿈꾸면 남자를 낳을 수 있다고 한다. "시경" 소
아·사간에 '吉夢維何(좋은 꿈이란 어떤 꿈인가) 維熊維羆(곰이나 불곰
꿈) 維虺維蛇(기는 것이나 뱀 꿈) 大人占之(해몽가 점치기를) 維熊維羆
(곰·불곰 꿈은) 男子之祥(나자 아이를 낳는 상서로운 꿈) 維虺維蛇(기는
것·뱀 꿈은) 女子之祥(여아를 낳는 길몽)이라는 노래가 전해진다. 또한
웅신신앙에 대해서는 주해 84 참조.

441○【靈帝中平六年己巳】서기 189년.

○【主浦村】'승람'(권32) 김해 및 웅천 산천 조에 주포는, 김해 남쪽 약 15
km 웅천의 동쪽 약 11km 양쪽 현의 경계에 있다고 한다. 아유가이 후사노
신(鮎貝房之進)은 주포의 옛 뜻 nim을 임(臨)의 음에, 포(浦)의 방언 kae
를 바다의 음으로 하고, 주포를 김해의 옛 이름 임해(臨海)라고 하고 있
다. 또 긴메이기(欽明紀) 23년 임나10국에 보이는 임례(稔禮)에 대고 있
다. 나아가 "위지" 변한전에 보이는 변진미오사마국도 또한 같은 나라라
고 하고 있다(雜攷 第七輯 上卷). 이 임례=임나 설에는 문제가 있는데 弥
烏邪馬=任那=臨海=주포라고 한 것은 뛰어난 견해이다. 더 나아가 나(那)
는 국(國)의 뜻 nara → nae로, 물가 땅 내지 평야를 의미하고 있다. 양주
동("古歌研究")은 임(任)의 글자를 전(前) 또는 주(主)의 의미로 풀이하고
있는데, 그것만으로는 충분하지 않다. 이곳에 보이듯이 주포촌은 왕후
내임(來任)의 전승 지역이며, 다음 글에 보이는 수로 묘(廟)에서의 제의
(祭儀)가 왕비를 해변에서 영접하는 배 축제 행사였던 것으로, 주포는 바

다의 여신을 받드는 제사의 성지였다고 해야 할 것이다. 이와 같이 성지의 명칭이 국호에 쓰이는 것은 적지 않다. 나아가 제정(祭政)시대 일본 조정의 가라 여러 나라 지배가, 우선 이와 같은 제정의 성역 주포＝임나를 거점으로 했다는 것, 또 최초 거점의 명칭이 확대된 전 가라 지역의 명칭이 되어 갔다는 것을 알 수 있다(三品彰英, "日本書紀朝鮮關係記事考證" 상권, 任那國 条).

○ 【綾峴】 김해 남쪽 약 11㎞. 현(峴)도 조선 조자(造字)로 영(嶺), 점(岾)과 같은 뜻으로 ko-kae라고 말한다. 산 고개로 통하는 언덕, 혹은 고개 의미이다(鮎貝房之進 '借字攷'3 "朝鮮學報" 제9집 수록).

442○ 【獻帝立安四年己卯】 서기 199년. 입안(立安)은 건안인데, 모두 뒤에서 말하겠다(주해 458).

○ 【若亡天, 只悲慟】. 이병도 역 "삼국유사"(1973년, 한국명저대전집 수록), 이병도 역주 겸 원문 "삼국유사"(1976년), 김사엽 "完譯三國遺事"(1976년) 등에는 이 글을 '若亡天只. 悲慟' 즉 '天只(父母)를 잃은 듯이 슬퍼함'이라고 번역하고 있다. 그러나 '若亡天只'는 '하늘을 잃은 것같이'라고 옮겨야 곳이다[지(只)는 말끝에 다루는 조사(助辭)로, 천지(天只)라고 묶어 말하는 것은 적절하지 않다고 생각된다]. '부모를 잃은 듯이'라고 해석을 한다면 천(天) 혹은 천지(天只)에 부모의 뜻이 들어가지 않으면 안 된다. 원저자가 참고했다고 생각되는 시경의 용풍, 백주의 원문을 확인차 인용한다면,

汎彼拍舟 흘러가는 저 동백나무 배는
在彼中河 저 강 가운데 있고
髧彼兩髦 늘어진 저 두 갈래 머리를 한 사람은
實維我儀 진정으로 이 나의 동반자
之死矢靡它 죽을 때까지 맹세하는 것 외 없다.
母也天只 어머니는 하늘이라고 하는데

不諒人只 사람을 믿어 의심하지 않으리.

[일본어 번역은 吉川幸次郎注 "詩經國風"(岩波·中國詩人全集第一卷)에 의한다.]

라고 있다. '母也天只' 글에 관한 모전(毛傳)은 '母也天也 … 天謂父也'라고 주를 달고 천(天)을 부(父)라고 풀이하고 있으며, 또 집전에는 '母之於我, 覆育之恩如天罔極'이라고 있어, '天'은 그대로 '하늘에 관한 것'으로 하고 있다. 吉川幸次郎는 '이 글 母는 하늘같고 총명한데라고 한 것은 주자설을 따른다….'라고 했다.

그런데 '유' 원문으로 돌아가 '國中之人若亡天只悲慟'이라는 글은 모전(毛傳)에 의해 '온 나라 사람들은 아버지를 잃은 듯이 슬퍼하고 통곡했다.'라고 번역하는 것이 가장 옳다고 생각된다. 따라서 "朝鮮學報"(제29집)의 옛 번역은 위와 같이 고치고 싶다. '天只'를 둘러싸고 다소 의논이 있어 보이기에 위와 같이 특별히 덧붙여 두었다.

가락국기(3)

駕洛國記(3)

---

443 自嗣子居登王洎九代孫仇衝之. 享是廟, 湏以每歲孟春三之日·七之日·仲夏重五之日·仲秋初五之日·十五之日. 豊潔之奠. 相繼不絶. **444** 洎新羅第三十王法敏龍朔元年辛酉三月日. 有制曰, "朕是伽耶國元君九代孫仇衝王降于當國也. 所率來子世宗之子. 率友公之子. 庶云匝干之女. 文明皇后寔生我者. 玆故元君於幼冲人. 乃爲十五代始祖也. 所御國者已曾敗, 所葬廟者今尚存, 合于宗祧. 續乃祀事." 仍遣使於黍離之趾, (納)近廟上上田三十頃. 爲供營之資. 號稱王位田. 付屬本土. **445** 王之十七代孫賡世級干祗稟朝旨, 主掌厥田. (每)歲時釀醪醴設以餠·飯·茶·菓庶羞等奠. 年年不墜. 其祭日不失居登王之所定年內五日也. 芬芯孝祀. 於是乎在於我. 自居登王即位巳(己)夘(卯)年置便房, 降及仇衝朝. 來⁴⁹³三百三十載之中, 享廟禮曲. 永無違者, 其乃仇(仇)衝失位去國, 逮龍朔元年辛酉. 六十年之間, 享是廟禮. 或闕如也. 羑(美)矣哉, 文武王 **445a** 法敏王諡也.

---

493) DB. '未'.

先奉尊祖, 孝乎惟孝. 繼泯絶之祀. 復行之也. **446**新羅季末. 有忠至匝干者, 攻取金官高城. 而爲城主將軍. 爰有英規阿干. 假威於將軍. 奪廟享而滛祀, 當端午而致告. 祠堂梁無故折墜. 因覆壓而死焉. 於是將軍自謂, "宿因多幸. 辱爲聖王所御國城之奠, 宜我畫其眞影. 香燈供之. 以酬玄恩." 遂以鮫絹(綃)三尺. 摸出眞影. 安於壁上, 旦夕膏炷. 瞻仰虔至. 才三日. 影之二目. 流下血淚. 而貯於地上, 幾一斗矣. 將軍大懼. 捧持其眞. 就廟而焚之, 即召王之眞孫圭林而謂曰 "昨有不祥事. 一何重疊. 是必廟之威靈. 震怒餘之圖畫而供養. 不孫英規旣死, 餘甚怪畏. 影巳(已)燒矣, 必受陰誅. 卿(卿)是王之眞孫. 信合. 依舊以祭之." 圭林繼世奠酹. 年及八十八歲而卒, **447**其子間元卿(卿). 續而克禋, 端午日謁廟之祭. 英規之子俊(俊)必又發狂, 來詣廟. 俾徹間元之奠. 以己奠陳享, 三獻未終. 得暴疾. 歸家而斃. 然古人有言 "淫祀無福. 反受其殃." 前有英規. 後有俊(俊)必, 父子之謂乎. **448**又有賊徒謂. 廟中多有金玉. 將來盜焉. 初之來也. 有躬摟甲冑. 張弓挾矢. 猛士一人. 從廟中出. 四面兩(雨)射. 中殺七八人, 賊徒奔走. 數日再來. 有大蟒長三十餘尺. 眼光如電. 自廟旁(傍)出. 咬殺八九人, 粗得完免者. 皆僵仆而散. 故知陵園表裏. 必有神物護之. **449**自逮(建)安四年巳(己)卯始造. 逮今上御圖(國)三十一載大康二年丙辰. 凡八百七十八年, 所封美土. 不騫不崩. 所植佳木. 不枯不朽, 況所排列萬蘊玉之片片. 亦不頹圮. 由是觀之, 辛替否曰 "自古迄今. 豈有不亡之國‧不破之墳", 唯此駕洛國之昔曾亡. 則替否之言有徵矣, 首露廟之不毀. 則替否之言. 未足信也. **450**此中更有戲樂思慕之事. 毎(每)以七月二十九日, 土人‧吏‧卒. 陟乘岾. 設帷幕. 酒食歡呼. 而東西送目, 壯健人夫. 分類以左右之, 自望山島. 駮蹄駿駿. 而競湊於陸, 鷁首泛泛. 而相推於水, 北指古浦而爭趨. 盖此昔留天‧神鬼等. 望后之來, 急促告君之遺跡也. **451**國亡之後, 代代稱

(稱)號不一. 新羅第三十一政明王即位. 開耀元年辛巳, 號爲金官京置太
守. **452**後二百五十九年. 屬我大祖統合之後, 代代爲臨海縣, 置排岸**使**
(使). 四十八年也, 次爲臨海郡. 或爲金海府置都護府. 二十七年也, 又置
防禦使. 六十四年也. **453**淳化二年. 金海府量田使中大夫趙文善. 申省狀
稱 "首露陵王廟屬田結數多也, 宜以十五結仍舊貫, 其餘分折於府之**役**
(役)丁". 所司傳狀**奏**(奏)聞, 時廟朝宣旨曰 "天所降**夘**(卵). 化爲聖君, 居位
而延齡. 則一百五十八年也. 自彼三皇而下. 鮮克比肩者歟. 崩後自先代
俾屬廟之壟**釦**(畝). 而今減除. 良堪疑懼". 而不允. 使又申省, 朝**迁**(廷)然
之, 半不動於陵廟中, 半分給於鄉人之丁也. 節使 **453a**量田使稚也. 受朝旨, 乃
以半屬於陵園, 半以支給於府之徭役戶丁也. 幾臨事畢而**甚**(甚)勞倦, 忽一
夕夢見七八介鬼神, 執縲絏. 握刀劒而至云 "你有大愆. 故加斬戮." 其使
以謂受刑而慟楚. 驚懼而覺. 仍有疾療, 勿令人知之. 宵遁而行, 其病不間
渡關而死. 是故量田都帳不著印也. **454**後人奉使來審檢厥田, 才(十)一結
十二負九束也, 不足者三結八十七負一束矣. 乃推鞫斜入處報告內外官,
勑理足支給焉, **455**又有古今所嘆息者. 元君八代孫金銍王克勤爲政. 又切
崇眞, 爲世祖母許皇后奉資冥福. 以元嘉二十九年壬辰, 於元君與皇后合
婚之地創寺. 額曰王后寺, 遣使審量近側平田十結. 以爲供億三寶之費.
456自有是寺五百後. 置長遊寺, 所納田柴幷三百結. 於是右寺三剛. 以王后
寺在寺柴地東南標內, 罷寺爲莊, 作秋收冬藏之場·秣馬養牛之廐, **457**悲夫
(矣). 世祖已下九代孫曆數. 委錄于下, 銘曰.

元胎肇啓, 利眼初明. 人倫雖誕, 君位未成. 中朝累世, 東國分京. 雞林
先定. 駕洛後營.

自無銓宰, 誰察民(民)甿. 遂玆玄造. 顧彼蒼生. 用授符命. 特遣精靈. 山
中降**夘**(卵), 霧裏藏刑(形).

內猶漠漠, 外亦冥冥. 望如無象, 聞乃有聲. 羣歌而奏. 衆舞而呈. 七日而後, 一時所(寧). 風吹雲卷, 空碧天青. 下六圓夘(卵), 垂一紫纓. 殊方異土. 比屋連甍. 觀者如堵, 覩者如羹. 五歸各邑, 一在玆城. 同時同迹, 如弟如兄. 實天生德, 爲世作程. 寶位初陟, 寰區欲清.

華構徵古, 土階尚平. 萬機始勉, 庶政施行. 無偏無儻, 惟一惟精. 行者讓路, 農者讓耕.

四方奠枕, 萬姓迓衡. 俄晞薤露, 靡保椿岺(齡). 乾坤變氣. 朝野痛情. 金相其躅, 玉振其聲,

來苗不絶, 薦藻惟馨. 日月雖逝, 䂓儀不傾.

풀이 [443]그의 아들 거등왕으로부터 9대손 구형왕까지 이 묘(廟)에 배향하고, 매년 정월 3일과 7일, 5월 5일과 8월 5일과 15일을 기다려, 풍성하고 깨끗한 제물을 차려 제사를 지내어 대대로 끊이지 않았다. [444]신라 제30대 왕 법민왕(法敏)은 용삭 원년 신유 3월에 조서를 내려,

"가야국 시조의 9대손 구형왕이, 이 나라에 항복할 때 이끌고 온 세종의 아들이 솔우공이고, 그 아들 서운 잡간의 딸 문명황후가 나를 낳았다. 따라서 시조 수로왕은 나에게 곧 15대 시조가 된다. 그 나라는 이미 멸망당했으나, 그를 장사 지낸 묘(廟)는 지금도 남아 있다. 이것을 구형왕 이후의 종묘에 합해서 계속하여 제사를 지내게 하겠다."

라고 말했다. 그리하여 그 옛 궁터에 사신을 보내서, 묘에 가까운 상전(上田) 30경(頃) 공영의 비용으로 하여 왕위전이라 부르고, 금관가라의 본토에 소속시켰다. [445]수로왕의 17대손 갱세 급간이 조정의 뜻을 받들어, 그 밭을 주관하여 매해 때마다 술과 단술을 빚고, 떡·밥·

차 · 과실 등 여러 맛있는 음식을 진설하고, 제사를 지내어 해마다 끊이지 않게 하였다. 그 제삿날은 거등왕이 정한 연중 5일을 바꾸지 않았다. 이러한 일이 있어 조상을 공경하는 기풍은, 멀리 온 나라에 퍼지게 되었다. 되돌아보면 거등왕이 즉위한 기묘에 편방을 설치한 뒤로부터, 구형왕 말년에 이르는 330년 동안에 묘에 지내는 제사는 길이 변함이 없었으나, 그 구형왕이 왕위를 잃고 나라를 떠난 후부터 용삭 원년 신유(661년)에 이르는 60년 사이에, 이 묘에 지내는 제사 지내는 예를 가끔 **빠뜨리기도** 하였다. 아름답도다, 문무왕**445a**법민왕(法敏王)의 시호이다.은 먼저 조상을 받드니 효성스럽고 또 효성스럽다. 끊어졌던 제사를 다시 향하였다. **446**신라 말년에 충지 잡간이란 자가 있었는데, 금관 고성을 쳐서 **빼앗고** 성주장군(城主將軍)이 되었다. 이에 영규 아간이, 장군의 위엄을 빌려 묘향(廟享)을 **빼앗아** 함부로 제사를 지냈는데, 단오를 맞아 사당에 제사를 지내다가, 사당의 대들보가 이유 없이 부러져 떨어져서 깔려 죽었다. 이에 장군이 스스로 말하기를

"다행히 전생의 인연으로 해서, 성왕이 계시던 국성(國城)에 제사를 지내게 되었으니, 마땅히 나는 그 진영을 그리고 향(香)과 등(燈)을 바쳐 그윽한 은혜를 갚아야겠다."라고 하고, 교견(鮫絹) 3척을 가지고 진영을 그려 벽 위에 모시고 아침저녁으로 촛불을 켜 놓고 공손히 받들었다. 겨우 3일 만에 진영의 두 눈에서 피눈물이 흘러서 땅 위에 고였는데, 거의 한 말 정도가 되었다. 장군은 매우 두려워하여, 그 진영을 받들어 가지고 사당을 나가서 불태우고, 곧 수로왕의 친 자손 규림을 불러서

"어제는 상서롭지 못한 일이 있었는데 어찌하여 이런 일들이 거듭 생기는 것인가. 이는 필경 사당의 위령이, 내가 진영을 그려서 모시는

것을 불손하게 여겨 진노한 것이다. 영규가 이미 죽었으므로, 나는 몹시 괴이하고 두렵게 여겨 진영도 이미 태워 버렸으니, 반드시 신(神)의 주살을 받을 것이다. 경은 왕의 진손(眞孫)이니, 전에 하던 대로 제사를 받드는 것이 옳겠다."라고 말했다. 이후 규림이 대를 이어 제사를 지내다가, 나이 88세에 이르러 죽었다.

447그 아들 간원경이 이어서 제사를 지내는데, 단오날 알묘제 때, 영규의 아들 준필이 또 발광해 버렸다. 즉 준필은 참배를 위해 사당으로 와서 간원이 차려 놓은 제물을 치우고서, 자기가 제물을 차려 제사를 지냈는데, 삼헌(三獻)이 끝나기 전에, 갑자기 병이 생겨서 집에 돌아가 죽었다. 옛 사람이 이런 말을 한 적이 있다. 제사를 더럽히면, 반드시 복은 사라지고 재앙을 받는다고 했는데, 과연 그래서인가, 앞서 영규의 일도 있고, 지금 또 준필의 일이 일어났다. 이 옛 사람의 말은 이들 부자를 두고 한 말인가.

448또 도적의 무리들이, "묘 안에 많은 금은보화를 훔치자."라고 하며 처음으로 묘(廟)에 와 보니, 몸에 갑옷을 입고 투구를 쓰고 활에 살을 당긴 한 용사가, 사당 안에서 나오더니 사면을 향해서 비 오듯 화살을 쏘아서 7,8명을 맞혀 죽어 버렸다. 그래서 나머지 도둑의 무리들은 달아났는데, 며칠 후에 다시 오자 큰 구렁이가 있었는데 길이가 30여 척이나 되고 눈빛은 번개와 같이 번뜩이며 사당 옆에서 나오자마자 또 8,9명을 물어 죽였다. 겨우 살아남은 자들도 모두 넘어지면서 달아났다. 그리하여 성역인 묘의 안팎에는 반드시 신불(神佛)의 기호가 있다는 것을 알게 되었다.

그래서인가 **449**건안 4년 기묘에 처음 만든 때부터, 지금 임금께서 즉위한 지 31년인 대강 2년 병진(1076)까지 도합 878년인데, 제단을 쌓아 올린 아름다운 흙이 이지러지거나 무너지지 않았고, 심어 놓은 아름다운 나무도 마르거나 썩지 않았으며, 하물며 거기에 벌여 놓은 수많은 옥 조각들도 부서지지 않았다. 이것으로 생각해 본다면 신체부가 말했다.

"예로부터 지금에 이르기까지, 어찌 망하지 않은 나라와 파괴되지 않은 무덤이 있겠느냐?"

라고 말했지만, 오직 가락국이 옛날에 일찍이 망한 것은, 곧 체부의 말이 맞지만 수로왕의 사당이 허물어지지 않은 것은, 곧 체부의 말을 믿을 수 없다. [450]이상과 같이 영묘의 제사는 여러 가지로 일어났는데, 나아가 성대하게도 '희낙사모' 행사가 있었다. 매년 7월 29일에 백성·서리·군졸들이 승점에 올라가서, 장막을 치고 술과 음식을 먹으면서 크게 떠들며 기세를 높인다. 그러는 가운데 사람들의 눈은 동서쪽으로 향한다. 이윽고 좌우로 나누어진 건장한 남자들이, 망산도에서 서둘러 육지를 향해 달리고 앞을 다투어 모인다. 바다 가득한 뱃머리를 둥둥 띄워, 물 위로 서로 밀면서 북쪽 고포를 향해서 다투어 달린다. 대개 이것은 옛날에 유천간과 신귀간 등이 왕후가 오는 것을 바라보고, 급히 수로왕에게 아뢰던 옛 자취이다.

[451]가락국이 망한 뒤로는, 대대로 그 칭호가 한결같지 않았다. 그래서 신라 제31대 정명왕이 즉위한 개요 원년 신사에는, 금관경이라 이름하고 태수를 두었다. [452]그 후 259년에 우리 태조가 통합한 뒤로는, 대대로 임해현이라 하고 배안사를 둔 것이 48년이었으며, 다음에는 임해군 혹은 김해부라고 하고 도호부를 둔 것이 27년이었으며, 또 방어사를 둔 것이 64년이었다. [453]순화 2년에 김해부의 양전사 중대부 조문선은, 조사해서 중앙에 보고하여

"수로왕의 능묘(陵廟)에 소속된 밭의 면적이 많으니, 마땅히 15결을 가지고 전대로 제사를 지내게 하고, 그 나머지는 부(府)의 역정들에게 나누어 주어야 합니다."라고 말했다. 이 일을 맡은 관청에서 그 장계를 전하여 보고하자, 그때 조정에서는 명을 내렸다.

"하늘에서 내려온 알이 화해서 성군이 되었고, 이내 왕위에 올라 오래 살았으니, 곧 나이 158세가 되었다. 저 삼황(三皇) 이후로 이에 견줄 만한 이가 드물다. 성왕이 붕어한 뒤에 연이어 선대부터 능묘의 자산으로서 밭을 붙여 왔는데, 그것을 지금에 와서 줄인다는 것은 진실로 의구스러운 일이라 허락할 수는 없다."라고 하고 이를 허락하지 않았다.

그러나 양전사가 또 거듭 아뢰자, 조정에서도 이를 그렇다고 여겨, 반은 능묘에서 옮기지 않고, 반은 그곳의 역정에게 나누어 주게 하였다. 절사[453a]양전사의 별칭이다.는 조정의 명을 받아, 이에 그 반은 능원에 소속시키고, 반은 김해부에 부역하는 호정(戶丁)에게 지급하기로 하고 실행에 옮겼는데, 그것이 완료될 즈음에 양전사가 몹시 피곤해 하였다. 갑자기 어느 날 밤에 꿈을 꾸었는데 7, 8명의 귀신이 나타나 밧줄을 가지고 칼을 쥐고 와서 말하였다.

"너에게 큰 죄가 있어 베어 죽여야겠다."

라고 말했다. 양전사는 울부짖으며 놀랍고 무서웠는데 눈을 떠 보니, 이미 병이 났다. 그래서 그는 밤이 되자 사람 눈을 피해 도망쳤는데, 그 병은 조금도 낫지 않고 관문을 지난 곳에서 죽었다. 이 때문에 양전도장에는 결국 그의 도장이 찍히지 않았다. [454]그 뒤에 사신이 와서 그 밭을 검사해 보니, 능묘의 밭은 겨우 11결(結) 12부(負) 9속(束)이고, 부족한 것은 3결 87부 1속이었다. 이에 모자라는 밭을 어찌했는가를 조사해서 내외궁에 보고하고, 그 부족한 것을 칙명으로 채워 능묘에 지급했다.

455또한 고금(古今)에 탄식하는 자가 있었다. 즉 수로왕의 8대손 김질왕은, 정치에 부지런하고 또 참된 것을 매우 숭상하였는데, 시조모 허황후를 위해서 그의 명복을 빌고자 하였다. 원가 29년 임진에 수로왕과 허황후가 혼인한 곳에 절을 세웠다. 그 편액에는 왕후사라 적혀 있었다. 나아가 왕은 사신을 보내어, 근처의 평전 10결을 헤아려 삼보를 공양하는 비용으로 하게 하였다. **456**이 절이 생긴 지 500년 후에 장유사를 세웠는데, 이 절에 바친 밭이 도합 300결(結)이었다. 그런데 이에 장유사의 삼강(三綱)은 왕후사가, 장유사의 밭 동남쪽 표(標) 안에 있다고 해서 왕후사를 폐해서 장사(莊舍)를 만들어, 가을에 곡식을 거두어 겨울에 저장하는 장소와 말을 기르고, 소를 치는 마구간으로 만들었다고 하는 것이다. **457**어찌 슬프지 아니하랴. 세조494) 이하 9대손까지의 역수(曆數)는 아래 명(銘)에 자세히 기록되어 있다.

처음에 천지가 열리니,
일륜(日輪)이 비로소 밝았다.
인륜(人倫)은 비록 생겼지만,
임금의 지위는 아직 이루지 않았다.
중국은 여러 대를 지냈지만,
동국은 아직도 나뉘어
계림이 먼저 정해지고,

---

494) DB. '시조'.

가락국이 뒤에 일어난다 해도.

스스로 맡아 다스릴 사람 없으면,

누가 백성을 보살피겠는가.

상제께서 나와, 저 창생을 돌보았다.

여기 부명을 주어,

특별히 정령을 보냈다.

산속에 알이 내려오니

안개 속에 모습을 감추었다.

안은 오히려 아득하고,

바깥 또한 캄캄하였다.

바라보면 형상이 없는 듯하다.

그러나 은은하게 들려오는 소리가 있으니.

무리들은 연주하고 노래 부르고

춤을 추어 맞이하였다.

7일 낮밤이 지나,

한때 가라앉았을 때에.

바람이 불어 구름이 걷히니

하늘 푸르고 맑게 개었다.

하늘을 내려오는 여섯 개 둥근 알,

드리운 한 가닥 자색 줄.

내려오니 이 세상 모습 아닌지라

집과 집이 연이었다.

구경하는 사람은 줄지었고,

바라보는 사람 가득하였다.

다섯 알 저마다 오가야로 돌아가고,

하나는 이 성에 남아 주셨다.

때를 함께하고 움직임은 더불어 하니

아우와 같고 형과 같았다.

진실로 하늘의 덕을 낳아,

세상을 창조하고 질서를 잡았다.

수로왕이 처음 왕위에 오르시니

온 세상은 곧 맑아지려 하였다.

궁전은 옛 법을 따랐고,

흙 계단 또한 평평하였다.

만기(萬機)를 비로소 힘쓰고,

서민을 위한 모든 정치를 베풀었다.

기울지도 치우치지도 않고,

오직 하나의 진심을 담아,

길 가는 자는 길을 양보하고,

농사짓는 자는 밭을 양보하였다.

사방은 모두 안정되고,

모든 백성은 태평을 맞이하였다.

갑자기 풀잎의 이슬처럼,

군왕의 장수(長壽) 빛바래지자

천지도 기운이 변하여

조야(朝野) 모두 마음을 아파하였다.

금옥과 같은 소리에 마음이 녹듯이

발을 동동거리며 슬퍼한다.

후손이 끊어지지 않으니,

영묘(靈廟)의 제사 오직 향기로웠다.

세월이 멀리 흘러도,

종묘제사 기울어지지 않았다.

주해 **443**○ 【居登王】금관가라국의 제2대 왕으로 추존받아 세조라고 한다. 부모
는 시조 수로왕과 허황옥 왕후이다. 건안 4년 기묘(199) 3월 23일에 즉위
하여, 가평 5년 계유(253) 9월 17일에 죽어, 재위 55년간이라고 전해진다.
○ 【仇衝王】시조 수로왕의 9세손으로 금관국 10대 왕이다. 521년에 즉위
했는데 532년에 신라 법흥왕에게 투항하여 금관국은 망했다. '구충(仇
衝)'은, 가장 양질이라는 쇼토쿠본(正德本) '유' 권제2 · 가락국기 조 하문
(下文)에는 '구형(仇衝)'이라고 보이는데, 같은 쇼토쿠본이라도 왕력에는
'구충(仇衝)'이라고 있다. 통행본에는 원락국기 조에 '휴충(休衝)'이라고
적고 있다. '사'에는 '구해(仇亥)'라고 보이며, 같은 책 김유신 전에는 또
'구차휴(仇次休)'라고도 보인다. 일찍이 쓰보이 구메조는 '휴형(休衝)'을
'휴충(休衝)'의 잘못이라고 했고, 이마니시 류도 이것이 옳다고 했다("朝
鮮古史の硏究"). 전후, 스에마쓰 야스가즈는 '구형(仇衝)'이 옳다고 했는
데("任那興亡史"), 이병도는 '휴충(休衝)'이 맞다고 했다. 구(仇)는 음 ku
이고 휴(休)의 음 huy와 음 상통한 것이라고 해도 좋다. 형(衝)은 huǒn으
로 충(衝)의 음 chuň과는 음 상통하는 바가 없는데, 해(亥) 음 hae와는
유사한 음이라고 보아도 좋다. 그런 까닭에 여기에서는 스에마쓰의 설을
따르고 싶다. '서기' 게다이기 23년 조에 임나왕이 신라에게 압박을 받아,
일본에 구원을 요청하기 위하여 왔다는 것을 적고, '夏四月千子朔戊子,
任那王己能末多于岐來朝[言己能末多者. 蓋阿利斯等也.] … 是月. 遣使送
己能末多于岐. …'라고 하고 있다. 이해는 서기 529년에 해당하는데, 계

체기 21년 이후 사료는, 천황이 죽은 연차를 3년 당긴 탓에, 전체 연차가 3년 당겨져 있다. 이 점을 고려하면, 이 해는 서기 532년이 된다. 고노마다(己能末多)는 고령 대가라왕을 가리키는 것인지, 혹은 금관가라왕을 가리키는 것인지는 분명하지 않다. 만일 금관가라국을 가리키는 것이라면 구형왕(仇衡王)의 별명이며, 금관 멸망 전년에 일본에 국왕 스스로 구원을 요청한 것이 된다.

○ 【孟春三之日 · 七之日】맹춘(孟春)은 음력 정월의 다른 말이다. 정월 3일은 세배 등 정초 예의를 행하는 마지막 날인데, 특히 민간의 연중행사는 없다. 7일은 중국에서도 사람(人)의 날이라고 하여, 일곱 가지 야채(草)를 먹거나 얇은 비단이나 얇은 금박을 사람 모양으로 잘라 병풍에 붙이는 등, 복을 부르는 민간행사를 하고 있다. 조선의 민간행사에는 칠성제라는 것이 있어, 장수를 기원한다. 이 풍습은 중국의 칠성신앙과 민간의 무경(巫覡) 신앙이 결합한 것인데 혹은 중국의 사람의 날에 민간행사에 영향을 받아, 이날에 칠성제가 행해졌다고도 생각한다.

○ 【仲夏重五之日】중하(仲夏)는 음력 5월을 말하고, 중오(重五)는 오(五)가 두 번 겹치는 5월 5일을 말한다. 5월 5일은 중국에서도 3대 명절의 하나인 단오(端午)절이다. 조선에서는 중국의 영향을 받은 민간 연중행사가 많이 행해졌다. 단오에는 가묘(家廟) 제사가 행해지고 창포탕 · 창포비녀에 의해 병을 물리치고, 부적을 문에 붙여 재앙을 털어내는 주술로 삼았다. 또 제사의례에서 발전했다고 생각되는 씨름대회 · 투우 · 그네놀이 등이 성대하게 일어나는 것도 이날이다. 그 외 약용으로서 이날 정오 시각에 익모초를 뜯기도 하고, 열매가 잘 열리지 않는 과수를 두들겨, 잘 열리도록 하는 증식주의를 하는 것도 이날의 행사이다.

○ 【仲秋初五之日 · 十五之日】중추(仲秋)는 음력 8월을 말하는 것으로, 8월 5일은 중국 · 조선 모두 민간 연중행사가 없다. 8월 15일은 중추절로, 단오절이나 정초(正初)명절과 함께 3대 명절의 하나이다. 중국과 같이 조선 민간 연중행사는, 이곳에 많이 모여 있다. 이날은 추석이라고도 하며,

가묘나 묘지에 산해진미를 바치고 제사를 지낸다. 또 이날에 비가 내리면, '추석 비'라고 해서 흉작의 전조(前兆)로 되어 있다. 그 외 거북놀이 · 씨름대회 등이 행해지는 것은 단오절과 같다. 이상 수로왕묘 제삿날은, 중국 3대 명절과 그것에 근접한 것으로부터, 유교의 가묘제사의 영향으로 볼 수 있다.

444○【龍朔元年辛酉】서기 661년. 용삭은 당 고종의 원호. 신라에서는 태종 무열왕 8년 · 문무왕 원년에 해당한다.

○【三月日. 有制曰 云云】용삭 원년 6월에 태종 무열왕(춘추)이 죽고, 문무왕(법민)이 즉위하므로, 용삭 원년 3월에 이러한 문무왕의 선지(宣旨)가 나올 리는 없다. 그러나 이 선지를 간단히 그 연기(年紀) 착오라고 볼 것인지, 이마니시 류와 같이 왕위전기진까지도 매우 의심스럽다고 하여, 이 사료적 가치마저 낮추어 볼 것인지는 또한 충분한 검토를 해야 할 것이다.

○【元君】시조 수로왕을 말한다.

○【世宗】구형왕(仇衡王)의 장자(長子)를 말한다. "삼국사기"에는 노종이라고 있다. 세(世)의 뜻 nu와 노(奴)의 음 no는 상통하는 음으로, 세종(世宗)과 노종(奴宗)은 유음이자(類音異字)로 보인다. 금관국이 멸망했을 때, 왕과 함께 신라에 투항을 했는데, 그 후 일에 대해서는 분명하지 않다.

○【率友公】뒤 글에서는 졸지공(卒支公)이라고 보인다. 졸(卒)과 솔(率)은 같은데, 우(友)는 아마 지(支)를 옮겨 적을 때 잘못일 것이다. '사'에는 기록되어 있지 않은 인물이다. 상세한 것은 무라카미 요시오 '金官國の世系と卒支公(率友公)'("朝鮮學報" 제21 · 2집 · "朝鮮古代史研究" 所収) 참조.

○【庶云】'사'에는 서현(舒玄), 김유신 비(碑)에는 소연(逍衍)이라고 있다. 서(舒)와 서(庶)는 모두 sǒ, 소(逍) 음도 sǒ로 모두 음 상통이다. 현(玄)의 음은 hyǒn, 연(衍)의 음은 yǒn으로 양자 음 상통하는데, 운(云)의 음은 un으로 약간 음 상통하기 힘들다. 혹은 현(玄)을 잘못 옮겨 적은 것이라고도 생각된다. '사'에 의하면 서현(舒玄)은 구형왕의 막내아들 김무력의

자식으로 태어나, 관위는 소판(잡간, 제삼등관)에 이르렀다. 처음 서현은 숙흘종의 딸 만명(萬明)과 친해져 혼약을 하지 않고 결혼하고, 그가 만노군 태수가 되어 부임할 때, 만명을 데리고 함께 가기로 했다. 만명의 아버지는 딸이 서현과 정을 통했다는 것을 알고, 괴로워하다가 만명을 잡아 별채에 가둬 버렸다. 종종 천둥이 있어 이때에 만명은 보초 눈을 속이고 도망쳐, 마침내 서현과 함께 만노군에 도달했다. 이곳에서 서현은 경진날 밤에, 형혹진 2성(星)이 자기에게 내리는 꿈을 꾸고, 만명 또한 신축날 밤에, 동자가 금갑(金甲)을 입고 구름을 타고 집안으로 들어오는 꿈을 꿨다. 이어서 임신을 하고 20개월 지나 유신(庾信)이 태어났다고 한다('사' 김유신전 상).

○ 【文明皇后】 김유신의 여동생으로 서현(舒玄)과 만명(萬明) 사이의 계녀(季女)이다. 나중에 태종 무열왕 김춘추와 결혼하여 법민(문무왕) 이하를 낳는다. 춘추(春秋)와 문명(文明)의 혼인설화에 대해서는 '나기' 제6·문무왕(상) 조 참조.

○ 【十五代始祖云云】 우선 '가락국기(駕洛國記)'를 참고로 해서, 신라 문무왕에 이르는 금관국의 가계를 적으면 다음과 같다. 더 나아가 '사'에 의해서, 마찬가지로 문무왕에 이르기까지의, 금관국의 가계를 적으면 다음의 도표와 같다. 이 표에 의하면 문무왕은 수로왕의 14세손이 된다.

○ 【黍離之趾】 국가가 망하고 도읍의 종묘궁실이 붕괴되어, 그 자취가 허무하게 기장(黍) 밭이 되어 있는 모습을 말한다. 黍離는 "시경" 왕풍[王風: 동주(東周)의 대부(大夫)]이 고경(鎬京)을 지나, 주(周)의 종묘궁실이 황폐해져 있는 것을 보고 방황하며 지은 시. 기자(箕子)도 주에 몸담고 은허(殷墟)를 지나, 그 궁실이 황폐해져 벼와 기장(禾黍)이 나 있는 것을 보고, 맥수(麥秀)의 시를 지었다고 한다("史記" 微子世家).

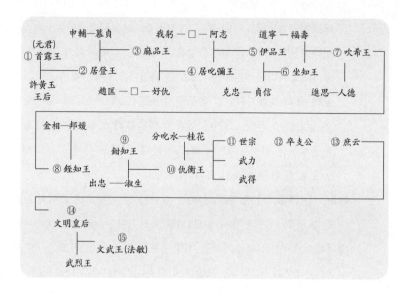

○【頃】100무(百畝)를 말하며, 1무(畝)는 100보(步), 1보는 6척(尺) 사방을 말한다.

○【王位田】 '나기'에 의하면, 신문왕 9년(669)에 녹읍(祿邑)이 폐지되고, 그 이후 약 70년간은 녹직전이 지급되었다. 그것이 경덕왕 16년(757)에 다시 녹읍이 부활되었다. 2차대전 후 쇼소인(正倉院)에서 발견된 신라 민정문서에 의하면, 757년이라고 생각되는 해에는 서원경 근방 몇 촌락에 촌주위답·관모답·관모전·내시령답 및 마전 등이 있었다는 것을 알수 있다. 이 가운데 촌주위답, 내시령답은 각각 직무에 관한 직전(職田)일 것인데, 왕위전은 과연 직전이라고 할 수 있을지 의문이다. 왕위전에 대한 직접 사료는 없으나, 아마 이들 직전과 함께 성립했을 것이다.

445 ○【三百三十載】제2대 거등왕 즉위가 건안 4년(199) 기묘 3월 13일로, 구형왕의 신라에 항복한 것이 중대통 4년 임자(532)이기 때문에 이 사이 333년이 된다.

○【仇(仇)衝失位去國, 逮龍朔元年辛酉. 六十年之間 云云】'나기' 제4·법흥왕 19년 조에 '金官國主金仇亥, 與妃及三子長曰奴宗仲曰武德季曰武力,

以國帑寶物來降. 王禮待之. 援位上等. 以本國爲食邑. 子武力仕至角于.'
이라고 보이듯이 신라에 투항한 구형왕은, 금관국의 멸망과 함께 그 자리를 잃고, 나라를 떠나 신라 왕도로 옮겼다. 그 때문에 수로왕묘 제사는 이보다 용삭(龍朔) 원년인 문무왕의 재흥(再興)까지, 그 사이에 빠지는 일도 많았다고 한다. 그러나 금관국 멸망부터 661년까지는 120년이 된다. 본문에서는 이것을 60년이라고 하는데, 이것은 간지(干支) 2번 돌 것을 1번으로 한 잘못 때문일 것이다.

446○【忠至匝干】 충지(忠至)라는 이름은 다른 사료에 보이지 않는다. 잡간 신라 관위 17계급 가운데 제3위로 소판·잡찬이라고도 적는다.

○【城主將軍】i 신라초기에는 지방영주를 성주(城主)라고 한 것 같다. 이것이 중국풍의 군현제를 모방하게 되자(내용은 매우 다르지만), 성주의 대부분은 군 태수나 현령(縣令)이 되었다고 생각한다. 또 장군은 신라의 군관 가운데에서 가장 높았다. 그리고 장군에 이은 고급 군관은 대감, 제감이었다. 신라말기 혼란기에 들어가자, 지방촌락의 수장인 촌주(村主)들이 그 지위를 이용해서 촌락을 무력으로 다스려 성 요새를 만들어 대감, 제감이라고 불렀다. 대감, 제감이라고 불렀던 사람들은 작은 호족일 것인데, 나아가 이를 지배한 대호족들은 옛 촌간(村干), 성주보다도 상위의 성주나, 현실의 대감, 제감보다도 한 단계 높은 장군을 불렀던 것이라고 생각된다. 이와 같이 신라말기부터 고려초기의 성주, 장군은 대호족의 칭호이다. "고려사"에는 고려조 성종 6년 9월에 이르러, 여러 촌락의 대감·제감을 고쳐서 촌장·촌정으로 했다고 보이므로, 성주·장군도 각각 그것에 어울리는 지위를 받았다고 생각된다. 조선지방제도의 본격적 연구는 이제 겨우 시작되어 문제는 앞으로 남아 있다. [참고] '사' 직관지. 藤田亮策 '新羅九州五京攷'("朝鮮學報" 第五輯 所收). 旗田巍 '高麗王朝成立期の府と豪族'("法制史研究" 10).

○【英規阿干】 영규(英規)라는 이름은 다른 사료에 보이지 않는다. 아간(阿干)은 신라 관위 17계급 가운데 제6위이다.

○ 【鮫絹(綃)】교(鮫) 자는 분명하지 않다. 아마 능(綾)의 잘못일 것이다.

○ 【圭林】다른 사료에 보이지 않는다.

449○ 【逮(建)安四年巳(己)卯】서기 199년. 건안은 후한 헌제 조의 원호이다.

○ 【今上御圖(國)三十一載】금상(今上)은 고려 문종을 가리킨다. 즉위칭원법으로 하면 요(遼) 대강 2년 병진(고려 문종 30년, 송 신종 9년)은 문종 31년이 된다.

○ 【凡八百七十八年】건안 4년(199)부터 대강 2년(1076)까지는 878년이 된다.

○ 【辛替否】경조 사람으로 "구당서"(권101, 열전51)・"신당서"(권118, 열전43)에 그 전기가 있다. 체부(替否)는 중종 경룡 연간에 좌습유가 되었다. 당시 중종은 공주부라는 관(官)을 두었는데, 아끼는 딸 안락공주부에 관원을 넘치도록 늘리고 또 사위 무숭훈(안락공주의 남편, 즉천무후의 조카)이 죽은 뒤, 살던 집을 버리고 다른 집 한 채를 지었는데, 사치가 극에 달하고 다 나아가 불사(佛寺)를 일으켜 백성이 곤궁해지고 금고도 비게 되었다. 그래서 체부는 상소하여 간언했는데 받아들여지지 않았다. 이 재앙 후에 예종(문종의 아버지)이 즉위했는데, 그 아끼는 두 공주를 위하여 이관을 운영했다. 체부는 좌보궐이었는데 또 다시 상소하여 당시의 정사를 늘어놓았다. 간언(諫言)은 받아들여지지 않았으나, 그 공직이 인정되어 한동안 우태전중시어사가 되고 이후 거듭하여 영왕부장사가 되었다. 그리고 천보 초년에 80세 남짓하여 죽었다.

450○ 【有戲樂思暮之事】수로 왕조의 제사 참가자가 모시는 신의 명덕을 그리워하여, 환락의 끝을 표현한 하나의 소절이다. 제례와 가무음식은 때와 장소를 가리지 않고 늘 밀접한 관계에 있는데, 특히 조선에서는 도당제(마을의 여러 신이 모이는 신당 제사)라고 부르는, 읍락제에 많은 무당이 참가하여 새신[495]의 가무를 비롯하여, 가면극, 인형극, 농악무도회 등을 연출하여, 떠들썩한 축제를 벌인다(秋葉隆 "朝鮮巫俗の現地研究").

이 제사 의식은 일본에도 많이 보이는 수레를 어깨에 이고 이끄는 축제 형식으로, 특히 쓰시마(對馬)나 북규슈방면에 많이 보이며 신령을 맞이하고 배웅하는 의식이 있다. 또 중국 산동 어산의 무제와도 비슷하여, 신라와 산동지방과의 관계를 생각할 때, 그동안의 문화전파 관계를 생각해도 좋을 것이다. 그런데 이 놀이와 축제 행사는, 수로강림 신화 고찰에 중심이 되는 관점을 시사하고 있다. 즉 왕비 —혹은 무녀가 왕비로 분장하여 나오지는 않았을까— 가 성스러운 혼인 의식을 통하여, 수로 즉 구지(龜旨) 신령을 맞이하는 주된 의식을 행하였던 것이다. 후대에 이르기까지 이어져 온 행위전승에 대하여, 수로강림 이야기는 입에 오르내리는 것, 눈에 보이는 것으로서 대중이 가지는 심리적 사실이 되었다. 즉 수로묘(廟)의 제사의례와 떨어질 수 없는 신화이었다.

451○【新羅第三十一政明王即位. 開耀元年辛巳】정명왕은 신문왕을 말하며, 신문왕은 문무왕의 장남, 휘(諱)는 정명(政明). 문무왕 5년에 태자가 되고 그 21년 7월에 문무왕이 죽자 제31대 왕위에 올랐다. 신문왕 즉위해는 당 고종 개요 원년 신사(681)이었다.

○【號爲金官京. 置太守】'나기'에는 문무왕 20년(680)에, 가야군에 금관소경을 둔 것으로 보여, 이곳의 기사와는 1년 차이가 있다. 이 금관소경은 경덕왕대에 김해경으로 이름을 고쳤다. 신라에서는 국토 개척에 따라 주(州)·군(郡)·현(縣)을 설치했는데, 특히 중요한 지방에는 소경을 두었다. 이 소경에는 신라왕도의 귀인·호족이나 다른 주군(州郡)의 민가를 옮겨, 지방의 문화적 중심으로 한 것 같다. 통일 후 소경은 다음의 5곳(5소경)이 되었는데, 또 왕도를 더하여 6경이라고도 한다. 소경은 군사도시가 아니고 또 그 관할 아래에는 촌(村)이 있었다.

---

495) 굿, 푸닥거리.

中原(國原)小京	진흥왕 18년(557) 창설	지금의 충주.
北原小京	문무왕 18년(678) 창설	지금의 원주[선덕왕 8년(639)에 지금의 강릉에 하슬라소경(何瑟羅小京)(北小京)이 설치되었다. 무열왕 5년(658)에 폐지되었다.]
金海(金官)小京	문무왕 20년(680) 창설	지금의 김해[(동경(東京), 동원경(東原京)이라는 별칭도 있다.]
西原小京	신문왕 5년(685) 창설	지금의 청주
南原小京	신문왕 5년(685) 창설	지금의 남원

다음으로 소경의 장관은 사신(仕臣)(仕大等)이라고 부르며, 진흥왕 25년에 처음으로 두었다. 이것은 처음에 사대등(使大等) 이어서 사대등(仕大等)이라고 한 것을, 삼국통일쯤부터 당풍으로 고쳐서 사신(仕臣)이라고 불렀다. 또 사신은 대윤이라고도 불렀다. 단순한 지방장관은 아니었다. 즉 주(州)의 장관(군주, 도독)이 군사권을 가진 것과는 달리 문관이었다. 나아가 사신의 아래에는 차관으로서, 사대사(仕大舍)(小尹)가 있었다. 마지막으로 '대수(大守)를 두다'는 본문 기사는, '대윤(大尹)을 두다'라고 정정해야 할 것이다. 그것은 신라 태수라는 것은, 군(郡) 장관이기 때문이다. [참고] '사' 직관지(하) · 외관(外官) 조.

452○ 【後二百五十九年. 屬我太祖統合之後】 고려태조는 19년(936)에 후백제를 멸망시키고 조선을 통일하여, 23년(940)에는 주부군현명을 정했다. 그래서 김해경도 김해부가 되었다("고려사" 지리지2). 신문왕 즉위 해(681)부터 940년까지는 정확히 259년이 된다. 그러나 앞서 말한 것과 같이, 소경 설치시기는 1년의 차이가 있으므로, 소경 설치 기간은 260년이 된다.

○ 【臨海縣, 臨海郡. 金海府】 금관가라국은 법흥왕 19년(533)에 신라에 투항하고, 구해왕 이하는 경주로 옮겼는데, 옛 땅은 신김씨의 식읍이 되었다. 이윽고 가야군(금관군)이 되고, 문무왕 20년(680)에 금관소경이 되었다. 더 나아가 경덕왕대에 김해경이라고 고친 '나기', 그 후 변천은 "고려

사" 지리지(2) 등에는 '태조 23년에 김해소경을 김해부라고 하고 후에 강등하여 임해현이라고 했는데, 다시 승격하여 임해군이라고 했다. 이어서 성종 14년(995)에 김주안동도호부라고 고쳤다. 나아가 현종 3년(1013)에는 강등하여 김주방어사라고 했는데, 원종 11년(1270)에 방어사 김훤이 밀성의 난을 평정하고 또 삼별초를 막은 공이 있었기 때문에, 승격하여 김녕도호부로 하고 김훤을 발탁하여 도호로 삼았다. 또 충렬왕 2년(1276)에 주민이 안렴사 유호를 죽였기 때문에 현(縣)으로 강등했다. 더 나아가 34년(1308)에는 승격하여 김주목이라고 했다. 이것도 충선왕 2년(1310)에 여러 목(牧)을 없앴기 때문에 부활하여 김해부로 했다.'라고 적혀 있다. 이처럼 고려시대에 들어오고 나서 여러 가지로 변천하다가, 이조 때에 김해로 정해지고 오늘날에 이르고 있다. 또한 김해라는 명칭은, 금관과 임해가 합하여 그것의 위아래 1자씩 취한 것이다. 김해의 옛 이름은 주포(主浦)로, 주포에서 임나라는 이름이 생긴 것은 주포촌의 항목 참조. 그러나 "경상도지리지"에는 고려 초에 대하여 '在高麗時. 改爲臨海縣. 後又改臨海郡. 光宗開寶辛未(971). 改爲金海府. 云云'이라고 있어 "고려사"와는 약간 다르다. 본문의 '太祖統合後. 代々爲臨偦縣. …次爲臨海郡. 或爲金海府. 云云'은 "경상도지리지"에 가깝다고 해야 할까.

○ 【置排岸**便**(使). 四十八年也】 이 사료는 달리 보이지 않는 독자적인 것이다. 배안사라는 직명은, "고려" 백관지에도 보이지 않는데, 그 명칭으로 보아 연안 경비 관리가 아닌가라고 생각된다.

○ 【置都護府. 二十七年也】 도호부가 놓인 기간은 성종 14년(995)부터 현종 3년(1012)까지 17년이므로 27년 혹은 17년의 잘못일까. 그러나 원종 11년(1270)부터 충렬왕 2년(1276)까지의 7년간에도 도호부가 놓여 있었는데, "가락국기"가 지어진 것은 문종 30년(1076)이기 때문에, 물론 후자에 들어갈 리가 없다. "고려사" 백관지(2)·외직 항목 대도호부 조, 중도호부 조에는, 문종 이후 정해진 관제가 보인다. 그 장관은 사(使)(1명, 대도호부는 3품 이상, 중도호부는 4품 이상)이라고 불렸다. 또한 "경상도지리

지"에는 이 17년간의 일을 성종 14년(995)에 김해도호부, 목종 3년(1000)에 안동대도호부, 목종 12년(1009)에 소도호부로 고친 것으로 상세하게 적고 있다.

○ 【置防禦使. 六十四年也】 "고려사" 지리지(2), 경상도 항목 동경유수관경주 조에, 소속 군 4, 소속 현 10, 다스리는 군(郡) 5가 있었다는 것을 적고 있다. 이것은 대체로 현종 9년(1018) 당시 일을 보이고 있는 것이다. 위의 다스리는 군(郡) 5의 내역은 방어군 4, 지사군 1로 하고 있어, 지금의 김해 전신인 금주는 방어군 4 안에 들어 있다. 이 땅이 도호부에서 강등하여 방어사를 둔 것은 현종 3년(1012)이었다. 본문에서는 방어사가 놓인 기간은 64년간이라고 적고 있으므로, 적어도 1076년까지는 이어졌던 것이 된다. 이것은 다른 사료에서는 볼 수 없는 것이다. "고려사" 지리지 등의 여러 사료는, 방어사의 기간을 원종 11년(1270)까지로 하고 있다. 이미 앞서 주해(449)에서 말했듯이, 문종 30년(1076)에 지금주사인 아무개가 "가락국기"를 지었다고 하는 것으로, 금주에서는 64년간 놓였던 방어사가 없어지고, 지주사가 놓인 것으로 보인다. 그리고 혹은 '사'가 편찬된 인종왕대까지 지주사 시대가 이어졌던 것일까. 어쨌든 본문의 이 기사는, 고려시대 지방제도에 관한 하나의 사료를 제공하는 것이다.

453○ 【淳化二年】 서기 991년 고려 성종 10년에 해당한다. 순화는 북송 태조 왕조의 원호이다.

○ 【量田使】 고려에서는 개국 초 이후의 토지분배 지급에, 여러 모순과 폐해가 생겼기 때문에, 문종 8년에 토지 비준을 정하고 23년에는 양전보수법을 정했다. 양전사는 "고려사" 백관지 등에는 보이지 않는다. 이것 이전부터 임시로 임명되어 양전의 임무를 맡았던 것일까. 본문에 의해 문종조보다 이전의 성종 10년에 김해부 양전사가 파견된 것을 알 수 있는데, '약목군정두사오층석탑조성형지기'에는, 한층 더 옛 광종 7년(956)에 양전사로서 전수창부경예언이 파견되었던 것이 보인다.

○ 【中大夫】 고려 문종조에 관제를 개정하여, 문산계(文散階)는 29개 있었

는데, 종4품은 위는 대중대부 아래는 중대부라고 했다.

○【申省狀·申省】 신성(申省)은 신주(申奏)? 신청(申請)일까?

○【徭(役)丁·徭徭(役)戶丁】徭(役)丁은 요역호정의 생략인가. "고려사" 권 79, 식화지(2) 호구 조에 '國制. 民年十六爲丁. 始服國役. 六十爲老. 而免 役. 州郡每歲計口籍. 民貢于戶部. 凡徵兵調役. 以戶籍抄定'이라고 있다.

○【三皇】 중국 고대전설의 제왕. 삼황오제의 삼황. 삼황은 태호 포희·여 와·신농, 일설에 천황·지황. 인황, 수인·복희·신농, 복희·신농, 황 제, 복희·신농·여와, 복희·신농·축융 등의 여러 설이 있다.

○【量田都帳】 토지대장인가. 도행장·도전장이라고도 적고 있다.

454○【才】 재(才)는 십(十)의 잘못.

○【結·負·束】 1결(結)=100부(負). 1부(負)=1속(束). 고려에서는 개국 이 후 해를 거듭함에 따라, 토지 분배 지급에 많고 적음이 생기고, 땅이 기름 지고 척박한 땅이 같지 않은 것이 생긴 까닭에, 문종 8년 갑오(1054) 3월 에 이르러 점차 토지 비준을 정했다. 또 23년 을유(1069)에 양전척(尺)과 결(結)의 산정법을 제정했다. 즉 6촌(寸)을 1푼(分), 10분을 1척(尺), 6척 을 1보(步)라고 하고, 결부의 적(積)은 방(方) 33보를 1결 …로 정했다. 그 후 공양왕 원년 기사(1389) 양전 때에는 이 양전척을 이용하여 '三步 三尺' 사방을 1부(負), '三十三步' 사방을 1결(結)로 했다. "조선전제고"에 의하면 고려 양전척은 분명히 주척을 기준으로 한 것 같다. 그렇다면 왜 주척 6촌을 양전척 1푼(分)으로 했을까. 지난 과거에 손가락 길이로 토지 를 측량한 파(把)·속(束)·부(負)·결(結)의 계산법에서 나온 것이다. 이 지수법은 토지를 측량하는데 수확을 기준으로 하여 농부가 손에 잡힐 정도의 벼(禾稼)를 기준으로 해서 그 1악(握)을 단위로 하여 10악을 1파, 10파를 속, 10속을 부, 100부를 1결로 하는 계산법에 의해, 우선 농부의 손가락을 주척(周尺)으로 계산하니 약 6촌이었기 때문에 이것을 단위 1 푼(分)으로 하고, 10푼을 척(尺), 6척을 보(步), 33보를 1결(結)로 정했을 것이다. 그런 까닭에 결부는 첫 수확을 잰 것인데, 고려 문종 양전척 제도

를 정할 때, 토지 수확을 측량하여, 그 산출되는 면적을 척(尺)으로 바꿔 척도(尺度)를 만들고, 이것으로 토지 면적을 쟀기 때문에 결부로써 토지 면적을 헤아리게 되었을 것이다.

455○ 【世祖母許皇后】 허황후는 수로왕의 왕비 허황옥 왕후를 가리킨다. 세조는 제2대 거등왕을 가리킨다.

○ 【元嘉二十九年壬辰】 서기 452년 신라 눌지왕 36년. 고구려 장수왕 40년. 원가는 남조 유송의 문제 조의 원호.

456○ 【五百後】 아마 '五百年(歲) 後'일 것이다.

○ 【三剛】 강(剛)은 강(綱)의 잘못인가. 삼강은 각각의 절에 있는 세 사람의 역무로, 상좌·사주·유나의 세 사람을 말한다. 삼강의 이름은, '유' 권제 4·보양이목 조에 보이며, 모두 고려 초기의 것이라고 되어 있다. 그러나 삼강 제도는 사원설립과 동시에 설치되는 것으로, 아마 신라시대 내지는 삼국시대에 이미 있었던 것이라고 생각된다. '사' 권제3·황룡사 장육(丈六), 권제4·자장정률 등의 각조에는, 삼강의 하나인 사주(寺主)라는 이름이 보이며, 이것을 진흥왕대나 선덕왕대의 것이라고 하고 있다. 또 '사' 직관지에 전하는 승관은 진덕왕대에 정해졌는데, 그 관명에 '國統一云寺主. 都維那娘阿尼大都唯那' 등이 있고, 이 사주, 유나(唯那, 維那) 등은 삼강에서 나온 명칭이라고 생각된다.

○ 【王后寺】 '승람'(권32) 김해도호부, 고적 조에도 '왕후사의 옛터는 장유산에 있고…'라고 보인다.

🌀 참고

금관의 명칭

'사' 김유신 전에는, "金庾信碑文"을 인용하여 헌원의 아들인 소호김천으로부터 남가야 시조 수로가 나왔다. 그런 까닭에 신라와 같은 성(김씨)이라는 내용을 적고 있다. 위의 소호김천의 아들 해(該)가 5관(목관·화관·토관·금관·수관)의 하나인 금관을 맡고 있다. 김유신이 죽은 것은 문무왕 13년(673)으로, 이보다 멀지 않은 후에 묘지에 기공비(紀功碑)가 세워진 것 같다. 적어도 유신이 죽을 때까지는 남가야라고 부르고 있었을 것인데, 신라의 통일기에 들어가 소호김천의 뒤라고 할 때쯤, 가락국주가도 김씨라고 불렀던 것으로부터 신라와 같은 소호김천의 후예라고 하게 된 소호김천으로 인하여 국명을 금관으로 했던 것일까. 그러나 금관이라는 이름을 분명히 사용했다는 가장 이른 시기의 기록을 확인할 수 있는 것은, 문무왕 20년(680)("가락국기")은 신문왕 원년(681) 가야군을 고쳐 금관소경을 설치했던 기록이다. 그래서 스에마쓰가 말하는 것과 같이 금관국을 부르게 된 것은, 680년보다 그다지 올라가지 않을 것이다("任那興亡史" 참조). 금관의 어원에 대해서 보면, 금(金)의 뜻 sŏ로서 동(東)의 옛 뜻 sǎ. 서(曙)·효(曉)·신(新)의 뜻 sae와 그 뜻이 통한다. 관(官)의 음은 kwan으로 한(韓)의 음 han과 통하는 것으로 보인다. 한(韓)은 대(大)의 의미이기 때문에, 금관국(金官國)은 신(新)(東) 대국(大國)이라는 의미가 될 것이다.

가락국기(4)
駕洛國記(4)

458居登王. 父首露王, 母許王后. 立(建)安四年己卯三月十三日即位. 治三十九年(五十五), 嘉平五年癸酉九月十七日崩. 王妃泉府卿申輔女慕貞, 生太子麻品. 開皇曆云 "姓金氏, 盖國(衍인가)世祖從金夘(卵)而生, 故以金爲姓歷."

459麻品王. 一云馬品, 金氏. 嘉平五年癸酉即位. 治三十九年, 永平元年辛亥一月二十九日崩. 王妃宗正監趙匡孫女好仇,[496] 生太子居叱弥.

460居叱弥王. 一云今勿, 金氏. 永平元年即位. 治五十六年, 永和二年丙午七月八日崩. 王妃阿躬阿干孫女阿志, 生王子伊品.

461伊尸品王. 金氏, 永和二年即位. 治六十二年, 義熙三年丁未四月十日崩. 王妃司農卿克忠女貞信, 生王子坐知.

462坐知王. 一云金叱. 義熙三年即位. 娶傭女, 以女黨爲官, 國內擾亂.

---

496) 파른본, 규장각본, 고증. 仇(仇). 이하 모두 같다.

雞林國以謀欲伐, 有一臣名朴元道諫曰, "遺草閱閱亦含羽况乃人乎. 天亡地陷人保何基. 又卜士筮得解卦, 其辭曰 '解而悔(拇)朋至斯孚', 君鑒易卦乎." 王謝曰 "可." 擯傭女貶於荷山島, 改行其政長御安民也. 治十五年, 永初二年辛酉五月十二日崩. 王妃道寧大阿干女福壽, 生子吹希.

463吹希王. 一云叱嘉. 金氏, 永初二年即位. 治三十一年元嘉二十八年辛卯二月三日崩. 王妃進思角干女仁德, 生王子銍知.

464銍知王. 一云金銍王. 元嘉二十八年即位, 明年爲世祖(母)許黃玉王后奉資冥福, 於初與世祖(元君)合御(婚)之地創寺曰王后寺, 納田十結充之. 治四十二年, 永明十年壬申十月四日崩. 王妃金相沙干女邦媛, 生王子鉗知.

465鉗知王. 一云金鉗王. 永明十年即位. 治三十年正光二年辛丑四月七日崩. 王妃出忠角干女淑, 生王子仇衡.

466仇衡王. 金氏・正光二年即位. 治四十二年, 保定二年壬午九月, 新羅第二十四君眞興王興兵薄伐, 王使親軍卒. 彼衆我寡不堪對戰也. 仍遣同氣脫知尒叱今留在於國, 王子上孫卒支公等降入新羅. 王妃分叱水尒叱女桂花, 生三子, 一世宗角干, 二茂刀角干, 三茂得角干. 開皇錄云, "梁中大通四年壬子降于新羅." 467議曰. 案三國史, 仇衡以梁中大通四年壬子納土投羅. 則計自首露初即位東漢建武十八年壬寅, 至仇衡末壬子得四百九十年矣. 若以此記考之, 納土在元(北)魏保定二年壬午. 則更三十年摠五百二十年矣. 今兩(兩)存之.

풀이

458거등왕. 아버지는 수로왕, 어머니는 허황후이다. 건안 4년 기묘 3월 13일에 즉위하였다. 치세는 39년으로 가평 5년 계유 9월 17일(253년)에 죽었다. 왕비는 천부경 신보의 딸 모정으로 태자 마품을 낳았다.

"개황력"에는 "성(姓)은 김 씨이니, 대개 시조가 금란에서 난 까닭에 김을 성으로 삼았다."고 하였다.

459마품왕. 마품(馬品)이라고도 하며, 김씨이다. 가평 5년 계유에 즉위하였다. 치세는 39년으로, 영평 원년 신해 1월 29일(291년)에 죽었다. 왕비는 종정감 조광의 손녀 호구로 태자 거질미를 낳았다.

460거질미왕. 금물(今勿)이라고도 하며 김씨이다. 영평 원년에 즉위하였다. 치세는 56년으로 영화 2년 병오 7월 8일(346년)에 죽었다. 왕비는 아궁 아간의 손녀 아지로 왕자 이시품을 낳았다.

461이시품왕. 김씨이고 영화 2년에 즉위하였다. 치세는 62년으로 의희 3년 정미 4월 10일(407년)에 죽었다. 왕비는 사농경 극충의 딸 정신으로 왕자 좌지를 낳았다.

462좌지왕. 김질(金叱)이라고도 한다. 의희 3년에 즉위하였다. 용녀에게 장가를 들어 여자의 무리를 관리로 삼으니 나라 안이 소란스러웠다. 계림국이 꾀를 써서 치려 하니, 박원도라는 신하가 간하여 말하기를 "선조가 남긴 유훈을 보고 또 보아도 새가 알을 품어 키우는데 하물며 사람에 있어서이겠습니까. 하늘이 망하고 땅이 꺼지면 도대체 사람이 어디에 의지하겠습니까? 또 점쟁이가 점을 쳐서 해괘를 얻었는데, 그 점괘의 말에 '왕의 신변에 불순한 자를 없애면 천하가 태평할 것이다.'라고 했으니 왕께선 역(易)의 괘를 살피시옵소서."라고 하니 왕은 사과하여 "옳다."고 하고 용녀를 내쳐서 하산도에 귀양보내고, 정치를 고쳐 행하여 길이 백성을 편안하게 다스렸다. 치세는 15년으로 영초 2년 신유 5월 12일(421년)에 죽었다. 왕비는 도령 대아간의 딸 복수로, 아들 취희를 낳았다.

463취희왕. 질가(叱嘉)라고도 한다. 김씨로 영초 2년에 즉위하였다.

치세는 31년으로 원가 28년 신묘 2월 3일(451년)에 죽었다.

왕비는 진사 각간의 딸 인덕으로 왕자 질지를 낳았다.

464질지왕. 금질왕(金銍王)이라고도 한다. 원가 28년에 즉위하였고 이듬해에 시조와 허황옥왕후의 명복을 빌기 위하여 처음 시조와 혼인한 곳에 절을 지어 왕후사라 하고 밭 10결(結)을 바쳐 비용으로 쓰게 하였다. 치세는 42년으로 영명 10년 임신 10월 4일(492년)에 죽었다. 왕비는 김상 사간의 딸 방원으로 왕자 겸지를 낳았다.

465겸지왕. 금겸왕(金鉗王)이라고도 한다. 영명 10년에 즉위하였다. 치세는 30년으로, 정광 2년 신축 4월 7일(521년)에 죽었다. 왕비는 출충 각간의 딸 숙(淑)으로 왕자 구형을 낳았다.

466구형왕. 김씨(金氏)이다. 정광 2년에 즉위하였다. 치세는 42년으로 보정(保定) 2년 임오 9월(562년)에 신라 제24대 진흥왕이 군사를 일으켜 쳐들어오니 왕은 친히 군사를 지휘하였다. 그러나 적병의 수는 많고 이쪽은 적어서 대전할 수가 없었다. 이에 동기 탈지이질금을 보내서 본국에 머물러 있게 하고, 왕자와 상손 졸지공 등은 항복하여 신라에 들어갔다. 왕비는 분질수이질의 딸 계화로, 세 아들을 낳았는데, 첫째는 세종 각간, 둘째는 무도 각간, 셋째는 무득각간이다. "개황록"에 보면, "양(梁)나라 무제 중대통 4년 임자(532년)에 신라에 항복하였다."고 하였다. 논평하여 말한다. "삼국사"를 살펴보면, 구형왕은 양(梁)의 무제 중대통 4년 임자에 땅을 바쳐 신라에 항복하였다고 한다. 그렇다면 수로왕이 처음 즉위한 동한(東漢)의 건무 18년 임인(42년)으로부터 구형왕 말년 임자(532년)까지를 계산하면 490년이 된다. 만약 이 기록으로 상고한다면 땅을 바친 것은 원위 보정 2년 임오(562년)이다. 그러면 30년을 더하여 도합 520년이다. 지금 두 가지 설(說)을 모두 기록해 둔다.

458○【立(建)安四年己卯】수로왕이 죽은 해의 입안(立安) 4년은, 후한 헌제의 건안(建安) 4년(199)으로, 건안을 입안으로 기록한 것은, 고려태조의 휘인 건(建)을 피했기 때문이다.

○【治三十九年】거등왕의 재위연수(199-253)는 39년이 아니고, 55년으로 고쳐야 할 것이다. '遺' 왕력에는 '理五五年'으로 되어 있다.

○【嘉平五年癸酉】서기 253년이다. 가평(嘉平)은 위(魏) 제왕 방(芳)의 연기(年紀)이다.

○【姓金氏, 盖國世祖從金卵而生, 故以金爲姓尒】'유' 왕력에서는, 수로왕조에 같은 개황력을 인용하고, '因金卵而生, 故性金氏, 開皇曆載'라고 있다. 이 금란김성설은 언어속해식의 향전에 바탕을 둔 것이다. 왕력이 적은 것과 같이, 황금 알에서 태어난 것은 세조(거등왕)가 아니고, 수로왕이기 때문에 본문의 '盖國世祖'는 '盖國祖'라고 적어야 할 것이다. 금관국왕가가 김씨를 호칭한 것은, 훨씬 후세의 일이다. 신라왕가 김씨 유래에 대한 금관국왕계 소위 신김씨(新金氏)의 김씨 유래에 대해서는, 위의 "개황력" 외에 "김유신비"에는 '軒轅之裔. 少昊之胤, 則南伽耶始祖首露與新羅同姓也'라고 있고, 신라인이 스스로 소호 김천씨 후예인 까닭에, 김을 호칭하고 있다는 것과 같다고 하고 있다.

○【開皇曆】'유' 왕력 가락국 수로왕 조 및 (466)에 "개황력"·"개황록"이란 이름이 보인다. 이들 기사는 모두 단문으로, 게다가 금관가라국 왕대에 관한 기사이기 때문에, 금관국의 왕대력이 아닌가 생각한다. "개황력"은 "가락국기"에서는 주요 자료로서 다루어지지 않았으나, (466)의 "개황력"의 기사는 '서기' 게다이기(繼體紀)와 서로 대응하기 때문에, 사료적 가치가 높은 것이라고 생각된다. 다음으로 개황은 수(隋) 연호로 581년부터

600년까지인데, 금관국이 신라에 투항한 532년부터 거의 반세기 후의 일이다. 개황연대는 신라 진평왕 전반에 해당하고, 신라의 중앙·지방 관제 및 군제가 정비되어 있을 때이다. 이와 같은 때에 옛 소국 금관가라의 역사가 편찬되는 일은 충분히 생각할 수 있는 일이다. 덧붙여 신라의 국사가 처음으로 편찬된 것은 545년이다. 또 일본서기에 이용된 "백제본기" 등은, 그 문자 연구로 보면 거의 수이코조(推古朝)로 보인다(木下禮仁, '日本書紀に見える百濟史料の史料の価値について', "朝鮮學報" 第21·22 合輯號). 이처럼 남조선에서의 역사서 편찬이 6세기 후반에 왕성했기 때문에 이 금관가라에 관한 역사서도 수(隋)의 개황연대에 편찬된 것으로 보아도 좋지 않을까.

459○ 【麻品王一云馬品…】 마(麻)와 마(馬)는 동음이자. 이 왕의 치세 39년에 대하여 왕력에는 '己卯立, 理三十二年'이라고 기록되어 있다.

○ 【永平元年辛亥】 서기 291년. 영평(永平)은 서진(西晉) 혜제(惠帝) 조의 원호이다.

460○ 【尼叱弥 … 治五十六年】 '一云今勿'이라는 것은, 거(居)를 금(今)으로, 미(彌)를 물(勿)로 상통하게 한 이자차음(異字借音)이다. 본서 왕력에서는 치55년(治五五年)이라고 하고 있다.

○ 【永和二年丙午】 서기 346년. 영화는 동진 목제 조의 원호이다.

○ 【阿志】 아지(阿之)(본서 김유신 조)·아지(阿只)라고도 적으며, 왕·왕세자 자녀의 경칭으로 사용했다. 단순히 아지(阿只)라고 하면 어린아이를 말한다. 또 신라의 시조 김알지의 알지도 동의동어(同義同語)이다.

461○ 【伊尸品王】 본서 왕력에는 이품왕이라고 있다. 시(尸)는 계사(繼辭)로, 이시품도 이품(伊品)도 같은 것이다. 이 왕의 치세 62년은, 왕력에서는 60년으로 하고 있다.

462○ 【坐知王一云金叱】 좌(坐, cwa)와 김(金, sǒ, sö)은 유음이자(類音異字)인가. 지(知)는 존칭으로 신지·질지와 같다. 이 항목은 전후 각 왕과 같이, '坐知王一云金叱. 金氏'라고 고쳐 적어야 할 것이다.

○【雞林國】신라를 말한다. 자세한 것은 본서 신라시조 조 참조.

○【舍(含)羽況乃人乎】함우(舍羽)인지 흡(翕)인지 분명하지 않다. 뒤 글 '況乃人乎'의 의미도 미상이다.

○【解卦】역경 해(解)의 괘(卦)로, 해의 94번째 괘에 '而解拇朋至斯孚'라고 있다. 본서가 이 괘를 인용하여 말하려고 하는 것은 '몸에서 부정한 것을 없애면 왕위의 안태가 올 것이다.'라는 의미로 해석할 수 있다. 자세한 것은 "역경" 해(解) 항목 참조.

○【其辭曰. 解而悔(拇)】회(悔)는 무(拇)의 잘못.

○【荷山島】'사'에는 보이지 않는다. 경상남도 김해 바다에 있는 어느 섬일까. 긴메이기(欽明紀) 5년 조에는 녹순·아라·가라 등과 함께 하산이라는 지명이 보인다. 흠명기의 하산에 대하여, 아유가이(鮎貝)는 '(荷山) 이 지명은 옛 임나령(가라) 즉 경북고령 남방에 지금도 현존한다 운운'("雜攷" 제7집)이라고 말하고, 또 아사히(朝日) 신문사 발행 '增補六國史' 수록 "일본서기" 머리글에는 '荷山, 경상남도 고성군 한산도인가, 동국통감 백제 전지왕 3년 조에 擯女于荷山島라고 있다.'라고 적고 있다. 그러나 "동국통감" 기사는 "가락국기" 이시품왕의 기사를 인용했을 따름이다.

○【永初二年辛酉】서기 421년. 영초(永初)는 남조 송의 무제(武帝) 조의 원호이다.

463○【吹希王 一云叱嘉. 金氏】'유' 왕력에는 '일운김희(一云金喜)'라고 있다.

464○【銍知王 一云金銍王】이것도 '銍知王一云銍王. 金氏'라고 고쳐야 할 것이다. 앞에서 말한 것과 같이 지(知)는 신지·질지를 나타낸 경어이므로 질지왕(銍知王)은 질왕(銍王)이라고 해도 좋다. 치세는 42년인데, '유' 왕력은 36년이라고 하고 있다.

○【元嘉二十八年】서기 451년. 원가(元嘉)는 유송(劉宋) 문제(文帝) 조 원호이다.

○【爲世祖(母)許黃玉王后. 奉資冥福, 於初與世祖(元君)合御(婚)之地. 創寺曰王后寺】"가락국기" 본문을 참조해서 세조 다음에는 '모(母)' 자를 삽입

하고, 다음의 세조는 '원군(元君)'으로 고치지 않으면 의미가 통하지 않는다. 또 어(御)도 '혼(婚)'으로 고치는 것이 좋을 것이다. 왕후사(王后寺) 창건에 대해서는 '유' 권제3(탑상 제4)·금관사파석탑기 조 참조.

○【永明十年壬申】서기 492년. 영명은 남조 제(齊)(武帝) 원호이다.

465○【鉗知王一云金鉗王】겸지왕(鉗知王)은 즉 겸왕이며, 일운(一云) 이 하는 '鉗. 金氏'로 고쳐야 할 것이다.

○【荷知王과 嘉悉(實)王】"남제서" 동남이전의 가라국 조에, 건원 원년 (479) 가라국왕 하지가 사신을 남조 제(齊)에 보내 공헌하고, 이에 대하여 제는 가라국왕에게 보국장군본국왕의 작호를 받았다고 전한다. 작호에 보이는 본국이라는 것은, 당시 형세로 보아도 하지왕은 금관가라(금관국)의 왕이다. 앞서 적은 제8대 금관국왕 질지(銍知) 재위는, 451년부터 492년 사이이기 때문에, 혹은 하지왕은 이 왕에 해당할지도 모른다. 그러나 구형왕 이전의 각 왕의 연기(年紀)는, 역사사실로서는 의심스럽고, 제9대 겸지왕 쪽이 발음상으로도 하지왕에 해당한다는 설득 있는 논자(論者)도 있다. 또 거슬러 올라가서 제7대 취희왕(吹希王)은 일명 질가(叱嘉)이었다. 질가는 가질(嘉叱)을 잘못 적은 것으로 본다면, 가질은 하질(荷叱)과 통한다고 말할 수 있다. 위의 질(叱)은 질지(叱知)의 toddfir 으로 본다면, 가(嘉)와 하(荷)도 음 상통하여 일치하기 때문이다. 다음으로 '사' 악지와 신라본기 진흥왕 12년 조에 가야악에 대한 것을 기록하고 있는데, 이 기사 가운데 가야금 제작자로서, 가실왕(嘉實王)·가실왕(嘉悉王)이라는 가야국 왕명이 보인다(嘉實. 嘉悉은 동음이자). 이 가실왕은, 위의 가질왕인가. 또 앞서 하지왕도 이 가실왕과 같은 사람인가. [참고] 今西龍 '加羅國城考'·"朝鮮古史の研究". 수록. 津田左右吉 '任那彊考'·"朝鮮歷史地理" 제1권 수록. 스에마쓰는 가실왕은 금관가라 왕명의 하나로 할 것은 아니고, 오히려 이것은 우륵과의 관계로 미루어 봐서, 금관 이외 어느 나라의 왕명으로 해야 할 것이라고 미루어 판단하고 있다 ("任那興亡史" 참조). 가실왕이 가질왕(吹希王)으로 견주어 보고, 또 하지

왕으로 견주어 보면, "가락국기"의 기년(紀年) 조작이 분명해질 것이다. 또 가실왕이 금관 이외 어떤 나라의 왕명이라고 한다면, 금관국의 왕력이 만들어질 때에 다른 나라 국왕의 이름이 다루어졌다고도 생각할 수 있겠다.

○ 【正光二年辛丑】 서기 521년. 정광(正光)은 북위 효명제의 원호이다. "가락국기" 역수는 질지왕이 죽은 해, 겸지왕이 즉위한 해까지를 남조(南朝)를 따르면서 겸지왕이 죽은 해, 구형왕 즉위부터는 감자기 북위의 것이 나타난 것은 왜일까. 이것은 그 근본이 된 신라의 연표가 그러했기 때문일 것이다. 신라는 지증왕 9년(508)에 처음으로 북위에 사신을 보내고 있다. 즉 "위서" 세종·의무제기의 영평 원년 3월 기해 조에 사라(斯羅)가 조공했다고 보이는 것이다. 그 결과 이때부터 신라는 북위의 연호를 사용했을 것이다. 신라가 건국 이래 처음으로 중국과 통한 것은 전진(前秦) 부견(符堅) 때로 377년과 382년에 두 번 입공하고 있다. 신라는 이때부터 우환이 많아 한동안 중국에 대한 통공을 못 했는데, 130년 만에 재현된 지증왕 9년 조공의 영향은 컸다고 생각된다.

466○ 【治四十二年】 왕력 구형왕 조에는 '鉗知子, 母女, 辛丑立, 理十二年, 中大通四年壬子納土新羅, 自首露王壬寅, 至壬子, 合四百九十年'이라고 기록하고 있다. 구형왕의 치세는 왕력과 같이 12년이라고 해야 할 것이다. 본문이 구형왕의 치세를 42년으로 한 것은 금관가라가 신라에 투항한 것이 532년(양 중대통 4년 임자, 신라법흥왕 19년)인데도 불구하고, 562년(북주 보정 2년 임오·신라진흥왕 23년)의 고령대가라의 멸망을 금관가라의 멸망으로 잘못했기 때문으로 30년 많아진 것이다. 이것은 "가락국기"의 사료적 가치를 훼손하는 것이다. '保定二年壬子九月, 新羅第二十四君眞興王, 興兵薄伐, 王使親軍卒, 彼衆我寡, 不堪對戰也, 仍遣同氣脫知尒叱今, 留在於國, 王子上孫卒支公等降入新羅'라는 글은, 왕력에 본서 저자 일연이 적어 넣은 것일까.

○ 【保定二年壬午】 서기 562년에 해당한다. 보정은 북조 북주 무제(武帝) 조의 원호이다. 모두 아는 것과 같이, 신라는 법흥·진흥 2왕대에 이르러

국세는 크게 뻗었다. 진흥왕대에는 인접의 여제(麗齊) 양국의 항쟁 피폐를 틈타 한강 유역을 잠식하고, 553년에는 지금의 광주에 신주를 설치하고, 구형왕의 막내아들 김무력을 군주(軍主)로 임명하였다. 이듬해 성명왕은 보복을 목적으로 스스로 군을 이끌고, 신라 국내에 침입하여 관산성을 공격하여, 일시적으로는 신라군도 위태로웠는데, 무력이 신라군을 이끌고 구원을 가자 백제군은 크게 패하고 성명왕은 전사하기에 이르렀다. 이 무력의 활약으로 보더라도 금관국의 투항을, 保定二年壬子로 하는 것이 잘못되었음을 알 수 있을 것이다. 더 나아가 555년에는 신라 진흥왕은 친히 북한산에 행차하여 영토를 늘렸는데, 556년에는 주의 동북방에 북열홀주를 두고 558년에는 국원(충주)을 소경으로 하고 이곳에 귀족의 자제 · 호족을 이주하게 하는 등으로 이 지방의 경영에 힘썼다. 그리고 신라는 여제(麗齊) 어느 쪽의 힘도 빌리지 않고 황해에서 직접 중국으로 통할 수 있게 되었다. 그 결과 564년에 이르러 비로소 북제(北齊)에 조공을 했다. 북제로의 통교는 572년에도 있었는데, 이 가운데 568년 · 570년 · 571년에는 남조 진(陳)과도 통교했다. 그러나 신라는 중국에 조공하면서도 법흥왕 이래, 스스로 건원(536~) · 개국(551~) · 대창(568~) · 홍제(572~) · 건복(584~) · 인평(634~) · 태화(648~)라는 연호를 세웠다. 그러나 진덕여왕 4년(650) 즉 당의 영휘 원년에 당의 책력을 이어받으면서 멈추었다. 보정 2년은 신라진흥왕 23년에 '사' 같은 해 9월 조에 의하면, '加耶叛. 王命異斯夫討之, 斯多含副之 云云'이 있고, 가야 즉 고령가라가 신라에 복속했다는 것을 전하고 있다. 또 '서기' 긴메이(欽明)기 23년 정월 조에 '新羅打滅任那官家(一本云, 21년 任那滅焉, 摠言任那, 別言加羅國), …合十國'이라고 있다. 흠명 23년은 보정 2년에 해당하며, 모두 고령가라국의 멸망을 전하고 있다. 고령 · 금관 두 가라국은, 모두 가라국이라고도 불렀기 때문에, "가락국기"의 편자는 고령가라국의 멸망과 금관가라국의 멸망을 혼동하고 있다. 금관가라국의 멸망은, "개황력"이 전하는 중대통 4년(532)이다.

○ 【同氣脫(脫)知尒叱今】 탈지(脫知)는 인명. 구형왕비 계화의 아버지인 분
질수이질(尒叱)의 尒叱도 이질금(尒叱今)을 생략했을 것이다. 이질·이
질금은 모두 존칭이다. 신라왕 호칭의 이사금과도 같은 음으로 시작은
같을 것인데, 금관가라에서는 왕호로서 다루어졌는지 아닌지는 분명하
지 않다. 왕족이나 신라 갈문왕에 해당하는 인물에 붙여진 존칭일까. 동
기(同氣)는 형제라는 뜻일까. 탈지라는 인물에 대해서는 '사'에는 보이지
않는다. 금관가라가 신라에 투항하여 구형왕 이하 왕비·여러 자손 등이
왕도 경주로 이주하여 김무력 이하 여러 자손이 신라 왕조를 섬기면서 그
이름을 빛냈는데, 탈지 등은 금관가라 왕가의 식읍(食邑)이 된 옛 나라에
남았다. 이것이 초기의 지방호족이 되고, 이 식읍지배가 그 후 군현제의
싹이 되었을 것이다.

○ 【上係】 솔지공(率支公)이 구형왕의 맏아들 세종의 자손이라는 것으로부
터, 즉 적자 장손이기 때문에 상손(上孫)이라고 불렀던 것일까. '사'에는
솔지공이라는 이름은 보이지 않는다.

○ 【世宗角干·茂刀角干·茂得角干】 '나기' 법흥왕 19년 조에 금관국의 투
항과 금관국 왕가 취급에 대하여 '金官國主金仇亥, 與妣及三子長曰奴宗
仲曰武德季曰武力, 以國帑寶物來降, 王禮待之, 授位上等, 以本國爲食邑,
子武力仕至角干'이라고 적고 있다. 이것에 의하면 세 아들은 노종·무
덕·무력이다. "가락국기"의 기재와는 다른 것 같다. 장자 노종과 세종은
앞서 말한 것과 같이, no-maru를 적은 것으로서 같은 인물일 것이다. "가
락국기"의 무도(茂刀)·무득(茂得)은, 본래는 무력(武力)·무득(武得)이
었는데, 이것은 고려 제2대 혜종의 휘인 무(武)를 피해서 무(茂)를 넣었
기 때문이다. '사'의 무덕(武德)과 "가락국기"의 무득(武得)은 동음이자로
생각되므로 같은 인물일 것이다. '사'의 무력(武力)과 "가락국기"의 무도
(武刀)는 역(力)과 도(刀)의 글자가 닮은 것으로 옮겨 적을 때 잘못일까.
이렇게 보면 중자(仲子)와 계자(季子)는, '사'와 "가락국기"에서는 바꿔
넣은 것이 될 것이다. 각간은 신라관위 17등의 제1등 관위이다. 그 후의

노종, 무덕에 대한 일은 분명하지 않으나, 무력은 앞서 적은 것과 같이 신라조정을 섬기면서 활약했다.

○【梁中大通匹年壬子】 서기 532년에 해당한다. 지증왕 9년(508) 통교에 이어 신라의 중국 조공은 법흥왕 8년(521)의 남조 양(梁)으로의 사신파견이다. 이것은 백제 사신에 따라갔던 것("양서" 참조)인데, 여기에서 신라는 양의 연호를 사용했을 것이다. 금관가라가 신라에 투항한 해를 "개황록" 등이 양의 중대통이라고 하고 있기 때문이다.

467○【案三國史云云】 '나기' 법흥왕 19년 조 및 같은 자료 지리지(1) 김해 소경 조에, 양의 중대통 4년 · 법흥왕 19년(532)에 금관가라가 신라에 투항한 것을 기록하고 있다.

○【東漢建武十八年壬寅】 후한 광무제의 건무 18년 임인(42)을 수로왕 즉위년이라고 한다면 구형왕의 신라투항(532)까지는 490년간이 된다.

○【摠五百二十年矣. 今兩(兩)存之】 수로 즉위년(42)부터 북위 보정 2년(562)까지는, 분명히 520년간이다. '今兩存之'라고 하며 금관국의 멸망에 대해서, 532년설과 562년설 두 가지가 있는 것 같은데, 이것은 잘못이다. 이미 말한 것과 같이, 562년은 고령대가야 멸망년이다.

참고

○【일본서기에 보이는 남가라 멸망 기사】 게다이기(繼體紀) 및 긴메이기(欽明紀)에 남가라 및 임나 멸망에 대한 기사가 보인다. 그 가운데 긴메이기 23년(임오 562) 춘정월 조에 '신라, 임나 관가를 멸망시키다.'라고 있는데 이것은 임나 여러 나라 전부가 망한 것을 말하는 것으로, 분주(分注)에 의하면 금관국 즉 남가라는 포함되어 있지 않다. 사실은 금관은 그때 이미 멸망했기 때문이다. 그것에 대해서는 게다이기 21년(병오 526) 하6월 조에 '近江毛野臣, 병사 6만을 이끌고 임나에 가서 신라에게 망한 남가라, 훼기탄을 부흥하여 임나에 병합하고자 하다.'라고 있다. 남가라가 훼기탄(경상남도 경산)과 함께 신라에게 멸망당한 것은, 그해 즉 526년이나, 그보다 약간 앞인데, 전후 사정으로 보아 일본이 즉시 대책을 강구한 것 같으므로 남가라 멸망은 일단 526년이었다고 생각해도 좋다. 게다이기나 긴메이기에는 남가라 · 가라 · 임나라는 이름이 자주 나오고 해독이 매우 곤

란하여, '서기' 자체도 상당히 혼동하고 있는 것 같다. 이때의 임나에는 훼기탄이나 남가라(일찍이 임나의 일부 나라이었으나)가 들어 있지 않다. 즉 임나라는 것은 일본부(日本府) 통치하에 있는 나라, 내지는 일본부가 있는 특정국을 가리키는 등 다의적(多義的)이다. 다음으로 가라는 고령가라를 가리키는 경우가 많은데, 때로는 가라 여러 나라 가운데의 대표국을 가리키는 경우도 있다. 그런데 남가라 부흥에 파견된 오미노게나(近江毛野)는 게다이기 22년·23년·24년 조에 의하면 여러 가지를 획책했는데 23년에는 신라 이질부 예지 간기("삼국사기"에 보이는 이사부)에게 금관·배벌·안다·위타 4촌(혹은 다다라·수나라·화다·비지)을 빼앗겼다. 금관[수나라(須那羅)는 須=金, 那羅=國 즉 金國] 탈취는 오미노게나에 의해 일시적으로 부흥되어 일본 측에 복귀한 것을 시사한다. 이질부예지에 의한 재차 탈취이다. 한편 '나기'·법흥왕 19년(532)에 금관국의 투항을 전하고 있고, "가락국기" 수록의 개황록이 중대통 4년(532)의 멸망을 전하고 있어, 두 가지 사료는 일치하고 있는데, 계체기 기년(紀年)은 25년 조의 분주(分注)에 천황이 죽은 것이 25년과 28년 두 가지 전승이 있다는 것, 즉 3년의 차이가 있는 것을 지적하고 있기 때문에, 위의 3년 오차는 그 때문에 생겼을 것이다.

○ 【고령남가야의 전설과 금관국】 '사' 지리지(1) 강주(康州)·고령군 조에, '本大加耶國, 自始祖伊珍阿鼓王(一云, 內珍朱智), 至道朱智. 凡十六世, 五百二十年. 眞興大王侵滅之, 以其地爲大加耶郡'이라고 보이고, '승람'(권29) 고령현 건치연혁 조에 인용되어 있는 "석리정전"(최치원 찬)에는 '伽倻山神正見母主乃爲天神夷毗訶之所感生大伽耶王惱窒朱日, 金官國惱窒靑裔二人. 則惱窒朱日爲珍阿鼓王之別稱, 靑裔爲首露王之別稱. 然與駕洛國古記六卵之說俱荒誕不可信'이라고 보이며, 더 나아가 인용하고 있는 "석순응전"(최치원 찬)에는 '大伽倻國月光太子乃正見之十世孫, 父曰異腦王, 求婚子新羅, 迎夷粲比枝輩之女, 而生太子. 則異腦王乃惱窒朱日之八世孫也. 然亦不可考'라는 "석리정전"의 개국전설은 근원을 가야산에 둔 곳에 특색이 있으며, 금관국 시조와 고령대가야 시조의 출생은 천신(天神)과 지신(地神)(가야산신)과의 교감에 의한 것으로, 게다가 형제가 되어 있다. 이것도 가라 여러 나라 연합체의 결성이라는 역사사실에 바탕을 두고, 전설이 생긴 것을 나타내고 있다. 다음으로 위의 3사(史)를 바탕으로 계보(系譜)를 그림으로 보이면 다음과 같다.

(比技輩는 '나기'에는 이찬 비조부라고 하며, 그의 여동생이 가라왕과 결혼한 적이 있다. '서기' 계체기에는 신라왕의 여자가 가라왕과 결혼했다고 되어 있다.)

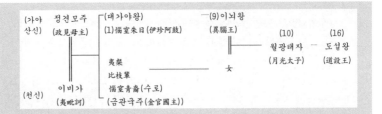

"석리정전"에서는 수로를 뇌질청예라고 다른 이름으로서 대가야 시조 뇌질주일에 상대하고 있다. 뇌질(惱窒)은 내진(內珍)과 통하고, 내(內)·뇌(惱)는 나(那)·양(壤)과 같이 토지·나라(國)를 나타내고, 질(窒)은 진(珍)과 같이 훼(喙)·도(道)·양(梁)과도 통하여 읍(邑)이나 나라(國)를 나타내는 말이다. 다음의 청예(靑裔)는 주일(朱日)에 상대하는 것인데, 청예는 청양예(靑陽裔)에서 온 것으로 보인다. 중국 옛 전설상의 성제왕인 황제(黃帝)(軒轅)의 맏아들 현효는 청양으로 또 소호김천씨라고 말했다. 앞서 보인 김유신 비문에는, 남가라의 시조 수로는 '軒轅之裔·少昊의 胤'이라고 하는 것으로부터도 알 수 있다. 또 앞서 보인 '지리지'에는, 562년에 멸망한 고령대가야는 시조에서 도설왕까지 520년 이어졌다고 하는데, 이것에 의하면 시조 건국은 서기 42년이 되며, 금관가라의 수령왕 건국년와 같은 해라는 것을 알 수 있다. "석리정전"의 설명이 직접적으로 뒷받침하고 있다. 다음으로 고령은 520년간에 16세(世)인 것에 대하여, 금관은 10세(世)로, 금관의 계보가 눈에 띄게 적다고 느껴진다. 가라전설에 대해서는, 고려해야 할 사항이 많이 남아 있다고 할 수 있겠다.

보유 [497]

補遺

기이 제1 '신라시조 혁거세왕' 조의 마지막에 덧붙이는 것.

🍃 참고

〈和白〉

화백(和白)이라는 것은, "신당서" 권220(동이전 신라 조)에 '중대한 국사(國事)는 반드시 무리와 상의했다. 이것을 화백이라고 한다. 이때 한 사람이라도 반대하면, 그것은 실시되지 않았다.'라는 것에 유래한다. 화백이라는 것은 전원 일치를 말하며, 신라시대의 국정회의 실태를 단적으로 전하고 있다. 그래서 신라 족장회의 내지 귀족회의를 화백이라고 한다. 화백에 관한 신라 전승에는, '유' 권1 '신라시조 혁거세왕'과 '진덕왕' 조에 보인다. 혁거세왕 조에서는 시조 강림을 맞이할 때에, 6부 족장들이 성지 알천 물가에 모여서 상의(商議)했다고 한다. '진덕왕' 조에서는 '신라에는 4개의 성지가 있어, 중요한 국정을 상의할 때에는, 대신들이 그 땅에서 합의하면, 그것은 성공한다.'고 전하고 있다. 이러한 회의는 신라의 원시시대부터의 전통으로 국가형성기 초기에는 부락의 족장회의가 되었고, 그 후반기에는 신라 6부의 귀족을 중심으로, 복속(服屬)왕조의 왕 혹은 그 후예 일부도 참가하는 귀족회의로 발전했던 것으로 생각된다. 이곳의 의제는 근대적인 국가행정·입법·사법에 관한 것이 아니고, 왕의 폐립(廢立)·상대등(귀족회의 의장) 등 중요한 관직의 임명·인접 국가와

---

497) 모두 기이(紀異) 제1의 주해에 대한 보충이다.

의 화전(和戰)·국가적 제사의 시행 등이라고 추측된다. 7세기 후반까지의 신라는 귀족연합체제로, 귀족의 합의제=화백이 정치 실권을 쥐고 있었는데, 그 구성원은 시기에 따라 변화가 보인다. 6세기 중엽의 진흥왕 순수비(창녕비)에는, 화백회의의 구성원인 대등(大等)(중앙귀족)이 20명 이상 있었던 같은데, 7세기 중엽에는 화백의 참가자가 6명밖에 없다. 이러한 구성원의 격감은, 귀족의 성격을 바꾸어 이윽고 왕권을 중심으로 하는 율령적인 정치체제가 되는데, 화백은 약간 변화하면서도 존속했던 것 같다. 또한 화백의 의미는 전원일치라는 한자의 의미라고 생각되는데, 달리 만주어의 혁백(赫白)으로 상의를 의미한다는 설("만주원류고" 권18), 속어 su-sül의 차자라는 설(양주동·"古歌硏究") 등이 있다.

〈제4 탈해왕〉

153○ 【櫃子】 (증보) 앞서 보인 주해 120·120a 및 뒤에 보이는 주해 163 (김알지. 탈해왕대 조)도 참조.

154○ 【含達婆】 (개정) ham-tär-pha 탈해의 아버지. 함달파라는 이름은 불전이 말하는 건달파와 매우 비슷하다. 건달파는 범어 Gandhrva의 음사로, 건달박(犍達縛)·건타라(犍陀羅)·언달파(彦達婆)라고도 다루어졌다. 건달파는 제석천을 모시고 음악을 관장하는 신으로, 수미산 남쪽, 금강 동굴 안에 있으면서 불법을 수호하는 천룡팔부 가운데 한 사람으로 되어 있다. 서역지방에서는 이 불교설화에 따라 주술적인 음악인(樂人)·배우를 건달파라고 불렀다. 음악인은 환상의 성곽을 만들어 순간적으로 사라지는 술법을 잘 부렸던 것으로부터, 용과 이무기(龍蜃)가 나타나는 환상의 성곽을 건달파성이라고 불렀다고 한다. 신라에서는 '유' 권제5·융천사 혜성가 조에서, 진평왕대 화랑거열랑 등이 동해변 풍악(楓嶽)에서 다음 노래를 불러, 왜구 습격의 흉조를 지웠다는 전설이 있다. 그 노래는 '가는 세월, 동방의 물가 건달파 노니는 성을 바라보며, 왜군이라도 오면 봉화를 지펴 주변에 다다른다.'라고 있고 건달파=함달파를 노래하고 있다. 한반도 남부특히 신기루 현상이 많이 보이는, 동해안 지방에 전승

된 탈해전설에, 불교설화에서 유래하는 농후한 윤색이 보이며, 또 금강산 (풍악)이나 해금강 석굴 등의 영역에서, 가무 유락하는 풍습을 화랑들의 가곡에, 금강 동굴 속의 악신 건달파의 설화와의 연결이 보이는 것도, 모두 신화전설의 후대적 변화를 보이는 것으로 그 바탕에는 한민족 고유의 동해 용신의 신앙이 있다. [참고] 三品彰英論文集・第4卷. "增補朝鮮神話傳說の硏究"(496면).

161○ 【齒凝如一】 (증보개정) 이(齒)에 관한 설화로서는 주해 137・144나 '나기' 유리왕 전기에 '凡有德者多齒', '吾聞聖智人多齒'를 들 수 있다. 이러한 설화의 배후에 이에 관련되는 토착의 습관이 있었는지는 분명하지 않은데, 이사금을 부르기 시작한 노례왕 및 탈해에 대하여 왕으로서의 자격에 관한 중요한 일로서, 치리전설이 입에 올랐다는 것, 또 제2 남해왕 대에 처음으로, 석가여래금상이 신라에도 전해졌다고 하는 설화("금강산유점사사적기") 등을 고려하면, 우선 불전이라는 32상(相)의 사상에 의한 영향이 생각된다. 32상은 32대인상(大人相)이라고도 전하며, 부처 또는 윤전성왕(신화적이며 뛰어난 군주)이, 마땅히 갖추어야 할 32종의 뚜렷한 신체적 특징을 헤아린 것으로, 그 가운데 이에 관해서는 다른 여러 특징보다도 자세한 규정이 있다. 즉 일반인은 이 개수가 32개인데 훌륭한 사람에게는 ① 40개의 이가 가지런히 정렬되어 있을 것, ② 치열(齒列)이 평평할 것, ③ 이가 촘촘하고 간격이 없을 것, ④ 이가 하얗게 빛날 것이라는 4가지를 들고 있다. 또 신체에 대해서는 ① 상반신이 위풍당당하여 사자와 같으며, ② 신체가 마치 야자나무같이 클 것 등이 부처인 윤전성왕의 신체적 특징이라고 되어 있다. 또 "고사기" 반정(反正)천황 부분에도 '이 천황, 몸의 길이 9척 2촌 반, 이 길이 1촌, 넓이 2푼, 위아래 골고루 갖추어져 이미 진주를 가지런히 놓은 듯하다.'라는 탈해와 같은 전승이 보인다. 이들은 모두 왕의 위대함을 불전에 의거하여 설명한 것이라고 생각된다.

〈김알지 탈해왕대〉

162○ 【金閼智】 (이하 증보) 알지라는 이름은 본래 곡령(穀靈)을 의미한다.
농경민족에 어울리는 이름이며, 그 별명 혁거세(弗居世)는 주해 120c · 170
에서 말한 것같이 '빛나는 왕'을 의미하는, 불교이전의 토착어로 한족(韓
族) 고유의 신령 내지는 조상신에게 붙여진 호칭이다. '유' 분주(分注)에
光明理(治)世라고 한역되었고, 또 그 모습이 '身生光彩'라고 형용되어 있
는 것도, 빛에 의해서 신령이 움직이는 것으로 알리고, 빛(光) · 불(火) ·
곡령(穀靈)을 하나로 생각하는 고대인의 사고로 보면, 혁거세와 알지는
다른 이름이 아니고 곡령의 움직임이 빛 · 불에 의해서 움직인다는, 기본
적 융즉(融卽)관념에 의해서 민족의 조상 영신(靈神)을 이해하려는 마음
이 있다. [참고] 三品彰英論文集 · 第3卷. "神話と文化史" 수록 'ブルカン
考'. 三品彰英論文集. 第5卷 "古代祭政政と穀靈信仰".

〈연오랑 세오녀〉

168○ 【日者】 (개정증보) 비슷한 말로서 일관(日官)이라는 이름이, '사금갑'
조(주해 190), '태종춘추공' 조(주해 253a), '만파식적' 조(주해 280)에 보
인다. 아마도 천문 점술가를 말할 것이다.

168○ 【朕之妃所織細綃(絹), 以此祭天可矣】 [삼국유사고증 역주 2권 251면
6줄, '서기'의 전승과 매우 비슷하다."의 '매우 비슷하다.'를 없애고, 이곳
에 다음 문장을 삽입한다.]

"~를 생각나게 하며 또 일본 야마토(大和) 조정이 야마토 공주로 하여
금 '세상의 파도로 돌아간다.' 해변의 신역(神域) · 이세(伊勢)에 일신(日
神)을 제사하게 했다는 것과 유사하다. 왕비 · 세오녀는 이세(伊勢)의 야
마토 공주에 대응하는 무녀적 존재이며, 이세 신궁(별궁의 이세 잡궁)에
고신보로서 금동제의 다카하타(高機)가 전해지고 있는 점도 흥미 깊다.
그러나 이세 해변은 원래 고층적인 일신(日神) 신앙을 전승한 해인(海人)
들의 땅이고, 그것을 나중에 고천원계의 아마테라스오미카미를 옮겨 모

신 것인데, 신라의 연오랑, 세오녀의 해맞이(日迎) 전설은 분명히 동양형의 태양신화에 속하며, 일본 오스미쇼하치만 연기[498]와 유형을 함께한다."

〈미추왕(味鄒王) 죽엽군(竹葉軍)〉

171○ 【忽有異兵來助. 皆珥竹葉. 與我軍幷力擊賊破之】 [말미의 (三品彰英 '脫解傳說' "朝鮮神話傳說の硏究" 수록)을 삭제하고 다음 글을 추가한다.]

특히 하치만신(八幡神)의 원형이라고도 할 만한 휴가(日向)[499]의 해동(海童) 신화에서는, 히코호호데미노미코토가 태어날 때, '죽도(竹刀)로 그 아이 탯줄을 자르다. 그 버린 죽도가 마침내 대나무 숲이 되다.'라든가, 또 '이 신이 용궁에 갈 때, 시오쓰치 노인이 주머니 속의 검은 빗(玄櫛)을 꺼내 땅에 던졌더니 오백 개 대나무 숲으로 변했다. 그래서 그 대나무를 잘라 큰 광주리를 만들어, 호호데미노미코토의 광주리 속에 담아 바다에 던졌다.'라는 식으로 대나무와 연결된 이야기가 있고, "다케토리 모노가타리"로 대표되는 대나무 속에서 신의 아이가 나타난다는 모티브로 통한다. 이러한 모티브는 신라의 죽엽군전설, 죽통미녀("신라수이전")에도 보이며, 또한 널리 남방에 분포되어 있는 요소이다. 특히 대만·인도네시아 여러 민족을 비롯하는 동남아시아 신화전설에 원류를 가진다.

[참고] 三品彰英論文集·제4권 "增補, 日鮮神話傳說の硏究" 수록 '脫解傳說', 三品彰英論文集·제3권 "神話と文化史" 수록 'かぐや姫の本質について', 松本信広 "東亞民族文化論攷" 수록 '竹中生誕の源流'.

〈사금갑(射琴匣)〉

190, 190b○ 【烏】 중국문헌에는, 태양의 정기를 세 다리 까마귀(烏)로 하는 관념이 보이고, 특히 북방아시아의 샤머니즘에서는, 사람의 생명 혹은 무

---

498) 가고시마현 기리시마(霧島)시 소재. 사적명승(史跡名勝) 천연기념물.
499) 규슈 미야자키현 북동부에 위치하는 도시.

당의 수호신령은, 각종 까마귀 모습으로 날아오른다는 신앙이 가장 널리 퍼져 있다. 사금갑(射琴匣) 전설도, 까마귀는 죽음의 관념으로 이어진 새라고 하는데, 본래 까마귀는 영의 세계 · 황천 · 땅속의 세계로부터의 사자(使者)이며, 일본의 오권청(烏勸請)의 예로도 알 수 있듯이, 땅속 세계에서 오는 곡령(穀靈)을 맞이하는 신적 의미를 가지는 곡식이 익는(稔) 새이기도 하다. [참고] 三品彰英論文集. 제1권 "日本神話論".

191○ 【怛忉】 (증보) 달도(怛忉)는 음차로 tarto를 표기한 것으로 추측되며, tarra-puttha 접착하다 · 달라붙다 뜻인가. 이색이 '粘米如脂石密和, 更教松栗棗交如, 千門萬戶筆相送, 曙色蒼涼欲起鴉'("목은집" 권14)라고 부르는 것처럼, 제사의 찰밥(糯飯)을 이겨 만드는 것으로부터 달도(怛忉)의 제(祭)라고 불렀을 것이다. 오기일의 풍습은 원의(原義)적으로는, 일본의 오권청으로 통하는 민속이다. [참고] 三品彰英論文集. 제5권 "古代祭政と穀靈信仰", 三品彰英論文集. 제1권 "日本神話論".

〈선덕왕 지기삼사(知機三事)〉

217○ 【四天王天之上有忉利天】 도리(忉利)는 범어 trāyostrimśa(33이라는 뜻)의 음사. 불교 세계관에 의하면 생사유전하는 세계를, ① 욕계(음욕과 식욕을 가지는 사람이 사는 세계), ② 색계[욕계 위에 있고 욕(欲)으로 벗어나 맑고 깨끗한 세계], ③ 무색계(물질을 초월한 정신만이 존재하는 가장 높은 세계)의 3단계로 나눈다. 이 삼계(三界) 가운데 욕계의 최상층에는 6종의 천(天)(人)이 산다고 하여 육욕천이라고 부른다. 육욕천이라는 것은 ① 사천왕천, ② 삼십이천, ③ 야마천, ④ 도사다천, ⑤ 악변화천, ⑥ 타화자재천을 말하며 도리천(忉利天)은 이 삼십삼천 가운데의 하나로 수미산(불교적 우주의 중심에 우뚝 서 있는 산)의 꼭대기에 있다.

다음으로 사천왕천은, 위 육욕천 가운데의 하나로, 도리천이 사는 삼십삼천의 아래에 있고, 불법 및 불법에 귀의하는 사람들도 수호하는 사천왕(지국천, 증장천, 광목천, 다문천)이 사는 장소로, 수미산의 중턱에 있다고 되어 있다.

〈대종춘추공(大宗春秋公)〉

235○【夢登西岳捨溺彌滿京云云】이 보희(寶姬)의 꿈, 김춘추와 문희(文姬)의 결혼 이야기와 비슷한 설화가, 후세 고려조의 안종욱과 현종(大良院君詢)의 어머니와의 결혼, 더 나아가 현종 탄생에 대한 것이다. 경종의 왕비 헌정왕후 황보는, 역시 왕족으로 경종의 사촌 여동생이었는데, 경종이 죽은 후, 궁궐을 나와 왕륜사 남쪽 사저(私邸)에 돌아갔다. 어느 날 밤 곡령이라는 산에 올라 소변을 봤더니 그것이 흘러 온 나라에 넘쳐 온통 은해(銀海)가 되었다는 꿈을 꾸었다. 그래서 이것을 점술가에게 물어보니, 이것은 아이가 태어나 그 아이가 왕이 되어 나라를 다스릴 징조라고 알려줬다. 그러나 헌정왕후는 자기가 과부이므로 이제 와서 아이를 낳을 리가 없다고 말했다. 그런데 태조의 제8왕자·대양원군 욱(郁)이 근처에 살고 있었기 때문에 왕래하던 중에 관계를 가져 임신했다. 그래서 성종 11년 7월에 이르러 왕후가 욱(郁)의 집에 머물고 있었는데, 그 집 하인이 마당에 장작을 쌓아 불을 지폈다. 그래서 큰 소동이 일어나 조정의 백관이 달려왔는데 당시 왕이었던 성종도 달려왔다. 이윽고 사정을 알게 되어 욱은 유배되는데, 비(妃)는 울면서 집으로 가던 중, 그 문 앞에서 산기(産氣)를 느끼고 버들나무 가지를 부여잡고 남자아이를 낳고 죽었다. 그래서 정종은 사람을 시켜 남자아이를 키우게 했는데, 이 남자아이가 후에 현종(제8대)이다. [참고] "고려사" 권88·후비전(后妃傳)1. 萩山秀維 '三國史記新羅紀結末の疑義'("東洋學報" 10-3). 同氏 "高麗顯宗の即位に關する高麗史の曲筆を論ず"("東洋學報" 12-3).

그 그리스 역사가 헤로도토스[500]의 "역사"를 풀어 보면, 이미 이러한

---

500) Herodotus: 고대그리스 역사가. 역사학의 아버지라고 한다. 대략 기원전 490년에서 기원전 480년 사이에 태어났다는 것이 정설. 몰년(沒年)은 기원전 430년 이후로 알려져 있는데

설화는 왕년의 페르시아 아케메네스왕조 초대 키루스(Cyrus)왕[501]의 탄생에 대하여 말하고 있다. 이것은 오랜 모티브에 지나지 않는다. 김춘추나 욱에 대한 이러한 이야기가 있는 것은, 키루스왕과 같이 그들이 새로운 왕가의 혈통상 창건자이었기 때문이다.

256○ 【有天唱空云】 하늘에서 들려오는 신령의 목소리로, 그 의례상 현저한 예는 후대 무당이 하는 소위 공창(空唱)의 행사로 볼 수 있다. '妖巫七人. 能使鬼神唱於空中. 有似人語. 令人眩惑'("세종실록"). '巫覡之行. 有空唱示靈. 驚骸聴聞. 妖誕甚矣'("성종실록"). '今有空中唱吉. 憑巫覡. 能知往事而言之者. 謂之太子'("용재총화"). 혹은 '유' 권제2 · 가락국기 조의 수로강림 때에, '有如人音者. 隱其形而發其音'이라는 고대 의례는, 공창의 무의(巫儀)와 통할 만한 본질을 가지는 것이다. 일본에서는 이러한 관념을 신어(神語) 혹은 신칙(神勅)이라고 하고, 축사(祝詞)[502]도 또한 원초적 의미는 '天唱空天'에 준하는 것이었다고 생각한다. [참고] 三品彰英論文集. 제5권 "古代祭政と穀靈信仰" 수록 '古代朝鮮における王者山現の儀禮と神話について'.

○ 【三十三天之一人】 김유신을 삼십삼천의 한 사람으로 하는 전래는, '유' 만파식적 조에도 '三十三之一子今降爲大臣云云'으로 보인다. 삼십삼천은 도리천의 다른 이름. 주해 217의 도리천을 참고.

모두 정확하지는 않다.

501) 페르시아를 중심으로 에게해에서 인더스강에 이르는 거대한 고대 오리엔트제국을 건설. 현대 이란 사람은 건국의 아버지라고 부른다.

502) 일본에서는 노리토(のりと)(祝詞)라고 한다. 일정한 문체, 조사, 서식 등의 고유한 특징을 가진다.

A. 한국에서 출판된 것

① 영역 삼국유사 SAMGUK YUSA (부제) — Legends and History of the Three Kingdoms of Ancient Korea. (역자) Ha Tae-Hung, Grafton K. Minz(1972년 연세대학교[서울] 출판)

본서는 '유' 전권에 대하여 영역을 한 것인데 주해는 없다. 우선 권제1(기이 제1)에서 마지막 권제5의 효선(孝善) 제9까지를 번역하고, 권말에 麗 · 濟 · 羅 · 鴛洛 순서로 각국의 역대 왕의 재위연수와 간단한 연표, 이어서 '유', '왕력'을 싣고 더 나아가 삼국지세관계지도(三國地勢關係地図) · 서지 색인에 지명 · 인명 등을 모두 정리한 전반적 색인을 덧붙이고 있다.

② 한국고전총서(1) "삼국유사"(1973년 5월, 재단법인 민족문화추진회 발행).

본서는 제2차대전 후(아직 정확한 연차는 밝히지 않고 있으나) 서울대학교 중앙도서관에 소장된 중종(中宗)(正德) 임신 간본의 축소 영인본이다. 필자는 1975년에 서울을 방문했을 때에 본서를 입수하고 천리대도서관에 있는 '今西本' 외에 정덕임신본이 발견되었다는 것을 알고, 본서의 원본을 접할 기회를 열망했던바, 재작년504) 한국 방문 때 서울대학교의 허락 덕분에 직접 볼 수 있

---

503) 참고로 보인다.
504) 1977년으로 보인다.

는 기회를 얻었다. 이 원본은 '今西本' 이상의 선본(善本)이라고 생각되나, 지금은 양자 비교에 대해서는 다루지 않기로 한다.

본서는 이병도(李丙燾) 감수, 이동환이 저술한 '유'의 여러 간본·사본이나 각종 문헌을 참고하여, '유'의 원문에 상세한 교감을 더하고, 그 설명문을 '東大本'과 같이 두주(頭註)로 하고 있다. 그래서 '유'의 텍스트로서는 가장 좋은 것이라고 말할 수 있겠다.

또 원본의 '왕력' 부분은, 판목(板木)의 판면이 조잡하여 탈자(脫字)·결락(缺落)이 많아, 이것을 보충하기 위해 본서는, 육당 최남선의 신정본(상권 해제 참조)의 왕력(宋錫夏氏가 소장한 고간본에 의했다.)을 전재(轉載) 부가하고 있다. [국서간행회가 복간한 '조선사학회본' 제2판·제3판에는 같은 고간본의 '왕력'(末松保和氏의 대교(對校) 메모를 바탕으로 한 것)을 싣고 있는데, 다소 차이가 발견된다). 나아가 '부록'으로서 서울의 동국대학교 소장 목판본인 '균여전'을 영인한 것과 서울 국립박물관 소장의 '황룡사구층탑의 찰주본기(刹柱本記)'(황수영의 판독)을 싣고 있다. 두말할 것도 없이 균여전은 '유' 찬술에 앞선 고려 초기에 지어진 귀중한 향가를 싣고 있는 승전(僧傳)이다(이미 '조선사학회본'에는 활자로 하고 있는데 今西龍이 싣고 있다).

③ 한국명저대전집 "삼국유사"(1973년 10월, 서울대양서적 발행)

본서는 다음 항목의 책에 비해서 해설, 일연의 연보(年譜), 사진(3장)이 많은데, 내용적으로는 그다지 다르지 않다. 해설, 역주 등은 이병도가 한 것인데, 주해는 모두 다루지는 않았다.

④ 수정판 "原文并譯註三國遺事"(1975년 2월, 서울 광조출판사 발행)

본서는 이미 상권 '해제'에서도 해설한 바가 있는, 과거 저서(이병도가 역주

한 것)를 수정한 것이다.

⑤ 삼중당문고 "삼국유사"(1975년 2월, 서울 삼중당 발행)

본서는 이동환에 의한 역문과 주해가 있는 상·하 2책 문고본으로, 상권에는 '유' 권제1(기이. 제1)·권제2(기이 제2)('왕력'은 빠진다), 하권에는 권제3 이하를 담고 있는데 주해는 모두 다룬 것은 아니다.

⑥ 권상노 역해 "삼국유사"(1977년 3월, 서울 동서문화사 발행)

B. 일본에서 출판된 것

① 靑柳鋼太郎譯 "原文和譯對照三國遺事"(1975년 2월, 명저출판)(복간)

환상의 책 출현이라는 것이 복간 광고문에 적혀 있는데, 본서는 이미 상권 해제에서 말한 '朝鮮硏究會古書珍書刊行第二期第十四輯'(大正 4년 6월, 경성)의 '유'를 역시 靑柳氏譯의 '사'와 함께 명저출판(동경)이 복간한 것이다.

C. 일본에서 재일한국인에 의해 출판된 것

① '三國遺事(翻譯)'(1974년, 동경의 아시아대학아시아연구소발간 "アジア硏究所紀要, 創刊號" 소재)

이것은 비덕환(裵德煥)에 의한 '유' 기이 제1의 서(序)부터 신라 시조까지를 번역(일본문)한 것이다.

② 임영수 역 "三國遺事 上"(1975년 12월), "三國遺事 下"(1976년 2월)(三一書房)

본서는 임영수에 의한 '유'의 전역(全譯)으로 상권에는, '왕력', '권제1(기이 제1), 권제2(기이 제2)'를, 하권에는 권제3 이하를 담고 있는데 주해는 적다.

③ 김사엽 역 "完譯三國遺事"(1976년 4월, 朝日新聞仕發行)

조선문학전공인 김사엽인 만큼, 역문에는 뛰어난 것이 있는데, 주해는 비약적이지 않다. 본서는 '왕력'을 비롯하여 각권은 각장마다 역문·주해·원문 순서로 기재하고 있는데, 권두에 관계지도(2면 분량), 최남선편 "삼국유사" 수록 '삼국유사 해제'(상권의 해제를 참조)를 번역한 '해설'을, 권말에는 ① 역대 각국 변천표, ② 고대조선각국왕실 세계표(世系表), ③ 색인을 붙이고 있어 독자에게는 편리하다. 필자가 아는 간본에 대해서는 이상인데, 위에 보인 각 서적의 전반(B를 제외)을 통해 모든 주해가, 이병도의 것을 답습한 형적이 농후한 것처럼 느껴지는 것이다.

이상으로 '해제'의 보유(補遺)를 끝낸다. 이 책(중권)의 집필은 주로 이노우에, 기시타, 가사이, 에바타와 필자가 집필을 해 왔는데, 향가는 최근 들어온 나카무라의 도움을 받았다. 찬술자 이름은, 이 책의 간행에 즈음하여, 미시나 유족으로부터 '三品彰英遺撰'이라고 하지 않고, 필자 이름으로 하라고 했으나, 원래대로 진행했다. 찬술자 이름이 어떠하든 이 책에 부족한 점이 있다면 모든 책임은 필자가 짊어질 것이다. 또 이 책의 간행에 있어 상권의 전철을 밟지 않도록 주의를 했으나, 발행까지 시간이 더 걸렸다. 7회째의 법요 때에도 발행을 못 하고, 드디어 올해에 들어와 영전에 바칠 수밖에 없었던 것을 부끄럽게 생각한다. 앞으로는 더욱 분발하여, 다음의 간행을 준비해야 할 것이라고 반성하고 있다. 어쨌든 이 중권의 간행은 실로 긴 시간이 걸렸는데, 현명한 학자의 비정(批正)을 바랄 따름이다.

마지막으로 언제나 늦기만 하는 원고 마무리와 교정에도, 우리를 기다려 주신 하나와쇼보 시라이시 시즈오 사장님과 그 직원의 호의와 시종 귀찮은 교정을 맡아 준 요네자와 외 여러분의 수고에 깊은 사의를 나타낼 따름이다.

삼국유사 연구회 무라카미 요시오

저자(1970년대 당시)

三品彰英(미시나 아키히데)_ 오사카시립박물관장, 불교대학 교수.

村上四男(무라카미 요시오)_ 와카야마대학 명예교수, 삼국유사연구회 회장.

井上秀雄(이노우에 히데오)_ 쇼인여자단기대학 학장.

笠井倭人(가사이 와진)_ 교토여자대학 강사.

木下札人(기시타 레진)_ 긴기대학 교수.

江畑武(에바타 다케시)_ 한난대학 교수.

中村 完(나카무라 다모쓰)_ 도호쿠대학 문학부 조교수.

역주자 김정빈(金正彬)

히로시마대학대학원 학술박사(교육학), 일본국립시마네대학 연구원. 저서로는 『校正宋本廣韻에 의한 廣韻索引과 韻鏡索引』(한국학술원, 2010) 외 10여 권이 있으며, 역서로는 沼本克明의 『한국인을 위한 일본한자음의 역사』(한국학술원, 2008), 小林芳規의 『각필의 문화사』(한국문화사, 2016) 등이 있다.

An Annotated Translation of
"Historical Investigation of
the Three Kingdoms Archive in Ancient Korea"